Zu diesem Buch

Georges Bernanos ist lebenslang ein gläubiger Katholik gewesen, ein selbstbestimmter freilich, dessen Gewißheit der Glaube und dessen Verzweiflung die Kirche war. Er hat seinen Weg begonnen als überzeugter Royalist, als entschlossener Anhänger der ‹Action Française›, auch als Freiwilliger im Ersten Weltkrieg. Dann hat er gelernt, den Krieg zu hassen und zu verbrennen, was er angebetet hatte – bis auf seine Religiosität. Er wurde zum anarchischen Einzelgänger, zum Verteidiger der Werte, die in seinen Augen von allen anderen aufgegeben worden waren und unter denen das Gewissen an erster Stelle stand.

Auf Mallorca, wohin er sich zurückgezogen hatte, überraschte ihn der Spanische Bürgerkrieg. Er wurde zum Zeugen des Mordens und beschloß, Zeugnis abzulegen. Zeugnis von dem, was er erlebt hatte, vor allem aber Zeugnis von dem, was er dabei empfunden und gedacht hatte. Das Ergebnis war das ungeheuerliche Pamphlet von den «Großen Friedhöfen unter dem Mond», den Leichenbergen, die im Namen eines ‹Heiligen Krieges› und mit dem Segen der offiziellen Kirche aufgetürmt wurden. Er hatte durchaus mit den Falangisten sympathisiert, war eingenommen von dem jungen Primo de Rivera, aber als er sah, welche Verbrechen im Namen der Ordnung – die er verabscheute – und unter dem Banner der Diktatur begangen wurden, wechselte er die Front und machte sich zum Fürsprecher des Volkes der Armen, der Opfer.

Der Anlaß seines Buches, die Zerstörung der bis dahin friedlichen Inselwelt durch die italienischen und spanischen

Faschisten, verschwindet immer wieder hinter der Auseinandersetzung mit der herrschenden Lehre und den Herrschenden in Politik und Religion, aber er bleibt immer spürbar, durch alle Abschweifungen und Ausfälle hindurch.

Bernanos wollte ja nicht bloß abrechnen mit den Diktaturen, die Europa von Portugal bis Rußland in ein Schlachthaus verwandelten, er wollte auch abrechnen mit dem eigenen Land und dessen falschem Bewußtsein, vor allem aber mit dem einzig noch wahrnehmbaren Glauben, dem Glauben der Diktatoren an die Gewalt, und mit der Verbrüderung von Religion und Gewalt. Illusionen über den Menschen machte er sich da schon längst nicht mehr, aber die Gnadenlosigkeit der kommenden Sieger entsetzte ihn tief. Er wollte sich nicht damit abfinden, daß ‹Säuberung› das letzte Wort all dieser Bürgerkriege sein sollte, daß es in ihnen Mitleid mit den Besiegten so wenig gab wie Gerechtigkeit. Wenn er Recht behalten hat mit einer Prophetie, dann mit der, daß die Deutschen sich daran gewöhnen würden, ihre Juden öffentlich brennen zu sehen, eine Prophetie zu einem Zeitpunkt, zu dem Auschwitz noch nicht einmal geplant war.

«Der spanische Bürgerkrieg ist ein Leichenhaus. Er ist das Grab der wahren und der falschen Ideen, das Grab der guten und der schlechten Ziele. Wenn sie in Blut und Schlamm genügend miteinander gekocht haben, werdet ihr sehen, was aus ihnen geworden ist und was für eine Suppe ihr euch da eingebrockt habt.»

Rowohlt Jahrhundert

Herausgegeben von Walter Boehlich
Band 90

Georges Bernanos

DIE GROSSEN FRIEDHÖFE UNTER DEM MOND

Mallorca und der
Spanische Bürgerkrieg
Ein Augenzeuge berichtet

Aus dem Französischen
von Walter Heist

Rowohlt

Die Originalausgabe erschien 1938 unter dem Titel
«Les grands cimetières sous la lune»
bei Librairie Plon, Paris
Das erklärende Wortverzeichnis ab Seite 316
bearbeitete Katharina Raabe

Veröffentlicht im Rowohlt Taschenbuch Verlag GmbH,

Umschlaggestaltung Peter Wippermann
(Foto des Autors: Ullstein Bilderdienst)
Gesamtherstellung Clausen & Bosse, Leck
Printed in Germany
1680-ISBN 3 499 40090 1

EINLEITUNG

Wenn ich wirklich Lust hätte zu dem Unternehmen, das ich heute beginne, dann würde mir wahrscheinlich der Mut fehlen, es durchzuhalten, denn ich würde dann nicht daran glauben. Ich glaube nur das, wozu ich mich zwingen muß. Alles, was ich Ordentliches in dieser Welt zustande gebracht habe, ist mir zunächst sinnlos erschienen, sinnlos bis zur Lächerlichkeit, sinnlos bis zum Überdruß. Der Dämon meines Herzens heißt: Wozu?
Früher glaubte ich an die Verachtung. Die ist ein rechtes Schulbubengefühl und endet sehr rasch in einer bombastischen Redseligkeit, so wie das Blut eines Wassersüchtigen in Wasser übergeht. Eine allzufrühe Lektüre von Maurice Barrès hatte in mir in dieser Hinsicht falsche Vorstellungen erweckt. Unglücklicherweise scheint die Verachtung bei Barrès – oder zumindest das Organ, das sie ausscheidet – an einer ständigen Verstopfung zu leiden. Um bis zur Bitternis zu gelangen, muß man seine Sonde sehr tief einsenken. So nimmt der Leser, ohne es zu wissen, weniger an dem Gefühl selbst als an dem Schmerz des Ausscheidungsprozesses teil. Friede dem Barrès von »Leurs Figures«! Der, den wir lieben, ging in den Tod mit dem Blick eines stolzen Kindes und dem gequälten Lächeln eines armen, vornehmen Mädchens, das niemals einen Mann finden wird.
Warum wird an der Schwelle dieses Buches der Name von Barrès aufgerufen? Warum auf der ersten Seite der »Sonne Satans« der Name des liebenswürdigen Toulet? Weil ich in diesem Augenblick, genau wie an jenem Septemberabend »voll reglosen Lichtes«, zögere, den ersten Schritt zu tun, den ersten Schritt zu euch, ihr noch verhüllten Gestalten! Denn ist einmal der erste Schritt getan, dann weiß ich, wird kein Halten mehr für mich sein; was immer daraus werden mag: ich werde weitergehen, bis mein Werk getan ist, durch Tage und Tage, die einander so sehr gleichen, daß ich sie nicht zähle, denn sie sind wie aus meinem Leben herausgeschnitten. Und sie sind es in der Tat.
Ich bin kein Schriftsteller. Der bloße Anblick eines Blattes weißen Papiers nimmt meiner Seele allen Mut. Die Art körperlicher

Zwang, die einem eine solche Arbeit auferlegt, ist mir derart zuwider, daß ich sie hinausschiebe, solange ich kann. Ich schreibe in Cafés, auf die Gefahr hin, für einen Säufer gehalten zu werden, und vielleicht wäre ich wirklich einer, wenn die mächtigen Republiken den tröstlichen Alkohol nicht so unbarmherzig mit Steuern belegten. So trinke ich statt dessen das ganze Jahr hindurch diesen faden Milchkaffee mit einer Fliege drin. Ich schreibe an Kaffeehaustischen, weil ich nicht allzulange das menschliche Antlitz und die menschliche Stimme zu entbehren vermag, über die ich, so glaube ich wenigstens, versucht habe, in angemessener Weise zu sprechen.

Den Überschlauen steht es frei, in ihrer Redeweise zu behaupten, daß ich »beobachte«. Ich beobachte keineswegs. Die Beobachtung führt nicht weit. Bourget hat sein ganzes Leben lang die vornehme Gesellschaft beobachtet, dennoch blieb er dem ersten Bilde treu, das sich der kleine, auf englischen Chic erpichte Schulmeister von ihr gemacht hatte. Seine geziert daherredenden Herzöge wirken wie Notare, und wenn er glaubt, sie natürlich zu zeichnen, dann macht er sie so dumm wie Windhunde.

Ich schreibe in Kaffeehäusern, wie ich früher in Eisenbahnabteilen schrieb, um nicht von Geschöpfen meiner Phantasie zum Narren gehalten zu werden, um mit einem Blick auf irgendeinen Unbekannten, der vorübergeht, das rechte Maß an Freude oder Schmerz wiederzufinden. Nein, ich bin kein Schriftsteller. Wäre ich einer, so hätte ich nicht bis zu meinem vierzigsten Jahr gewartet, um mein erstes Buch zu veröffentlichen, denn man wird mir wohl zutrauen, daß ich mit zwanzig Jahren ebensogut wie ein anderer die Romane von Pierre Frondaie hätte schreiben können. Ich lehne den Titel Schriftsteller übrigens nicht aus einer Art Snobismus mit umgekehrtem Vorzeichen ab. Ich ehre ein Handwerk, dem meine Frau und Kinder nächst Gott verdanken, daß sie nicht Hungers sterben. Ich ertrage sogar demütig die Lächerlichkeit, daß ich das Gesicht der Ungerechtigkeit, deren unaufhörliche Beleidigung das Salz meines Lebens ist, bis jetzt noch mit nichts anderm als mit Tinte beschmiert habe.

Jede Berufung ist ein Ruf – vocatus –, und jeder Ruf will weitergegeben sein. Die Zahl derer, die ich rufe, ist offensichtlich nicht groß. An den Dingen dieser Welt werden sie nichts ändern. Aber für sie, nur für sie, wurde ich geboren.

Unbekannte Gefährten, ihr meine Brüder, eines Tages werden wir gemeinsam an den Pforten des Reiches Gottes stehen. Ein ermatteter, abgekämpfter Haufe, weiß vom Staub unserer Straßen, geliebte, harte Gesichter, deren Schweiß ich nicht abzuwischen vermochte. O ihr Augen, die das Gute und das Böse sahen, die ihre Aufgabe erfüllt haben, die Leben und Tod auf sich nahmen, die niemals kapitulierten! So werde ich euch wiederfinden, Brüder von einst, genauso, wie meine Kindheit euch erträumt hat. Denn ich war aufgebrochen, euch zu begegnen, ich wollte euch entgegenlaufen. An der ersten Wegbiegung glaubte ich die Feuer eurer ewigen Biwaks aufflammen zu sehn. Meine Kindheit gehörte nur euch. Vielleicht bin ich an einem bestimmten Tag, einem Tag, den ich kenne, würdig gewesen, die Führung eurer unbeugsamen Schar zu übernehmen. Wollte Gott, daß ich niemals die Wege wiedersehe, auf denen ich eure Spur verlor, zu der Stunde, da das Jünglingsalter seine Schatten über uns wirft, da der Saft des Todes in unsere Adern steigt und sich mit dem Blut des Herzens mischt! Wege des Landes Artois, fahlrot im späten Herbst und dampfend wie Tiere, Pfade, verwesend im Novemberregen, riesige Wolkenjagden, Aufruhr des Himmels, tote Gewässer … Ich kam ins Haus, schob das Gitter vor dem Kamin beiseite und streckte meine vom Regen geröteten Schuhe gegen das Feuer. Der Morgen dämmerte, und sie waren noch immer nicht in das Schweigen der Seele, in ihre tief-geheime Zuflucht zurückgekehrt, jene sich kaum erst abzeichnenden Traumgestalten, Embryonen noch ohne Gliedmaßen: Mouchette und Donissan, Cénabre, Chantal und du, einziges meiner Geschöpfe, dessen Gesicht ich manchmal zu unterscheiden glaubte, dem ich aber keinen Namen zu geben wagte – teurer Pfarrer eines erahnten Ambricourt! Wart ihr damals meine Meister?

Seid ihr es denn heute? Ach, ich weiß, wie vergeblich diese Rückkehr in die Vergangenheit ist. Mein Leben ist bereits voller Toten. Aber am meisten tot ist der kleine Junge, der ich einst war. Und dennoch, wenn die Stunde kommt, wird er von neuem an die Spitze meines Lebens treten, meine armen Jahre bis auf das letzte um sich sammeln – wie ein junger Führer seine Veteranen sammelt, die in Unordnung geratene Truppe wieder aufstellt – und als erster einziehn in das Haus des Vaters. Nach allem hätte ich das Recht, in seinem Namen zu sprechen. Aber man kann ja nicht im Namen der Kindheit sprechen; man müßte ihre Sprache sprechen. Sie aber ist die vergessene Sprache; sie ist die Sprache, die ich von Buch zu Buch suche, ich Tor – als ob eine solche Sprache sich schreiben ließe, jemals geschrieben worden sei! Gleichviel! Manchmal gelingt es mir, etwas von ihrem Klang wiederzufinden, und das ist es, was euch aufhorchen läßt, ihr meine über die ganze Welt verstreuten Gefährten, die ihr eines Tages aus Zufall oder Langeweile meine Bücher aufgeschlagen habt. Seltsame Vorstellung, für die zu schreiben, die Geschriebenes verachten! Bittere Ironie, überreden und überzeugen zu wollen, während ich doch im tiefsten gewiß bin, daß der Teil der Welt, der noch der Erlösung fähig ist, einzig den Kindern, den Helden und Märtyrern gehört.

Palma de Mallorca, Januar 1937

ERSTER TEIL

ERSTES KAPITEL

»ICH HABE GESCHWOREN, eure Herzen zu bewegen, in Freundschaft oder Zorn, gleichviel!« So sprach ich damals zur Zeit der *Großen Angst.* Sieben lange Jahre sind seitdem verflossen. Heute geht es mir nicht mehr darum, die Herzen zu bewegen, jedenfalls nicht mehr im Zorn. Der Zorn der Dummköpfe hat mich immer traurig gemacht. Heute graut es mir eher vor ihm. Die ganze Welt hallt wider von diesem Zorn. Ach, sie wünschen nichts sehnlicher, als im Unverstand zu verharren, und gerade deshalb schließen sie sich zusammen, denn das ist das Letzte, dessen der Mensch fähig ist: für sich allein dumm oder böse zu sein. Dieses Geheimnis ist wohl den Verdammten vorbehalten. Aus Unverstand finden sie einander, nicht etwa auf Grund besonderer Geistesverwandtschaft: lediglich infolge der bescheidenen Rolle, die ihnen der Zufall oder die soziale Herkunft zugeteilt hat. Und die ihr ganzes kleines Leben ausmacht. Die Mittelschichten liefern fast allein den echten Dummkopf: die obere Klasse behält sich das Monopol für eine völlig unbrauchbare Dummheit vor, eine Luxusdummheit, und die untere bringt's nur zu groben und gelegentlich bewundernswerten Äußerungen tierischer Dumpfheit.

Was für ein Wahnwitz, die Dummköpfe zu entwurzeln – schon Maurice Barrès hat das gesehen! Bleibt eine Horde von Dummköpfen ihrem Heimatboden verhaftet, so wie eine Muschelbank am Felsen klebt, mag sie harmlos sein, ja sie kann dem Staat wie der Industrie sogar wertvolles Material liefern. Ein Dummkopf lebt vor allem in Gewohnheiten und vorgefaßten Meinungen. Entreißt man ihn seiner Umwelt, so bewahrt er zwischen den beiden festverschlossenen Muschelschalen das Wasser des heimatlichen Gestades, das ihn ernährte. Aber das moderne Leben treibt die Dummköpfe nicht nur von einem Ort zum andern: es wirbelt sie in einer Art wilder Wut durcheinander.

Zu Tausenden verschlingt sie diese gigantische Maschine, die ständig auf Hochtouren läuft, und verstreut sie in hemmungsloser Laune über die ganze Welt. Keine andere Gesellschaft hat so wie die unsre diese Unglücklichen in derartigen Massen verschlissen. Sie schlingt sie herunter wie Napoleon die Früchte des französischen Landes, wenn ihre Schale noch weich ist; sie läßt ihnen nicht einmal die Zeit zum Reifen. Sie weiß ganz genau, daß der Dummkopf mit zunehmendem Alter und entsprechend den Erfahrungen, deren er fähig ist, sich eine dummköpfige Weisheit aneignet, die ihn zäh wie Leder macht.
Ich bedaure, daß mir der Gebrauch von Bildern so natürlich ist. Von ganzem Herzen wünschte ich, diese Überlegungen in einer Sprache auszudrücken, die so einfach ist, wie sie selbst sind. Aber sie würden nicht verstanden werden. Schon die leiseste Ahnung einer Wahrheit, deren Evidenz uns jeder neue Tag bestätigt, erfordert eine Anstrengung, deren heutzutage nur noch wenige Menschen fähig sind. Gesteht es ruhig ein, daß euch die Einfachheit zuwider ist, daß ihr euch ihrer schämt! Was ihr mit diesem Namen belegt, ist das krasse Gegenteil. Ihr seid nicht einfach, sondern oberflächlich. Euer oberflächliches Gewissen ist gleichzeitig voller Tücken. Warum sollte es mit der Urteilsfähigkeit anders sein? Im Laufe der Jahrhunderte haben die Meister, die großen Meister des Menschengeschlechts, unser aller Meister, die erhabenen Bahnen des Geistes gangbar gemacht, die königlichen Straßen, die von einer Gewißheit zur andern führen. Aber was kümmern euch königliche Straßen, da euer Denken in schiefen Bahnen verläuft! Zuweilen bringt euch der Zufall auf die rechte Straße, aber ihr erkennt sie nicht mehr. So schnürte sich einst unser Herz vor Angst zusammen, wenn wir nachts das Labyrinth unsrer Gräben verließen und plötzlich unter den Sohlen den festen Boden einer alten Straße spürten, kaum mehr sichtbar unter dem wuchernden Gras, die Straße, die

verödete Straße, die einst vom Schritt der Menschen widerhallte.

Wirklich, der Zorn der Dummköpfe erfüllt die Welt. Lacht soviel ihr wollt, er verschont nichts und niemand, er kennt keinen Pardon. Die Doktrinäre von rechts und links, deren Handwerk das ist, werden fortfahren, die Dummköpfe zu klassifizieren, sie werden weiterhin deren Arten und Sorten zählen und jede Gruppe nach ihren Leidenschaften, nach den Interessen ihrer Mitglieder, nach ihren besonderen Ideologien festlegen.

Für solche Leute ist das ein Spiel. Aber die Klassifizierungen entsprechen der Wirklichkeit so wenig, daß ihre Zahl beim Gebrauch unbarmherzig zusammenschmilzt. Die Vermehrung der Parteien schmeichelt zunächst der Eitelkeit der Dummköpfe. Sie läßt sie glauben, sie hätten freie Wahl. Aber jeder beliebige Verkäufer in einem Warenhaus wird uns bestätigen können, daß man das Publikum zwar durch Ausverkaufs-Schaufenster ködern kann, daß die Leute aber, sobald sie des Wühlens in den Waren überdrüssig sind und das Personal genug geschunden haben, schließlich alle zum selben Kassentisch strömen. Wir haben eine Unzahl Parteien entstehen und wieder verschwinden sehen, denn keine Zeitung verfügt ja über ein besseres Mittel, um ihre Leser zu fesseln. Nichtsdestoweniger macht das angeborene Mißtrauen der Dummköpfe auch diese Methode fragwürdig: unaufhörlich findet sich die unruhige Herde neu zusammen. Sobald die Umstände, namentlich die Wahlergebnisse, allerlei Bündnisse notwendig machen, vergessen die Unglückseligen auf der Stelle alle früheren Unterscheidungen; sie konnten sie von jeher nur mit größter Mühe treffen. Ganz von selbst sammeln sie sich in zwei Gruppen, wodurch die schwierige geistige Anstrengung, die man ihnen zumutet, auf ein Minimum eingeschränkt wird: es handelt sich einfach nur noch darum, anders als der Gegner zu denken – was erlaubt, sich seines Programmes zu bedienen, das man lediglich mit einem negativen Vorzeichen versieht. Das ist auch der Grund, warum sie umfassendere Bezeichnungen wie etwa Royalisten und Republikaner nur widerwillig annehmen. Klerikal oder antiklerikal gefällt schon besser, beide Wörter besagen nichts anderes als »für« oder »gegen« die Pfarrer. Dazu kommt noch, daß die Vorsilbe »anti« genaugenommen keiner Gruppe besonders gehört, denn ist der Mann der Linken antiklerikal, so ist der Mann der Rechten Antifreimaurer und Antidreyfusard.

Die Herren der Presse, die all diese Schlagworte bis zur Abgegriffenheit herbeten, werden mir zweifellos zum Vorwurf machen, daß ich nicht genügend zwischen den einzelnen Ideologien unterscheide, die mir alle den gleichen Widerwillen einflößen. Ach, ich weiß nur zu gut, was ein junger Mensch von zwanzig Jahren an Eigenem, an unverbrauchter seelischer Kraft diesen grobschlächtigen Erzeugnissen des Parteigeistes zu verleihen vermag, die einer wirklichen Meinung nicht mehr ähneln als gewisse Meereswesen einem höheren Tier –: eine Vorrichtung zum Saugen, eine andere zur Entleerung, Mund und After, und bei gewissen Polypen sind die sogar noch ein und dasselbe. Ach, woran verschwendet die Jugend nicht ihre Seele! Zuweilen wirft sie sie mit vollen Händen in die Bordelle. Wie jene schillernden azurblauen und goldenen Fliegen, die prächtiger geziert sind als die Bilder eines Meßbuches, sucht erste Liebe oft die Nähe der Fleischbänke.

Ich glaube nicht einmal an einen relativen Nutzen jenes Bündnisses zwischen Unwissenheit und Parteitaktik. Die unerläßliche Bedingung für wirkliches Handeln ist, daß man sich selber kennt; man muß sich mit dem rechten Maß messen. Und alle diese Leute verbünden sich nur, um ihre paar Gründe zusammenzulegen, deretwillen sie sich besser vorkommen als die andern. Was bedeutet demgegenüber die Sache, der sie zu dienen vorgeben? Gott allein weiß, wie teuer – um nur ein Beispiel zu wählen – die übrige Welt jene dürre bigotte Herde bezahlen muß, die mit ungeheuerm Aufwand, mit Hilfe einer eigenen Literatur am Leben erhalten wird, einer Literatur, die man in Millionen Exemplaren über die ganze Erde verbreitet, und die eigens dazu gemacht scheint, den Ungläubigen guten Willens abzuschrecken. Ich habe nichts gegen die Frommen, aber man soll mich mit ihrer angeblichen Naivität in Ruhe lassen. Der erste beste Priester muß, wenn er aufrichtig ist, zugeben, daß keine Spezies Mensch so weit vom Geiste der Kindheit, von deren übernatürlicher Hellsicht und Großherzigkeit, entfernt ist wie sie. Ihre Frömmigkeit ist ihr Trick, und die feisten literarischen Pfaffen, die diese Larven mit dem Honig päppeln, den sie aus den verschiedenen geistlichen Blumensträußen gesogen haben, sind alles andere als einfältig.

Der Zorn der Dummköpfe erfüllt die Welt. Und dabei ist leicht einzusehen, daß die Vorsehung, die sie von Natur aus seßhaft erschuf, ihre guten Gründe dazu hatte. Nun aber befördern eure Schnellzüge, Autos und Flugzeuge sie mit Blitzesschnelle von Ort zu Ort. Jede kleine Stadt in Frankreich hatte früher ihre zwei oder drei Cliquen von Dummköpfen, für die uns die berühmten Parteien der Reis- und Pflaumen-Anhänger aus *Tartarin in den Alpen* das treffendste Beispiel liefern. Es ist ein abgründiger Irrtum, wenn ihr glaubt, die Dummheit sei harmlos, oder es gäbe zumindest harmlose Formen von Dummheit. Die Dummheit hat nicht mehr Leben als eine alte Kanone, aber wenn sie einmal losgeht, dann schießt sie alles über den Haufen. Ihr wißt ganz gut, wessen der geduldig-wachsame Haß der Mittelmäßigen fähig ist, und dennoch sät ihr ihn in alle vier Winde! Denn nicht nur, daß euch die Technik erlaubt, eure Dummköpfe von Stadt zu Stadt, von Provinz zu Provinz zu schicken: von einer Nation zur andern, sogar von einem Kontinent zum andern schickt ihr sie, und überdies entnehmen die Demokratien diesen Unglücklichen noch das Material für ihre angebliche öffentliche Meinung. Dank der Bemühungen einer Riesenpresse, die Tag und Nacht auf ein paar immergleichen simpeln Themen herumreitet, hat der Wettstreit zwischen den Pflaumen- und Reis-Anhängern eine Art allgemeinen Charakter angenommen, von dem sich Alphonse Daudet sicher nichts hat träumen lassen.

Aber wer liest heute noch *Tartarin in den Alpen*? Erinnern wir uns: Der liebenswürdige provenzalische Dichter, den der verzehrende Schmerz und das Genie des Mitleids so oft über sich selbst erhoben hat, versammelt in den Räumen eines Berghotels ein Dutzend Dummköpfe. Der Gletscher ist in nächster Nähe, weit ins Blau des Himmels hinausragend. Niemand beachtet ihn. Nach einigen Tagen falscher Herzlichkeit, des Mißtrauens und der Langeweile finden die armen Teufel endlich ein Mittel, zugleich ihren Herdentrieb und die dumpfe Rachsucht, die sie plagt, zu befriedigen. Die Partei derer, die an Verstopfung leiden, fordert Pflaumen als Nachtisch. Die vom Durchfall gepeinigten Mitglieder bestehen auf Reis. Von nun an ruhen alle Einzelstreitigkeiten, die Mitglieder der sich bekämpfenden Gruppen finden sich zusammen. Man kann sich sehr gut die listigen und perversen Drahtzieher, zweifellos Reis- oder Pflaumenhändler, hinter den Kulissen vorstellen, wie sie diesen Unglückswürmern eine dem Zustand ihrer Eingeweide angemessene Mystik suggerieren. Aber ach, ihre Figuren sind überflüssig in diesem Spiel. Die Dummheit braucht nichts zu erfinden, sie bedient sich zu ihrem Zwecke, zu ihrem Verdummungszwecke, auf bewunderungswürdige Weise alles dessen, was der Zufall ihr zuträgt. Und durch einen noch viel geheimnisvolleren Vorgang weiß sie sich – ihr werdet's erleben! – den Menschen, Umständen oder Doktrinen anzupassen, die ihre ungeheuerliche Verblödungsfähigkeit herausfordern. Napoleon rühmte sich auf St. Helena, aus den Dummköpfen seinen Nutzen gezogen zu haben. Schließlich haben doch die Dummköpfe aus Napoleon ihren Nutzen gezogen. Nicht nur, wie man glauben könnte, weil sie Bonapartisten wurden. Denn die Religion des großen Mannes, die mehr und mehr auf den Geschmack der Demokratien abgestimmt wurde, hat den schieläugigen Patriotismus geboren. Und dieser Patriotismus wirkt noch immer auf ihre Drüsen. Dieser Patriotismus, den unsere Vorfahren niemals kannten und dessen anbiedernde Unverschämtheit auf dem Untergrunde von Haß, Zweifel und Neid sich – wenn auch mit ungleichem Glück – noch in den Heldenliedern von Déroulède und den Kriegsgedichten des Herrn Paul Claudel wiederfindet.

Langweilt es euch, mich so lange von den Dummköpfen reden zu hören? Nun, mich kostet's Überwindung, überhaupt davon zu sprechen. Aber ich muß euch zuerst von etwas überzeugen: Weder mit Feuer noch mit dem Schwert werdet ihr die Dummköpfe überwinden. Denn ich wiederhole: sie haben weder das Schwert noch das Feuer erfunden, noch das Gas, aber sie bedienen sich aller Dinge, um sich von der einzigen Anstrengung zu befreien, deren sie wirklich unfähig sind, nämlich von der Anstrengung, selbst zu denken. Sie töten lieber, als daß sie denken, das ist das Unglück! Und ihr beliefert sie noch mit euern Maschinen. Für sie ist all das Teufelswerk erfunden! Bis die Denkmaschine kommt, auf die sie warten, nach der sie schreien, die kommen wird, geben sie sich einstweilen mit den Mordmaschinen zufrieden, die genau nach ihrem Maß gemacht zu sein scheinen. Wir haben den Krieg industrialisiert, damit sie ihn in den Griff bekommen. In der Tat, sie haben ihn im Griff.

Wenn es anders ist, so erklärt mir doch, wie und durch welches Wunder es heutzutage so leicht ist, aus einem beliebigen Krämer, Bankangestellten, Advokaten oder Pfarrer einen Soldaten zu machen! Und zwar hier so gut wie in Deutschland, in England oder Japan. Es ist ja so einfach: ihr haltet eure Schürze auf, und ein Held fällt hinein. Ich will nicht die Toten schmähen. Aber die Welt hat Zeiten gekannt, in denen der Beruf des Soldaten in hohen Ehren stand, er kam gleich nach dem des Priesters und stand ihm an Würde kaum nach. Es ist immerhin seltsam, daß eure kapitalistische Zivilisation, die als so wenig geeignet gilt, Opfergeist zu wecken, bei ihrem unbedingten Primat der Wirtschaft über genauso viel Krieger verfügt, wie ihre Fabriken Uniformen zu liefern vermögen...

Krieger, wie man sie sicherlich noch nie gesehen hat. Seelenruhig holt ihr sie aus Büro und Werkstatt. Ihr drückt ihnen eine Fahrkarte zur Hölle in die Hand, mit dem Stempel des Wehrbezirkskommandos, und stattet sie mit neuen, meistens nicht ganz wasserdichten Marschstiefeln aus. Die letzte Aufmunterung, den letzten erhabenen Gruß des Vaterlandes erhalten sie von dem grämlichen Blick eines wiedereingestellten Feldwebels in der Kleiderkammer, der sie wie Dreck behandelt. Dann hasten sie zum Bahnhof, leicht angetrunken, aber voller Angst, sie könnten den Zug zur Hölle verpassen, nicht anders, als sei es Sonntag und sie machten mit ihrer Familie ihren Ausflug nach Bois-Colombes oder Viorflay. Diesmal verlassen sie den Zug an der Station Hölle, das ist alles. Ein Jahr, zwei Jahre, vier Jahre: so lange es braucht, bis das vom Staate ausgestellte Rundreisebillet seine Gültigkeit verliert, so lange ziehen sie unter einem Regen von Stahlgeschossen durchs Land, achten sorgsam darauf, daß sie nicht ohne Erlaubnis die Schokolade der eisernen Ration aufessen, und sehen zu, wie sie dem Kameraden das Verbandszeugpäckchen stibitzen können, das ihnen fehlt. Am Tage des Angriffs trotten sie mit einer Kugel im Bauch wie die Rebhühner zum nächsten Verbandsplatz, legen sich schweißtriefend auf die Tragbahre und erwachen schließlich im Lazarett, das sie bald darauf ebenso gefügig wieder verlassen, wie sie es betreten haben, nicht ohne mit einem väterlichen Rippenstoß des Herrn Oberstabsarztes, eines guten Kerls, bedacht worden zu sein... Dann kehren sie in die Hölle zurück, in einem Viehwagen ohne Fenster, und wälzen von einer Station zur andern sauern Wein und scharfen Camembert im Magen, oder buchstabieren im trüben Schein einer Funzel den mit mysteriösen Zeichen bedeckten Marschbefehl, keineswegs sicher, daß sie auch alles richtig gemacht haben. Am Tage des Sieges... Na schön, am Tages des Sieges hoffen sie, in die Heimat zurückzukehren.

In Wirklichkeit jedoch kehren sie nicht in ihre Heimat zurück aus dem bekannten Grund, weil »der Waffenstillstand nicht der Friede« ist und weil man ihnen Zeit lassen muß, sich darüber klarzuwerden. Ein Jahr wird dafür angesetzt. Acht Tage hätten genügt. Acht Tage hätten genügt, um den Soldaten des Weltkrieges zu beweisen, daß man einen Sieg nur von ferne betrachten darf, wie die Tochter des Obersten oder wie das Grabmal Napoleons im Invalidendom; daß ein Sieger, wenn er den Rest seiner Tage in Frieden verleben will, am besten seine Siegesauszeichnungen zurückgibt. Sie sind also friedlich in ihre Fabrik und ins Büro zurückgekehrt. Einige hatten sogar das Glück, in ihren Vorkriegshosen noch ein Dutzend Eßmarken ihrer Kantine vorzufinden, zwanzig Sous die Mahlzeit. Aber der neue Wirt wollte sie nicht annehmen.

Ihr werdet jetzt sagen, diese Leute seien so etwas wie Heilige gewesen. Nein, sage ich euch, sie waren keine Heilige. Sie hatten resigniert. In jedem Menschen steckt eine ungeheure Fähigkeit zur Resignation, der Mensch neigt von Natur aus zur Resignation. Nur deshalb konnte er überleben. Denn wie hätte das denkende Tier es anders ertragen, so von den Dingen zum Narren gehalten zu werden? Vor Tausenden von Jahren schon hätte sich der Letzte von ihnen den Kopf an den Wänden seiner Wohnhöhle eingerannt und seine Seele verleugnet. Die Heiligen, sie resignieren nicht, jedenfalls nicht in dem Sinne, wie die Welt das versteht. Wenn sie schweigend die Ungerechtigkeiten ertragen, gegen die sich die Mittelmäßigen empören, so nur, um alle Kräfte ihrer großen Seele desto inständiger gegen das eherne Antlitz der Großen Ungerechtigkeit zu wenden. Die alltäglichen Zornausbrüche, Kinder der Verzweiflung, kriechen am Boden und winden sich wie Würmer. Das Gebet ist, kurz gesagt, die einzige Revolte, die diesen Namen verdient.

Der Mensch ist von Natur aus gefügig. Der moderne Mensch ist es mehr als die andern infolge der äußersten Einsamkeit, in die ihn eine Gesellschaft gestoßen hat, die kaum noch andere Beziehungen kennt als die des Geldes. Aber es wäre ein Irrtum, anzunehmen, seine Ergebung mache den Menschen zu einem friedfertigen Wesen. Sie speichert Gifte in ihm auf, die ihn im gegebenen Augenblick zu jeder Art Gewalt fähig sein lassen. In den Demokratien ist das Volk nichts anderes als eine von einem unsichtbaren Redner ständig in Atem gehaltene Masse. Aus allen Ecken der Erde dringt es auf sie ein: die Worte krallen sich in ihre Eingeweide, zerren an ihren Nerven, und das desto mehr, je mehr sie sich ihren Begierden, ihrem Haß und ihren Ängsten anpassen. Gewiß, es fehlt den parlamentarischen Demokratien, allen Aufpeitschungen zum Trotz, an Temperament. Die diktatorialen Demokratien, die haben schon eher Feuer im Leibe. Die imperialistischen Demokratien – nun, die sind einfach Tiere in der Brunft.

Der Zorn der Dummköpfe erfüllt die Welt. Bei allem Zorn rumort in ihnen die Idee der Erlösung, denn sie ist der Grund allen menschlichen Hoffens. Es ist der gleiche dumpfe Trieb, der zur Zeit der Kreuzzüge Europa über Asien herfallen ließ. Aber zu dieser Zeit war Europa christlich, die Dummköpfe gehörten zur Christenheit. Nun kann ein Christ zwar dies oder jenes sein, er kann ein Rohling, ein Idiot oder ein Narr sein, aber ein ausgemachter Dummkopf kann er niemals sein. Ich spreche von den Christen, die als Christen zur Welt kommen, den natürlichen Christen, den wirklich christlichen Christen, kurz, von den Christen, die in christlichen Ländern geboren werden, dort frei aufwachsen und, ob die Sonne scheint oder die Wetter stürmen, alle Jahreszeiten ihres Lebens nacheinander auskosten. Bewahre mich Gott davor, daß ich sie mit jenen saftlosen Gurken auf eine Stufe stelle, die die Pfarrer sorgsam in Blumentöpfen großziehen, um sie vor jedem Lufthauch zu schützen.

Für einen christlichen Christen ist das Evangelium nicht nur eine Anthologie, aus der man jeden Sonntag ein Stück in seinem Meßbuch liest, an dessen Stelle man aber ohne weiteres auch ein Kapitel aus dem *Garten der frommen Seelen* des Herrn Pater Klug oder aus den *Frommen Blümlein* des Herrn Kanonikus Würstchen wählen kann. Das Evangelium prägt die Gesetze, die Sitten, es setzt die Strafen fest und kümmert sich sogar um die Sinnesfreuden, denn die demütige Hoffnung des Menschen wird ebenso durch es gesegnet wie die Frucht des Leibes. Spottet, soviel ihr wollt. Ich weiß nicht allzuviel Nützliches, aber ich weiß, was es heißt, seine Hoffnung auf das Reich Gottes setzen; und das ist schon etwas! Ihr glaubt's nicht? Um so schlimmer! Vielleicht wird diese Hoffnung dereinst wieder bei ihrem Volke einkehren. Vielleicht atmen wir sie alle zusammen eines Tages mit dem Honig der Morgenröte ein. Das kümmert euch nicht? Sei's drum! Diejenigen unter euch, die ihr dann ihr Herz verschließen, sie werden sie wenigstens erkennen, und zwar an diesem Zeichen: die Menschen, die jetzt die Augen von euch abwenden oder die euch hinter euerm Rücken auslachen, die werden geradewegs auf euch zukommen und euch menschlich begegnen. An diesem Zeichen, das wiederhole ich, werdet ihr merken, daß eure Zeit um ist.

In den Dummköpfen rumort die Idee der Erlösung. Natürlich, wenn ihr den ersten besten, der euch über den Weg läuft, danach fragt, so wird er sagen, so etwas fiele ihm nicht einmal im Traume ein, oder er wird sogar behaupten, er verstehe eure Frage nicht. Denn ein Dummkopf verfügt über keinerlei geistige Fähigkeit, in sich zu gehen; er beschäftigt sich immer nur mit der Oberfläche seines Wesens. Aber wenn ein Neger mit seiner armseligen Hacke den Boden auch nur gerade soweit aufkratzen kann, daß ein wenig Hirse hervorsprießt, so ist deswegen die Erde doch reich und zu ganz andern Ernten fähig! Was weiß man denn überhaupt von einem Mittelmäßigen, solange man ihn nicht unter seinesgleichen beobachtet hat, in der Gemeinschaft der Freude, des Hasses, der Begierde oder des Schreckens? Jede Art von Mittelmäßigkeit scheint zwar scharf abgegrenzt zu sein gegen jede andere Mittelmäßigkeit. Aber den ungeheuerlichen Anstrengungen der Demokratien ist es gelungen, die Scheidewände niederzulegen. Dieser großartige Schlag, dieser einmalige Schlag ist euch gelungen: ihr habt die Sicherheit der Mittelmäßigen zerstört! Dabei schien sie unlösbar von der Mittelmäßigkeit zu sein, ja deren eigentümliches Wesen auszumachen! Wenn man mittelmäßig ist, muß man schließlich nicht notwendigerweise ein Rohling sein. Ihr habt damit angefangen, die Dummköpfe zu verrohen. In dem vagen Bewußtsein dessen, was ihnen fehlt, im Gefühl, unwiderstehlich einem unergründlichen Schicksal zugetrieben zu werden, verkrochen sie sich in ihre ererbten oder erworbenen Gewohnheiten, wie der bekannte Amerikaner, der den Niagarafall in einer Tonne herabstürzte. Ihr habt die Tonne zerschlagen, und nun sehen die Unglücklichen die beiden Ufer mit Blitzesschnelle an sich vorbeigleiten.

Zweifellos hielt ein Notar von Landerneau vor zwei Jahrhunderten seine Heimatstadt so wenig für ewig wie Karthago oder Memphis; aber wie die Dinge sich jetzt entwickelt haben, wird er sich morgen dort ungefähr so sicher fühlen, als habe er sein Bett in Wind und Wetter auf dem Marktplatz aufgeschlagen. Gewiß, der Mythus vom Fortschritt hat den Demokratien gute Dienste getan. Ein oder zwei Jahrhunderte waren nötig, bis der Dummkopf, der seit soundso viel Generationen zum Stillstand erzogen worden war, in diesem Mythus etwas anderes sah als eine erregende Hypothese, ein Spiel des Geistes. Der Dummkopf ist seßhaft, aber immer schon hat er mit besonderem Vergnügen die Berichte von Forschungsreisenden gelesen. Stellt euch einen dieser Zimmerreisenden vor, wie er plötzlich merkt, daß der Boden unter ihm weggleitet. Er stürzt ans Fenster, reißt es auf, sucht das Haus gegenüber, da peitscht ihm die Gischt schon mitten ins Gesicht, und er entdeckt, daß er abgefahren ist. Das Wort »Abfahrt« trifft übrigens nicht genau die Sache. Denn wenn der Blick des modernen Menschen sich auf nichts Festes mehr einstellen kann – die Hauptursache der Seekrankheit –, so hat der arme Teufel noch nicht einmal den Eindruck, daß es irgendwohin gehe. Ich will sagen: das, was ihn ängstigt, ist immer dasselbe, aber es erscheint ihm vervielfältigt auf Grund einer bestimmten Perspektive. Keine neue Art und Weise, sich zu umarmen, keine neue Art und Weise zugrunde zu gehen.

All das ist einfach, sehr einfach. Morgen wird es vielleicht noch einfacher sein. So einfach, daß man nichts Gescheites mehr über das Unglück der Menschen wird schreiben können, dessen unmittelbare Ursachen einem den Mut zur Analyse nehmen. Die ersten Symptome einer tödlichen Krankheit liefern den Professoren Stoff zu glänzenden Vorlesungen, aber alle tödlichen Krankheiten weisen dasselbe Endphänomen auf: das Herz steht still. Darüber läßt sich nicht sehr viel sagen. Nicht anders geht auch eure Gesellschaft zugrunde. Ihr streitet noch über das Wieso und Warum, und schon haben die Adern aufgehört zu pumpen. Das Bild scheint mir durchaus richtig zu sein, denn die Erneuerung der Institutionen kommt zu spät, wenn die Enttäuschung der Völker unheilbar geworden, wenn das Herz der Völker gebrochen ist.

Ich weiß, eine solche Sprache nötigt den Männern der Realpolitik nur ein Lächeln ab. Was heißt das ihnen schon: »Herz eines Volkes«? Wo steckt das denn? Die Doktrinäre des politischen Realismus haben eine Schwäche für Machiavell. In Ermangelung eines Besseren haben sie Machiavell in Mode gebracht. Das ist wohl die letzte Unvorsichtigkeit, die sich die Schüler Machiavells hätten leisten dürfen. Kann man sich einen Falschspieler vorstellen, der seinen Partnern, bevor er sich an den Spieltisch setzt, einen kleinen Traktat über die Kunst des Betrügens überreicht, mit einer schmeichelhaften Widmung versehen für jeden der Herren? Machiavell schrieb nur für einige wenige Eingeweihte, die politischen Doktrinäre der Realpolitik wenden sich an die Öffentlichkeit. In ihrer Gefolgschaft wiederholen junge Franzosen voller Unschuld und Freundlichkeit Schlagworte von einem schneidenden Zynismus, über die sich ihre guten Mütter entsetzen und betrüben. Der Krieg in Spanien hat nach dem Abessinischen Feldzug uns neuerlich unzählige Glaubensbekenntnisse eines nationalen Immoralismus gebracht, der einen Julius Cäsar, einen Ludwig XI., Bismarck und Cecil Rhodes sich im Grab herumdrehen lassen müßte. Julius Cäsar, Ludwig XI., Bismarck oder Cecil Rhodes, sie haben freilich keineswegs die kompromittierende Zustimmung des realpolitischen Schulmeisters und seiner Klasse erstrebt. Ein wirklicher Schüler Machiavells würde zunächst einmal all diese Schwätzer aufhängen lassen.

Rührt mir die Dummköpfe nicht an! Diesen Satz hätte der Engel in goldenen Lettern über das Tor der modernen Welt schreiben können, wenn diese moderne Welt einen Engel besäße. Um den Zorn der Dummen zu entfesseln, genügt es, sie in Widersprüche mit sich selbst zu verwikkeln; die Vorkriegsdemokratien konnten es auf der Höhe ihres Reichtums und ihrer Macht nicht unterlassen, mit diesem Risiko zu spielen. Sie sind es eingegangen. Der Fortschrittsmythus war zweifellos das einzige, worin sich diese Millionen Menschen einig waren, weil er gleichzeitig ihre Habgier, ihren oberflächlichen Moralismus und einen instinktiven, von den Vorfahren ererbten Gerechtigkeitssinn befriedigte. Gewiß, auch der Besitzer einer Glashütte in der Zeit Guizots, der, wenn man sich an unwiderlegliche Statistiken hält, planmäßig ganze Provinzen für die Bedürfnisse seines Unternehmens dezimierte, muß wie jeder andere von uns seine Depressionen gehabt haben. Was hilft es, sich eine seidene Krawatte um den Hals zu schlingen, eine untertassengroße Rosette ins Knopfloch zu stekken und an offiziellen Diners teilzunehmen: es gibt trotz allem Tage, an denen man spürt, daß man eine Seele hat. Oh, natürlich, die Urenkel dieser Leute sind heute recht nette Burschen, der gängige Typ, flott, sportlich, alle mehr oder weniger miteinander versippt. Viele von ihnen nennen sich Royalisten und sprechen vom Wappen ihres Ahnherrn mit der sieghaften Kinnbewegung eines Nachkommens von Gottfried von Bouillon, der seine Ansprüche auf das Königreich Jerusalem geltend macht. Verflixte Sprüchmacher! Ihre Entschuldigung: sie haben nun einmal keinen sozialen Sinn. Von wem hätten sie ihn auch erben können? Die Verbrechen des Geldes haben im übrigen immer etwas Abstraktes. Oder steckt im Golde vielleicht eine besondere Kraft? Die Opfer des Goldes füllen die Geschichte, aber was von ihnen übrigbleibt, verbreitet nicht einmal mehr einen Geruch.

Man betrachte diese Tatsache im Zusammenhang mit einer wohlbekannten Eigenschaft des geheimnisvollen Metalls: seine Salze verhindern die Fäulnis. Wenn ein schwachsinniger Kuhhirte zwei Hirtenmädchen vergewaltigt und tötet, so vermerkt die Chronik seinen Namen und macht aus ihm ein Schimpfwort, einen Fluch. Dagegen konnten jene »Handelsherren von Nantes«, die Großen Sklavenhändler, wie sie der Herr Senator von Guadeloupe ehrfurchtsvoll nennt, ihre Schlachthäuser füllen, und von all dem verelendeten schwarzen Fleisch strömt durch die Jahrhunderte nichts weiter als ein schwacher Duft von Verbenen und spanischem Tabak. »Die Sklavenhändler scheinen Leute von höchst edelm Aussehen gewesen zu sein«, setzt der ehrenwerte Senator hinzu. »Sie trugen Perücken wie bei Hofe, den Degen an der Seite, Schuhe mit Silberspangen, Stickereien auf den Anzügen, Hemden mit Jabot, Spitzenmanschetten.«... »Ein solcher Handel«, folgert ein Journalist, »hatte durchaus nichts Entehrendes, weder für die, die ihn betrieben, noch für die, die ihn subventionierten. Wer von den Bankherren oder wohlhabenden Bürgern war nicht mehr oder weniger Sklavenhändler? Die Reeder, die jene weiten und kostspieligen Raubzüge finanzierten, teilten das vorgestreckte Kapital in bestimmte Anteile. Und diese Anteile, deren Zinsen oft ungeheuer waren, stellten für umsichtige Hausväter eine außerordentlich gefragte Kapitalanlage dar.«

Die Sklavenhändler, besorgt um das Vertrauen dieser Hausväter, erfüllten ihre Pflichten gewissenhaft. Der folgende Bericht, einer von vielen ähnlicher Art, beweist es; er wurde einem aufschlußreichen Buch entnommen, über das der *Candide* am 25. Juli 1935 berichtet:

»Gestern um acht banden wir die schuldigsten Neger an Händen und Füßen, legten sie bäuchlings aufs Oberdeck und ließen sie auspeitschen. Überdies brachten wir ihnen Wunden an den Schenkeln bei, damit sie ihr Vergehen besser spürten. Nachdem

wir sie blutig geschlagen hatten, legten wir ihnen einen Brei aus Schießpulver, Zitronensaft, Salzlake und gemahlenem Pfeffer, das Ganze versetzt mit einer Droge, die der Arzt hinzutat, auf und rieben ihnen die Schenkel damit ein, um zu verhindern, daß Wundfieber eintrat, aber auch, damit es ihnen auf den Schenkeln recht brannte. Wir segelten immer am Winde, die Segel backbords gesetzt.«

So nebenbei finden wir hier auch ein gutes Beispiel dafür, mit wie kluger Diskretion früher die Gesellschaft vorging, wenn sie sich vor die Notwendigkeit gestellt sah, den Dummköpfen Gewissensfragen vorzulegen. Welche Mühe gab sich in unsern Tagen doch die italienische Presse, um gegenüber diesen Leuten die massenhafte Vernichtung abessinischen Menschenmaterials durch Giftgas zu rechtfertigen! Diese Mystik der Gewalt muß ja den Dummköpfen allen Schwung nehmen, weil sie ihnen eine ermüdende Anspannung ihres Geistes zumutet! Man möchte sie dadurch, mit einem Wort, zwingen, sich auf den Standpunkt Mussolinis zu stellen! Kurios ist es übrigens, dessen Haltung gegenüber unserer Öffentlichkeit zu beobachten. Mussolini ist ein handfester Arbeiter, und er liebt den Ruhm. Im Vertrauen auf die Schulbuchweisheiten glaubt er, das französische Volk besitze mehr Gerechtigkeitssinn und mehr Ehrfurcht gegenüber Schwäche und Unglück als jedes andere Volk. Angesichts nun der Dörfer, in denen die Verteidiger der Kultur alles Leben, selbst das der Nagetiere und Insekten, vernichtet haben, wendet er sich an die Nachkommen jener Handelsherren von Nantes, die in Begleitung ihrer Frauen und Töchter erschienen sind, und an ihre Söhne, die sich gerade auf die Hochschule vorbereiten. Zunächst wird er ein wenig rot, nehme ich an, dann aber kommt er in Fahrt. Er spricht von der Größe, die von Anbeginn der Welt mit ihrem Gewicht auf den Schultern der Armen lastet, er spricht von der Macht und von der Würde der Herrschaft. Recht verlegen schauen sich die braven Bürger an. Warum behelligt uns Mussolini mit solchen Dingen? Das ist ja noch trostloser als der Friedhof von Montmartre, und meine Frau, bei ihrem hohen Blutdruck, regt sich immer gleich so auf! Das ist doch wirklich nicht notwendig, wegen einer simpeln Negeraffäre soviel Worte zu machen. Auch unsere Ahnen haben, genau wie dieser Herr, ihr Vermögen durch Negeraffären erworben, aber deshalb haben sie sich doch nicht gleich verpflichtet geglaubt, dazu eine Philosophie zu entwickeln! Lohnt sich das Geschäft, ja oder nein? – Das ist die Frage.

Noch niemals hat die Idee der Größe das Gewissen der Dummköpfe beruhigen können. Größe ist ein stetes Hinauswachsen über sich selbst, die Mittelmäßigen verfügen jedoch über keinerlei Fähigkeit, sich diesen unwiderstehlichen Schwung vorzustellen. [Deshalb verstehen sie Größe nur als etwas Totes, Versteintes in der Unbeweglichkeit der Geschichte.] Die Idee des Fortschritts ist indessen für sie genau die Art Brot, deren sie bedürfen. Größe fordert große Leistungen. Der Fortschritt hingegen zieht immer die Masse genau in der Richtung der Erfahrungen, die sie gerade gemacht hat. Er verlangt nicht mehr Widerstand als den des eigenen Gewichtes. Es herrscht zwischen dem Fortschritt und der Masse das gleiche Zusammenspiel wie zwischen dem verendeten Hund und dem Fluß, der ihn fortschwemmt. Wenn der Glashüttenbesitzer von einst auf Grund seiner letzten Bilanz seinen Reingewinn ausrechnete, hatte er immer noch einen Gedanken übrig für den bescheidenen Mitarbeiter, der gerade den Rest seiner schwindsüchtigen Lunge in die Asche des Herdes spuckte, zwischen einer räudigen, dösenden Katze und einer Wiege, in der eine Mißgeburt mit Greisenkopf wimmerte. Der Autor des Buches über die *Standards* erinnert an das berühmte Wort des amerikanischen Fabrikherrn zu einem Journalisten, der seine Fabrik besucht hat und mit seinem Gastgeber anstößt, bevor er wieder wegfährt. Mit einem Mal schlägt sich der Journalist an die Stirn: »Aber was, zum Teufel, tun Sie denn mit Ihren Arbeitern, wenn sie alt sind?« fragt er; »von denen, die ich sah, schien mir keiner älter als fünfzig Jahre zu sein.« Der andere zögert einen Augenblick, leert sein Glas: »Rauchen Sie eine Zigarre«, sagte er dann, »wir werden noch einen Gang auf den Friedhof tun.«

Auch der Glashüttenbesitzer mußte zuweilen einen Gang auf den Friedhof tun. Und obwohl er dort nicht betete – denn die Bürger dieser Zeit waren Freidenker –, ist es durchaus möglich, daß er sich dort anständig betrug und vielleicht sogar bei dieser Gelegenheit nachdachte. Warum auch nicht? Ich sage das ohne Spott. Die Leute, die mich nicht richtig kennen, halten mich gerne für eine Art Besessenen, einen Pamphletisten. Ich erkläre deshalb noch einmal, daß ein Polemiker bis zum zwanzigsten Jahre amüsant sein mag, bis zum dreißigsten Jahre erträglich, gegen die fünfzig aber ist er todlangweilig, und von da an unanständig. Die polemischen Gelüste eines Greises erscheinen mir als fehlgeleitete Erotik. Der Besessene erregt sich bei kaltem Blut, sagt das Volk. Ich bin weit davon entfernt, mich zu erregen, ich suche vielmehr immer zu begreifen. Das ist übrigens auch das einzige Heilmittel gegen jenen hysterischen Wahnzustand, in den schließlich die Unglücklichen verfallen, die keinen Schritt tun können, ohne in irgendein unverdientes Mißgeschick zu geraten; wie eine Fußangel liegt es sorgsam für sie unter dem Gras versteckt. Ich versuche zu begreifen. Ich glaube, ich bemühe mich sogar zu lieben. Ein sogenannter Optimist bin ich deswegen nicht. Optimismus erscheint mir immer wie ein heimtückisches Alibi von Egoisten, die damit vor sich selbst ihre chronische Selbstgefälligkeit verschleiern. Sie sind Optimisten, um sich das Mitleid mit dem Menschen und seinem Elend zu ersparen.

Man kann sich die Entrüstung vorstellen, in die etwa Proudhon über den vorhin erwähnten Satz des Amerikaners ausgebrochen wäre. Ich halte den Satz gar nicht für so herzlos, wie er aussieht. Es wäre dabei manches über das zu sagen, was man Herz und Mitleid nennt. Empfindsame Seelen beurteilen gern die Tiefe eines Gefühls nach den Krämpfen, die es bei gewissen Mitleidigen hervorruft. Nun, in diesen Krämpfen drückt sich eine Revolte gegen den Schmerz aus, die für den Patienten gefährlich werden kann, denn allzu leicht vermengen sich in ihm die Angst vor dem Leiden und die Angst vor dem Leidenden. Wir alle kennen jene nervösen Frauen, die keine kranke Fliege sehen können, ohne sie sofort mit einem Ausdruck des Ekels zu töten; das ist nicht sehr angenehm für das Tier, das wahrscheinlich nichts anderes vorhatte, als sich in eine stille Ecke zu verkriechen, um wieder zu gesunden. Bestimmte Widersprüche der modernen Geschichte hellten sich mir in dem Augenblick auf, in dem ich mir eine Tatsache recht bewußt machte, die einem übrigens ins Auge springt: der Mensch unserer Zeit hat ein hartes Herz und empfindliche Eingeweide. Wie nach der Sintflut wird die Erde vielleicht morgen den knochenlosen Ungeheuern gehören.

Man darf also ohne weiteres annehmen, daß sich gewisse Naturen instinktiv gegen das Mitleid wehren, weil sie sich selbst und dem Unmaß ihrer Reaktionen gegenüber Mißtrauen hegen. Seit Hunderten von Jahren haben die Dummköpfe geduldig die überlieferte kirchliche Lehrmeinung angenommen bei Fragen, die ihnen in Wahrheit unlösbar erschienen. Ob das Leiden einen Sühnewert hat oder nicht, ja, ob es geliebt werden kann – was zählt bei dieser Frage schon die Meinung von ein paar Sonderlingen, wenn sowohl der gesunde Menschenverstand wie die Kirche es zulassen, daß die vernünftigen Leute auf jede Weise es zu meiden trachten? Gewiß, es wäre früher keinem Dummkopf eingefallen, die universale Würde des Schmerzes zu leugnen, aber der universale Schmerz war damals diskret. Heute verfügt er, um sich vernehmlich zu machen, über die gleichen Machtmittel wie die Freude oder der Haß. Dieselben Leute, die nach und nach, planmäßig, die Familienbeziehungen auf den unentbehrlichen Austausch von Geburts-, Heirats- und Todesanzeigen einschränkten, um auf diese Weise die winzigen Reste ihrer affektiven Empfindsamkeit zu schonen, können keine Zeitung aufschlagen, kein Radio andrehen, ohne sofort Katastrophen zu erfahren. Um einem solchen Ansturm zu entrinnen, genügt es natürlich nicht mehr, wenn diese Unglücklichen einmal in der Woche beim Hochamt mit halbem Ohr die Predigt eines braven, wohlgenährten Pfarrers über das Leid hören, mit dem sie gleich danach den sonntäglichen Hammelbraten teilen. So haben sich denn die Dummköpfe entschlossen dem Problem des Schmerzes wie der Armut zugewandt. Sache der Wissenschaft ist es, denkt der Dummkopf in seiner unbeugsamen Logik, den Schmerz zu besiegen, und mit dem Elend hat sich der Volkswirtschaftler zu befassen. Aber bis es soweit ist, laßt uns die öffentliche Meinung, der bekanntlich nichts widersteht, weder im Himmel noch auf Erden, gegen diese beiden Geißeln der Menschheit mobilisieren! Den Armen ehren? Warum nicht noch die Läuse der Armut? Diese orientalischen Träume waren zu Lebzeiten Christi ungefährlich; er war ja übrigens niemals ein Mann der Tat. Lebte Jesus Christus in unserer Zeit, so müßte er sich genauso wie jeder andere eine Position schaffen – und wenn er nur eine ganz bescheidene Fabrik zu leiten hätte, würde er bald einsehen, daß die moderne Gesellschaft ihre Rolle gegenüber den sozial Benachteiligten vollkommen erfüllt, indem sie die Würde des Geldes preist und die Schande der Armut verurteilt.

Zunächst ist der Mensch von Geburt aus hochmütig, seiner Eigenliebe steht das Maul stets offen; sie ist noch hungriger als der Bauch. Glaubt sich ein Soldat nicht mit einer Messingmedaille für alle Todesgefahren genug bezahlt? So oft ihr etwas gegen das Prestige des Reichtums sagt, fühlt sich der Arme in seiner eigenen Wertschätzung steigen. Seine Armut erscheint ihm dann weniger als Schande, er erträgt sie, und so groß ist seine Narrheit, daß er sie am Ende vielleicht noch liebt. Nun, die Gesellschaft bedarf, wenn sie funktionieren soll, solcher Armen, die »ihren Stolz« haben. Die Angst vor Demütigung hält viel mehr von ihnen in Schach als der Hunger, und zwar die besten, diejenigen nämlich, die zwar einmal ausschlagen, aber bis zum letzten Atemzuge den Karren ziehen. Sie ziehen ihn, wie andere vor ihnen im Kriege sterben: nicht aus Freude am Sterben, sondern weil sie vor den Kumpeln nicht rot werden oder auch weil sie den Feldwebel ärgern wollen. Wenn ihr sie nicht in Atem hieltet, wenn sie nicht dauernd durch den Hausherrn, den Kaufmann, den Hausmeister bedrängt würden, wenn sie nicht in der steten Angst lebten, in Schande zu geraten, gar zum Bettler, zum Herumstreicher zu werden –, sie würden zwar nicht aufhören zu arbeiten, aber sie würden weniger arbeiten, oder sie würden auf ihre Art arbeiten wollen, sie würden die Maschinen nicht mehr respektieren. Ein ermüdeter Schwimmer stößt sich mit ganz anderer Kraft vorwärts, wenn er eine Tiefe von fünf Metern unter sich ahnt, als wenn er mit den Zehen den Sand berühren kann. Als die freie Wirtschaft mit ihren Methoden noch die Menschen bildete, damals, vor der beklagenswerten Erfindung der Gewerkschaften, als der Arbeiter noch wirklich Arbeiter war, so wie ihr ihn brauchtet, damals war er tief davon überzeugt, er müsse sich mit seiner Arbeit alle Tage neu von der Schande loskaufen, arm zu sein, und er scheute, wenn er arm oder krank wurde, Altersheim wie Krankenhaus gleichermaßen, und zwar weniger aus Liebe zur Freiheit als aus einem Schamgefühl heraus, Scham nämlich darüber, daß er nicht mehr »für sich aufkommen« kann, wie das Volk so treffend zu sagen pflegt.

Der Zorn der Dummköpfe erfüllt die Welt. Ohne Zweifel ist er weniger zu fürchten als ihr Mitleid. Die harmloseste Haltung des Dummkopfes gegenüber dem Schmerz und der Not ist die dumme Gleichgültigkeit. Wehe euch jedoch, wenn er, den Werkzeugkasten auf dem Rücken, mit seinen ungeschickten und grausamen Händen nach den Angeln der Welt greift! Aber schon hat er zu tasten aufgehört und eine riesige Zange aus seinem Kasten geholt. Da er ein praktischer Mensch ist, glaubt er, Schmerz und Armut seien nur ein Mangel, eine Leere, ein Nichts also. Er wundert sich, daß sie ihm widerstehen. Der Arme ist also doch nicht nur ein Bürger, dem bloß das Bankkonto fehlt, um dem erstbesten gleich zu sein! Gewiß gibt es auch Arme von dieser Sorte –, sie sind übrigens viel weniger zahlreich, als man sich vorstellt, denn das Wirtschaftsleben der ganzen Welt ist gerade durch die reich gewordenen Armen verfälscht worden, die bei allem Reichtum die Laster der Armut bewahren. Und zudem waren sie zweifellos so wenig jemals richtige Arme, wie sie heute richtige Reiche sind –, sie sind eine Rasse von Bastarden. Aber was soll ein Dummkopf mit solchen Feinheiten anfangen, er, dessen liebste Illusion es ist, daß der Unterschied zwischen den Menschen der verschiedenen Völker nur einem schlechten Streich zu verdanken ist, den man ihnen spielte, indem man sie mit verschiedenen Sprachen bedachte, und der erwartet, durch den Ausbau der demokratischen Einrichtungen und den Unterricht in Esperanto werde es zur weltumspannenden Verbrüderung kommen. Wie sollt ihr ihm begreiflich machen, daß es ein *Volk* der Armen gibt und daß die Tradition dieses Volkes die älteste aller Überlieferungen dieser Welt ist? Ein Volk von Armen, nicht weniger aus-

geprägt als das jüdische Volk? Man kann mit diesem Volk umspringen, aber man kann es nicht zur Masse einschmelzen. Auf alle Fälle muß man ihm seine Gesetze lassen, seine Bräuche und jene nur ihm zugehörige Lebensauffassung, mit der ihr nichts anfangen könnt. Sie erinnert an die der Kinder, naiv und kompliziert zugleich, eine ungelenke Weisheit, so rein wie die Kunst der alten Maler.
Und noch etwas: es handelt sich nicht darum, die Armen zu Reichen zu machen, denn das gesamte Gold eurer Minen würde dazu wahrscheinlich nicht ausreichen. Ihr würdet überdies doch nur die Zahl der falschen Reichen vermehren. Keine Kraft der Welt kann den Fluß des Goldes aufhalten, keine kann in einen einzigen Goldsee all die Millionen kleiner Bäche zusammenführen, in denen euer Zaubermetall, noch ungreifbarer als Quecksilber, verströmt. Es geht nicht darum, den Armen reich zu machen, es geht darum, ihn zu ehren, oder vielmehr, ihm seine Ehre wiederzugeben. Offenbar kann weder der Starke noch der Schwache ohne Ehre leben, aber der Schwache hat die Ehre nötiger als jeder andere. Dieser Grundsatz hat durchaus nichts Befremdendes. Es ist gefährlich, die Armen verkommen zu lassen, die Zersetzung der Schwachen ist ein Gift für die Starken. Wie tief wären die Frauen, eure Frauen gefallen, wäret ihr nicht klugerweise im Laufe der Jahrhunderte übereingekommen, sie zu achten, wo ihr doch über alle Mittel verfügtet, euch ihre Seelen und ihre Körper unterwürfig zu machen! Ihr achtet die Frau und das Kind, und es würde keinem von euch in den Sinn kommen, ihre Schwäche als ein Gebrechen zu betrachten, dessen man sich schämt, über das man nicht spricht. Wenn also in diesem Fall die Sitte über die Gewalt gesiegt hat, warum sollte nicht auch eines Tages das niederträchtige Prestige des Geldes ein Ende nehmen? Ja, die Ehre des Geldes wäre ein Nichts ohne eure hinterhältige Komplizenschaft.

»Aber ist das nicht immer so gewesen in all den Jahrhunderten, die bis jetzt verflossen sind?« Sagen wir lieber: Geldleute haben zwar immer die Macht des Geldes ausgenützt, aber sie wurde niemals von irgend jemand anerkannt. Eine Legitimität des Geldes hat es nie gegeben und wird es nie geben. Sobald man es näher ansehen will, versteckt sich das Geld, gräbt sich ein, verbirgt sich unter der Erde. Selbst heute ist seine Stellung gegenüber der Gesellschaft, die es doch beherrscht, ungefähr die eines Gutsknechtes, der mit seiner Herrin, einer reichen Witwe, schläft: er streicht alles ein, was sie ihm bietet, aber vor den Leuten nennt er seine Geliebte »Madame«, und wenn er mit ihr spricht, behält er die Mütze in der Hand. Schönheitsköniginnen und Filmstars feiern Triumphe – aber man kann sich nicht vorstellen, daß sich um einen Mister Rockefeller die gleiche vor Begeisterung tobende Masse drängt, die etwa einen Tino Rossi empfängt, wenn er am Gare du Nord eintrifft. Ungeniert äußert sie ihre Verehrung für den kleinen Korsen mit der Traumstimme, aber die gleichen Leute kämen sich albern vor, einem Mister Ford gegenüber die gleiche Begeisterung zu zeigen, und wäre er so schön wie Robert Taylor. Das Geld ist Herrscher, zugegeben. Aber es besitzt nicht einmal eine anerkannte Repräsentation, wie sie doch jede simple drittrangige Macht hat, man sucht es vergebens bei den Staatsempfängen. Richter könnt ihr dort sehen in roter pelzverbrämter Robe, Offiziere, aufgeputzt wie Domschweizer, diese selbst, wie sie dem violettgekleideten Prälaten den Weg bahnen, Polizeioffiziere, Akademiker, die ihnen ähneln, die Abgeordneten in würdigem Schwarz – den Reichen aber seht ihr nicht, obwohl er die Kosten des Festes bestreitet, und obwohl er die Mittel besäße, seinen Hut mit vielen Federn zu schmücken.

Charles Maurras hat einmal ein Wort gesprochen, klirrend von Größe und menschlicher Würde: »Was mich in Er-

staunen setzt, ist nicht die Unordnung, sondern die Ordnung.« Was uns mit ebensoviel Staunen erfüllen müßte, ist die Tatsache, daß sich das Geld sogar in dieser Welt, die ihm gehört, immer vor sich selbst zu schämen scheint. Roosevelt erinnerte kürzlich daran, daß sich ein Viertel des amerikanischen Reichtums in den Händen von sechzig Familien befinde, deren Zahl sich übrigens auf Grund der Verwandtschaftsbeziehungen auf etwa zwanzig einschränken läßt. Einige dieser Männer, die keinerlei Rangabzeichen am Ärmel tragen, besitzen über acht Milliarden. Oh, ich sehe schon, wie unsere jungen Realisten von rechts zu feixen beginnen: »Die berühmten zweihundert Familien! Hahaha!« Aber ja, meine Lieben! Ich weiß nicht, ob es jenes »wirkliche Frankreich« jemals gegeben hat, von dem eure Weisen, die euch die Köpfe verdrehen, immer erzählen. Aber ganz sicher ist der Reichtum Frankreichs eine Wirklichkeit. Und dieser wirkliche Reichtum müßte eigentlich unsern Kredit sichern. Nun, ihr wißt selbst, daß dies nicht der Fall ist. Fünfzig Milliarden, hübsch in Fünf-Franc-Stücke aufgeteilt und in Wollstrümpfen versteckt, sind ein Nichts gegenüber einer einzigen, sofort flüssig zu machenden Milliarde, die nach den Grundsätzen der napoleonischen Kriege arbeitet: »Nicht auf die Zahl der Regimenter des Feindes kommt es an, sondern man muß immer dort am stärksten sein, wo er am schwächsten ist.«
Und wenn es schon so schwer ist, Taler flüssig zu machen, wie wird's dann erst mit den Feldern und Wäldern sein? Es ist also nicht abwegig zu behaupten, daß der wirkliche Reichtum einer Nation, so riesig er auch im Vergleich mit den Reichtümern einiger weniger Einzelner erscheinen mag, gegenüber den geschäftlichen Praktiken dieser Letzteren keine Sicherheit bedeutet. Ich glaube, ich kann in diesem Punkt Herrn Maurras folgen, der lange vor mir die tieferen Gründe des Siegeszuges der Juden studiert hat. Warum zum Teufel sollten unsere französischen Pluto-

kraten nicht die Methoden jener Leute annehmen, denen sie ihre Töchter zur Frau geben? Ich weiß, meine jungen Realisten, solche Betrachtungen vermögen nicht, euch den Schlaf zu rauben. Was kümmern euch Felder und Weinberge? »Der Franc stürzt. Da haben wir Schwein: auch das Ministerium wird stürzen.« Leider liegt das Problem ein wenig anders, als ihr meint. Nicht um den Franc habe ich Angst, ich habe Angst um euch, ihr armen Kerle. Der Franc erhält schließlich wieder seinen Wert, und dieser Wert wird, früher oder später, der Rolle, die Frankreich in der Welt spielt, entsprechen –, wenn die Welt unser Land wieder braucht. Unsere Gegner wissen das wohl. Sie warten nur auf den Augenblick, wo ihre Finanzberater, unbemerkt, den militärischen Beratern zuzwinkern, und dann... Dann, Kinder, wird der Franc langsam wieder steigen. Aber man bringt ihn nicht mit denselben Mitteln zum Steigen, mit denen man ihn heute zum Stürzen bringt! Mit euerm Blut werdet ihr ihm seine Kaufkraft wiedergewinnen, ihr Dummköpfe.

Ich gebe zu, das Leben der Geldmakler müßte zu einem Äschylos-Drama werden, wenn diesen Herren plötzlich klar würde, daß es bei ihren Bar- und Kreditgeschäften nicht um Papiergeld, sondern um Menschen geht. Aber das Leben eines Finanzmaklers darf nicht zum äschyleischen Drama werden. Das Volk dagegen lebt von jeher in der Vorstellung, die kleine Ader des kostbaren Metalls entspringe auf den Friedhöfen, versickere Gott weiß wo, um eines Tages auf andern, neuen Friedhöfen wieder emporzuquellen. Das Volk reagiert eben anders auf das Mysterium des Geldes als wir; die Lektüre der Wirtschaftswissenschaftler hat seinen Instinkt noch nicht verdorben. Es ist nur natürlich, daß es besonders empfindlich ist gegenüber der Grausamkeit des mondfarbenen Gottes, der den armen Teufeln die ganze Last seiner eigenen Enttäuschungen auflädt. Wir wissen, daß der Fürst der Welt unter seiner Rüstung eine peinliche Wunde verbirgt: er leidet in seinem gleißenden Herzen darunter, daß er vor den wahren Fürsten und Meistern, die er so brennend gern verführen möchte, als Dummkopf dasteht. Die Schmeichler, die er an seine Tafel lädt, lassen die goldenen Bestecke in ihre Taschen gleiten, auch wenn er sie noch so üppig bewirtet, und die Sklaven spucken ihm heimlich in die Teller. Gebt zu, es besteht kein Anlaß zu der Vermutung, dieser Monarch müsse sich besonders achtenswert vorkommen.

Wenn das Geld bis jetzt noch nicht auf der öffentlichen Anerkennung seiner Souveränität besteht, so weniger aus einer vorsichtigen Zurückhaltung heraus als vielmehr aus einer tief eingewurzelten Scheu. Diejenigen, die außerhalb seines Machtbereichs stehen, kennen seinen Wert auf den Pfennig genau. Es selbst aber ahnt nichts von dem ihren. Die Heiligen und die Helden wissen, was das Geld denkt, aber dieses macht sich keinerlei Vorstellungen davon, was die Heiligen und die Helden über sein Wirken denken.
Es steht fest, daß die alleinige Liebe zum Geld immer nur Wahnsinnige und Besessene hervorgebracht hat; die Welt kennt sie kaum: wie Pariser Champignons winseln und verfaulen sie in irgendwelchen düsteren Winkeln. Der Geiz ist keine Leidenschaft, sondern ein Laster. Die Welt gehört nicht dem Laster, wie sich eine mühselige Keuschheit das gern vorstellt, sie gehört dem Wagemut. Die Neunmalklugen, deren ganze Moral im Sparen besteht, lachen zwar darüber, aber wenn sie auch selbst nichts wagen, so leben sie doch vom Wagnis der andern. Gott sei Dank kommt es auch vor, daß sie daran sterben. Irgendein unbekannter Ingenieur hat plötzlich zum Entsetzen seiner Freunde den Einfall, von nun an mechanische Vögel herzustellen, irgendein Radrennfahrer wettet beim Apéritif, er werde diese seltsame Maschine steuern, und keine dreißig Jahre danach fallen den fleißigen Sparern die Tausend-

Kilo-Bomben auf den Kopf. Die Welt hat immer dem Wagnis gehört. Morgen wird sie dem gehören, der am meisten wagt, der am entschlossensten das Wagnis auf sich nimmt. Wenn ich Zeit hätte, würde ich euch gern vor einer Illusion warnen, die sich bei den Frömmlern hartnäckig behauptet. Die Frömmler glauben, eine »Menschheit ohne Gott« [um mich ihrer Redeweise zu bedienen] werde »in hemmungsloser Ausschweifung zugrunde gehen«. Sie rechnen mit einem völligen Verfall, wie im alten Rom. Sie werden sich täuschen. Der verkommende Teil des römischen Imperiums war jener Haufe räuberischer hoher Beamter, zynische, haltlose Bestien, die ihr Maul an die Kloake beider Kontinente gepreßt hielten, um allen Schmutz Asiens und Afrikas einzuschlürfen. Mit dem angeblichen Raffinement dieser Kerle aber verhält es sich wie mit dem meisten, was uns die Schule überliefert hat. Seit Jahrhunderten werden die jungen Franzosen von allen Stubengelehrten aufgerufen, einen legendären Petronius oder Lukullus zu bewundern, wie er aus dem Dampfbad steigt und sich von jungen Epheben striegeln läßt. Wenn man's recht überlegt, wuschen sich diese Leute so viel, weil sie so unerträglich stanken. Vergebens ließen sie Balsam und Narden über die schändlichen Wunden strömen, von denen uns Juvenal und Lukian berichteten. Aber selbst wenn diese Unglücklichen gesund waren, so fraßen sie doch derart viel, daß sie sich bei Tisch hinlegten, nur um sich besser vollstopfen zu können; und waren sie voll, dann leerten sie sich wie Schläuche wieder aus, indem sie ihre fetten, goldberingten Finger in den Schlund steckten, ohne sich dabei die Mühe zu machen, sich aufzurichten; sie hatten es wahrhaftig nötig, sich den Dreck abzuwaschen... Freilich wohnten sie in pompösen Villen. Nein, ich habe den römischen Menschen nie geliebt! Aber ich habe Jahre gebraucht, bis mir nicht nur seine in die Augen springende Grobschlächtigkeit bewußt ward, sondern auch die Armseligkeit seines Wesens. Ich spreche gar nicht von seiner ungeheuerlichen, törichten Verschwendungssucht, von den mit Sklavenfleisch gemästeten Moränen, den Nachtigallenzungen, von den in Falernerwein aufgelösten Perlen und all den tausend andern ebenso geschmacklosen Scherzen, deren Vulgärität sogar auf der Canebière ein verächtliches Achselzucken hervorrufen würde. Ich denke an andere, angeblich diabolische – vielleicht waren sie es wirklich – Zerstreuungen, von denen greise Pauker im Flüstertone reden und die aus den Träumen einsamer Gymnasiasten zu stammen scheinen. All diese dickbäuchigen Kaiser zeigten viel guten Willen bei ihren bösen Taten. Um wirklich pervers zu sein, fehlte ihnen jedoch eine bestimmte menschliche Qualität. Nicht jeder, der verdammt sein will, wird wirklich verdammt. Nicht jeder, der es will, teilt das Brot und den Wein der Verworfenheit. – »Was soll das heißen?« – Keiner kann Gott ernsthaft beleidigen, der nicht auch die Fähigkeit in sich trägt, ihn zu lieben und ihm zu dienen. Was haben also diese Schweine mit Gott zu schaffen? Sueton hat in seinen Kaiserbildern eigentlich nur Negerhäuptlinge geschildert. Was schert uns der geile alte Tiberius, der in seinem Bad herumpatscht und mit unschuldigen Kindern seine Scheußlichkeiten treibt? Tausende von siebzigjährigen Wüstlingen geben sich, gehetzt von den Furien der Impotenz, abwegigen Träumen hin. – »Aber Tiberius hat sie nicht nur geträumt!« – Mag sein! Er hat sie vielleicht nicht einmal geträumt! Diese Praktiken müssen ihm von einer Kupplerin beigebracht worden sein oder von einer Konkubine, die sich für gemeine und erniedrigende Dienste zu rächen gedachte, indem sie den Herrn der Welt zum Gespött machte. Schließlich riskierte dieser Herr der Welt nichts dabei, nicht einmal, daß man ihn in eine Erziehungsanstalt steckte.

Ich staune über die von Kultur aufgeblähten Idioten, die von Büchern wimmeln wie andere von Läusen, und die, vornehm den kleinen Finger spreizend, behaupten, es geschehe in der Welt nichts Neues, alles sei schon einmal dagewesen. Was wissen sie schon davon? Die Menschwerdung Christi war etwas Neues. Die Entchristlichung der Welt ist wieder etwas Neues. Jemand, der das zweite Phänomen überhaupt nicht wahrgenommen hat, kann sich natürlich auch keine Vorstellung von dessen Folgen machen. Mit viel größerem Befremden blicke ich auf jene Katholiken, die sich durch die Lektüre des Evangeliums, und sei sie noch so flüchtig, nicht getrieben fühlen, über einen von Tag zu Tag erregenderen Kampf nachzudenken. Dabei ist dieser durch ein erstaunliches, zuvor nie gehörtes Wort angekündigt – ein Wort übrigens, das seinerzeit völlig unverständlich sein mußte: »Ihr könnt nicht Gott dienen und dem Mammon.« Oh, ich kenne sie! Wenn durch ein Wunder mein Wort einen von ihnen beunruhigen sollte, wird er zu seinem Beichtvater rennen, und dieser wird ihm im Namen zahlloser Kasuisten erklären, jener Ausspruch sei nur an die Vollkommenen gerichtet und brauche infolgedessen einen kleinen Hausbesitzer nicht zu stören. Ich will ihm das zugeben. Und ich werde mir also gestatten, das Wort GELD mit großen Lettern zu schreiben. »Ihr könnt nicht Gott dienen und dem MAMMON.« Die Macht des Mammons widersetzt sich der Macht Gottes.

Das, werdet ihr sagen, ist wieder einmal so eine metaphysische Betrachtung, um die sich die Realisten nicht kümmern. Verzeihung! Dann drückt es doch anders aus, mit euern Worten, was liegt mir dran! Die Antike hat den Reichen gekannt. Viele Menschen haben damals unter der ungerechten Verteilung der Güter gelitten, unter dem Egoismus, der Raffgier und dem Hochmut der Reichen, wiewohl man vielleicht nicht genug an jene Tausende von kleinen Bauern, Hirten, Schäfern, Fischern oder Jägern denkt, die dank der noch mangelhaften Entwicklung der Verkehrsmittel arm und frei in ihrer unzugänglichen Einsamkeit lebten. Man denke einmal über folgende wichtige Tatsache nach: Die Ausbeuter, das waren damals Beamte, und sie mußten bescheiden hinter dem erobernden General zurückstehen; sie bekamen nur den Anteil an der Beute, den ihnen das Militär übrigließ. Und Gott weiß, was diese römischen Militärs waren, bevor die edeln Völker des Westens dieser Horde von ordnungs- und gesetzeswütigen Stinkern wirkliche Feldherrn und Soldaten lieferten. Kurz und gut, in jenen fernen Zeiten beuteten die Geldleute die Welt aus, wie es der Zufall erfolgreicher Kriegs- und Beutezüge gerade erlaubte, sie organisierten sie noch nicht. Ich bitte euch, was haben jene mehr oder weniger beamteten Piraten mit einem der puritanischen, melancholischen und magenkranken Milliardäre von heute gemein? Jene waren begierig, möglichst rasch ihre Kisten zu füllen, und erfreuten sich, heimgekehrt, ihres übelerworbenen Gutes, um am Ende als Wüstlinge zu verrecken; der puritanische Milliardär aber versteht es, mit einem Augenzwinkern, mit einer Unterschrift seines Luxusfüllers das ungeheure Gewicht des allgemeinen Elends der Welt in Bewegung zu bringen. Noch ein Handelsmann des achtzehnten Jahrhunderts wäre nicht fähig gewesen, sich diesen Typ Mensch auch nur vorzustellen, er wäre ihm absurd erschienen, und er ist es in der Tat, er ist das – nunmehr fixierte – künstliche Erzeugnis aus verschiedenen und verschiedenartigen Spezies. Ihr werdet natürlich, wie die Papageien, bei euerm Wort bleiben, er sei eben das Geschöpf der kapitalistischen Epoche. Umgekehrt ist es: er hat sie erst geschaffen. Natürlich geschah das nicht nach einem vorbedachten Plan. Letzten Endes handelt es sich hier um ein Phänomen der Anpassung, des Selbsterhaltungstriebs. Der schlechte Reiche von ehedem, der sich in Genuß und Ausschweifung austobte, der Protz und Verschwender, Feind jeder wirklichen Anstrengung, ihm hatte fast ganz allein der Angriff des Christentums gegolten, sein unwiderstehlicher Ansturm. Hätte er in dieser christlichen Welt weitergelebt, so hätte er es dennoch zu nichts gebracht. Er hat es tatsächlich zu nichts gebracht.

Die Menschen des Mittelalters waren nicht tugendhaft genug, das Geld zu verachten, aber sie verachteten die Geldleute. Eine Zeitlang schonten sie die Juden, weil der Jude das Geld an sich zog, wie ein Abszeß den Eiter. Wenn dann der richtige Augenblick gekommen war, entleerten sie den Juden, ganz so, wie der Chirurg den Abszeß entleert. Ich billige diese Methode nicht, behaupte lediglich, daß sie nicht im Widerspruch zur Lehre der Kirche stand, nach der Zinsnehmen und Wuchern verboten ist. Anstatt das System abzuschaffen, machte man es verächtlich. Es ist zweierlei, ob man die Prostitution duldet oder ob man die Prostituierten vergöttert, wie es der mittelmeerische Pöbel in der Vergangenheit genug getan hat, für den der Verkauf des parfümierten Tiers schon immer zum Nationalgewerbe gehörte. Es versteht sich von selbst, daß in Zeiten, da die Kinder ungestraft den reichsten Kapitalisten, weil er das gelbe Abzeichen trug, mit Kohlstrünken ins Ghetto zurücktreiben konnten, dem Gelde jenes moralische Prestige fehlte, dessen es bedarf, wenn es sich durchsetzen will.

Das Christentum hat weder den Reichen ausgemerzt noch den Armen reich gemacht, denn niemals hat es sich anheischig gemacht, die Erbsünde aufzuheben. Es hätte die Versklavung der Welt durch das Geld noch endlos hinausschieben und die Hierarchie der menschlichen Werte, die Ordnung der Ehre aufrechterhalten können. Aber dank dem geheimnisvollen Gesetz, das den Tieren, die aus gemäßigten in polare Zonen verschlagen werden, ein dickeres Fell wachsen läßt, hat schließlich der Reiche in einem seiner Spezies so ungünstigen Klima eine erstaunliche Widerstandskraft und Vitalität erworben. Er brauchte nur geduldig, von innen her, mit den ökonomischen Bedingungen zugleich die Gesetze, die Sitten, die Moral als solche zu verwandeln. Es wäre übertrieben zu behaupten, er habe die geistige Revolution hervorgerufen, aus der die moderne Wissenschaft entstand, aber von ihren ersten Erfolgen an hat er sie unterstützt und ihre Forschungen auf seine Ziele hingelenkt. So hat er jene ungeheure Unterwerfung von Raum und Zeit mittels der Mechanik wenn nicht herbeigeführt, so doch ausgebeutet: sie dient einzig und allein seinen Unternehmungen. Aus dem an seinen Kontorstuhl gefesselten Wucherer hat er den anonymen Herrn über das Spargeld und die Arbeit der Menschen gemacht. Unter diesen wütenden Schlägen ging die Christenheit zugrunde, wankt die Kirche. Was kann man tun gegen eine Macht, die den modernen Fortschritt unter ihre Kontrolle gebracht, indem sie ihn zum Mythus machte? Was gegen eine Macht, die die Menschheit ständig unter der Drohung des Krieges hält? Sie allein kann ihn finanzieren, ja, er ist geradezu eine der normalen Formen wirtschaftlicher Betätigung geworden, sei es, daß man ihn vorbereitet, sei es, daß man ihn führt!

Derartige Ansichten sind den Vertretern der Rechten im allgemeinen unbequem. Man fragt sich, warum? Der schäbigste kleine Kaufmann pflegt den harmlosen Trunkenbold, der seinen Wochenlohn versäuft und – um zu beweisen, daß er ein freier Mann ist – dem vorbeigehenden Polizisten ein »Nieder mit den Saukerlen!« nachruft, für einen gefährlichen Feind der Gesellschaft zu halten. Aber der gleiche brave »selbständige Gewerbetreibende« fühlt sich mit einem Rothschild oder Rockefeller solidarisch, ja der Dummkopf empfindet sich durch deren Existenz noch bestätigt! Man kann für diese seltsame Erscheinung zahllose psychologische Erklärungen geben. Sicher ist, daß der Unterschied zwischen Besitzenden und Nichtbesitzenden bei den meisten unserer Zeitgenossen an die Stelle aller andern Unterscheidungen getreten ist. Der Besitzende kommt sich dabei vor wie das Schaf, hinter dem der Wolf her ist. In den Augen der Armen aber ist dieses nämliche Schaf ein gieriger Haifisch, der sich gerade anschickt, einen armen Weißfisch zu verschlucken. Schon öffnet sich jedoch in der Ferne das blutige Maul, das sie beide zusammen verschlingt und somit friedlich vereint.

Eine solche krankhafte Besessenheit, geboren aus der Angst, verändert die sozialen Beziehungen von Grund auf. Die Höflichkeit zum Beispiel ist heute nicht mehr Ausdruck einer menschlichen Haltung, einer Lebensauffassung. Sie wird zunehmend zu einem System von Riten, deren ursprünglicher Sinn längst entfallen ist, zu einer festgelegten Abfolge von Grimassen, Kopfbewegungen, Glucksern, genormtem Lächeln – gemeinsamen Abzeichen einer durch die gleiche Gymnastik dressierten Sorte von Bürgern. Hunde haben ähnliche Verhaltensweisen untereinander – selbstverständlich nur unter sich: selten werdet ihr beobachten, daß ein Hund den Hintern einer Katze oder eines Schafes beschnuppert. Genauso verhält es sich mit dem Höflichkeitsgetue meiner Zeitgenossen: sie vollführen ihre Gestikulationen ebenfalls nur in Gegenwart von Angehörigen ihrer Klasse.

In meiner Jugend wohnte ich in einem winzigen Weiler des Artois, in einem alten, zärtlich geliebten Haus, von Bäumen umstanden, erfüllt vom Rauschen der Blätter und Bäche. Das alte Haus gehört mir nicht mehr – was tut's! Wenn nur seine jetzigen Besitzer es gut behandeln! Wenn sie ihm nur kein Leid antun, wenn es nur ein Freund und keine Sache für sie ist!... Nun gut! Jeden Montag kamen Leute, »ihr Almosen holen«, wie man da unten sagt. Sie kamen manchmal von weit her, aus andern Dörfern, aber ich kannte sie fast alle mit Namen. Sie waren eine recht treue Kundschaft. Sie vertraten sich sogar gegenseitig: »Ich komme für den und den, er hat wieder sein Rheuma.« Wenn sich mehr als hundert einfanden, sagte mein Vater: »Donnerwetter, das Geschäft kommt in Schwung!...« Ach, ich weiß, solche Erinnerungen sind für euch langweilig, verzeiht mir. Ich wollte euch nur klarmachen, daß ich im Respekt vor den alten Leuten erzogen wurde, gleich ob sie reich oder arm waren, zumal im Respekt vor alten Damen – eine Gewohnheit, von der mich noch nicht einmal die widerlichen siebzigjährigen Närrinnen von heute haben heilen können. Nun, damals mußte ich, wenn ich mit einem alten Bettler sprach, meine Mütze in der Hand halten, und er fand das ebenso selbstverständlich wie ich, es rührte ihn gar nicht sonderlich. So waren sie eben, die Leute des alten Frankreich, Leute von Lebensart, auch wenn sie nach Tabak oder nach Priem rochen; nach dem Kramladen rochen sie jedenfalls nicht, und sie hatten auch keine Krämerköpfe, nicht diese Köpfe von Sakristanen und Hausmeistern, die aussehen, als seien sie im Keller gewachsen. Sie glichen weit eher einem Vauban, einem Turenne, eher den Valois oder den Bourbonen als Philipp Henriot zum Beispiel oder irgendeinem andern unserer wohlanständigen Bürger... Ich sage euch nichts Neues? Ihr seid ganz meiner Meinung? Um so besser! Die jungen Leute, denen ich jeden Tag auf der Straße begegne, wären also fähig, spontan den Hut abzunehmen, wenn sie ein alter Arbeiter anspricht? Gut, kein Wort mehr darüber, ich will sogar annehmen, daß der alte Arbeiter dabei nicht den Eindruck hat, man wolle sich über ihn lustig machen. Also ist's doch nicht so schlimm, wie ich dachte: das Prestige des Geldes geht zurück. Was für ein Glück! Denn was ihr euch als den Unterschied zwischen den Anhängern der nationalen Front und denen der Volksfront ausgetüftelt hattet, taugte nicht viel. Diese Unterscheidung war aus einem ganz einfachen Grunde nichts wert, den auch der fanatischste Leser des *Jour* oder der *Humanité* einsehen kann, ja sogar ein fetter Hausmeister des Quartier Monceau, der aus lauter Ehrfurcht vor dem Besitz sogar Parteigänger des C. S.A.R. geworden ist: Man kann nämlich nicht ausgerechnet Leute nach ihrer politischen oder sozialen Meinung einteilen, die bei den herrschenden wirtschaftlichen Verhältnissen gar nicht in der Lage sind, sich eine eigene Meinung zu bilden. Das ist's! Sie sind wirklich zuständig nur für die eine gemeinsame feierliche Erklärung, nämlich daß wir uns alle in einem Teufelskreise drehen. Und gerade die, welche das tolle Treiben mitnichten von fern betrachten, sondern sich in dessen Taumel wacker mitdrehen, die glauben – nachdem sie mit Ruhe und Bedacht die Gründe der Parteien gegeneinander abgewogen und die Widersprüche, mit denen ihr nicht fertig werdet, großartig gelöst haben – dieses Urteil fällen zu können: »Die Leute brauchen überhaupt keine politische Meinung!« Gewiß, solange es ihnen gut geht, haben sie vermutlich kein Bedürfnis danach, aber wie sieht's denn aus in der Welt? Muß ich das noch sagen? Und diese Welt ist immerhin von ihnen und für sie in Gang gesetzt worden! Ihr klagt darüber, daß die Revolution seinerzeit gescheitert ist. Wer war schuld daran? Das Volk sei den falschen Propheten nachgelaufen! Wo waren denn die echten? Sollte es den Cavaignac oder Thiers nachlaufen? »Zusammen werden wir, und wann immer ihr wollt, die große Bewegung von 1789 zu Ende führen!« Das sagte der Graf von Chambord. Ich habe Grund zu glauben, daß dieses königliche Wort von einem jungen französischen Fürsten aufgenommen wurde. Würde dieses Wort eines Tages verwirklicht – Gott gebe es! –, hättet ihr dann festeren Boden unter den Füßen? Ihr sagt: »Wir werden Frankreich retten!« Ausgezeichnet! Das Unglück ist nur, daß ihr's noch nicht einmal fertiggebracht habt, euch selbst zu retten! Ein schlechtes Vorzeichen! »Wir haben viele achtbare Leute unter uns.« Gewiß. Die Leute aus dem Volke können ihnen überall begegnen: im Salon oder im

Büro, zuweilen auch in der Kirche oder bei Wohltätigkeitsbazaren. Leicht ist es natürlich nicht, solche Begegnungen herbeizuführen, und manchmal frage ich mich, ob es überhaupt zu etwas nütze ist. Hand aufs Herz, ein Zusammensein mit euch bringt im allgemeinen nicht viel Gewinn! Bei der Suppe pflegt ihr festzustellen, daß alles recht mies ist, und beim Nachtisch, mit Verlaub zu sagen, führt ihr euch auf wie die Fuhrknechte. Es stimmt schon, das Volk kennt euch schlecht. Aber das macht nichts; auch wenn es mehr von euch wüßte, so würde das sein Staunen nicht mindern, denn schließlich haben so verschiedenartige Franzosen wie Drumont, Lyautey oder Clemenceau alle in der gleichen Weise über eure Leute und eure Partei geurteilt – freilich ohne bis jetzt Gehör gefunden zu haben.

Ich kann ganz ruhig so sprechen, ohne jemand zu nahe zu treten. Ich schulde den Rechtsparteien nichts, und sie schulden mir nichts. Es stimmt, daß ich von 1908 bis 1914 zu den Camelots du Roi gehört habe. In jenen aufgewühlten Zeiten schrieb Maurras in seinem Stil, was ich soeben – leider – in dem meinen schreiben mußte. Maurras befand sich damals gegenüber den »achtbaren« Bürgerverbänden seiner Epoche – sie nannten sich damals noch nicht national – genau in der gleichen Lage, in der wir heute den Obersten La Rocque sehen; nicht ohne Melancholie denkt man daran. Wir waren keine Leute der »Rechten«. Der Arbeitskreis für soziale Studien, den wir gegründet hatten, trug den Namen *Cercle Proudhon;* bewußt betonte er diese verdächtige Schirmherrschaft. Wir waren Parteigänger des damals aufkommenden Syndikalismus. Wir wollten uns lieber den Zufällen einer Arbeiterrevolution anvertrauen, als die Monarchie mit einer Klasse kompromittieren, die seit über hundert Jahren keinerlei Verbindung mehr mit den Überlieferungen unserer Ahnen, mit dem innersten Sinn unserer Geschichte hatte, deren Egoismus, deren Dummheit und Habgier es gelungen war, eine noch unmenschlichere Art der Leibeigenschaft aufzurichten als jene, die einst von unsern Königen beseitigt worden ist. Als die beiden Kammern einmütig die brutale Niederschlagung der Streiks durch Clemenceau billigten, wäre es uns nicht im Traum eingefallen, uns im Namen der Ordnung mit diesem alten reaktionären Radikalen gegen die französischen Arbeiter zu verbünden. Wir begriffen sehr gut, daß ein junger moderner Fürst besser mit den Führern des Proletariats – selbst extremer Richtungen – als mit anonymen Gesellschaften und Banken zurechtkommen würde. Ihr werdet mir entgegenhalten, das Proletariat habe keine Führer, es kenne nur Ausbeuter und Hetzer. Das war eben die Aufgabe: ihm Führer zu schaffen; es stand für uns von vornherein fest, daß es sich die nicht ehrerbietig bei den Herren Waldeck-Rousseau oder Tardieu ausbitten, noch unter den Renegaten vom Typ eines Hervé oder Doriot suchen würde. Im Gefängnis, wo wir uns gelegentlich aufhielten, teilten wir brüderlich unser Brot mit den Arbeitern und sangen zusammen abwechselnd »Es lebe Henri IV.« und die »Internationale«. Damals lebte Drumont noch. Und es gibt nicht eine Zeile in diesem Buch, die er nicht mit eigener Hand, mit seiner edeln Hand, hätte unterschreiben können, vorausgesetzt, ich verdiente solche Ehre. Ich habe also das Recht, den Verblendeten, die mich einer Meinungsänderung beschuldigen möchten, ins Gesicht zu lachen. *Sie* sind es, die sich geändert haben. Ich will nichts mehr mit ihnen zu tun haben. Sie können übrigens ohne Gefahr ihre Meinung ändern, denn die Zeugen, die gegen sie aufstehn könnten, sind fast alle unter der Erde; und Gott weiß, was sie ihnen jetzt alles in den Mund legen.

Es gibt eine linke Bourgeoisie und eine rechte Bourgeoisie. Aber es gibt kein linkes und rechtes Volk. Es gibt nur ein Volk. Alle Bemühungen, ihm von außen eine derartige

Scheidung aufzudrängen, wie sie eure politischen Doktrinäre ersonnen haben, führen nur zu Strömungen und Gegenströmungen, aus denen die Abenteurer ihren Nutzen ziehen. Meine Vorstellung vom Volke entspringt auf keinen Fall einer demokratischen Gefühlsduselei. Die Demokratie ist eine Erfindung der Intellektuellen, genau wie es die Monarchie des Grafen de Maistre war. Eine wirkliche Monarchie kann nicht von Thesen oder Synthesen leben. Nicht zu ihrem Vergnügen, nicht aus freier Wahl, sondern aus innerster Berufung, oder, wenn ihr wollt, aus einer Notwendigkeit heraus, nimmt sie sich nie die Zeit, zu bestimmen, was Volk ist, sondern sie muß es so annehmen, wie es ist. Sie kann nichts ausrichten ohne es. Ich glaube – beinahe hätte ich geschrieben: ich fürchte –, daß umgekehrt das Volk niemals ohne sie etwas ausrichten kann. Mit den andern Klassen verhandelt die Monarchie; auf Grund der Vielfältigkeit der Interessen, die sie vertreten und die über den Rahmen der Nation hinausgehen, werden diese irgendwie immer »Staaten im Staate« sein. Aber mit dem Volke regiert sie. Ihr werdet sagen, daß sie das manchmal vergißt. Nun, dann geht sie unter. Die Gunst der anderen Klassen kann sie verlieren, es bleibt ihr immer noch der Ausweg, die einen gegen die andern auszuspielen. Die Bedürfnisse des Volkes sind zu einfach, zu konkret, sie beruhen zu sehr auf dem einfach Notwendigen. Das Volk verlangt Arbeit, Brot und eine Ehre, die ihm ähnlich ist: frei von psychologischen Tüfteleien, eine Ehre, die seiner Arbeit und seinem Brot gleicht. Die Notare, Gerichtsvollzieher und Advokaten, die die Revolution von 1793 gemacht haben, bildeten sich ein, man könne sich mit der Erfüllung einer derart simpeln Aufgabe endlos Zeit lassen. Sie glaubten, man könne ein Volk, ein echtes, durch eine tausendjährige Geschichte geformtes Volk, gewissermaßen auf Eis legen, um es zu einem passenden Zeitpunkt wieder hervorzuziehen. »Kümmern wir uns zunächst um die Eliten, das andre werden wir später sehen!« Später war es zu spät. In dem neuen, nach dem Plan des römischen Gesetzgebers errichteten Haus war für das Volk des alten Frankreich kein Platz vorgesehen. Man hätte alles niederreißen müssen. Diese Tatsache ist nicht weiter überraschend. Der liberale Architekt hat sich eben genauso wenig damit aufgehalten, sein Proletariat unterzubringen, wie der römische Architekt sich um die Unterbringung seiner Sklaven gekümmert hatte. Die Sklaven waren jedoch nur ein Haufe von Heloten aller Sprachen, aller Völker, aller Klassen, ein dahingeopferter, erniedrigter Teil der Menschheit; diese erbärmliche Masse war eine Schöpfung der Menschen. Wohingegen die moderne Gesellschaft zusieht, wie eine bewundernswerte Schöpfung der Natur und Geschichte im untersten Keller ihres Hauses langsam zugrunde geht. Natürlich könnt ihr anderer Meinung sein als ich, aber ich glaube nicht, daß die Monarchie je zugegeben hätte, daß das ehrliche Antlitz meines Landes so furchtbar entstellt wird. Wir haben egoistische, ehrgeizige, leichtsinnige, ja sogar böse Könige gehabt, aber nach meiner Überzeugung hätten es französische Fürsten niemals so weit an nationalem Sinn fehlen lassen, daß sie einer Handvoll auf der Bühne herumtobender Bürger oder Kleinbürger, Geschäftsleute oder Intellektueller erlaubt hätten, sich die Rolle des wirklichen Frankreichs anzumaßen, während unser altes, stolzes, kluges und taktvolles Volk allmählich zu jener anonymen Masse absinkt, die sich Proletariat nennt.

Wenn ich so spreche, glaube ich nicht, die Klasse, der ich angehöre, zu verraten. Denn ich gehöre keiner Klasse an. Ich schere mich nicht um Klassen. Übrigens gibt es keine Klassen mehr. Woran erkennt man einen Franzosen erster Klasse? An seinem Bankkonto? Daran, daß er sein Abitur gemacht hat? An seinem Diplom? Am Kreuz der Ehrenlegion? Oh, ich bin kein Anarchist. Ich finde es ganz in der Ordnung, daß der Staat sich seine Beamten unter den braven Bübchen seiner höheren Schulen aussucht. Wo sollte er sie auch sonst hernehmen? Die Lage dieser Herren erscheint mir übrigens nicht beneidenswert. Glaubt mir, selbst wenn ich es könnte: ich würde dem Dorfschmied, der an seiner Esse singt, gewiß keinen Gefallen tun, wollte ich ihn mit einem Zauberstab etwa in einen Steuereinnehmer verwandeln. Trotzdem stimme ich gern zu, daß man diese Art Leute mit mehr Rücksicht behandelt als den Dorfschmied oder mich selbst, weil Disziplin die Arbeit erleichtert und sowohl dem, der befiehlt, wie dem, der gehorcht, Zeit spart. Wenn ihr im Postamt vor einem Schalter warten müßt, dann fangt ihr hoffentlich mit dem Beamten keinen Streit an, sondern harrt bescheiden, bis er euch drannimmt, höchstens daß ihr ihn mit einem diskreten Räuspern auf eure Anwesenheit aufmerksam macht. Sollte der Beamte freilich ein solches Verhalten als Ausdruck besonderer Hochachtung vor seiner Intelligenz und Tüchtigkeit ansehn, dann täuscht er sich. Unsere gesamte Mittelklasse lebt ein bißchen in diesem Irrtum. Weil sie die meisten Polizei- und Aufsichtsbeamten stellen, halten sich diese Leutchen gern für eine nationale Aristokratie und glauben, in ihren Reihen befänden sich die meisten Führerpersönlichkeiten. Ach nein, es sind keine Führerpersönlichkeiten, es sind Beamte, Funktionäre, und das ist etwas ganz anderes. Wenn ich schreibe, es gibt keine Klassen mehr, so gebe ich, wohlgemerkt, lediglich die allgemeine Auffassung wieder. Es gibt keine Klassen mehr, weil das Volk keine Klasse im eigentlichen Sinne ist. Und die oberen Klassen haben sich nach und nach zu einer einzigen verschmolzen, der ihr den bezeichnenden Namen »Mittelklasse« gegeben habt. Eine solche Mittelklasse ist aber keine Klasse, noch weniger ist sie eine Aristokratie. Sie wäre nicht fähig, für eine solche auch nur den Grundstoff zu liefern. Nichts ist vom Geiste einer Aristokratie weiter entfernt als ihr Geist. Man könnte sie etwa so definieren: eine Gesamtheit leidlich gebildeter, zu jedem Geschäft geeigneter und untereinander austauschbarer Bürger. Die gleiche Definition paßt übrigens haargenau auch auf das, was ihr Demokratie nennt. Demokratie, das ist die angeborene Haltung solcher zu allem fähiger Staatsbürger. Sobald genügend von ihnen beieinander sind, schließen sie sich zusammen und bilden eine Demokratie. Die Einrichtung der allgemeinen Wahl kommt ihnen wunderbar zustatten, denn es ist durchaus logisch, daß diese austauschbaren Bürger durch Abstimmung festsetzen wollen, was jeder von ihnen denn darstellen soll. Sie könnten's ebensogut mittels kurzer und langer Strohhalme ausmachen. Es gibt keine Demokratie des Volkes, eine Demokratie des Volkes ist nicht vorstellbar. Da der Mann aus dem Volke nicht alles gleichzeitig kann, könnte er nur über das sprechen, was er versteht; es leuchtet ihm daher ein, daß bei der Wahl die Schwätzer im Vorteil sind. Wer auf dem Bau schwätzt, ist ein Nichtstuer. Sich selbst überlassen, hätte der Mann aus dem Volk die gleiche Vorstellung von der Macht wie der Aristokrat, dem er übrigens in vielen Zügen gleicht: die Macht fällt dem zu, der sie ergreift, der sich stark genug fühlt, sie zu ergreifen. Deshalb hat für den Mann aus dem Volk das Wort Diktator auch nicht den gleichen Sinn wie für uns. Die Angehörigen der Mittelklasse rufen mit ihren Wahlstimmen nach einem Diktator, das heißt, nach einem Beschützer, der an ihrer Stelle regiert, der sie vom Regieren befreit. Die Gattung Diktator, von der das Volk träumt, gleicht dagegen ihm selbst. Ihr werdet mir entgegenhalten, daß die Politiker aus diesen Träumen eine Wirklichkeit gemacht haben, die etwas gründlich anderes ist. Mag sein, dennoch ist diese Nuance recht aufschlußreich.

Noch einmal: ich schreibe dieses Buch nicht für den »Mann aus dem Volk«, der es ohnehin nicht lesen wird. Ich möchte deutlich zu verstehen geben, daß ein nationales Leben nicht möglich, ja nicht einmal denkbar ist, wenn das Volk seine

Eigenart, seine rassische und kulturelle Ursprünglichkeit verloren hat, wenn es nichts mehr als ein ungeheures Sammelbecken heruntergekommener Taglöhner ist, mit einer winzigen Pflanzschule zukünftiger Bourgeois als Anhängsel. Ob Eliten national sind oder nicht, das hat viel weniger Bedeutung, als ihr meint. Die Eliten des zwölften Jahrhunderts waren es kaum und die des sechzehnten auch nicht. Nur das Volk gibt jedem Lande seine eigene Prägung. Was ihr auch der Monarchie an Fehlern vorwerfen möget, zumindest verstand es dieses Regime, sein kostbares Erbe intakt zu halten: selbst mitten im achtzehnten Jahrhundert, als Geistlichkeit, Adel, Verwaltung und Intelligenz alle Symptome der Fäulnis aufwiesen, war der Mann des Volkes kaum anders als seine mittelalterlichen Vorfahren. Es ist zum Verrücktwerden, wenn man bedenkt, daß ihr es fertiggebracht habt, aus einer gewachsenen menschlichen Gemeinschaft eine Masse zu machen, die nur mit Maschinengewehren in Schach gehalten werden kann.

Nicht von den Eliten her, sondern von unten her wird Frankreich erneuert werden. Das kostet mehr, aber daran ist nichts zu ändern. Was es kostet, kostet es eben. Es ist immer noch billiger als ein Bürgerkrieg. Unsere wohlanständigen mittleren Klassen scheinen es ganz in der Ordnung zu finden, daß Mussolinis imperialistische Gelüste Frankreich und England zu riesigen Rüstungsausgaben zwingen. Sie sind ihm deshalb gar nicht gram. Nicht ihn, sondern die Sozialreformen machen sie für unsere wachsenden Schwierigkeiten verantwortlich. – »Aber das Volk ist gefährlichen Abenteurern in die Hände gefallen!« – Und ihr, was habt ihr getan, um es diesen Händen zu entreißen? – »Das kommt noch. Im Augenblick haben wir keine Zeit. Und außerdem: wenn die Linksparteien die Angst vor dem Faschismus für ihre Zwecke ausschlachten, dann schlachten wir eben die Angst vor dem Kommunismus aus, das ist doch ganz natürlich. Das Volk glaubt ja ohnehin nicht, daß wir's ehrlich meinen. Wenn wir uns seiner allzu sehr annehmen, verlieren wir wahrscheinlich viel mehr bürgerliche Stimmen als wir proletarische gewinnen.« – Kurzum, ihr verhaltet euch im Augenblick gegenüber der Arbeiterklasse, die vom bolschewistischen Virus befallen ist, ungefähr so, wie die Gesundheitsbehörden gegenüber einer verseuchten Bevölkerung: ihr wollt das Volk solange im eigenen Saft schmoren lassen, bis ihr die Fragen des Kapitalismus, der Produktion, der Preissteigerung geregelt habt, bis ihr euch über Autarkie oder Zollfreiheit, Gold- oder Silberwährung klargeworden seid, den Weltfrieden unter Dach und Fach gebracht habt, von andern – kaum weniger bedeutungsvollen – Problemen gar nicht zu reden. – »Sie sprechen wie ein Demagoge! Wenn die Kassen leer sind, kann man keine Sozialreform machen!« – Man hätte damit anfangen müssen, als sie voll waren! – »Verzeihung, wir sind ja nicht untätig. Wir haben zum Beispiel die Propaganda verstärkt!« – Natürlich. Und wenn ihr das Volk dazu gebracht habt, genauso zu denken wie ihr, dann ist die soziale Frage ja so gut wie gelöst und dazu noch viel billiger...

Selbst mit Denkern wie Doriot scheint es mir zweifelhaft, daß ihr eine geistige Erneuerung des Proletariats zustande bringt in der Art, wie sie einst der alte Renan sich für Frankreich ausgedacht hatte. Der heilige Dominikus hatte von etwas Ähnlichem für die Christenheit geträumt: eine umfassende Erneuerung der Lehre, die seine Predigermönche durchführen sollten. So wie heute von den Kommunisten, so fühlten sich damals die herrschenden Klassen von den Ketzern in ihrem Glauben und in ihrem Besitz bedroht. Es gelang ihnen leicht, den Regierungen jener Zeit begreiflich zu machen, daß der Glaube noch warten könne, daß aber das Heil des Besitzes energischere Maßnahmen erfordere. So stellten die Predigermönche schließlich nur die Kader für eine riesige Säuberungsaktion, ähnlich der, die ich in Spanien beobachten konnte; damals führte sie den Namen Inquisition. Wenn die Leute von rechts uns heute dasselbe empfehlen wollen, sollen sie lieber gleich abtreten. – »Aber, wenn es keinen andern Weg gibt?« – Um so schlimmer. Wir wissen allmählich, daß der militärische Friede alle zwanzig Jahre durch das Opfer einiger Millionen Menschenleben erkauft werden muß. Wenn der soziale Friede uns ebenso teuer zu stehen kommt, dann taugt offenbar das ganze System nichts.

ZWEITES KAPITEL

MAN WIRFT MIR GERN VOR, ich sei zu grob gegen die Leute von rechts. Ich könnte darauf antworten, daß in diesen Grobheiten ein System steckt, daß ich mir davon ein Portefeuille im zukünftigen Ministerium der Nationalen Einheit verspreche, sagen wir: neben Herrn Doriot. Ich kenne Doriot nicht. Ich habe ihn nie gehört. Ich weiß nur, daß er in den »Ambassadeurs« gesprochen und einen großen Erfolg gehabt hat. Ich weiß auch, daß eine vornehme französische Dame, deren Namen ich lieber nicht nennen will, bei einem kurzen Aufenthalt in Paris – sie hatte nur ein paar Stunden Zeit – unter dem Beifall ihrer schönen Freundinnen in den Ruf ausbrach: »Sehen wir uns Herrn Doriot an! Doriot muß man gesehen haben!« und daß sie voller Begeisterung über seine legendäre Hemdsärmeligkeit zurückkam: »Welche Vitalität! Nach jeder Rede muß er sein Hemd wechseln. Ich glaube, man konnte es auswringen, meine Teure!«

Nun, großer poetischer Gefühle halte ich den ehemaligen Führer der kommunistischen Jugend nicht für fähig, aber er muß wohl etwas Derartiges empfinden – vielleicht ohne daß er sich selbst dessen bewußt ist –, wenn er von der Höhe der Rednertribüne herab diese offenen Mäuler vor sich sieht, die er einst mit seinen starken Fäusten so nachdrücklich malträtiert hat. Keiner dieser Dummköpfe, der ihn nicht zur Zeit Abd el Krims für einen Verräter im Solde Moskaus gehalten hätte! Und keiner, der nicht heute bereit ist, ihm das Schicksal des Vaterlandes anzuvertrauen, nur weil sie ihn für gerissen genug halten, seine ehemaligen Freunde anzuschmieren.

Aber ich werde weder die glanzvolle Karriere Doriots noch die Millerands machen oder eines andern »Vorkämpfers des sozialen Friedens«. Ich verachte die Leute der Rechten wirklich nicht, wenigstens nicht mit jener Verachtung, die sie lieben und aus der sie eine besondere Kraft zu ziehen scheinen. Sie leiden nämlich unter einem sonderbaren Komplex, der sich im übrigen leicht erklären läßt, man denke nur an ihre Angst vor dem »Was wird man sagen?«, ihre ewige Sorge, nur ja genügend respektiert zu werden. Wir haben es hier mit einer Art Gegenstück zu jener rein körperlichen Geschämigkeit mancher Angelsachsen zu tun, die mitnichten bloße Heuchelei ist, sondern vielmehr der Ausdruck einer erblichen, durch Erziehung, durch das Verschweigen mancher Dinge, durch eine stillschweigende allgemeine Übereinkunft erzeugten Schüchternheit. Die bekannte Würde des wohlanständigen »Bürgers« ist weniger das Kennzeichen eines natürlichen Abstandhaltens vom gemeinen Pöbel als vielmehr eine geheime, ängstliche Scheu vor einem Trieb, dessen Macht man nicht auf die Probe stellen möchte. Wenn ich Zeit hätte, eine Physiologie des braven Bürgers zu schreiben, würde ich, glaube ich, bei diesem Punkt besonders ausführlich werden. Unaufhörlich spricht man vom Bürgertum. Aber es ist sinnlos, mit diesem Namen die verschiedensten sozialen Typen zu belegen. Herr Tardieu z. B. ist ein Bürger – dreihundert Jahre Bürgertum, wie er zu sagen pflegt. Auf einen Bürger dieser Sorte könnte man mit Leichtigkeit tausende braver Leute finden, deren Väter oder Großväter, Vettern und Kusinen noch heute hinter ihren Kühen hertrotten. Das schreibe ich nicht, um mich lustig zu machen. Gott weiß, daß ich die Gesellschaft dieser Wiederkäuer der des Ministers mit dem strahlenden Gebiß liebend gern vorziehe. Aber es ist doch immerhin komisch – das muß man zugeben –, alle Augenblicke auf jene seltsamen Leute zu stoßen, die mit abgespreiztem kleinem Finger, mit Seufzern und gequälten Mienen vom Klassenkampf reden, als wenn sie selber einer – wahrhaftig, man weiß nicht, welcher – höheren Menschheit angehörten, während die meisten von ihnen es mit Hilfe einer allzu hastigen Anpassung gerade so weit gebracht haben, daß sie sozial heimatlos geworden sind. Solche gesellschaftlichen Kunstprodukte verteilen sich gleichermaßen auf die Parteien der Linken wie der Rechten. Aber die Züge der Gattung scheinen mir ausgeprägter bei jenen braven Bürgern, die glauben oder zu glauben vorgeben oder sich mühen zu glauben, sie hätten irgendwelche Geistesprivilegien geerbt, und die von ihren Shell- oder Royal Dutch-Aktien reden wie ein Montmorency von seiner Leibrente. Wenn sie lediglich die Geduld der Hochgebornen mißbrauchten – die sich übrigens schon anschicken, ihre Töchter zu heiraten, sobald die Aktienkurse sich günstig anlassen –, dann würde ich mich, das könnt ihr mir ruhig glauben, kaum darüber aufregen, Gott sei Dank. Und übrigens, diese Hochgebornen sind ja so töricht, daß sie das Gesindel schon längst in ihrer Mitte aufgenommen haben, weil sie sich nämlich einbilden, sie kämen dadurch dem Volke näher und gingen mit ihrer Zeit – und das ist allen ewig Zurückgebliebenen heilig. Vielleicht halten sie auch ihre neuen Verbündeten für kräftiger, widerstandsfähiger? Schwerer Irrtum! Denn mag sich unser Staatsbürger auch beim besten Schneider mit den teuersten Stoffen einkleiden, mag er einen noch so hohen Verwaltungsposten innehaben, mag er schließlich von seinem sparsamen Vater im vornehmsten Viertel von Paris ein gewinnbringendes Miethaus geerbt haben, solange er noch neu in dieser schwer zu definierenden Klasse ist, die man Bürgertum nennt [was hat sie in Wirklichkeit noch mit dem gewachsenen Bürgertum des alten Frankreichs gemein?], solange er noch nicht ganz in ihr aufgegangen ist, so lange wird man ihm die Fehler und die Unsicherheit der Flegeljahre zuschreiben dürfen – des »undankbaren Alters«, das von den Krankheiten der Kindheit und der Reifezeit zugleich bedroht ist. Und »undankbar«, das ist das Wort, das hier am Platze ist: wem gegenüber sollten diese Leute auch dankbar sein? Alles, was sie sind, verdanken sie nur sich selbst, sagen sie. Sie wären baß erstaunt, wenn man ihnen klar-

machen wollte, daß sie eine Verpflichtung haben gegenüber der Klasse, aus der sie hervorgegangen sind und in der ihre Angehörigen sich noch abrackern. Ist es nicht genug, daß sie diesen ungeschickten Tölpeln ein Vorbild sind und ihnen Mut machen mit ihrem Glück?
»Sollen sie uns nacheifern! Sollen sie selber sehen, wie sie's zu was bringen!« Eben erst sind sie dem Elend entronnen – müssen sie da nicht von der heimlichen Angst geplagt werden, wieder zurückzufallen? Ein Mann von echtem Adel hat von einer Revolution nichts zu befürchten, als daß er seinen Kopf verliert; der Kleinbürger würde in ihr untergehen, und nichts bliebe von ihm übrig. Denn er ist ganz und gar ein Geschöpf der bestehenden Ordnung, jener Ordnung, die er liebt wie sich selbst – »seiner« Ordnung. Bildet ihr euch wirklich ein, er könne für diese ungeschlachten schmutzigen Hände, die ihn an den Rockschößen zurückzureißen versuchen, etwas anderes empfinden als Haß? »Zurück zu uns, Brüder!« – »Ihr wißt wohl nicht, mit wem ihr sprecht, Gesindel! Zu Hilfe, teurer Herzog! Meine Frau hatte doch beim letzten Wohltätigkeitsfest des Vaterländischen Frauenverbandes im Faubourg Saint Honoré ihren Stand neben dem Ihrer Frau Gemahlin! Wissen Sie: ›Gott und mein Recht‹ hieß das Motto!«

Was für ein Anarchist, dieser Bernanos! werdet ihr sagen. Warum gönnt er den braven Leuten nicht die unschuldige Genugtuung ihrer Eigenliebe? Wo sie so stolz darauf sind, daß sie zusammen mit den Eliten Ordnung und Religion verteidigen dürfen. – Gewiß. Aber vielleicht ist es mir trotzdem erlaubt, eine eigene Meinung darüber zu haben, wie man Ordnung und Religion verteidigt. Im Tierreich wie im Reich der Menschen nimmt der Kampf zwischen Arten, die zu nahe miteinander verwandt sind, leicht eine besondere Wildheit an. Glaubt ihr etwa, diesen braven Leuten fiele es leichter als euch selbst, andere brave Leute, die ihnen gleichen, zu verstehen? Denn sie gleichen einander tatsächlich – daher die Schwere des Mißverständnisses, das sie trennt. An der Anstrengung, die der einzelne darauf verwendet, aus seiner Klasse herauszukommen, kann man die Heftigkeit seines – manchmal unbewußten – Widerstands gegen diese Klasse, gegen ihren Geist und ihre Sitten ablesen. Der Begriff des Strebertums allein genügt nicht, um eine Haltung zu erklären, der ein viel umfassenderes Gefühl zugrunde liegt; zweifellos ließe sich an ihren Wurzeln ohne Mühe eine noch immer schmerzende Erinnerung an bestimmte Demütigungen, an bittere Erlebnisse der Kindheit entdecken – Wunden, die manchmal nach mehreren Generationen noch nicht vernarbt sind. Es mag lächerlich klingen, wenn eine brave Kleinbürgerin sich über ihr Dienstmädchen ereifert: »Meine Liebe, diese Mädchen sind nun einmal nicht wie wir!« Dem Berufsfeldwebel geht's mit seinen Rekruten nicht besser, und wenn der Weinhändler von seinen Kunden keine allzu hohe Meinung hat: für seinen Sohn, der das Abitur gemacht hat, sind sie einfach unmöglich.

Weil die wirklichen Eliten nicht mehr bestanden, entwickelte sich gegenüber dem Arbeiterproletariat ein Bürgerproletariat. Dieses hat weder die Stabilität des alten Bürgertums, noch besitzt es Tradition, am wenigstens freilich kennt es seine kommerzielle Ehrbarkeit. Durch das Auf und Ab der wirtschaftlichen Anarchie erhält das Bürgerproletariat unaufhörlich neuen Zuwachs. Wie das Arbeiterproletariat hat auch das Bürgerproletariat seine »ungelernten« Arbeiter. Welchen andern Namen soll man denn diesem Haufen kleiner Geschäftsleute geben, deren Zahl sich während der Inflation der Nachkriegszeit ins Unermeßliche gesteigert hat, und die auch durch die täglichen Pleiten kaum geringer wird? Warum nennt man sie überhaupt Geschäftsleute? Früher war der Geschäftsmann in den meisten Fällen zugleich Produzent. Die Schwierigkeiten der Warenbeschaffung, die Seltenheit mancher Waren, ihre Verschiedenartigkeit zu einer Zeit, da es noch keine Serienherstellung gab, die Ansprüche einer Kundschaft, die gewohnt war, von Generation zu Generation ihre bescheidensten Haushaltsgegenstände weiterzuvererben, die strenge Überwachung, wie sie durch die öffentliche Meinung einer ganzen Provinz ausgeübt wurde, dazu das natürliche Spiel der Beziehungen und Freundschaften, die Verpflichtung, wenigstens dem Anschein nach die Zehn Gebote zu befolgen und das Eigentum des andern zu achten, all das machte den Handel zu einer Kunst. Heute kann sich jeder Habenichts rühmen, dieser Gilde anzugehören, wenn er nur einen Laden mietet und als zehnter oder zwanzigster Zwischenhändler eingetragen ist zwischen einer Industrie, die sich mit billigen Produkten ruiniert, und einem Käufer, dessen Schicksal es ist, betrogen zu werden. Man sollte nicht zu voreilig über jene finstern Spelunken urteilen, jene Löcher hinter zerbrochenen Fensterscheiben, aus denen jedesmal, wenn sich die Tür öffnet, mit dem Gebimmel der Ladenklingel ein widerlicher Geruch von Zwiebeln und Katzenpisse hervordringt. Man beobachte einmal gewisse Spinnetze in Winkeln, von denen man annehmen sollte, dorthin verirre sich nie eine Fliege – und man hat den Beweis, daß einer, der geduldig abwartet, schließlich doch zum Ziel kommt. Sicher ist, daß zu üppige Auslagen die armen Teufel verscheuchen: diese leben nun einmal in der – übrigens rührenden – Illusion, daß der kleine Kaufmann sich auch mit einer kleinen Gewinnspanne zufriedengebe. Den Beweis, daß diese häßlichen Fallen ihr Insekt ernähren, habt ihr in der seit dem Krieg in so erstaunlichem Maße zunehmenden Zahl der kleinen Ladenbesitzer: ein Blick ins Adreßbuch bestätigt euch dieses Phänomen. Oh gewiß, die Pleite lauert tagtäglich auf diese Krämer, und viele können sich nicht jeden Tag satt essen. Aber sie halten durch – und wenn sie sich, weil man ihnen den Kredit gesperrt hat, aus Abfalleimern eindecken. Ich übertreibe keineswegs. Man stelle sich beispielsweise vor, morgen hörte die amtliche Fleischkontrolle in den Läden auf: bei allem Wohlwollen gegenüber dem Einzelhandel wird man ohne weiteres zugeben, daß wir binnen kurzem im Dunkel der Eisschränke alle Arten von Fäulnis wuchern sehen würden. Aber ob ihr's zugebt oder nicht, spielt ja keine Rolle. Wir haben's nämlich mit eigenen Augen gesehen. Wir haben ihn auftauchen sehen, damals, in den zerstörten Dörfern, unter dem Schrappnellhagel, jenen obskuren Geschäftsmann, wie er sich für ein paar Monate der Kontrolle der Behörden, dem Geschäftsneid der Kollegen und sogar den Reklamationen seiner Kunden zu entziehn verstand. Denn welche Reklamationen hätte er von uns, den zerlumpten Grabenkämpfern, befürchten müssen? Wir waren jung, und viele dieser Leute hatten graue Haare... Und überdies hatten sie Töchter.

Wir haben sie gesehen. Sie wußten, wie man's macht! Unsere einzige Genugtuung war, daß sie, wenn's hart herging und die Verproviantierung aussetzte, aus Hunger ihre eigenen Vorräte auffressen und aus Durst ihren eigenen, alkoholarmen, dafür aber pilz- und schimmelreichen Wein saufen mußten. Sie waren aufgeschwemmt von einem schlechten Fett, das ihnen als grauer Schweiß über die feisten Backen rann, wenn sie ihr Gesöff mit einem unverschämten Grinsen hinter ihre ungeputzten Zähne gossen. Sie verbargen kaum, daß sie uns verachteten, sie mästeten die Feldgendarmen auf unsere Kosten, beklagten sich über unsere schlechten Manieren und versäumten nicht, in jedem Frühjahr in Voraussicht der nächsten Offensive ihre Stände mit geschmacklosen, vermutlich in Gefängnissen hergestellten Totenkränzen zu behängen.

Ihr macht es euch zu einfach, wenn ihr meint, der Fäulnisprozeß der Kriege habe von jeher solche Larven auskriechen lassen. Ihr habt diese Leute eben nicht erlebt. Ihr habt niemals hinter geschlossenen Läden mit ihnen den kleinen Freundschaftsschnaps getrunken, eingezwängt zwischen der von Krampfadern geplagten Ehefrau und einer Tochter, die aus dem Halse roch. Sie waren Leute bar aller Phantasie und infolgedessen unfähig für jede Regung des Mitleids, aber von den Leichenfledderern, wie sie ehemals den Heerhaufen folgten, hatten sie nichts an sich. Mein Gott, das kam für sie gar nicht in Frage, etwa sich in die Gefahr zu begeben, erschossen zu werden, noch nicht einmal sechs Monate Gefängnis hätten sie riskiert. Dafür waren sie gierig nach öffentlicher Anerkennung, sie waren unbarmherzig gegenüber dem Gesindel, voll hochmütiger Strenge gegenüber den jungen Leuten, die ihr Geld verjubelten, oder den Frauen, die »nichts auf sich halten«, unbarmherzig gegenüber den säumigen Schuldnern. Fragt mich nicht, was aus ihnen geworden ist. Es wäre aber immerhin recht einfältig, wollte man annehmen, diese Leute seien alle am Tage des Waffenstillstandes gestorben. Nein! Die Inflation speit sie aus, die Deflation verschlingt sie, meinetwegen. Ihr erkennt sie nicht wieder, denn sie unterscheiden sich nicht mehr von der Herde. Sie waren durchaus keine Ungeheuer. Nur die Umstände waren ungeheuerlich, und sie erlagen ihnen, oder vielmehr: sie paßten ihnen die bescheidenen Allerweltskenntnisse an, über die sie verfügten. Sie bogen ihre Seele für die neuen Umstände zurecht. Daß sie weder Abenteurer noch Aufsässige waren, dafür ist schon die Tatsache ein Beweis, daß sie sich, sobald sie genug verdient hatten, irgendwo ankauften und ihre Töchter mit Advokaten verheirateten. Und dann erinnerten sie sich ihrer Vergangenheit, wie ein Mann sich der Liebschaften seiner Jugend erinnert. »Weißt du noch die Sache mit den Lachskonserven? Die Heeresverwaltung wollte nichts davon wissen, und wir haben sie dann unter der Hand, Stück für Stück, für dreißig Pfennig die Dose verkauft. Das hat uns fünfzehntausend Piepen gebracht!« Sie paßten sich an, sie waren die geborenen Konformisten. Sie wollten gar nichts anderes sein als das. Nichts wollten sie als »die notwendigen Mittel haben«, wie sie das nannten, also genügend Geld, um als Konformisten zu leben. »Wir verlassen die Legalität nur, um ins Recht einzutreten«, verkündete Napoleon III., der Sohn der Hortense, gewiß eine der seltsamsten Gestalten unserer Geschichte. Auch sie verließen unter dem Schutze der Bombardements das Gesetz nur, um in die Ehrbarkeit einzutreten, in jene vorsichtige Wohlanständigkeit, die sie als Würde bezeichnen. Ach, unsere Statistiken, die uns immer wunder was versprechen, fallen wie die Weiber um, sobald man ein wenig zufaßt. Dabei wäre es doch recht aufschlußreich zu erfahren, wie viele dieser Händler ins Proletariat zurückgefallen sind, aus dem sie kamen. Ich meinerseits glaube, daß sie inzwischen eng mit den Mittelklassen verbunden sind. Die Verachtung, die sie einst für ihre militärische Kundschaft hegten, übertragen sie heute auf alle »Faulenzer«, die in den Gewerkschaften herumschwätzen, statt es zu machen wie sie: sich auf sich selbst zu stellen, zu arbeiten und es »zu was zu bringen«. In einer Hinsicht haben sie übrigens nicht unrecht. Sie haben weniger die Diktatur des Proletariats zu fürchten als die Organisation dieser Klasse, ihren Aufstieg zur Freiheit, zur Unabhängigkeit und zur Ehre. Sie verdanken alles der moralischen, geistigen und sozialen Anarchie des vergangenen Jahrhunderts, dem Verfall der Elite und der Versklavung der Arbeiter. Sollte es je einem menschlichen Regime gelingen, die letzteren der Nation einzuverleiben, dann wäre das absurde Prestige des Handels, Erinnerungsstück einer überwundenen Epoche, bald nur noch ein böser Traum. Der wahre Handel würde wieder seinen gewiß nicht unbedeutenden Platz einnehmen, und jene Zwischenhändler hätten das Nachsehen, die heute das Mark des Volkes aussaugen und wie die Läuse auf jeglichem Gewerbefleiß herumwimmeln, der doch ein Weg sein sollte, den Menschen frei zu machen. Jeder von uns hat

schon Gelegenheit gehabt, sich mit Facharbeitern zu unterhalten, deren auf praktischer Erfahrung beruhende Bildung durchaus der eines kleinen Ingenieurs entspricht. Findet ihr es nun nicht eigentümlich, daß der letzte Dummkopf, wenn er nur die Mittel hat, eine Geschäftslizenz zu erwerben, diesem Mann gegenüber sich sozial überlegen vorkommen kann, weil er's fertigbringt, noch einen zusätzlichen Gewinn aus einer Ware zu schlagen, die infolge all der Provisionen, die auf sie draufgeschlagen wurden, gegenüber dem ursprünglichen Preis sowieso schon so teuer geworden ist, daß das kaum noch etwas ausmacht?
Das Bürgerproletariat, dessen Bild ich gezeichnet habe, hat weder Tradition noch Grundsätze, dafür hat es aber Instinkt. Dieser Instinkt warnt es vor der Gefahr, in der es schwebt, daß sein Schicksal von jeder durchgreifenden Sozialreform abhängig ist, die es wieder ins Nichts zurückschleudern muß. Die Leute von rechts, ob national oder klerikal, hielten sich für sehr pfiffig, als sie es kurzerhand dem Mittelstand einverleibten, wo es in dem berühmten »Kampf für die Ordnung« die Infanterie stellen soll. Ich möchte ihnen aber lieber gleich sagen, daß sie dadurch die Sache, der sie zu dienen vorgeben, aufs schwerste kompromittieren. Denn nun setzen sie, und zwar Verbündeten zuliebe, die nichts zu verlieren haben als sich selbst, die kostbarsten Traditionen aufs Spiel, ja das Ordnungsprinzip selber. Und was tauschen sie dafür ein? Nichts als einen blinden und gehässigen Widerstand gegen jede Wandlung. Wenn einen etwas zum Speien bringt, so das traurige Schauspiel der französischen Monarchisten, die bei der Demokratie um Hilfe betteln, und dazu bei der Demokratie in ihrer übelsten Form, die übrigens ihre ursprüngliche ist; denn was heute die sogenannten nationalen Verbände überschwemmt, das sind ja gerade jene Leute, um die es den Vorkämpfern der radikalen Republik ging, jene berühmten unteren Schichten, auf denen wir sie emporsprießen sahen.

Ich bemühe mich immer, ohne Ironie zu reden. Ich weiß daß Ironie noch nie irgendeines Menschen Herz erreicht hat. Allzuoft ist sie selbst nur das Stöhnen eines verwundeten Herzens. Und plötzlich offenbart sich der Welt die Tragödie ohne Anfang und Ende – weil sie weder Sinn noch Ziel hat. Jedenfalls kein Ziel, das man eingestehen könnte. Und jener Krieg der Verzweiflung, blutige Ausrede der ewig zur Unfruchtbarkeit verurteilten Parteien – unfruchtbar, weil sie unfähig sind, irgend etwas auf die Beine zu stellen: die einen sperren sich gegen jeden Schritt zurück, die andern gegen jeden Schritt nach vorn, aber weder die einen noch die andern vermögen anzugeben oder auch nur zu begreifen, was »vorwärts« oder »rückwärts« überhaupt ist. Jede begnügt sich damit, die Hand aufs Herz zu legen und zu schrein: »Mein Programm! Mein Programm!« Was macht es schon aus, ob ein Programm gut ist! Es kommt darauf an, wer dahintersteht! Und wo ist denn, unter uns gesagt, euer Programm, ihr Männer der Ordnung? Auf allen Straßen der Welt sieht man's herumgaloppieren. Euer schönes Programm ist euch durchgegangen! Euer schönes Programm ist wild geworden! Ihr mögt ihm pfeifen, soviel ihr wollt, es kommt nicht wieder... Zum Beispiel der Nationalismus, wie ihn Barrès in seinem alten, duldsamen lothringischen Hause aufgepäppelt und mit kostbarer Tinte genährt hat: welch einen Weg hat er seitdem genommen! Bis nach Japan und nach China ist er gelangt! Denn die mächtigen Herren des Goldes und der öffentlichen Meinung hatten nichts Eiligeres zu tun, als ihn den Händen der Philosophen und Poeten zu entwinden. Mein Lothringen! Meine Provence! Mein Land! Meine Ahnen! Sie drückten's so aus: Mein Phosphat! Mein Öl! Mein Eisen! Als ich fünfzehn Jahre alt war, kämpften wir gegen den Individualismus. Unser Pech: er war längst tot! Jede Nation in Europa hatte bereits in ihren Eingeweiden einen kleinen, fix und fertig ausgebildeten totalitären Staat. Wer damals sein

Ohr in Nabelhöhe an ihren Bauch gepreßt hätte, der hätte sicher schon dessen Herz schlagen hören... Und der Liberalismus, guter Gott! Wie haben wir seinen Rücken mit Rutenstreichen bedacht! Aber ach, er spürte unsere Schläge gar nicht mehr. Sorgsam bewacht von einigen uniformierten Akademikern, erwartete er bewußtlos die Stunde seines Abscheidens, die der erste Kanonenschuß des Weltkriegs ankündigte. Kurzum, wir hatten ein herrlich reines, ein allzu reines, allzu unschuldiges Programm. Wir hätten ihm verbieten sollen, allein auszugehen. Jetzt haben's schon viele gehabt.

Ich sage das nicht, weil es mir Vergnügen macht, unsere gelehrten Herren zu ärgern. Wozu auch? Es ist absurd, mit Rousseau zu glauben, der Mensch sei gut geboren. Er ist von seiner Anlage her zu mehr Gutem und zu mehr Bösem fähig, als sich die Moralisten vorzustellen vermögen, denn er ist nicht nach dem Bilde der Moralisten, sondern nach dem Bilde Gottes geschaffen. Und sein Verführer ist nicht nur die Kraft der Unordnung, die er in sich trägt: Trieb, Gier oder welchen Namen man ihr geben mag. Sein Verführer ist der höchste der Engel, der vom Scheitel des Himmels herabgestürzt wurde. Gewiß, für Gesetzemacher und Politiker mag die Erfahrung der Geschichte nicht ohne Vorteil sein, aber nach irgendeiner Seite überschreitet der Mensch doch immer alle Bestimmungen, mit denen man ihn festzulegen sucht. Zumindest der Mensch, von dem ich spreche. Der will nicht sein Glück, wie ihr immer behauptet, er will seine Freude, und seine Freude »ist nicht von dieser Welt«, oder wenigstens nicht ganz von dieser Welt. Natürlich steht es euch frei, nur an den homo sapiens der Humanisten zu glauben; euer Unrecht bestände in diesem Fall lediglich darin, zu glauben, ihr verständet unter diesem Wort das gleiche wie ich, denn eure Ordnung ist zum Beispiel nicht meine Ordnung, eure Unordnung nicht meine Unordnung – und was ihr das Böse nennt, ist nur ein Fehlen: der leere Raum, der im Menschen gelassen wurde, wie der Abdruck des Siegels im Wachs. Ich sage nicht, daß eure Begriffsbestimmungen absurd sind, aber wir werden niemals dasselbe damit meinen; denn ich kann mir die euern zunutze machen, ihr aber könnt euch nicht der meinen bedienen. Eine Zeitlang konntet ihr mit Hilfe eurer Begriffsbestimmungen zur Größe emporsteigen – aber nur eine Zeitlang, denn eure Kulturen brechen genau in dem Augenblick zusammen, da ihr sie für unsterblich haltet, nicht anders als jene Kinder mit allzu rosigen Wangen, die schon den Todeskeim in sich tragen und im Jünglingsalter sterben. So müßt ihr also den Tintensäufern euern Platz überlassen, die seit Jahrhunderten über das Elend der Welt räsonieren und sich ausführlich über das Warum und Wieso ergehen. Ihr könnt nichts für das Glück der Menschen tun, was von Bestand ist, weil ihr keine Vorstellung vom Unglück der Menschen habt. Drücke ich mich verständlich genug aus? Unser Quantum Glück, das armselige Glück, das uns zugemessen ist, haftet mit allen Fasern an der Erde, und es wird am letzten Lebenstage mit uns dorthin zurückkehren, aber unser Unglück ist seinem Wesen nach übernatürlich. Jene, die vom Unglück eine Idee haben, eine klar umrissene Idee im Sinne Descartes', tragen seine Last nicht allein. Im Gegenteil. Man kann sogar sagen, die eigentliche Schwere des Geschicks besteht darin, daß man der Ungerechtigkeit unterworfen ist, nicht aber, daß man an ihr leidet. »Ihr seid unterworfen und merkt es nicht!« rief der alte Drumont aus. Das scheint mir die einzige Form der Verdammnis in dieser Welt zu sein.

Ich habe in Mallorca auf der Rambla Lastwagen vorbeifahren sehen, die mit Menschen beladen waren. Mit donnerähnlichem Geräusch rollten sie an den bunten Terrassen vorbei, die frisch gewaschen und noch ganz naß waren, erfüllt von einem heiteren Jahrmarktsgemurmel. Die Wagen waren grau vom Staub der Straßen; grau waren auch die

Männer, die vier und vier darin saßen, grau die Mützen, die sie schief aufs Ohr gesetzt hatten. Ihre Hände hatten sie artig vor sich auf die Drillichhosen gelegt. Man trieb sie allabendlich in den einsamen Nestern zusammen, zu der Stunde, da sie gerade vom Felde kamen. Wenn sie zu ihrer letzten Fahrt aufbrachen, klebte ihnen das Hemd noch schweißfeucht am Leibe, und in ihren Armen war noch die Kraft der Arbeit, die sie am Tage geleistet hatten; unberührt stand die Suppe auf dem Tisch, wenn sie ihre Frau verließen, die zu spät, ganz außer Atem, am Gartenzaun ankam, ein kleines, in ein neues Tuch gewickeltes Bündel schwingend: *A Dios! recuerdos!*

Du machst in Gefühl, sagt man mir. Da sei Gott vor! Ich wiederhole lediglich, ich werde nicht müde zu wiederholen, daß diese Leute niemand getötet oder verwundet hatten. Es waren genau solche Bauern, wie ihr sie auch kennt, oder vielmehr, wie eure Väter sie gekannt haben, denen eure Väter die Hand gedrückt haben; sie glichen genau den Dickköpfen in unsern französischen Dörfern, wie Gambettas Propaganda sie geformt hat, oder den Winzern aus dem Var, denen einst der alte Zyniker Clemenceau die frohe Botschaft der Wissenschaft und des menschlichen Fortschritts brachte. Und vergeßt nicht, daß sie gerade erst ihre Republik bekommen hatten – *Viva la Republica!* –, daß diese noch am Abend des 18. Juli 1936 das legale Regime für alle war, von den Militärs bestätigt, von Apothekern, Ärzten, Lehrern, kurzum allen Intellektuellen anerkannt. »Wir zweifelten nicht daran, daß sie in der Tat ganz brave Leute waren«, werden die spanischen Bischöfe uns darauf erwidern, »denn die meisten dieser Unglücklichen haben sich *in extremis* bekehrt. Nach dem Zeugnis unseres ehrwürdigen Bruders aus Mallorca haben nur zehn Prozent dieser guten Kinder die Sakramente zurückgewiesen, ehe sie unsern braven Soldaten zur weiteren Behandlung überlassen wurden.« Das ist ein guter Prozentsatz, ich gebe es zu, der dem

Eifer Euer Exzellenzen alle Ehre macht. Möge Gott Euch dafür lohnen! Ich urteile nicht, jedenfalls nicht im Augenblick, über diese Art des Apostolats. Wenn man aber bedenkt, daß man dieses System nächstens auch diesseits der Grenze anwenden könnte, wird man mir wohl zugestehen, daß ich mich frage, was uns, die französischen Katholiken, in diesem Fall erwartet. Ich schreibe diese letzten Seiten in Toulon. Nehmen wir einmal an, Herr Maurras, der Autor der *Antinéa*, nähme bei seiner Rückkehr aus Salamanca – wo er sicher nicht verfehlen wird, dem Generalissimus Franco seine Aufwartung zu machen – in seiner Heimatstadt eine präventive Säuberung dieser Art vor; ich befürchte sehr, daß dann der Herr Pfarrer von Martigues kein so schönes Ergebnis erzielen wird. Vermutlich wird er also ein härteres Vorgehen befürworten.
Natürlich halte ich Maurras nicht tatsächlich für fähig, die Bevölkerung von Martigues auszurotten. Er wird weiterhin sein emsiges Leben zwischen der Rue Verneuil, der Druckerei Croissant und – wie ich hoffe – der Akademie hinbringen, zu der ihm seine aufsehenerregenden Verurteilungen den Zugang geöffnet haben. Im Palais Mazarin wird er dann dem Herzog de La Force zwischen Tür und Angel ein Wort zuraunen, das unglücklicherweise der Wind verweht, irgendeine neue Ansicht über das »wahre Frankreich«, jenes Frankreich, das nicht weniger künstlich und poetisch ist als die Provence Mistrals – und dem auch das gleiche Schicksal bestimmt ist, nämlich im Museum zu enden, in einem Maurrasischen Museum. Dieses eher gezwungene als zwingende Denken – unaufhörlich von der Angst besessen, auf jeden Einwand eine Entgegnung zu wissen, und im Bemühen, zu treffen und zu vernichten, allzuoft ganz und gar von ihr abhängig –, dieses Denken braucht den starken Reiz der Einsamkeit, in die sich von Zeit zu Zeit ein pathetischer Wille zurückziehen muß, den jede reale Aktion lähmt und jeder menschliche Kontakt aus

der Fassung bringt, jene Art geheimnisvoller Hartnäckigkeit, deren Ursprung im tiefsten Grunde der Seele gesucht werden muß, zu dem einzig der Blick Gottes Zugang hat. Keiner von denen, die einst seine Jünger waren, sieht heute ohne ein Gefühl der Trauer, wie er seine abgenutztesten Themen wiederkäut und die Sprache der Männer des sechzehnten Mai spricht. Schon immer hatten die großen Kritiker die Schwäche, die Durchschnittsmeinung zu überschätzen und zu glauben, man könne sie bestechen. Aber schließlich werden sie von ihr verschlungen. Ich fürchte übrigens, daß Maurras an der Schwelle der Alters noch immer seiner sozialen Wertordnung verfallen ist, deren übelster Betrug darin besteht, daß er vorgibt, er befinde sich dabei in Übereinstimmung mit dem alten Frankreich, während seine »Werte« in Wirklichkeit nur dessen Abfall sind; der kräftige Organismus früherer Zeiten hätte so etwas zweifellos ausgeschieden. Möge die Akademie diesem Veteranen der Polemik einen würdigen Alterssitz verschaffen, schattig, und fern vom Lärm des Tages, geschmückt mit den blassen Blumen der Rhetorik. Wir freilich hätten ihm aufrichtig eher einen bescheidenen Garten in einem provenzalischen Kloster gewünscht. Die Bewunderung, die die Dummköpfe ihm gezollt haben, hat seinem Ruhm keine Dauer verliehen. Er ist darin zergangen wie die Perle im Essig.

Das erscheint mir keineswegs seltsam. Schließlich geschieht es jedem von uns, früher oder später, daß er in sich jene Substanz entwickelt, die seine Kraft zum Erliegen bringt, und bei jedem ist diese Substanz anders. Der Autor der *Antinéa* muß jetzt mehr als siebzig Jahre alt sein; Gott weiß, was von mir in diesem Alter übrig sein wird, selbst wenn ich durchhalte, denn nur äußerste Mittelmäßigkeit läßt einen so lange auf der Höhe bleiben, wie unser Körper lebt, um gewissermaßen erst mit dem letzten Atemzug zu sterben. Ich habe mir oft gedacht, das Leben eines Menschen der Öffentlichkeit sei zum Abschluß gekommen, sobald die

Feierlichkeiten, die für seine Beerdigung vorgesehen sind, festliegen. Nun, ich bitte Herrn Maurras um Verzeihung: wir wissen schon heute, daß seine Beisetzung eine große Kundgebung der nationalen Einheit mit den üblichen Koryphäen sein wird – den Herren Reynaud, Doriot, Taittinger, Bailby, Chiappe, Tardieu und andern mehr. Auch Schatten wird man dabei sehen: die Herren Jacques Piou, Déroulède, Clemenceau und was weiß ich, wen noch? Warum nicht auch die Herren Ribot und Jonnart? Aber weder Drumont noch Péguy wird man sehen, noch mich.

Noch mich, denn mein Platz wird, wenn ich noch am Leben sein sollte, an diesem Tage eher in einer der Kirchen von Paris sein, jenes Paris, dessen mächtige und zarte Umrisse der alte unbeugsame Mann so oft im Morgengrauen hat emporwachsen sehen, wenn er, nach getaner Arbeit, die frischgedruckte Zeitung in der Tasche seines legendären Überziehers, noch einmal die großen Lehren der Geschichte, vermischt mit seinen literarischen oder häuslichen Streitereien, überdachte, das Geräusch der Milchwagen in den Ohren. Und wenn ich tot bin, hoffe ich ihn an jener Pforte zu erwarten, die ich nicht kenne, obwohl wir nur die Hand auszustrecken brauchten, um mit den Fingern ihre so nahe Schwelle, die heilige Schwelle, zu berühren. Die Sorge um die dann erkaltete Hülle des berühmten Schriftstellers wird drunten Herr von Borniol übernehmen, und mit ihm zwanzigtausend andere politische und patriotische Borniols, zwanzigtausend männliche und weibliche Borniols mit allen ihren Abzeichen, Fahnen und Kriegsgesängen, zwanzigtausend Borniols, die von Generation zu Generation, seit einem Jahrhundert, bei den Klängen ihrer Marseillaise die Hoffnungen des Vaterlandes zu Grabe zu tragen gewohnt sind.

…Aber in der Höhe welch ein Friede…

DRITTES KAPITEL

ICH WERDE NICHT VERSUCHEN, Gründe anzuführen für das, was ich jetzt zu schreiben gedenke, noch weniger werde ich das Gefühl rechtfertigen, das mich dazu drängt. Noch einmal werde ich, und diesmal mehr als je, meine Sprache sprechen, und ich bin mir klar darüber, daß sie nur von denen verstanden wird, die sie gleich mir sprechen, die sie schon sprachen, ehe sie eine Zeile von mir lasen, und die sie noch sprechen werden, wenn ich schon tot bin, wenn die unbeständige Erinnerung an mich und meine Bücher längst der Vergessenheit anheimgefallen ist. Sie allein sind mir wichtig. Ich verachte nicht die andern. Weit davon entfernt, sie zu verachten, wünschte ich im Gegenteil, sie besser zu verstehen, denn verstehen heißt schon lieben. Was die Menschen voneinander trennt, sie zu Feinden macht, hat vielleicht überhaupt keine tiefere Wirklichkeit. Die Unterschiede, mit denen sich unsere Erfahrung und unser Urteil in einem ewigen Leerlauf abquälen, würden wie Träume zerstieben, wenn wir sie mit wirklich unbefangenem Blick sehen könnten. Denn das ist doch unser größtes Unglück, daß wir unserm Nächsten nur ein so mangelhaftes Bild von uns vermitteln können, hinter dem das geübte Ohr die Zonen einer entsetzlichen Einsamkeit wahrnimmt.

Ich schreibe dieses neue Kapitel der *Großen Angst* nicht zum Vergnügen, nicht einmal, weil es mich dazu treibt, sondern einfach, weil die Zeit gekommen ist, es zu schreiben, denn ich maße mir nicht an, mein Leben zu bestimmen. Außer den Heiligen hat kein Mensch jemals sein Leben selbst bestimmt. Alles Leben steht unter dem Zeichen des Dranges und der Angst, es sei denn, es stünde unter dem Zeichen der Liebe. Aber ist Liebe nicht zugleich Drang und Angst? Was kümmert mich mein Leben! Ich wünsche mir nur, daß es bis zum Ende dem Kinde treu bleibt, das ich einst war. Was ich an Ehre besitze, mein bißchen Mut, alles habe ich von dem Wesen, das für mich heute ein Mysterium ist, jenem Wesen, das einst im Regen eines Septembertages durch die feuchten Wiesen streifte, das Herz schwer vom Gedanken an den Schulbeginn und an die trostlosen Schulhöfe, auf denen der dunkle Winter schon wartend stand, an die stickigen Klassenzimmer, den Eßsaal, in dem es nach kaltem Fett roch, und die endlosen feierlichen Hochämter, in denen eine kleine erschöpfte Seele Gott nichts darbringen konnte als ihre Langeweile – alles habe ich von dem Kind, das ich einmal war, und das für mich heute wie ein Ahn ist. Warum auch hätte ich mich verändern sollen? Warum sollte ich es? Meine Stunden sind mir zugemessen, die Ferien gehen immer zu Ende, und das dunkle Tor, das mich erwartet, ist noch düsterer als das von damals. Warum soll ich also meine Zeit mit jenen würdevollen Männern vergeuden, die man hier in Spanien: *hombres dignos, honrados* nennt? Heute wie gestern widert mich ihre Flachheit an. Nur fühlte ich's damals, ohne es zu begreifen. Und außerdem fürchtete ich, eines Tages zu werden wie sie. »Kommen Sie erst einmal in mein Alter...« sagten sie. Nun, heute bin ich so weit! Heute kann ich ihnen ins Gesicht sehn mit der Gewißheit, ihnen entronnen zu sein. Ich pfeife auf ihre Weisheit, auf die Weisheit, die wie ihr Gesicht ist: fast immer von einer groben Pfiffigkeit geprägt, enttäuscht und leer. Gewiß, ich kann kaum hoffen, in meinen Urteilen unfehlbar zu sein – falls ich etwa Urteile zu fällen wagte wie Henri Massis. Aber ich könnte manches klarstellen, wie das so viele andre tun, ich könnte wie ein alter erfahrener Gerichtsschreiber schon entscheiden, was rechtens ist und was nicht, ich könnte Mißverständnisse aufklären und allerlei Schliche aufdecken, und schließlich könnte ich, zitternd vor Haß, im Namen der Vernunft Urteile herausschreien, gegen die es keine Berufung mehr gibt. Ich werde auch nicht versuchen, euch zu verführen, noch will ich irgend jemand Ärgernis bereiten. Ich habe im übrigen gar nichts

Neues zu sagen. Das Unheil, das ich ankündige, wird sich kaum von dem unterscheiden, das bisher schon unser Warten enttäuscht hat. Ich hindere euch nicht, ihm den Rücken zuzukehren.

Als ich mit dreizehn Jahren zum ersten Male *La France Juive* las, das Buch meines Meisters Drumont – so weise und jung zugleich, von einer ewigen Jugend, von einer ehrfürchtigen Jugend, wie sie allein im Herzen eines Kindes ein Echo zu erwecken vermag! –, da hat es mir die Ungerechtigkeit enthüllt, die Ungerechtigkeit im eigentlichen Sinne des Wortes, nicht die abstrakte Ungerechtigkeit der Moralisten und Philosophen, nein, die Ungerechtigkeit selbst, wie sie lebt mit ihrem eisigen Blick. Hätte ich diesem Blick allein standhalten müssen, dann wäre mein Schicksal das so vieler anderer gewesen, die durch die Jahrhunderte hindurch nacheinander an ihrer ehernen Brust zerschmettert wurden. Ich habe inzwischen begriffen, daß der Einsame von Anbeginn an die bevorzugte Beute jener satanischen Macht ist, deren Schwester »Die Lüge« heißt. Und die andern, was kommt's auf die andern an? Was bedeuten diesem Tier, das so alt wie die Erde ist, die Schwachen? Es verschlingt sie wie der Walfisch einen Schwarm junger Lachse. Entweder ist die Ungerechtigkeit nur ein anderer Name für die Dummheit – ich wage es nicht zu glauben, denn sie wird nicht müde, ihre Fallen zu stellen, sie bemißt ihre Schläge, erhebt sich das eine Mal, duckt sich das nächste Mal, nimmt alle Gesichter an, selbst das der Barmherzigkeit. Oder aber sie ist das, was ich mir vorstelle, und die Schöpfung selbst hat ihr ihren Willen, ihr Bewußtsein und ihr ungeheuerliches Gedächtnis zugeteilt. Wenn ihr gründlich nachdenkt, werdet ihr mir zugeben müssen, daß es nicht anders sein kann, und daß ich mit meinen Worten eine Wahrheit ausspreche, die wir alle schon erfahren haben. Wer wagt zu leugnen, daß das Böse ein Organismus ist, ein Universum, wirklicher als jenes, das uns unsere Sinne vermitteln, ein Universum mit seinen düsteren Landschaften, seinem fahlen Himmel, seiner kalten Sonne und seinen grausamen Sternen? Ein Reich zugleich geistiger und fleischlicher Natur, von erstaunlicher Dichtigkeit und von einer fast unendlichen Schwere, mit dem verglichen die Reiche dieser Erde nur Skizzen, nur Sinnbilder sind. Ein Reich, dem in Wirklichkeit nur das geheimnisvolle Reich Gottes gegenübersteht, das wir nennen, ohne es zu kennen oder gar zu begreifen, und dessen Ankunft wir dennoch erwarten.

So gehört die Ungerechtigkeit unserer irdischen Welt an, aber nicht ganz. Wir sehen ihr faules Angesicht vor uns, verzerrt wie das der Wollust, gleichsam erstarrt in der scheußlichen Andachtsgebärde einer unvorstellbaren Lüsternheit – aber das Herz des Ungeheuers schlägt irgendwo, außerhalb unserer Welt, mit feierlicher Langsamkeit, und keinem Menschen wird es je gegeben sein, in seine geheimnisvollen Absichten einzudringen. Es greift nach den Schwachen nur, um seine wirkliche Beute heimtückisch herauszulocken. Die wahre Beute der Ungerechtigkeit, das sind diejenigen, die sich ihr stellen, die ihr trotzen, die davon träumen, ihr wie David dem Goliath entgegentreten zu können. Ach, nur die Elenden, die sie verachtet, wirft sie zu Boden und zermalmt sie mit einem Tritt ihres Fußes. Aber für die andern, deren Los es ist, sie zu hassen, und die allein das Ziel ihrer ungeheuerlichen Lüsternheit sind, hat sie nur Falschheit und Verrat. Sie gleitet ihnen durch die Finger, läßt sich tot zu ihren Füßen niederfallen, und plötzlich richtet sie sich wieder auf und sticht sie in die Ferse. Und von da an gehören sie ihr, ohne es zu ahnen: in ihren Adern pulst ihr eisiges Gift. Arme Teufel, die glauben, daß man das Reich der Ungerechtigkeit gegen sich selbst aufwiegeln könne, daß sich Ungerechtigkeit gegen Ungerechtigkeit ausspielen läßt! Ich danke Gott, daß er mir Meister gegeben hat in einem Alter, in dem man seine Meister noch liebt. Ohne sie, so scheint es mir zuweilen, hätte mich das Erlebnis der Dummheit und der Grausamkeit längst zu Staub zerrieben wie so viele andere, die allzufrüh die große Enttäuschung des Lebens erfahren mußten; sie ähneln nur noch äußerlich einem Menschen, nicht mehr als der Kunststein dem gewachsenen Stein ähnelt. Ich habe die Meister meiner Jugend zu leidenschaftlich geliebt, als daß ich mich nicht ein wenig über ihre Bücher, über ihr Denken hinaus gewagt hätte. Ich glaube, ihr Schicksal tief in mir erlebt zu haben. Man wird mit der Ungerechtigkeit nicht fertig, man zwingt sie nicht in die Knie. Alle, die es versucht haben, sind einer noch größeren Ungerechtigkeit verfallen oder in der Verzweiflung gestorben. Luther und Lamennais sind gestorben, Proudhon ist gestorben. Drumont starb gelassener, aber deswegen vielleicht nicht weniger in der Bitterkeit. Maurras' Sterben droht noch schwerer zu werden, wenn nicht die Vorsehung dem greisen Schriftsteller zwischen Alter und Tod jene Zone der Heiterkeit schenkt, die einem Dummkopf verschlossen bleibt. All das weiß ich. Wenn ihr's auch wißt, dann mögt ihr euch meinethalben von einem Unheil abwenden, das ihr für unvermeidlich haltet. Dazu möchte ich euch indessen bringen, daß ihr ihm einen Augenblick lang in den Weg tretet, nicht um seinen Lauf aufzuhalten, der vielleicht nicht aufzuhalten ist, sondern um es wenigstens einmal so zu sehen, wie es ist, es mit euern eigenen Augen zu sehen. Es ist keineswegs das, was ihr glaubt. Es entspricht durchaus nicht der Vorstellung, die ihr euch von ihm macht. Ihr mögt denken, was ihr wollt; es entspricht euch, es entspricht eurer Angst. Vermutlich ist es diese Angst selbst. Ich glaube nicht, daß ich leichtfertig daherrede, denn ich habe ein unglückliches Land kennengelernt, das dieser Art Dämon ganz und gar ausgeliefert ist. Ihr wäret übrigens vollkommen im Irrtum, wenn ihr euch diesen Dämon etwa als einen kleinen bleichen Teufel vorstellen solltet, den die Kolik ausgezehrt hat. In diesem Fall würde eure Einbildung die äußeren Symptome des Übels für die Krankheit selbst nehmen. Die Angst, die echte Angst ist wahnwitzige Besessenheit. Von allen Tollheiten, deren wir fähig sind, ist sie sicherlich die grausamste. Nichts kommt ihrer Macht gleich, nichts hält ihrem Ansturm stand. Der Zorn, der ihr ähnelt, ist nur ein vorübergehender Zustand, ein plötzlicher Ausbruch seelischer Kräfte. Außerdem ist der Zorn blind. Die Angst dagegen ist, wenn ihr den ersten Schauer überwunden habt, zusammen mit dem Haß eine der dauerhaftesten Tätigkeiten der Seele, die es gibt. Ich frage mich sogar, ob nicht der Haß und die Angst, beide in ihrem Wesen so eng verwandt, ins letzte Stadium ihrer beiderseitigen Entwicklung getreten sind, ob sie nicht morgen in einem neuen Gefühl aufgehen werden, das noch unbekannt ist, von dem man aber zuweilen in einer Stimme, in einem Blick unversehens eine Ahnung aufdämmern sieht. Ihr lächelt darüber? Wenn sich der religiöse Instinkt, der im Herzen des Menschen intakt geblieben ist, und die Wissenschaft, die ihn sich auf eine wahnsinnige Art zunutze macht, zusammenfinden, dann werden aus dieser Verbindung Gebilde eines riesigen Ausmaßes erwachsen, deren sich die Völker alsbald mit wütender Gier bemächtigen. Sie werden zu dem Erschreckendsten gehören, was der menschliche Geist jemals seinen Sinnen und seinen Nerven – die so erschütternd mit den großen Gesängen der Angst im Einklang sind – anzubieten hatte.

Die gleichen Leute, die behaupten, alle Probleme des politischen oder sozialen Lebens ließen sich nach dem Muster der römischen Geschichte lösen, werden mir sicher entgegenhalten, daß die Angst den Psychologen seit langem bekannt sei und daß es über einen so ausgewalzten Gegenstand nichts Neues mehr zu sagen gebe. Ich bin anderer Meinung, vermutlich, weil ich mir über die Menschheit nicht die gleiche Vorstellung mache wie diese Gelehrten. Nachdem sie ihre Vorstellung vom Menschen ein für allemal festgelegt haben, betrachten sie die Menschheit so, wie ein Naturforscher irgendeine Tierart. Ich weiß übrigens nicht, ob das Vorgehen des letzteren so über jeden Zweifel erhaben ist, denn schließlich scheinen ja die Tiergattungen einer Entwicklung fähig zu sein. Nichts beweist zum Beispiel, daß nicht das menschliche Nervensystem bestimmte innere, wenn auch schwer erkennbare Veränderungen durchgemacht hat. Die Todesangt ist ein universales Gefühl, das viele Formen annehmen kann, von denen einige ganz sicher außerhalb der menschlichen Aussagemöglichkeit liegen. Nur *ein* Mensch hat sie alle gekannt: Christus in seiner Todesstunde. Seid ihr so sicher, daß nicht uns noch vorbehalten ist, die kostbarsten von ihnen kennenzulernen? Aber von diesem Gesichtspunkt aus möchte ich's gar nicht betrachten. Eine Tiergattung – solange sich nicht im Ablauf der Jahrhunderte ihre Eigenschaften grundlegend ändern – wird geboren, lebt und stirbt nach ihrem Gesetz; die Rolle, die ihr im ungeheuern Schöpfungsdrama zugewiesen ist, wird immer nur diese eine, ständig wiederholte sein. Auch unsere Gattung entgeht sicher nicht diesem einförmigen Gesetz. Sie dreht sich um ihr unwandelbares Geschick wie der Planet um seine Sonne. Aber wie der Planet, wird auch sie mit ihrer Sonne einem unsichtbaren Stern zugetrieben. Nicht ihr Schicksal ist ihr Mysterium, sondern ihre Berufung. So kommt es, daß unsere Geschichtskundigen von ihrer eigentlichen Geschichte nicht sehr viel wissen. Sie stehen ihr gegenüber, wie der Theaterkritiker dem Schauspieler, von dessen innerem Leben er absolut nichts weiß. Im Abstand von zwanzig Jahren spielt die gleiche Künstlerin die Rosine, und es ist noch immer die gleiche Rosine. Aber aus dem Mädchen ist eine Frau geworden.

Ich glaube, daß diese Welt eines Tages zu Ende gehen wird. Ich glaube, daß unsere Gattung, die ihrem Ende zueilt, in der Tiefe ihres Bewußtseins Geheimnisse birgt, die unsere Psychologen, Moralisten und andern Tintenklexer aus der Fassung bringen würden. Es scheint, als werde unser Gefühlsleben vom Vorgefühl des Todes bestimmt. Wie wird es werden, wenn einmal das Vorgefühl des Todes dem Vorgefühl der Katastrophe weicht, die die Menschheit verschlingt? Sicherlich kann das alte Vokabular dann noch seine Dienste tun. Bezeichnen wir mit demselben Wort »Liebe« nicht genauso das Gefühl, das die zitternden Hände zweier junger Liebenden sich finden läßt, wie den dunkeln Abgrund, in dem Phädra, die Arme gekreuzt, mit dem Schrei der Löwin versinkt?

Ich schmeichle mir nicht, im Laufe der letzten zwei Jahre neue Formen des Hasses und der Angst entdeckt zu haben. Ich schmeichle mir aber, mich genau an dem Punkte der Welt befunden zu haben, der für bestimmte kostbare, von der Erfahrung schon bestätigte Beobachtungen besonders günstig war. So naiv die Leute von rechts auch immer waren, oder so sicher ihr Instinkt, unweigerlich die Dinge und Menschen herauszufinden, die von vornherein dazu bestimmt sind, sie vom Volk zu trennen, so werden sie mir vielleicht heute doch zugeben, daß der Krieg in Spanien schon längst nichts mehr von einem Ausbruch des nationalen oder christlichen Gefühls an sich hat. Als ich sie letzthin auf gewisse Enttäuschungen vorzubereiten suchte, die auf sie warteten, lachten sie mir ins Gesicht. Heute geht es nicht mehr um einen Ausbruch, sondern um eine Feuersbrunst. Und verdient ein Feuer, das nun schon so lange wütet, nicht die Bezeichnung »unheilvoll«? Ich habe Spanien in seiner vorrevolutionären Epoche erlebt. Ich war in dieser Zeit viel mit einer Handvoll junger Falangisten zusammen, jungen Leuten von Ehre und voller Mut; ich billigte nicht ganz ihr Programm, aber ich sah, wie es sie – und ihren edeln Führer – mit einem starken Gefühl sozialer Gerechtigkeit befeuerte. Ich behaupte, daß sie die republikanische Armee und deren Generalstab, die ihrem König verräterisch den Eid gebrochen hatten, nicht weniger verachteten, als sie einer Geistlichkeit mißtrauten, die in jedem Wahlschacher und jedem Wahlbetrug erfahren war, den sie unter dem Deckmantel der *Accion Popular* und durch die Mittelsperson des unvergleichlichen Gil Roblès betrieb. Was ist aus diesen jungen Leuten geworden, werdet ihr fragen? Mein Gott, ich werde es euch sagen. Am Vorabend des Pronunciamento zählte man kaum fünfhundert in Mallorca. Zwei Monate später waren's ihrer fünfzehntausend, dank einer schamlosen Rekrutierung, die von Militärs durchgeführt wurde, denen es nur um die Zerstörung der Partei und ihrer Disziplin ging. Unter der Führung eines italienischen Abenteurers namens Rossi war die Falange zur Hilfspolizei der Armee geworden, die man ganz bewußt zu den übelsten Dingen heranzog in der Erwartung, daß ihre Führer von der Diktatur erschossen oder eingesperrt und ihre besten Elemente der alten Uniformen beraubt und in die Truppe gesteckt würden. Aber das ist – wie Kipling sagt – eine andere Geschichte. Wohin heute der Primas des spanischen Episkopats seinen Fuß setzt, tritt er auf einen Totenkopf, dessen Gebiß sich in seine Ferse schlägt, so daß er gezwungen ist, seinen Schuh zu schütteln, um ihn loszubekommen. Viel Glück, Eure Herrlichkeit!

Ihr könnt übrigens über den General Franco denken, was ihr wollt. Es steht absolut fest, daß er keine fünfundzwanzig Spanier gefunden hätte, die ihm gefolgt wären, wenn er die Unklugheit besessen hätte, laut werden zu lassen, daß das Pronunciamento – von ihm als eine einfache Polizeiaktion angekündigt – länger als drei Wochen dauern könnte. Napoleon III. war sicher ein anderer Herr als der kirchenfromme General. Wenn er am Abend des 1. Dezember hätte voraussehen können, daß er zwei Jahre später noch immer mit einer Armee aus Italienern, Deutschen und verlausten Arabern auf den Höhen von Montmartre stehen und Notre Dame bombardieren würde, dann hätte sich der Rest an königlichem Blut, den er in seinen Adern hatte, gewiß empört, und er hätte durch den zukünftigen Marschall Saint-Arnaud einen Bischof mit Fußtritten in den Hintern nach Hause treiben lassen, der so geschmacklos gewesen wäre, ihn im vorhinein seiner Gebetshilfe zu versichern – vorausgesetzt, daß der französische Episkopat in seinen Reihen jemals einen solchen Schweinehund gehabt hätte. Man stelle sich vor, unsere französischen Katholiken hätten 1936 eine Phrase wie die vom Ausbruch des katholischen Gefühls im katholischen Spanien ernst genommen, – wir ständen heute gerade erst am Anfang unseres Heiligen Krieges. Da wir nicht so reich mit ausländischen Waffen ausgestattet sind wie unsere Nachbarn, würden wir – unter dem Generalissimus Moreau de la Meuse – einem neuen Hundertjährigen Krieg entgegensehen.

Man möge mir nicht das Unrecht antun, zu glauben, ich sei empfindsamer als irgendwer. Ich gestehe unsern Damen gerne zu, daß der Anblick von Blut mich nicht in Erregung bringt: weder schreckt er mich noch verursacht er mir einen Kitzel, er reizt nicht einmal meine Neugier, wahrscheinlich verfüge ich nicht wie sie über ein Organ, das solcher Art Reize meiner Hirnrinde mitteilt. Diese diskrete physiologische Zurückhaltung, von der ich eben sprach, darf man aber nicht als ein Zugeständnis der Schwäche auslegen, oder es ist eine Schwäche, die ich mit allen meinen Geschlechtsgenossen gemein habe. Ich habe viele Männer sterben sehen. Vielleicht war mein Platz in den armseligen Massengräbern des letzten Krieges neben meinen Kameraden schon vorgemerkt: trotzdem schwindelt es mir, wenn ich die ungeheuern Leichenhäuser von morgen sich auftun sehe. Schon seit langer Zeit spielen die Revolutionäre, die echten wie die falschen, mit einer Mystik des Terrors. Ach, der Terrorismus gehört ihnen keineswegs allein. Sie spielen sich auf. In Wahrheit zeigt uns die Geschichte, daß dieses System von der ganzen Welt benutzt wird, und der Terror der katholischen Könige in Flandern war ein heiliger Terror.

Man wird mir zweifellos zustimmen, daß ich, wenn ich anfällig für Nervenattacken wäre, schon nach dem ersten Schuß Mallorca mit meiner Frau und meinen Kindern verlassen hätte. Ich sehe noch... Ja, ich sehe noch jenen strahlenden Sonntagmorgen vor mir. Seit Wochen erwarteten wir, ohne recht daran zu glauben, die Maßnahme, die Primo de Rivera angekündigt hatte. Was hätten wir von den Militärs erhoffen sollen? Die spanische Armee, die Hauptanstifterin und einzige Nutznießerin der fürchterlichen marokkanischen Gaunerei, eisern von allen reaktionären Elementen gereinigt, unter der Führung freimaurerischer Offiziere, an denen sich schon der Wille des ersten Primo gebrochen hatte, war außerdem durch und durch antiklerikal. [Sie ist es noch immer, wie fast die gesamte männliche Bevölkerung Spaniens, was eine nahe Zukunft zweifellos beweisen wird.] Ich denke noch heute nicht ohne Bitterkeit daran, daß Alfons XIII., wenn er sich nur etwas weniger um Menschenleben Sorgen gemacht hätte, spanische Menschenleben – übrigens ein Wesenszug aller Bourbonen –, seinem Lande ein schauerliches Golgatha hätte ersparen können, und wäre es nur dadurch gewesen, daß er den General Sanjurjo an die Wand gestellt hätte, der ihm, aller Erwartung entgegen, die Unterstützung der Zivilgarde verweigerte und so der Monarchie den Dolchstoß in den Rükken versetzte. Nichts wird mich auch davon abbringen zu bedauern, daß eine ähnliche Maßnahme nicht ergriffen wurde gegen den kommunistischen Flieger Franco, dessen Propaganda eine bis dahin als treu bekannte Truppe demoralisiert hatte, und der vor kurzem noch, als Faschist getarnt, den Flughafen von Palma kommandierte.

Wir erhofften nichts von den Militärs, und von den Klerikalen genauso wenig. Bis zum letzten Tage gebärdete sich die *Accion Popular*, die neun Zehntel der alten gemäßigten Parteien umfaßte, wild demokratisch, leidenschaftlich parlamentarisch. Ihr Haß gegen die Monarchie glich dem gegen die Falange, die es übrigens ablehnte, ihr ihre Stimme zu geben. Will man sich von ihrer Doktrin ein Bild machen, dann stelle man sich vor, was aus mühseligen Nachtsitzungen eines Louis Marin und Marc Sangnier unter der Kontrolle der Ehrwürdigen Väter von den *Etudes* herausgekommen wäre. Beim geringsten Anzeichen drohender Illegalität verschwanden die Herren durch eine Falltür, aus der man sie später tränenüberströmt wieder heraufzog. Die Diktaturen kamen bei ihnen damals nicht gut weg. Hitler wurde von ihnen gemeinhin als Antichrist bezeichnet, und die guten Schwestern von Sacré-Cœur auf Palma ließen jeden Abend ihre Zöglinge für den Negus beten. Das »mit allen Mitteln« von Charles Maurras – eine Formel, deren Harmlosigkeit durch zweiunddreißig Jahre tatsächlicher Praxis hinreichend bewiesen war – wurde mit Abscheu zitiert. Der berühmte Jesuit Laburu machte vor riesigen Zuhörermassen den Royalisten und Aristokraten den Prozeß, und die Arbeiter aus den Gewerkschaften waren dabei nicht die letzten, die Beifall klatschten. Ihr werdet mir, nebenbei bemerkt, zugeben, daß dies alles nicht sehr überzeugend auf die jungen französischen Kommunisten wirken kann, die von den Mitgliedern der christlichen Arbeiterjugend in die Kirche verlockt werden sollen. Welche Frist haben eigentlich unsere demokratisch-christlichen Generalstäbe diesen Unglücklichen im geheimen gesetzt, um sich zu bekehren – bei Strafe des Genickschusses durch die frommen Offiziere des nächsten Kreuzzuges?

Ich stelle diese Frage in allem Ernst. Es gibt dabei nichts zu lachen. Ich möchte einmal einen dieser unschuldigen Machiavells in der Soutane vor mir haben, die zu glauben scheinen, man könne mit einem großen Volk verfahren wie mit einer Sexta, und die sich angesichts der Katastrophe mit der beleidigten Würde eines Schulmeisters geben, den seine Klasse niederbrüllt. Oh, ich würde mich nicht in große Unkosten stürzen! Ich würde ihm nur folgendes sagen: Stimmt es, daß eine große demokratische, eine soziale und parlamentarische Partei die überlegene Mehrheit, ja fast die Einstimmigkeit der katholischen Wähler und Wählerinnen Spaniens hinter sich hatte, ja oder nein? – Ohne Zweifel. – Hatte sie die Billigung und Unterstützung der Katholischen Aktion? – Wir können es nicht leugnen. – Hat irgendein Redner oder Vorkämpfer dieses friedlichen Kreuzzuges jemals im Laufe der letzten Jahre in der Öffentlichkeit auf die schmerzliche Notwendigkeit angespielt, im Falle einer Wahlniederlage Gewalt anwenden zu müssen? – Wir glauben es nicht. – Gingen sie nicht sogar so weit, die Gewalt im Namen der Politik, der Moral oder der Religion feierlich zu verdammen? – Ganz gewiß. – Hätte einer der Theologen, die heute den Bürgerkrieg mit Argumenten aus dem heiligen Thomas verteidigen, Zustimmung gefunden, wenn er damals solche Ansichten geäußert hätte – und sei es auch nur als einfache Hypothese? – Wir würden nicht wagen, so etwas zu behaupten. – Hättet ihr acht Tage vor der letzten Wahl eine Erklärung gebilligt, daß die Gläubigen der Katholischen Aktion im Falle der Wahlniederlage mit dem Segen des Episkopats zu solchen Methoden ihre Zuflucht nehmen dürfen? – Sie halten uns wohl für dumm? – Nein, noch nicht einmal für gerissen. Denn, alles in allem, hattet ihr nicht in den Jahren, die den bedauerlichen Ereignissen vorausgingen, jede Art von Macht? Der Präsident der Republik war einer der Euern. Selbst Herr Lerroux, der Ministerpräsident, der gerade in einem Spielskandal den bescheidenen Vorrat an Ehre verausgabt hatte, über den er und seine Familie verfügten, selbst er hatte Gil Roblès die ziemlich angefaulten Reste der alten radikalen Partei angeboten. Oh, ihr seid niemals abgeneigt, den verlorenen Sohn zu empfangen – unter der Bedingung freilich, daß er selbst das Kalb zum Festmahl stiftet. Das muß euch die Gerechtigkeit lassen. Kurz, ihr wart die Herrn der Lage, wenn ich so sagen darf. Nun, einige Wochen, nachdem eure behutsame Regierung zu Ende gegangen war, liefen die Dinge bereits so übel, daß keine andere Möglichkeit mehr blieb als der gewaltsame Eingriff. Findet ihr das nicht seltsam? Regiertet ihr oder regiertet ihr nicht? – Wir hielten die Dinge hin. – Etwas Besseres ist euch nicht eingefallen, ihr unschuldigen Machiavells! Nachdem ihr beim Sturz der ersten Diktatur, später der Monarchie, mitgeholfen hattet, habt ihr's noch einmal versucht, euern berühmten »Anschluß« zu finden. Ihr wart in Brunst, in einer wahren demokratischen Brunst, und alles Wasser dieses Landes – es fehlt ihm übrigens daran – hätte nicht ausgereicht, euch abzukühlen. Wer das bezweifelt, braucht nicht erst Spanisch zu lernen. Es würde vollauf genügen, auf französisch jene Nummer der *Etudes* nachzulesen, in der die gescheiten Jesuiten von der Rue Monsieur die Heraufkunft der neuen Republik begrüßten. Ihr wart die Leidtragenden dieser Politik des Immer-mehr-Bietens. Ach, eure politische Konzeption trug seit je die Kennzeichen einer mühseligen Sentimentalität. Ihr liebt die Macht, aber das Risiko dafür wollt ihr nicht übernehmen. Spaß beiseite: Habt ihr den Bürgerkrieg vorausgesehen, ja oder nein? Wenn nicht, dann wart ihr Dummköpfe. Wenn ja, warum habt ihr nicht – nach der berühmten Formel – eure Stärke geltend gemacht, um euch ihrer nicht bedienen zu müssen? Ich sage noch einmal: Gil Roblès war Kriegsminister. Hätte ich ihn damals befragt, so hätte er – darüber besteht kein Zweifel – sich kurz mit dem frommen Kardinal Goma beraten, dann hätte er die Hand aufs Herz gelegt und geantwortet: »Für wen halten Sie mich? Niemals werde ich gegen die Legalität handeln.« Und der fromme Kardinal hätte hinzugefügt: »Wenn die Legalität militärisch geworden ist, werden wir die militärische Legalität segnen.«

Man segnet also; schön. Man hatte also die Wahl zwischen Regieren und Segnen. Ihr habt kein Glück mit der Demokratie. Und doch weiß jeder von euch, daß im natürlichen Spiel der Demokratie abwechselnd der Stärkste und der Gerissenste an die Macht kommt. Wenn ihr Sinn für Ironie hättet – das heißt, wenn ihr etwas weniger hochmütig wäret –, müßtet ihr euch selbst auslachen bei der Vorstellung, wie ihr mit frommen, segenspendenden Mienen ein Spiel leitet, das ebenso brutal ist wie das Pokerspiel. So brutal, daß ihr mit eurer Salbung dem wilden Rhythmus gar nicht zu folgen vermögt. Während ihr noch mit gewinnendem Lächeln die Texte murmelt, die die nicht zu bestreitende Legitimität des Starken weihen, ist schon der Gerissene an die Macht gekommen, und er wirft euch einen so sonderbaren Blick zu, daß ihr euch in größter Eile davon macht und in eure Bibliothek lauft, um die gleichen Texte eine Apologie der Gerissenheit ausschwitzen zu lassen. Die werdet ihr dann feierlich in die Hände des Starken legen, der während eurer Abwesenheit bereits wieder legitim geworden ist. Warum zum Teufel – ach ja, warum zum Teufel! – besteht ihr so darauf, durch den Bürgermeister und den Pfarrer die allnächtlich oder meinetwegen allstündlich angeklebten Aufrufe legalisieren zu lassen? Ich glaube, ich habe kürzlich eine echt demokratische Verfassung erfunden, die geeignet ist, den Kasuisten Kraft und Zeit zu ersparen: Dank der Entwicklung der Maschinen und des verlängerten Wochenendes könnten die Staatsbürger jeden Samstagabend den Regierungschef wechseln. In der Nacht würden dann die Theologen ihre entsprechenden Thesen abfassen, so daß Offiziere und Beamte bereits beim Hochamt am Sonntag in ihrer Pfarrkirche ruhigen Gewissens dem Wochensouverän ewige Treue auf die heiligen Evangelien schwören könnten. Bliebe freilich noch die Frage der Fahne zu regeln. Um Kosten zu sparen, und um diese heiligen Embleme leichter auswechseln zu können, würde ich vorschlagen, ganz einfach dafür das Reispapier zu verwenden, aus dem die Chinesen ihre Taschentücher machen.

Aus denselben Gründen scheint es mir geboten, eine Begriffsbestimmung des Heiligen Krieges nicht von den gleichen Fachleuten zu verlangen – die Universität von Paris hat diese Frage einmal mit Jeanne d'Arc durchdiskutiert, und die Weisen haben damals, obwohl sie von Berufs wegen barmherzig sein sollten, sofort die durchschlagendsten Mittel angewendet. Da sie nicht die Schriften des Hirtenmädchens verbrennen konnten – es konnte übrigens gar nicht schreiben –, verbrannten sie es selbst, genauso – alles in allem – wie heute die spanischen Extremisten die Kirchen verbrennen. Seid nachsichtig mit den Brandstiftern!...

Ich sehe ihn noch vor mir, jenen strahlenden Sonntagmorgen. Das Meer, das sanfte Meer von Palma, zeigte nicht die geringste Spur einer Bewegung. Der Weg, der vom Dorfe Porto-Pi kommt und in die große Straße mündet, war noch voll blauer Schatten. Ganz wie im vorletzten Kapitel des *Tagebuchs eines Landpfarrers* brummte das hochgebaute rote blitzblanke Motorrad unter mir wie ein kleines Flugzeug. Zwei Kilometer weiter, bei einer Tankstelle, hielt ich an. Der eiserne Rolladen der Garage war nur zur Hälfte hochgezogen: »Sie werden doch heute vormittag nicht in die Stadt fahren?« fragte mich der Garagenbesitzer. – »Aber natürlich! Nach Sant'Eulalia, zur Sieben-Uhr-Messe.« – »Fahren Sie lieber nach Hause. Dort knallt's!« Erst jetzt bemerkte ich, daß die Straße leer war, leer auch die Straße des 14. April. Am Anfang von Terreno macht die Straße eine plötzliche Wendung, und man sieht jenen unendlich langen Kai vor sich, der den Fischerbooten dient, längs der alten Festungswälle, auf denen einmal die Banner der Sarazenen geweht haben. »Halt!« Ich höre noch das durchdringende Kreischen meiner Bremsen in dem feierlichen Schweigen. Sofort waren fünf oder sechs Mann um mich herum, schweißtriefend, das Gewehr im Arm. »Keine Dummheiten«, sage ich in meinem unbezahlbaren Spanisch zu ihnen, »ich bin der Vater von Ifi.« – »Gehen Sie beiseite, Herr, bleiben Sie nicht im Schußfeld stehn!« rief von weitem ein Leutnant der Falange. Seine Männer besetzten die untere Seite der Straße, hinter Bäumen verteilt... Das Schußfeld?... Am Ende, ganz am Ende des unendlich langen, unheimlich leeren Kais, in einer Entfernung, die mir niemals so groß erschienen war [und die mir seitdem nie wieder so groß erschienen ist], sah ich wie ein riesiges Maul das offene Tor der Kavalleriekaserne klaffen. »Mein lieber Freund«, sage ich zu dem Leutnant, »mit den paar Leuten, die ihr da habt, könnt ihr doch nichts gegen die Truppe unternehmen!« [Die republikanische Armee flößte mir, ehrlich gesagt, kein Vertrauen ein. Ich fürchtete, sie könnte von neuem meineidig geworden sein.] »Die Soldaten sind auf unserer Seite«, sagte der Leutnant.

Wenn ich überhaupt aus meinen Erfahrungen in Spanien etwas gelernt habe, so nur deshalb, weil ich sie ohne jede Voreingenommenheit für irgendeine Seite gesammelt habe. Obwohl ich von Natur aus nicht sehr schlau bin, nicht in dem Sinne, den unsre diplomatischen Domherren dem Wort unterlegen, so bin ich doch nicht naiv. Ich kam zum Beispiel niemals in die Versuchung, die spanischen Republikaner für loyal zu halten. Ihre Loyalität machten sie, ganz wie ihre Gegner, von bestimmten Voraussetzungen abhängig. »Bezüglich Loyalität«, um mich der Ausdrucksweise von Herrn Céline zu bedienen, taugen diese Leute einer soviel wie der andre. Ihre politischen Wunschvorstellungen lassen mich völlig kalt. Die Welt braucht ein Gefühl für Ehre, an Ehre fehlt es der Welt. Die Welt hat alles, was sie braucht, aber sie kann nichts damit anfangen, weil es ihr an Ehre fehlt. Die Welt hat die Achtung vor sich selbst verloren. Nun, kein vernünftiger Mensch wird jemals auf die lächerliche Idee kommen, die Gesetze der Ehre von Niccolo Macchiavelli oder von Lenin lernen zu wollen. Ebenso idiotisch würde es mir scheinen, sie bei den Kasuisten zu suchen. Die Ehre ist ein Absolutum. Was hat sie gemein mit unsern Lehrern des Relativen?

Die spanischen Republikaner zeigten keinerlei Gewissensbisse, als sie sich der eidbrüchigen Generale bedienten, um die Monarchie zu stürzen. Daß diese Verräter sie nun ihrerseits verraten haben, empfinde ich durchaus in der Ordnung. Grundsätzlich hatte ich also nichts gegen einen falangistischen Staatsstreich einzuwenden. Ich glaubte – und ich glaube es noch – zu wissen, was an den faschistischen, hitlerischen und selbst stalinistischen Revolutionen berechtigt, ja was an ihnen beispielhaft war. Hitler, Stalin und Mussolini haben vollkommen begriffen, daß einzig die Diktatur mit der Raffgier der bürgerlichen Klasse zu Rande kommen kann, einer Gier übrigens, die längst gegenstandslos geworden ist, denn die Unglücklichen klammern sich an Privilegien, die allen nährenden Marks entleert sind, und sie laufen Gefahr, über einem Knochen zu verhungern, der soviel Nährkraft hat wie eine Billardkugel. Nicht, daß man sich der Gewalt bedient, scheint mir verdammenswert, sondern daß man sie zur Grundlage einer regelrechten Mystik macht. Verdammenswert ist die Religion der Gewalt im Dienste des totalitären Staates und der Diktatur des Gemeinwohls, nicht als Mittel, sondern als Ziel betrachtet.

Meine Illusionen über das Unternehmen des Generals Franco hielten nicht lange an – ein paar Wochen. Und solange ich ihnen verfallen war, habe ich mich ehrlich bemüht, den Abscheu, den mir bestimmte Männer und bestimmte Parolen einflößten, niederzukämpfen. Wenn ich ganz offen sein soll: ich habe die ersten italienischen Flugzeuge ohne Mißfallen ankommen sehen. Als der italienische Konsul, durch einen römischen Freund über die Gefahr unterrichtet, in der meine Familie, und besonders mein Sohn, schwebte, falls die katalanischen Milizen, die in Porto Cristo gelandet waren, plötzlich vorrücken sollten, als er mich aufsuchte und mich höflichst von der Sorge seiner Regierung in Kenntnis setzte, da dankte ich ihm aufs wärmste, obwohl er schon zu spät kam, denn ich war bereits entschlossen, Hilfe weder zu erbitten noch anzunehmen. Kurzum, ich war auf jeden Gewaltakt vorbereitet. Ich weiß, was Gewaltakte von Gewalttätigen sind! Sie können den, der kaltblütig zuschaut, schon in Aufruhr versetzen, sie machen das Herz nicht froh. Ich wußte genau, wessen die jungen Leute, deren Freundschaft ich besaß, fähig gewesen wären, wenn sie sich einem entschlossenen Feind gegenüber gesehen hätten. Sie fanden aber nur eine verängstigte Bevölkerung vor. Dieses Volk von Mallorca hat sich gegenüber allem Politischen immer durch eine besondere Gleichgültigkeit ausgezeichnet. George Sand erzählt uns, daß man hier zur Zeit der Karlisten und der Cristinos die Flüchtlinge sowohl der einen wie der andern Partei mit dem gleichen Phlegma aufgenommen hat. Dadurch kam es übrigens, daß das vagabundierende Paar in Palma keine Bleibe mehr fand. Der Aufstand des so nahen Kataloniens im Jahre 1934 erweckte hier keinerlei Echo. Nach Aussagen des Chefs der Falange hätte man auf der ganzen Insel keine hundert wirklich gefährlichen Kommunisten finden können. Wo hätte die Partei sie auch hernehmen sollen? Es ist ein Land der kleinen Gemüsegärtner, ein Land der Oliven, Mandeln und Orangen, ohne Industrie, ohne Fabriken. Mein Sohn hat ein ganzes Jahr lang die Propaganda-Veranstaltungen besuchen können, ohne daß es zwischen ihm oder seinen Kameraden und ihren Gegnern zu mehr als zum Wechsel von ein paar Fausthieben kam. Ich behaupte, und ich behaupte es auf Ehre und Gewissen, daß in den Monaten, die dem Heiligen Krieg vorangingen, auf der ganzen Insel kein Übergriff, weder gegenüber Personen noch gegenüber Einrichtungen, vorgekommen ist. Aber in Spanien brachte man die Leute um, wird man mir entgegenhalten. 135 politische Morde zwischen März und Juli 1936! Gut, dort konnte also der Terror von rechts den Schein der Vergeltung wahren, einer wilden, einer blinden Vergeltung, die auch Unschuldige traf, aber immerhin einer Vergeltung an Verbrechern und deren Komplizen. In Mallorca jedoch konnte es sich, da es keine Verbrechen gab, nur um eine Präventiv-Säuberung handeln, um eine systematische Ausrottung von Verdächtigen. Die meisten der von den mallorkischen Kriegsgerichten gefällten legalen Urteile – von den viel zahlreicheren summarischen Exekutionen werde ich an anderer Stelle sprechen – bezogen sich nur auf das Verbrechen der *desafeccion al movimiento salvador*, des »Abfalls von der Bewegung des Heils«, der sich durch Worte oder auch nur durch Gesten kundtat. Eine vierköpfige Familie aus angesehenen Kreisen, Vater, Mutter und zwei Söhne von 16 beziehungsweise 19 Jahren, wurde auf Grund von Aussagen einiger Zeugen zum Tode verurteilt; diese behaupteten gesehen zu haben, wie sie in ihrem Garten Beifall geklatscht hätten, als katalanische Flugzeuge vorüberflogen. Das Dazwischentreten des amerikanischen Konsuls rettete übrigens der aus Porto-Rico stammenden Frau das Leben. Man wird mir nun vielleicht sagen, die Akten von Fouquier-Tinville wiesen manches Beispiel einer derartigen Revolutionsjustiz auf. Gerade deshalb ist der Name Fouquier-Tinville einer der abscheulichsten der Geschichte.

Es ist gut möglich, daß die letzte Bemerkung einer Reihe von braven Leuten wehtut, die im Spiegel keinerlei Ähnlichkeit zwischen sich und Fouquier-Tinville entdecken können. Ich rate ihnen, mißtrauisch zu sein. Man kann sich selbst gegenüber niemals mißtrauisch genug sein. Genügen manchmal nicht drei Wochen harmlosen Luderlebens auf dem Montmartre, um in einem Fünfzigjährigen, der bis dahin friedlich in Quimper oder Landernau von seiner Rente lebte, den lasterhaften Jüngling wiederzuerwecken, an den er seit soundsoviel Jahren nicht mehr gedacht, den er tot geglaubt hatte? Ihr haltet die bürgerliche Welt der Romane von François Mauriac für wahrheitsgetreu und möchtet bezweifeln, daß diesen Leuten eines Tages der Blutgeruch in den Kopf steigen kann? Und doch habe ich seltsame Dinge erlebt. Ein Mädchen von 35 Jahren, jener braven Gattung angehörig, die man dort unten *beata* nennt, das nach einem unterbrochenen Noviziat friedlich in seiner Familie lebte und die ganze Zeit, die es nicht in der Kirche verbrachte, den Armen widmete, dieses Mädchen zeigte plötzlich eine unverständliche nervöse Verstörtheit, es sprach von möglichen Repressalien und weigerte sich, allein auszugehen. Eine mir liebe Freundin, die ich nicht nennen kann, empfand Mitleid mit ihr und nahm sie bei sich auf in der Absicht, sie zu beruhigen. Nach einiger Zeit entschloß sich die Fromme zur Rückkehr in ihre Familie. Am festgesetzten Tage befragte die hilfreiche Gastgeberin sie freundlich: »Mein liebes Kind, was können Sie schon zu fürchten haben? Sie sind ein wahres Lamm Gottes, der ja dumm sein müßte, wenn er den Tod einer so ganz und gar harmlosen Person wollte, wie Sie es sind.« – »Harmlos? Euer Gnaden wissen nicht, Euer Gnaden halten mich für unfähig, der Religion Dienste zu leisten! Alle Welt denkt wie Euer Gnaden, man traut mir nichts zu. Nun wohl, Euer Gnaden können sich erkundigen: ich habe acht Männer erschießen lassen...« Ja, gewiß, es war mir beschieden, merkwürdige und seltsame Dinge zu erleben. Ich kenne in Palma einen jungen Mann von guter Herkunft, umgänglich, freundlich, von jedermann geliebt. Seine zarte, rundliche Aristokratenhand umschließt das Geheimnis des Todes von vielleicht hundert Menschen... Eines Tages tritt eine Besucherin in den Salon dieses Ehrenmannes ein und bemerkt auf dem Tisch eine herrliche Rose. »Sie bewundern diese Rose, liebe Freundin?«

»Selbstverständlich.«

»Sie würden sie noch mehr bewundern, wenn Sie wüßten, woher sie stammt.«

»Woher soll ich das wissen?«

»Ich habe sie aus der Zelle von Madame M. mitgenommen, die wir heute früh erschossen haben.«

Oh, sicher, Herr Paul Claudel wird vielleicht der Meinung sein, daß solcherlei Wahrheiten besser unausgesprochen blieben, daß man mit ihnen ehrbaren Leuten leicht unrecht tun könnte. Ich halte es für den höchsten Dienst, den ich diesen erweisen kann, wenn ich sie vor den Dummköpfen und dem Gesindel warne, die heute voller Zynismus ihre Angst ausnützen, die Große Angst der Wohlanständigen. Dürftige Gestalten, die wie Pilze auf der Verzweiflung der abdankungsreifen herrschenden Klassen wachsen, und deren um sich greifende Fäulnis in der ekelhaften und lächerlichen C. S. A. R.-Affäre offenbar wurde, rufen sich schon leise die Parole der nächsten Metzelei zu: »Zum Teufel mit den Skrupeln! Retten wir unsere Haut!« Die herrschenden Klassen haben schon viele Ungerechtigkeiten begangen. Ich möchte nur, daß sie das erkennen, ehe sie sich hinter einem Generalstab von Abenteurern verkriechen, um sich in einen Kampf einzulassen, bei dem sie nur eine sehr geringe Chance haben, ihre Haut und ihre Habe zu retten, bei dem sie aber ganz sicher ihre Ehre verlieren werden. Meine Offenherzigkeit kompromittiert sie? Mag sie! Sie wird sie

nicht so sehr kompromittieren, wie sie es getan haben, als sie sich blindlings solidarisch erklärten mit einem übeln Unterdrückungsmanöver, von dem man zumindest eines sagen kann: daß wir noch nicht genau wissen, wer der Nutznießer sein wird, Spanien oder das Ausland.
Denn schließlich, ich habe ja nichts einzuwenden, wenn sie recht behalten. Unfähig, wie sie sind, in der Gefolgschaft eines Mussolini oder Hitler das große Abenteuer zu bestehen, nur über obskure und bedenkenlose Politiker ohne Verstand verfügend, mögen sie es darauf ankommen lassen, sich ohne allzu große Verluste herauszuwursteln, indem sie eine Kasse anlegen zum Kauf von einer paar eifrigen Generalen, die mit der Säuberung meines Landes beauftragt werden; es gibt wahrscheinlich sowieso schon zuviel Menschen. Müßte die erste Vorsichtsmaßregel dieser Machiavells nicht sein, ihren Plan geheimzuhalten? – Aber sie haben ja niemals einen Geheimplan gehabt! – Ich kann mir's denken. Dann haben sie es aber ausgezeichnet verstanden, das Gegenteil glauben zu machen. Sie haben dafür sogar viel Geld ausgegeben. Ich stelle mir den Dialog vor zwischen irgendeinem gravitätischen Dummkopf, der die wankenden herrschenden Klassen repräsentiert, und den Direktoren der Rechtspresse, die er in sein Büro gebeten hat: »Meine Herren, man verkennt uns! Die Linkspresse führt gegen uns einen Verleumdungsfeldzug. Während wir immer erklärt haben, daß wir für die Verschmelzung der Klassen in der strengsten Gesetzlichkeit sind, sagt man uns nach, wir wollten unsere bescheidenen Privilegien mit Gewalt verteidigen. Die Leute aus Moskau beschuldigen uns, die wir in einer religiösen Ehrfurcht vor dem allgemeinen Wahlrecht erzogen worden sind, wir machten gemeinsame Sache mit der Diktatur. Man unterstellt uns, obwohl wir Fanatiker der Gewissensfreiheit sind, wir wollten die Inquisition wiedereinführen. Wir, die wir treue Leser von Eugène Sue sind, sollen Giftmörder gedungen haben, ganz wie die von die-

sem großen Schriftsteller bloßgestellten Jesuiten? Wir, ehemalige Frontkämpfer und glühende Patrioten, sollen fähig sein, die heilige Bruderschaft des Schützengrabens zu verletzen? Was soll ich noch sagen, meine Herren? Nationalisten, oder genauer gesagt: Nationale – so national wie das Schloß von Versailles oder die Ehrenlegion –, die wir sind, sollen wir mit dem Ausland liebäugeln, uns mit seiner Unterstützung bewaffnen, an seiner Seite gegen unsere Brüder kämpfen? Elende Kreaturen verbreiten sogar das Gerücht, wir wollten am liebsten die französischen Arbeiter von den Dreckskerlen Abd-el-Krims niederschießen lassen! Meine Herren, es ist Zeit, daß man dagegen etwas tut. Beginnen Sie sofort im Namen der abdankungsbereiten herrschenden Klassen, die zu vertreten ich die Ehre habe, eine eindrucksvolle Kampagne zugunsten des Generals Franco, der genau das tut, was man uns vorwirft. Ein Ehrendegen für diesen Offizier wäre nicht zuviel. Die Royalisten haben versprochen, uns den Degen Heinrichs IV. wiederzubeschaffen, aber bei diesem Monarchen, der Frankreich den innern Frieden brachte, würden wir Gefahr laufen, uns nicht genug zu kompromittieren. Anderseits wissen wir, daß die spanische und italienische Polizei ein nettes kleines provokatorisches Unternehmen, C. S. A. R. genannt, in die Wege geleitet hat. Wenn diese Polizei die Ketzer verbrennt, was natürlich nicht ausbleiben kann, dann aufgepaßt! Begehen wir nicht die Dummheit, unsern Kopf dann aus der Schlinge ziehen zu wollen! Behaupten Sie zunächst einmal jeden Morgen, daß es die Cagoulards überhaupt nicht gibt – niemand wird dann einen Zweifel hegen, daß sie zu uns gehören. Unsere abdankungsbereiten herrschenden Klassen dürfen eine so gute Gelegenheit, einen Rekord in der Unpopularität aufzustellen, nicht verpassen. Ich füge noch hinzu, daß ein gemeinsamer Brief des französischen Episkopats zugunsten des C. S. A. R. nach dem Muster des Briefes der spanischen Bischöfe auch nicht übel wäre. Kurzum, meine Herren, Mut! Nicht lange gefackelt! Wir wollen diesmal auch nicht auf's Geld schauen – wenn daraus natürlich auch kein Brauch werden soll.«

Die spanische Rechte ist nicht so dämlich gewesen, diese Gerechtigkeit muß man ihr widerfahren lassen. Man wird mir sagen, sie habe gar keine Zeit gehabt, lange nachzudenken. Hält man mich für einen Dummkopf? Von den Märzwahlen bis zum Pronunciamento am 19. Juli waren es dreieinhalb Monate. Ein Kind kann begreifen, daß zwölf armselige Wochen gewiß nicht ausgereicht hätten, um eine Revolte der Zivilgarde und der Armee in Szene zu setzen. Es sei denn, man glaubt, der General Franco habe sich damit begnügt, seine Helfershelfer telegraphisch zu benachrichtigen: »Mache morgen Revolte. Was beschließen Sie?« Ein unchiffriertes Telegramm, selbstverständlich mit bezahlter Rückantwort. Was Mussolini und Hitler betrifft, so sind sie einfach am Tage der Ermordung Calvo Sotelos von den Kanarischen Inseln aus angerufen worden! Ich will gern zugeben, daß der Episkopat bis zur letzten Minute in Unwissenheit über das gelassen wurde, was alle diese Persönlichkeiten aus seinem engsten Freundeskreis vorbereiteten – vielleicht weil man kein allzugroßes Vertrauen in die Diskretion dieser hohen Herren setzte. Warum sollten sie es übrigens nötig haben, sich gegen den Vorwurf zu wehren, sie hätten schon im Stadium der Vorbereitung mit ihrem Segen und ihren Gebeten das Unternehmen eines Heiligen Krieges – *nuestra santa guerra* – unterstützt? Was wäre dabei Schlimmes?

Nein, die spanische Rechte ist nicht so dumm gewesen. Bis zur letzten Minute haben sie verkündet, sie seien Gegner jeder Gewalt. Die Falange, die glaubte, man könne seinen Gegnern mit Rizinusöl die falschen Ideen austreiben, galt noch am 19. Juli 1936 als verdammenswert. Als ein junger Falangist von siebzehn Jahren namens Barbara fast vor meinen Augen am Tage des Staatsstreichs getötet worden war, zögerte die Person, die ich dem Herkommen gemäß Seine Exzellenz den Herrn Erzbischof von Mallorca zu nennen gezwungen bin, zunächst lange, einem solchen Anhänger der Gewalt überhaupt ein kirchliches Begräbnis zu gewähren – denn wer das Schwert zieht, soll durch das Schwert umkommen. Schließlich aber begnügte sie sich damit, ihren Geistlichen zu verbieten, die feierliche Handlung im Chorhemd vorzunehmen. Als ich sechs Wochen später meinen Sohn auf dem Motorrad zu den Vorposten brachte, mußte ich den Bruder des Erschlagenen auf der Straße von Porto Cristo finden, tot ausgestreckt, bereits erkaltet und unter einem Leichentuch von Fliegen. Zwei Abende vorher waren zweihundert Einwohner der kleinen Nachbarstadt Manacor, die den Italienern verdächtig waren, mitten in der Nacht aus ihren Betten gezerrt und schubweise auf den Friedhof gebracht worden, wo man sie mit Kopfschüssen niederstreckte und ein Stück weiter auf einem Haufen verbrannte. Die Person, die ich weiterhin gezwungen bin, Bischof und Erzbischof zu nennen, hatte dazu einen ihrer Geistlichen gesandt, der, mit den Schuhen im Blute watend, jeweils zwischen zwei Salven die Absolution erteilte. Ich will nicht allzulang bei Einzelheiten dieses religiös-militärischen Unternehmens verweilen, um die Empfindlichkeit der heroischen französischen Konterrevolutionäre zu schonen, die augenscheinlich die Brüder derer sind, die wir, meine Frau und ich, beim ersten drohenden Anzeichen einer möglichen Invasion wie Feiglinge von der Insel haben fliehen sehen. Ich stelle ganz einfach fest, daß dieses Massaker an wehrlosen armen Teufeln die kirchlichen Behörden zu keinem Wort des Tadels, nicht einmal zum leisesten Einwand veranlaßte. Sie begnügten sich lediglich damit, Dank- und Bittprozessionen zu veranstalten. Man kann sich denken, daß die geringste Anspielung auf die früheren Rizinusöl-Attentate von nun an für inopportun erachtet worden wäre. Man beerdigte den Zweiten der Barbara mit großem Pomp, und da die Stadt beschlossen hatte, eine ihrer Straßen nach den beiden Brüdern zu benennen, wurde das neue Straßenschild von jener Person eingeweiht und gesegnet, die ich noch immer gehalten bin, als Seine Exzellenz den Herrn Erzbischof von Palma zu bezeichnen.

Es ist sicher, daß diese Wahrheiten eine kleine Anzahl aufrichtiger Seelen empören werden. Aber das Unglück, das ich ankündige, wird sie noch hundertmal mehr empören. Fast zwei Jahre dauert der Kreuzzug an, ich glaube nicht, daß man mich beschuldigen wird, ich hätte zu große Eile an den Tag gelegt, sein wahres Gesicht bekannt zu machen, das Gesicht, das ich gesehen habe, kein anderes. Sollten im Gegenteil nicht die Lobredner des Kreuzzugs ein wenig zu voreilig gewesen sein? Beweist nicht allein die Tatsache, daß er sich in die Länge zieht, wie sehr sie seinen wahren Charakter verkannt haben? Vor fünfzehn Monaten hielten – wenn man dem armseligen Schreiberlehrling Héricourt glauben darf – nur die von Pierre Cot gelieferten Flugzeuge die blitzartige Vernichtung einer Handvoll Kirchenräuber auf, die übrigens bei der ersten Maschinengewehrgarbe wie die Karnickel verschwanden – *conejos*. Woher kommt es aber dann, daß die gemeinsamen Bemühungen Deutschlands und Italiens noch nicht jenen entscheidenden Erfolg erzielt haben, den der General Queipo Abend für Abend so großspurig ankündigte? – »Es ist also doch so, daß Spanien noch ärger verseucht war, als wir annahmen.« – Mag sein. Aber ist es nicht dasselbe Spanien, das 1934 eurer katholischen Ceda zu einer Mehrheit in den Cortes verhalf? Bei euch geht's also zurück statt vorwärts? – »Das ist unsere Befürchtung.« – Also taugen eure Methoden nichts. Wenn es wahr wäre, daß eine so blutige Unternehmung diesem Lande nicht einen einzigen Christen mehr geschenkt hat, hätte ich dann nicht recht, euch vor den italienischen Schriftstellern französischer Sprache zu warnen, die uns in den Ohren liegen, auch wir sollten einen Kreuzzug beginnen, hinter Führern, die den Anstiftern des Movimento wie ein Zwillingsbruder dem andern gleichen? Aber es handelt sich ja gar nicht um einen Christen mehr oder weniger. Ich fürchte Schlimmeres, viel Schlimmeres. Ich fürchte für die Kirche sehr viel Schlimmeres. Natürlich hat der spanische Episkopat nach der Einnahme von Bilbao geglaubt, er habe sich jetzt auf die richtige Seite geschlagen. Hat er sich getäuscht, ja oder nein? Wenn Ihre Exzellenzen mich damals gefragt hätten, so hätte ich ihnen geantwortet: »Seien Sie auf der Hut! Es ist immer noch Zeit genug, es wird immer noch Zeit genug sein, den Anschluß zu finden. Einst fürchteten die Kirchenfürsten sich zu kompromittieren, wenn sie's mit den Monarchien gegen die mächtigen Republiken hielten. Heute fürchten sie, daß die Demokratien sie bei den Diktaturen in Mißkredit bringen. Die Könige waren, alles in allem, nicht allzu nachtragend. Ich frage mich, ob die Demokratien auch so gutmütig sein werden. Das Volk hat kein Verständnis für Ironie.«

Der revolutionäre Terror in Spanien stellt kein neues Problem. Es ist klar, daß in Katalanien zum Beispiel die Erhebung der Polizei und der Armee den Mördern das Feld überlassen hat. Man stelle sich vor, der Militärgouverneur von Paris setze sich an die Spitze eines Aufstands. Wenn darauf Herr Chautemps, um sich zu verteidigen, die Unvorsichtigkeit beginge, den Mann auf der Straße zu bewaffnen: über welche regulären Kräfte könnte er dann gegenüber seinen gefährlichen Kollegen verfügen, wenn der Aufstand niedergeschlagen ist? Gesindel bleibt Gesindel. Wir kennen es schon lange. – »Es dreht sich darum, es zu besiegen!« – Ohne Frage, aber ihr habt nicht die Freiheit, das Gesindel so in seine Schranken zu weisen, wie es euch gefällt. Denn ihr vertretet die Ordnung und den Staat. So ist's, und was nun? Weder die Ordnung noch der Staat gehören euch wirklich. Sie sind nämlich die Hinterlassenschaft derer, die nicht mehr sind, und das Erbteil derer, die noch nicht sind. Das Haus, in dem ihr wohnt, ist nicht euer, das Haus gehört allen, und Christus hat es gesegnet. Wenn ihr es zertrümmert unter dem Vorwand, ihr wolltet diejenigen, die es plündern, unter seinen Trümmern begraben, wo sollen dann eure Kinder schlafen? Dergleichen Betrachtungen scheinen euch, fürchte ich, von einem unsinnigen Idealismus eingegeben. Um so schlimmer! Den Royalisten in Frankreich sollten solche Gedankengänge vertraut sein –, wenn sie nicht zu mittelmäßigen Intellektuellen und unerträglichen Wortklaubern geworden wären. Um so schlimmer für sie! Dieser Respekt unserer Fürsten vor den Gütern, die ihnen von ihren Ahnen hinterlassen wurden, ihre Scheu, sie gegen den Zugriff ihres Volkes zu verteidigen, dieser Abdankungsblick, zugleich liebevoll und berechnend, dieser Blick des echten Besitzers, den man im letzten Augenblick auf so viele kostbare und zerbrechliche Dinge wirft, die man lieber hergibt, als daß man sie in die Gefahr bringt, sie zerstört zu sehen – all das habe ich in Mallorca plötzlich in seinem wahren Sinn erfaßt. »Wir sind aber nicht so dämlich, wir!« denken sich die kleinen realistischen Holzköpfe der neuen maurrasischen Generation.

Jenen, die mir einen Vorwurf daraus machen, daß ich Männer der Kirche angreife, die schon mit soviel Blut ihre Irrtümer und Fehler bezahlt haben, könnte ich antworten, daß es schwierig ist, sie auf eine andere Weise dazu zu bringen, vor diesen Irrtümern und Fehlern auf der Hut zu sein. Es ist heute einfach zu sagen, die Heilige Inquisition sei nur eine politische Einrichtung im Dienste der Könige von Spanien gewesen, aber der Schamloseste unter unseren wohlanständigen Bürgern wird mir zugeben, daß schon die Zeitgenossen daran nicht gezweifelt haben. Hätte ich jedoch im sechzehnten Jahrhundert diese These zum Beispiel vor der berühmten Universität von Salamanca vertreten, dann würde man mich als gefährlichen Burschen behandelt und vielleicht sogar verbrannt haben. Nehmt einmal an, der Kreuzzug geht schief aus. Dann werdet ihr in einer zukünftigen Kirchengeschichte lesen, der gemeinsame Brief des spanischen Episkopats sei nur ein Aufwallen des Übereifers gewesen, eine bedauerliche Ungeschicklichkeit, die aber das Grundsätzliche überhaupt nicht berühre. Dafür, daß ich heute dieselbe Behauptung aufstelle, werde ich mir die Mißbilligung des Herrn Paul Claudel zuziehen. Ach, ich habe genug von solchen Kinkerlitzchen. Wer weiß? Vielleicht wird eines Tages der Autor einer zukünftigen Kirchengeschichte diese bescheidenen Seiten dazu benutzen, um aus ihnen die Argumente für seinen Beweis zu ziehen, daß die einmütige katholische Meinung nicht auf seiten dieser Leute war.

Soll ich euch was sagen? Der Terror scheint mir untrennbar von den Revolutionen der Unordnung, weil der Terror von allen Kräften der Zerstörung am weitesten geht und am tiefsten dringt, weil er die Wurzel der Seele erreicht. Wenn ich sehe, wie ihr ein Glied der Christenheit – meinetwegen sei es verfault – mit dieser Säure begießt, dann habe ich wohl das Recht, darauf aufmerksam zu machen, daß ihr es bis ins Innerste verbrennt, bis zur letzten Faser, bis auf den Keim. Oh, ich stehe sowenig wie ihr über den Leidenschaften! Ich fordere sie nur deswegen sowenig wie möglich heraus, weil ich Angst habe, von ihnen aufgefressen zu werden. Aber ich nenne sie beim Namen, ich benenne sie! Ich verstehe sehr gut, daß der Geist der Angst, der Geist der Rache – aber ist denn die Rache etwas anderes als der äußerste Ausdruck der Angst? – die spanische Gegenrevolution bestimmt. Nicht darüber gerate ich in Staunen, daß er sie bestimmt hat. Das Problem liegt darin, daß er sie so lange erfüllen kann. Ich behaupte also, in ganz eindeutigen Worten, daß der Terror schon längst seine Kraft erschöpft hätte, wenn nicht das mehr oder weniger eingestandene oder sogar bewußte Mittun der Kleriker es fertiggebracht hätte, ihm einen religiösen Charakter zu verleihen.

Ich wiederhole, daß ich diese Zeilen ohne die geringste Absicht schreibe, zu glänzen oder irgend jemand zu überzeugen. Ich schmeichle mir nicht, andern die Weisheit beibringen zu können, der ich doch selber mein armes Leben nicht einwandfrei zu führen vermocht habe. Ich habe euch auch keinen andern Plan anzubieten, den ich mir vielleicht zum Nachtisch ausgedacht hätte. Gewiß, der Anblick der Ungerechtigkeit bedrückt mich – aber wahrscheinlich kommt das daher, daß er mir eine andere Ungerechtigkeit ins Bewußtsein ruft, deren ich fähig bin. Wenn es anders wäre, würde ich versuchen, nach dem Beispiel der Heiligen, unserer Väter, in Frieden das Kommen des Reiches Gottes zu erwarten. Jawohl, ich würde die Ungerechtigkeit hinnehmen, die ganze Ungerechtigkeit, es müßte mir nur die Kraft dazu gegeben sein. So wie ich aber jetzt bin, könnte ich sie nur aus Feigheit hinnehmen, und ich würde höchstens versuchen, meiner Feigheit einen gefälligeren Namen beizulegen, den des Skeptizismus zum Beispiel, denn ich glaube nicht, daß ich es wagen würde, den göttlichen Namen der Liebe damit zu beflecken. Wenn ich dabei auch vor der Kirche nicht haltmache, so nicht, weil ich der lächerlichen Meinung wäre, ich könnte zu ihrer Reform beitragen. Ich glaube nicht, daß die Kirche sich aus menschlicher Kraft erneuern läßt, jedenfalls nicht in dem Sinne, wie Luther oder Lamennais es verstanden. Ich will gar nicht, daß sie vollkommen ist, denn sie ist ja lebendig. Gleich den bescheidensten, den hilflosesten ihrer Söhne hinkt sie mühsam von dieser Welt in die andere Welt; sie begeht Fehler, sie sühnt sie, und wer einmal einen Augenblick lang die Augen von ihrem Pomp abwendet, hört sie mit uns beten und schluchzen in der Finsternis. Warum sie in alles hineinziehen, wird man mir sagen? Nun, weil sie in alles, was geschieht, schon hineingezogen ist. Alles kommt mir von ihr, nichts kann mich erreichen als durch sie. Das Ärgernis, das mich getroffen hat und das von ihr stammt, hat mich in der Tiefe meiner Seele verletzt, da, wo die Hoffnung selber ihre Wurzel hat. Oder genauer gesagt, es gibt kein anderes Ärgernis als das, welches sie der Welt bietet. Ich wehre mich gegen dieses Ärgernis mit dem einzigen Mittel, über das ich verfüge: ich bemühe mich zu verstehen.

Ihr gebt mir den Rat, all dem den Rücken zukehren? Vielleicht könnte ich es tatsächlich tun, aber ich spreche ja nicht im Namen der Heiligen, ich spreche im Namen biederer Leute, die mir gleichen wie Brüder. Seid ihr als Wächter über die Sünder gesetzt? Nun, die Welt ist voll armer Teufel, die ihr enttäuscht habt. Kein Mensch käme auf den Gedanken, euch eine solche Wahrheit ins Gesicht zu schleudern, wenn ihr euch nur bereit zeigtet, sie in aller Demut zuzugeben. Nicht euere Fehler werfen sie euch vor, nicht an euern Fehlern zerbrechen sie, sondern an euerm Hochmut. Ihr werdet natürlich erwidern, daß ihr, ob hochmütig oder nicht, über die Sakramente verfügt, durch die man den Zugang zum ewigen Leben hat, und daß ihr sie niemand verweigert, der ihrer würdig ist. Alles übrige ist allein die Sache Gottes. Was wollt ihr also mehr, werdet ihr sagen? Nun, wir möchten lieben.

VIERTES KAPITEL

WENN ICH AUS SPANIEN als Pamphletist zurückgekommen wäre, dann wäre mein erstes gewesen, meinen Lesern ein Bild vom Bürgerkrieg zu entrollen, das ihre Gefühle, vielleicht sogar ihr Gewissen empört hätte. Aber unglücklicherweise liebt das Publikum Schreckensszenen, und wenn man zu seiner Seele sprechen will, wählt man besser nicht gerade die Stätte des Martyriums als Rahmen dafür, sonst könnte es einem geschehen, daß man allmählich in den Augen dieser Träumer etwas ganz anderes aufglimmen sieht als Empörung oder überhaupt ein Gefühl...

Ich muß erwähnen, daß ich nach drei im Ausland verbrachten Jahren mein Vaterland so zerrissen wiederfand, daß ich es buchstäblich nicht wiedererkannte. Der Frühling des Jahres 1937 ist zweifellos einer der tragischsten in Frankreich gewesen, ein Frühling des Bürgerkrieges. Politische Rivalitäten lösten den sozialen Haß ab in einer unerträglichen Atmosphäre wechselseitigen Schreckens. Angst! Angst! Nichts als Angst! Es war ein Frühjahr der Angst. Die Kräfte des Lebens müssen sehr stark sein, daß in einer so stickigen Luft dennoch die Kastanien blühten. Ich erkannte nicht einmal die Gesichter wieder. »Schluß machen, und zwar sofort!« jammerten Leute, die ich als friedliche gekannt hatte. Ich war in der Lage, mir diese vertraute Redensart ins Spanische zu übersetzen: »Sie oder wir!« So sandten sie über die ehrwürdigen Türme von Notre-Dame hinweg einander ihre Herausforderungen zu, der Bürger von Auteuil oder Passy und der Proletarier von Ménilmuche, und im übrigen drängten sie sich gemeinsam Tag für Tag durch die Pavillons der verregneten Weltausstellung.

Den Leuten von links hatte ich nichts zu sagen, ich wollte zu den Leuten der Rechten sprechen. Zunächst glaubte ich, das sei ganz einfach. Ich glaubte zunächst auch, sie seien nicht genügend unterrichtet. Nun, sie waren ebenso gut im Bilde wie ich.

»Die Italiener in Spanien? Um so besser! Es können gar nicht genug sein! – Die Deutschen auch? Großartig! – Massenhinrichtungen? Na, ausgezeichnet! Nur keine Gefühlsduselei!« – »Aber euere Zeitungen sagen doch...« – »Unsere Zeitungen sagen, was sie sagen müssen. Ich hoffe doch, daß Sie nicht *davon* anfangen wollen! Sie werden doch nicht in das Horn des Herrn Jouhaux stoßen, oder? Bedenken Sie, daß ein Bauarbeiter bei der Ausstellung mehr als 100 Francs am Tag verdient! Jawohl, mein Herr.«
Was hätte ich sagen sollen? Ich hatte übrigens nicht viel zu sagen. Ich hätte ganz einfach sagen sollen: »Früher wart ihr gegen jede Gewaltsamkeit, noch nicht einmal das Wort ›Gewalt‹ konntet ihr ertragen. Jetzt seid ihr bereit zur Revolution. Seid vorsichtig! Der Faschismus und das Hitlerregime bieten euch Muster für die Revolution an. Ich glaube kaum, daß sie euch viel nützen, denn sie nützen weder euerer Klasse noch entsprechen sie euern Gebräuchen und Vorurteilen. Die Herren Mussolini und Hitler sind, was sie sind. Aber sie sind nicht euers Schlages. Unter uns gesagt, sie mögen euch nicht sehr. Und dann, sie haben ihren Ehrenstandpunkt. Ich zweifle, ob ihnen euer soziales Gehaben sehr sympathisch ist; ich glaube zum Beispiel nicht, daß sie zusehen würden, wie der Einzelhandel unaufhörlich die Preise in die Höhe treibt und dabei gleichzeitig im Namen der nationalen Notwendigkeit jede Lohnerhöhung grundsätzlich ablehnt – sie soll angeblich für unsere Finanzen verhängnisvoll sein. Ich zweifle auch, ob sie zugeben würden, daß ihr weiterhin gegen euere eigene Währung wirtschaftet und gleichzeitig von Jouhaux verlangt, er solle bei seinen Gewerkschaften einen Geist des patriotischen Opferwillens pflegen. Kurz und gut, ich habe ernsthafte Zweifel, ob jene Kolonialwarenhändler, auf deren Jahresbankett kürzlich Herr Gignoux, der ihm präsidierte, behauptete, die Selbstverleugnung dieser Herren würde Europa retten, ob sie mit einer hitlerischen oder faschistischen Revolution

wirklich so gut fahren würden. [Sie sollen doch hingehen, sie sollen sich's doch selbst einmal ansehen, dann sollen sie urteilen!] Aber schließlich, so hätte ich weiter gesagt, weiß ich ja gar nicht, welches Modell der Revolution ihr euch aussuchen werdet. Ich habe genau jene Art von Revolution miterlebt, die für euch die gefährlichste ist, jene Art von Revolution, die ihr auf keinen Fall machen dürft. Ihr pflegt gern, wenn Leute euerer Klasse bestimmte Dummheiten machen, in einem Ton, den ich gut kenne, zu sagen: »Es gibt Dinge, die ›tut man nicht‹.« Nun schön, die Revolution, die ich soeben erlebt habe, gehört zu diesen Dingen. Die Welt wird keinen Terror klerikaler, bürgerlicher oder militärischer Prägung ertragen. Und wäre er in euern Augen hundertmal durch die Drohung des andern Terrors gerechtfertigt – es geht hier nicht mehr um Moral, sondern, wie soll ich's euch anders sagen, es geht um Geschichte. Ich sehe hier vor allem das Gesetz der Geschichte, an ihm werdet ihr euch den Kopf einrennen.

Die Gründe, die ich vorbringe, taugen, was sie taugen. Ich wünschte mir, sie könnten für sich bestehn. Jeder, der nur einen Augenblick den gegenwärtigen Zustand unserer bürgerlichen Parteien überdenkt, so wie er in den Zwischenfällen beim Prozeß des Obersten La Rocque deutlich wurde; jeder, der den Geist unserer Truppen, die Qualität ihrer Führer sich vor Augen führt und dann nicht einsehen will, daß hier selbst die einfachsten Voraussetzungen für eine echte nationale Erneuerung fehlen, daß ein Gewaltstreich, der unter solchen Bedingungen gestartet würde, niemals zu einer neuen Ordnung führen könnte, sondern nur die augenblickliche mit all ihren Schändlichkeiten stärken müßte [indem man nämlich die »Unzufriedenen« und die »Schlechtgesinnten« erschießt oder einsperrt]; jeder, der nicht zugeben will, daß, wenn es vielleicht genug gute Franzosen geben mag, diese doch weder eine Organisation haben noch eine verbindende politische Auffassung [daß es also deren erste Aufgabe sein müßte, überhaupt erst zusammenzufinden, einander anzuerkennen und jede Bindung an solche Interessen und politischen Kräfte zu lösen, über deren wirkliche Bedeutung ein Blick in die Zeitung hinreichend Aufklärung gibt, die sie nur kompromittieren gegenüber Gegnern, die es ehrlich meinen, und an die es heranzukommen gilt, die man gewinnen muß, koste es, was es wolle – um jeden Preis! koste es, was es kosten möge, denn andernfalls kostet es Frankreich]; jeder, der es zuläßt, daß elende Zeilenschinder unsere sozialen Kämpfe zu einem Religionskrieg, zu einem Krieg der Zivilisation gegen die Barbarei umlügen [und dabei unter die Barbaren die Proletarier zählen, die sich beim Kneipenwirt nebenan vergiften lassen, unter die Vorkämpfer der Zivilisation jedoch den Kneipenwirt, der sie vergiftet]; jeder, auf den all das zutrifft, sage ich, wird nichts mit dem anfangen können, was ich nun schreibe.

Ich appelliere an niemandes Mitleid. Ich weiß genau, daß es im sechzehnten Jahrhundert, das dem unsern so ähnlich ist, vergeblich gewesen wäre, die Mitglieder der Liga des Herrn von Guise auf ihre Missetaten hinzuweisen: auf der Stelle hätten sie mir die hugenottischen Untaten vorgehalten. Oder wenn ich auf ihre Machenschaften mit Spanien gedeutet hätte, so hätten sie sie mit den englischen Bindungen der Protestanten gerechtfertigt. Und dennoch: einige Jahre später lagen sich die Hugenotten und die Anhänger der Liga in den Armen, und ohne Maria von Medici und den Mörder Concini hätten die Franzosen unter Heinrich IV. einträchtig den Füchsen des Escorial die Niederlande entrissen und unser Land zum Herrn Europas gemacht. Dies alles habe ich mir gesagt, und ich sage es mir noch immer. Ich glaube sogar, daß, wenn die Umstände mich auf die spanische Halbinsel selbst geführt hätten, mir die dadurch bewirkte Erweiterung des Sichtfeldes vielleicht den Mut genommen hätte, meine Erfahrungen überhaupt auszuwerten. Aber ich habe jenen besondern Terror, von dem ich vorhin sprach, auf einer kleinen Insel studiert, die man leicht in einem Tage durchwandern kann, mit dem Motorrad kann man's, ohne ein einziges Mal abzusteigen. Es war etwa so, als habe man hier das nationalistische Spanien, das heute die Reporter im Eilzugstempo auskundschaften, auf ein angemessenes Größenverhältnis gebracht, als habe man es in Griffweite gerückt. Ihr werdet mir sagen, der Terror habe dort vielleicht grausamere Formen angenommen. Das glaube ich nicht. Ich wiederhole noch einmal, daß der Terror dort nicht durch einen andern Terror hervorgerufen wurde und daß die Bewohner von Mallorca niemals für grausam galten – wie etwa die Andalusier oder die Asturier. Auf dieser überschaubaren Bühne war es mir möglich, allen handelnden Personen gleich nahe zu sein. Mit dem gleichen Blick übersah ich die Geste dessen, der befiehlt, und die Geste dessen, der den Befehl ausführt, die Hauptdarsteller und die Komparsen. Mit den einen wie mit den andern habe ich gesprochen. Ich habe ihre Rechtfertigung gehört und zuweilen an ihren Gewissensqualen teilgenommen. Die Vorstellung, die ich mir von ihnen mache, bleibt, nach so vielen seither verflossenen Monaten, glaube ich, menschlich.

Wenn euch das Wort Terror zu grob erscheint, so sucht euch ein anderes dafür aus, mir ist's gleich! Vielleicht denkt ihr bei ihm an eine Art Erdbeben, an brennende Städte, einstürzende Häuser, vom Pöbel zerrissene Leichen. Nun, der Terror, von dem ich spreche, vermag euch keines dieser Bilder zu liefern, und zwar deswegen nicht, weil für diejenigen, die ihn entfesseln, die Ordnung auf der Straße eine unabdingbare Notwendigkeit ist. Es ist kindlich, sich einen Mörder im Stil eines Theater-Räubers vorzustellen. Maximilian Robespierre war ein durchaus untadeliger Bürger, ein Deist und Moralist. Ihr könnt sicher sein, daß er lieber mit Bürgern, wie er einer war, zusammen gearbeitet hätte als mit den wüsten Gesellen, wie sie Danton aufgeboten hatte. Wenn er über eine geschulte Armee, eine zuverlässige Polizei, eine ordentliche Justiz, eine fügsame Geistlichkeit und einen tüchtigen Verwaltungsapparat verfügt hätte, so hätte er zwar ebenso viele Menschen gemordet, er hätte vielleicht sogar mehr Menschen gemordet, aber ohne daß der Verkehr, das Postwesen oder die Müllabfuhr deswegen zu kurz gekommen wären. Es ist höchst unbillig, auf Grund der gleichen äußern Erscheinungen die Schwere des Bürgerkrieges in dem einen und in dem andern Lager beurteilen zu wollen. Der Terror der Katholischen Könige in Flandern hat mehr Blut gekostet als irgendein Bauernaufstand. Die Plünderung einer Stadt durch den Pöbel wird immer, selbst wenn sie nicht ein einziges Todesopfer kostet, ein schauderhafter Anblick sein. Als mir in Palma die Marineoffiziere einen Besuch abstatteten, machten sie viel Aufhebens von der Sauberkeit der Straßen, dem ordentlichen Funktionieren der Straßenbahnen und was weiß ich noch. »Wieso? Der Handel floriert, die Leute gehen spazieren, und Sie wollen uns erzählen, daß hier gemordet wird? Das ist unmöglich!« Sie wußten nicht, daß ein Kaufmann seinen Kopf riskiert hätte, wenn er seinen Laden geschlossen hätte. Sie wußten auch nicht, daß eine von Moral stinkende Verwaltung den Verwandten der Erschossenen verboten hatte, Trauer zu tragen. Warum auch zum Teufel hätte eine Stadt ihr Gesicht verändern sollen, weil sich die Belegschaft der Gefängnisse inzwischen verdoppelt, verdreifacht, verzehnfacht, verhundertfacht hat – wollt ihr mir das erklären? Und wenn man täglich auf diskrete Weise fünfzehn oder zwanzig Unglückliche umbringt, werden deswegen die Elektrischen aufhören zu fahren, die Cafés sich zu füllen und die Kirchen vom Gesang des Te Deum widerzuhallen?

Ich, ich nenne Terror jedes Regime, in dem man Bürgern den Schutz des Gesetzes entzieht, so daß für sie das Leben und der Tod nur noch vom Wohlwollen der Staatspolizei abhängen. Ich nenne Terror das Regime der Verdächtigungen. Gerade dieses Regime habe ich acht Monate lang funktionieren sehen. Oder genauer gesagt, ich habe zehn Monate gebraucht, um sein Funktionieren, Rädchen für Rädchen, zu erkennen. Das sage ich und behaupte ich. Ich verlange keineswegs, daß man mir aufs Wort glaubt. Ich weiß, daß alles einmal an den Tag kommt – morgen, übermorgen, was tut's? Seine Exzellenz der Erzbischof von Palma weiß davon zum Beispiel genauso viel wie ich, mehr als ich. Ich habe immer geglaubt, daß unser Heiliger Vater, der Papst, von dem man sagt, daß ihn das Geschehnis des spanischen Bürgerkrieges mit Qual erfülle, ein großes Interesse daran haben müsse, diesen Würdenträger unter Eid zu befragen.

Was ist das Regime der Verdächtigung? Ein Regime, bei dem der Machthaber es für erlaubt und in der Ordnung erachtet, nicht nur die Bewertung bestimmter Delikte weit über Gebühr zu verschärfen, zu dem Zweck, die Angeklagten unter das Kriegsrecht fallen zu lassen [Todesstrafe für das Aufheben der geballten Faust], sondern auch ein Regime, das gefährliche Individuen, d. h. Personen, die im Verdacht stehen, zu solchen werden zu können, vorsorglich ausrottet. Um diese unerwünschten Elemente ausfindig zu machen, ist man auf die Unterstützung von Denunzianten angewiesen. Das Regime der Verdächtigung ist also gleichzeitig ein Regime der Denunziation.

Dies alles läßt sich schwarz auf weiß niederschreiben. Man muß sehen und man muß verstehen. Da liegt also eine kleine stille Insel, unschuldig eingebettet zwischen ihren Mandelbäumen, Orangenhainen und Weinbergen. Die Hauptstadt hat kaum mehr Bedeutung als irgendeine alte Stadt unserer französischen Provinzen. Die zweite Hauptstadt,

Soller, ist nur ein kleiner Marktflecken. Die Dörfer liegen weit voneinander entfernt, an den Hängen der Berge oder in der weiten Ebene verstreut, und stehen nur durch schlechte Straßen oder gelegentliche Küstenfahrzeuge mit kurzatmigem Motor in Verbindung. Jedes dieser Dörfer ist eine Welt für sich, mit seinen zwei Parteien, der der »Priester« und der der »Intellektuellen«, welch letzterer sich zaghaft eine dritte, die der Arbeiter anschließt. Außerdem gibt es noch den Gutsherrn, den man übrigens nur an schönen Tagen sieht, der aber seine Leutchen kennt und schon lange die schwarzen Schafe unter ihnen vorgemerkt hat – zusammen mit dem Geistlichen des Dorfes, seinem Kumpan. Wie dem auch sei, die Anmut der spanischen Sitten bringt es fertig, daß diese kleine Welt einträchtig miteinander lebt und an den Abenden ihrer Festtage zusammen tanzt. Von einem Tag zum andern, oder beinahe so, bekam jedes dieser Dörfer sein Säuberungskomitee, ein Geheimtribunal, das im allgemeinen folgendermaßen zusammengesetzt war: der bürgerliche Gutsbesitzer oder sein Verwalter, der Küster, die Haushälterin des Pfarrers, einige Bauern, deren »gute Gesinnung« feststand, und ihre Ehefrauen und schließlich junge Leute, die man in aller Eile in die neue Falange aufgenommen hatte und die oft erst am Tag zuvor bekehrt waren und jetzt vor Ungeduld brannten, ihre Loyalität zu beweisen, und die besoffen waren von dem Schrecken, den ihr Blauhemd und ihre Mütze mit der roten Troddel plötzlich allen armen Teufeln einflößte.

Ich habe das schon geschrieben, ich werde es noch öfter schreiben. Fünfhundert Falangisten gab es am 17. Juli. Fünfzehntausend waren es einige Wochen darauf, später zweiundzwanzigtausend. Weit davon entfernt, die schwindelerregenden Neuaufnahmen einzuschränken, begünstigt die militärische Führung sie mit allen ihren Machtmitteln, denn sie hat ihren Plan. Wenn es soweit ist und alle Vorhaben durchgeführt sind, wird es ihr ein leichtes sein, diese Masse zu entwaffnen, die mit ihrem Wachstum längst die alten Kader gesprengt hat; man hat an ihrer Stelle neue nach Maß geschaffen, Polizeikader. Schubweise wird man sie ins Heer überführen. Die Säuberung ist abgeschlossen.

Denn die Säuberung ist das letzte Wort dieses Krieges. Jedermann weiß das, beginnt es zu begreifen oder wird es bald wissen. Das »Man muß endgültig Schluß damit machen«, das widerliche Betrüger etwa so übersetzt haben möchten: »Auf zur Befreiung des Heiligen Grabes!«, hat niemals etwas anderes gemeint als die planmäßige Ausrottung der »verdächtigen« Elemente. Es besteht kein Anlaß, davon überrascht zu sein. Genau das war schon 1871 der einmütige Wunsch der Versailler Nationalversammlung. Zwei Jahrhunderte vor diesem Terror haben die gleichen Formeln dazu gedient, das Gemetzel in den Gefängnissen nach der Bartholomäusnacht zu rechtfertigen, die Katharina von Medici in einem Brief an den Papst mit dem Sieg von Lepanto vergleicht [in dieser Nacht war Rom von Freudenfeuern erhellt]. Alle Gewaltherrschaften ähneln einander, alle sind einander wert, und ihr werdet mich nicht dazu bringen, Unterschiede zwischen ihnen zu machen, ich habe zu viel gesehen, ich kenne die Menschen zu gut, ich bin zu alt geworden. Die Herrschaft der Angst widert mich überall an, und nur sie ist es, die sich hinter den schönen Worten der Massenmörder verbirgt. Man mordet immer nur aus Angst, der Haß ist bloß ein Alibi. Ich halte die Herren Hitler und Mussolini nicht für Halbgötter. Ich halte aber für wahr, daß sie die Angst nicht kennen: sie würden wohl niemals zulassen, daß man bei ihnen zu Hause solche Massaker organisiert, oder gar in der Uniform des Soldaten den Vorsitz in solchen Gerichtshöfen der Angst führen.

Die Säuberung in Mallorca erfolgte in drei Phasen, die untereinander ziemlich verschieden waren; hinzu kam eine vorbereitende Periode. Während dieser letzteren verzeichnete man zweifellos auch schon Hinrichtungen ohne gerichtliches Urteil. Sie fanden in einzelnen Häusern statt. Sie waren jedoch ihrem Wesen nach persönliche Racheakte – oder hatten diesen Anschein – und wurden von allen mehr oder weniger mißbilligt. Nur im Flüsterton teilte man sich Einzelheiten von ihnen mit. Da erschien der General Graf Rossi.

Der neue Mann war natürlich weder General noch Graf, noch hieß er Rossi, er war vielmehr ein italienischer Beamter, der den Schwarzhemden angehörte. Wir sahen ihn eines schönen Morgens aus einem scharlachroten dreimotorigen Flugzeug steigen. Sein erster Besuch galt dem von dem General Godet eingesetzten Militärgouverneur. Der Gouverneur und seine Offiziere empfingen ihn höflich. Rossi erklärte, indem er seine Rede mit Faustschlägen auf den Tisch begleitete, er bringe den Geist des Fascio. Einige Tage später zog der General mit seinem Stab in das Gefängnis von San-Carlos ein, und Graf Rossi übernahm das tatsächliche Kommando der Falange. In ein Schwarzhemd gekleidet, das auf der Brust ein riesiges weißes Kreuz zierte, so jagte er durch die Dörfer, seinen Rennwagen selbst steuernd, während in einer Staubwolke andere Wagen mit bis an die Zähne bewaffneten Männern hinter ihm den Anschluß zu halten suchten. Jeden Morgen brachten die Zeitungen Berichte über diese Propagandafahrten, auf denen er, zwischen dem Alkalden und dem Geistlichen stehend, in einem seltsamen Kauderwelsch aus italienisch, spanisch und mallorcisch den Kreuzzug predigte. Gewiß, die italienische Regierung besaß in Palma noch andere, weniger auffällige Mitarbeiter als dieses riesenhafte Vieh, das eines Tages einer angesehenen Dame in Palma bei Tisch erklärte, er »brauche mindestens eine Frau pro Tag«, und sich dann die Pfoten am Tischtuch abwischte. Aber die besondere Mission, die ihm anvertraut war, entsprach vollkommen seiner Anlage. Es war nämlich die Organisation des Terrors.

Von da an waren Nacht für Nacht die von ihm zusammengestellten Kommando-Einheiten in den kleinen Dörfern bis hinein in die Vorstädte von Palma an der Arbeit. Wo auch immer die Herren ihren Eifer bewährten, war es das stets gleichbleibende Schauspiel. Immer das gleiche leise Klopfen an der Tür einer vornehmen Wohnung oder einer Hütte, immer dieselben Schritte im dunkeln Garten, dasselbe schaurige Geflüster im Treppenhaus, das ein armer Teufel auf der andern Seite der Tür mithörte, das Ohr ans Schlüsselloch gepreßt, mit angstvoll verkrampftem Herzen. – »Folgen Sie uns!« –... Immer die gleichen Worte zu der tödlich erschrockenen Frau: die Hände, die zitternd die gewohnten Kleider zusammenraffen, so wie man sie ein paar Stunden vorher hingeworfen hat; dazu das Geräusch des Motors, der unten auf der Straße weiterläuft. »Wecken Sie die Kinder nicht auf, das ist nicht nötig. Sie bringen mich ins Gefängnis, nicht wahr, Señor?« – »Perfectamente«, antwortet der Mörder, der manchmal noch keine zwanzig Jahre alt ist. Dann besteigt man den Lastwagen, auf dem schon zwei oder drei Leidensgefährten hocken, ebenso düster, ebenso resigniert, mit dem gleichen Blick ins Weite... Hombre! Der Wagen quietscht, fährt an. Noch ein Augenblick der Hoffnung – solange der Wagen die große Straße noch nicht verlassen hat. Aber schon verlangsamt er die Geschwindigkeit und biegt in einen einsamen Feldweg ein. – »Absteigen!« – Sie steigen ab, stellen sich in Linie auf, küssen eine Medaille oder auch nur den Nagel des Daumens. Peng! peng! peng! – Die Leichen werden an den Rand der Böschung geschleift, wo sie der Totengräber am nächsten Morgen findet, mit zerschmettertem Schädel, im Nacken ein häßlicher Klumpen schwarzen geronnenen Blutes. Ich sage Totengräber, weil man dafür Sorge getragen hat, das, was zu tun war, nicht weit vom Friedhof zu tun. Der Alkalde hat dann nur noch in sein Register zu schreiben: »XYZ an Gehirnschlag gestorben!«

Ich glaube immer wieder den Einwand gesinnungstüchtiger Leser zu hören: »Na und? Immer nur wir? Morden denn nur unsere Leute?« Ich behaupte gar nicht, daß es nur euere Leute sind. Ich warne euch nur mit aller Kraft vor den Politikern und Journalisten, die, nachdem sie so lange von euerer Dummheit, von euerer Zaghaftigkeit, von euerer Impotenz gelebt haben, den französischen Bürger plötzlich zwischen den Beinen kitzeln und ihm einreden, er sei ein Mann, er könne seinen Terror so gut wie jeder andere haben, wobei sie genau wissen, daß dieser Terror weit davon entfernt ist, die anständigen Bürger freizumachen; daß er lediglich das Schicksal dieser Unglücklichen an den Abschaum der Nation bindet, der einzig dazu fähig ist, den Terror tatsächlich zu realisieren, ob es sich um den von links oder den von rechts handelt. Wenn ich der Meinung wäre, die Rechte sei fähig, die Macht mit Gewalt zu erringen, dann behaupte ich zwar nicht, daß ich sie zum Bürgerkriege ermutigen würde, aber die Politiker der Linken widern mich seit langem so an, daß ich zweifellos sagen würde: »Nun, ja, auf, Kinder, unter der Bedingung, daß ihr euch nicht wie die Schweine benehmt, versucht's!« Aber weder die Leute der Linken noch die der Rechten sind in der Lage, wirklich gegeneinander aufzustehn. Es wird ihnen nichts gelingen, als das große Schlammbecken zu zerstören, daß der Unrat nach allen Seiten ausfließt, bis schließlich das Ausland feststellt, es sei genug, und seine Kanalausräumer schickt, seine Braun- oder Schwarzhemden. Habt ihr verstanden, ihr Einfaltspinsel? Seit fünfzig Jahren habt ihr als Progressisten, Opportunisten, Liberale, Demokraten, Patrioten oder Nationale unter allen möglichen Führern Schiffbruch erlitten, auf jeder Ebene seid ihr gescheitert, alles, was ihr angefangen habt, ging euch jämmerlich daneben – was habt ihr aus dem 6. Februar gemacht? was aus dem Stavisky-Skandal? was aus der Maffia? –, und jetzt sollen wir, ohne ein Wort zu sagen, zusehen, wie ihr euch auf einen so gefährlichen Weg begeben wollt? Ihr könnt ja noch nicht einmal richtig Schröpfköpfe ansetzen, und man soll euch mit einem chirurgischen Eingriff betrauen, den unser Land mit kaum mehr als fünf Prozent Wahrscheinlichkeit überstehen würde!

Die erste Phase der Säuberung dauerte vier Monate. Im Laufe dieser vier Monate verfehlte der neue Mann, der Hauptverantwortliche für diese Schlächtereien, nicht, bei allen religiösen Veranstaltungen auf dem Ehrenplatz in Erscheinung zu treten. Fast immer befand er sich in Begleitung eines Feldpredigers, den er an Ort und Stelle engagiert hatte, auch er gestiefelt und gespornt, das weiße Kreuz auf der Brust und die Pistole am Koppel. Dieser Priester wurde übrigens später durch die Militärs füsiliert. Niemand hätte es gewagt, die unumschränkten Vollmachten des italienischen Generals anzuzweifeln. Ich kenne einen armen Geistlichen, der ihn demütig bat, das Leben dreier junger gefangener Frauen mexikanischen Ursprungs zu schonen, da er sie auf Grund ihrer Beichte als harmlos erkannt hatte. »Schön«, antwortete der Graf, der gerade zu Bett ging, »ich werde mich mit meinem Kopfkissen darüber besprechen.« Am nächsten Morgen ließ er sie durch seine Leute niederschießen.

So erhielten, bis zum Dezember, die Hohlwege der Insel rings um die Friedhöfe regelmäßig ihre tödliche Ernte Andersdenkender. Arbeiter, Bauern, aber auch Bürger, Apotheker, Rechtsanwälte. Als ich einmal einen befreundeten Arzt um eine Röntgenaufnahme bat, die einige Zeit vorher einer seiner Kollegen gemacht hatte – übrigens der einzige Röntgenologe von Palma –, antwortete er mit einem Lächeln: »Ich frage mich, ob man das Stück finden wird... Dieser arme X ist dieser Tage abgeholt worden.« Diese Tatsachen sind allbekannt.

Als die Säuberung am Platze selbst soweit beendet war,

galt es, an die Gefängnisse zu denken. Sie waren voll, wie man sich denken kann. Voll waren auch die Konzentrationslager, voll auch die abgetakelten Schiffe, die trostlosen, Tag und Nacht bewachten Pontons; aus übertriebener Vorsicht ließ man vom Einbruch der Nacht an den grausigen Kegel eines Scheinwerfers über sie kreisen; ich konnte ihn von meinem Bett aus sehen, Gott sei's geklagt. Dann begann die zweite Phase, die Säuberung der Gefängnisse.

Eine große Anzahl der Verdächtigen, Männer wie Frauen, fiel nämlich nicht unter das Kriegsrecht, da auch der geringste materielle Beweis fehlte, auf den ein Kriegsgericht hätte zurückgreifen können. Man begann sie also gruppenweise, je nach ihrem Heimatort, zu entlassen. Unterwegs kippte man die Ladung in den Straßengraben.

Ich weiß... ihr laßt mich nicht weiterreden. Wieviel Tote? Fünfzig? Hundert? Fünfhundert? Die Ziffer, die ich euch angebe, wurde mir von einem der Chefs der Unterdrückungsaktion von Palma genannt. Die Schätzung der Bevölkerung ist sehr verschieden. Es ist ja auch nicht wichtig. Anfang März 1937, nach sieben Monaten Bürgerkrieg, zählte man dreitausend solcher Morde. Sieben Monate, das macht zweihundertzehn Tage, also im Durchschnitt fünfzehn Hinrichtungen pro Tag. Ich erlaube mir, daran zu erinnern, daß die kleine Insel leicht in zwei Stunden von einem Ende zum andern durchquert werden kann. Ein neugieriger Autofahrer hätte, wenn er eine kleine Anstrengung nicht scheute, ohne weiteres eine Wette halten können, daß er Tag für Tag fünfzehn Köpfe von Andersdenkenden würde fallen sehn. Diese Zahlen sind auch Seiner Exzellenz dem Erzbischof von Palma bekannt.

Natürlich, das zu lesen, kostet euch Überwindung. Es kostet mich auch Überwindung, es zu schreiben. Es hat mich noch mehr gekostet, es zu erleben. Jedoch vielleicht weniger, als ihr euch vorstellt... Wir haben durchgehalten, meine Frau und ich, nicht aus Trotz, noch nicht einmal in der Hoffnung, etwas nützen zu können – wir konnten, alles in allem, recht wenig tun –, sondern eher aus einem tiefen Gefühl der Solidarität mit braven Leuten, deren Zahl von Tag zu Tag wuchs, die einmal unsere Hoffnungen, unsere Illusionen geteilt hatten, die sich verzweifelt gegen die Erkenntnis dessen gestemmt hatten, was nun offenbar wurde, und die schließlich unsere Befürchtungen teilten. Sie waren in ihren Entscheidungen nicht frei, wir waren es. Ich denke an junge Falangisten, an alte Priester – einer von diesen mußte einmal wegen eines unklugen Wortes bei vorgehaltenem Revolver einen ganzen Liter Rizinusöl austrinken. Hätte ich dort unten im vertrauten Umgang mit Männern der Linken gelebt, so hätte wahrscheinlich ihre Art, gegen alles das zu protestieren, in mir gewisse Abwehrreflexe ausgelöst; ich bin dessen als Parteimann nicht immer ganz Herr. Aber gemeinsame Enttäuschung und Trauer, gemeinsames Mitleid, gemeinsame Scham – sie binden viel enger als die Revolte oder der Haß. Gequält wacht man am Morgen auf, man geht aus dem Haus, und schon trifft man, auf der Straße, im Café, vor der Kirche, den oder jenen, von dem man bis dahin geglaubt hat, er stünde auf der Seite der Mörder, und er erklärt einem plötzlich, Tränen in den Augen: »Es ist zu viel! Ich ertrag' es nicht mehr! Hören Sie, was sie jetzt wieder getan haben!« Ich denke an den Bürgermeister einer kleinen Stadt, dem seine Frau ein Versteck in der Zisterne angelegt hatte. Bei jedem Alarm verkroch sich der Arme in einer Art Nische, nur wenige Zentimeter über dem Wasserspiegel. Mitten im Dezember haben sie ihn dort herausgeholt. Er schlotterte vor Fieber. Sie schleppten ihn auf den Friedhof und jagten ihm eine Kugel in den Bauch. Da er nicht gleich sterben konnte, kamen die Henker, die nicht weit davon beim Saufen waren, mit der Schnapsflasche zurück. Sie waren betrunken und stießen dem Sterbenden die Flasche in den Mund. Schließlich zerschmetterten sie ihm die Fla-

sche auf dem Schädel. Ich wiederhole, diese Tatsachen sind in der Öffentlichkeit bekannt. Ich fürchte kein Dementi. Ach, die Atmosphäre des Terrors ist anders, als ihr sie euch vorstellt! Der erste Eindruck ist der eines ungeheuerlichen Mißverständnisses, bei dem alle Dinge durcheinander zu geraten scheinen, das Gute und das Böse, die Schuldigen und die Unschuldigen, die ehrliche Begeisterung und die nackte Grausamkeit. Habe ich auch richtig gesehen?... Habe ich's richtig verstanden?... Man erklärt einem, das alles gehe vorüber, es sei schon vorüber. Man atmet auf. Man atmet auf bis zum nächsten Massaker, das einem den Atem benimmt. Die Zeit verrinnt... verrinnt... und dann? Was soll ich noch sagen? Priester, Soldaten, dazu die rotgoldene Fahne – weder Gold, um das alles zu kaufen, noch Blut, um es zu verkaufen... – Es tut weh, mitanzusehen, wie sich vor den eigenen Augen das, was man von Kind an liebte, mit Schmach und Schande bedeckt.
Ich gestehe übrigens, daß unter solchen Voraussetzungen gewisse französische Zeitungen uns einen außerordentlichen Trost bedeuteten. Wenn man sieht, wie sich von Woche zu Woche die faschistischen Flugzeuge, vom Erzbischof von Palma gesegnet, vermehren, wenn man an Küsten, die früher keine Waffen kannten, immer neue Batterien aus dem Boden wachsen sieht, wenn man hört, wie italienische Marineoffiziere in den Cafés sich offen der Bombardierung von Malaga rühmen, dann wirkt es erregend, in seiner eigenen Sprache die monotonen Berichte einer Presse zu studieren, die sich in allen Bahnhöfen entlang der Pyrenäengrenze niedergelassen zu haben scheint, um dort durch die Schlüssellöcher der Aborte zu spähen und hastig ihre Beobachtungen auf dem Papier dieser Lokalitäten festzuhalten. Sieben Monate lang, niemals, wirklich niemals die geringste Anspielung auf die italienischen oder deutschen Verbrechen, niemals, niemals, niemals! Und dabei...! Sie waren nicht allzuoft einer Meinung, die

PPF, PSF, AF, SF, JP, LPF, und wie unsere Rechtsgruppen alle heißen mögen, aber seit dem Abessinienfeldzug sind sie sich einig, fühlen sie sich solidarisch, solidarisch mit dem neuen Imperium. Die Äußerungen dieser Patrioten passen haargenau zu den Leitartikeln der italienischen oder spanischen Publizisten, so genau, daß man glauben könnte, sie seien nach deren Maß gemacht. Das ist wirklich komisch! Kein Franzose kann, wenn er über ein halbes Jahr jenseits der Pyrenäen gelebt hat, den jahrhundertealten Haß der spanischen Rechten, besonders der Armee und der Geistlichkeit, gegenüber unserm Lande übersehen. Dieser Haß hat während des Krieges sehr oft seine Bestätigung gefunfen. »Einzig der Pöbel und ich, wir liebten Frankreich«, war ein Wort Alfons' XIII. Ich weiß nicht, wie man innerhalb unserer eigenen Grenzen die nationale Selbstverstümmelung unserer angeblichen Nationalen bewertet. Ich glaube, der fanatischste unter diesen Herren wäre errötet über die verächtlichen Kommentare, mit denen die Propaganda hierzulande ihre Artikel würzte. Ich höre noch jenen Major eines Abends in Manacor angesichts des Feuers des republikanischen Kreuzers *Libertad* zu mir sagen – er glaubte nämlich in aller Naivität, mir damit eine Freundlichkeit zu erweisen –, in seinem schlechten Französisch, aber mit dem Akzent eines männlichen und brüderlichen Mitgefühls: »Was wollen Sie, mein Herr, unsere beiden Völker sind eben ein übles Gesindel!« [Er selbst war Katalane]...
Ich bin so lange in Mallorca geblieben, wie es mir möglich war, weil ich dort den Feinden meines Landes ins Auge sehen konnte. Das bescheidene Zeugnis, das ich dabei abzulegen vermochte, hatte seinen Wert. Weil ich nämlich keine Verbindung mit den Roten, weder da unten noch sonstwo, unterhielt, und weil ich bei allen als Katholik und Royalist bekannt war, stellte ich für die Leute, so gering mein Rang auch sein mag, das ewige Frankreich dar, jenes Frankreich, das alle diese sinnlosen »Fronten«, die Armag-

nacs und die Burgunder, die Liga und die Hugenotten, überdauert hat, das aus dem Instinkt der Gerechtigkeit und der Freiheit lebt und nur *ein* Heim kennt, sein Haus, das Haus Frankreich; in ihm sind wir alle, sobald wir seine Schwelle überschritten haben, gleiche Kinder ein und derselben Mutter. Ich will den Dummköpfen nicht zu nahe treten, aber Frankreich wird in der Welt nur dann der Verachtung anheimfallen, wenn es endgültig die Achtung vor sich selbst verloren hat. Wer nicht als Politiker spricht, sondern als Franzose, kann immer gewiß sein, verstanden zu werden. Jedermann in Palma wußte, daß mein Sohn Leutnant bei der Falange war, oft sah man mich zur Messe gehn. Ich war von frühester Zeit her mit den Führern der Aufstandsbewegung freundschaftlich verbunden, die von allen »Verdächtigen« gefürchtet wurden. Woher kommt es, daß Leute, die ich kaum kannte, offen mit mir sprachen, wo doch das geringste Wort, von mir weitergegeben, sie die Freiheit oder gar das Leben kosten konnte? Nun, ich sage, wie ich es mir erkläre: Noch immer weiß man in der Welt, daß ein Franzose sich nicht zum Zuträger der Polizei erniedrigt, das ist es; und man weiß, daß ein Franzose ein freier Mann ist. Daran haben wohl die, welche vor dem General Franco das Weihrauchfaß schwingen, niemals gedacht.

Man glaube nicht, daß mit der Säuberung der Gefängnisse die Tätigkeit der Säuberungsmannschaften in den Ortschaften plötzlich ein Ende gefunden hätte, lediglich das Tempo verlangsamte sich. Die abseits gelegenen Dörfer atmeten auf, die Haupthandlung spielte sich nun in der unmittelbaren Umgebung Palmas ab. Aber das Ziel der militärischen Macht, nämlich in der Öffentlichkeit weniger aufzufallen, wurde dabei nicht erreicht. Früher brauchten die Verwandten der Erschossenen nur ein paar Schritte zu tun, um ihre Toten zu identifizieren. Jetzt waren dazu eine kostspielige Reise und Formalitäten nötig, die durch die Masse der Anfragenden noch peinlicher wurden; da die Register der Gefängnisse selten mit den Aufzeichnungen des Totengräbers übereinstimmten, kamen die abscheulichsten Verwechslungen vor. Angesichts der Tatsache, daß die Massengräber ihre Geheimnisse nicht preisgaben, blieb den Familien in ihrer Verzweiflung nur eine einzige Quelle, die Wahrheit zu erfahren: ein gutmütiger Beamter erlaubte ihnen, in dem Haufen von Lumpen zu wühlen, um zu versuchen, darin das Hemd oder die Unterhose ihres Toten zu finden.

Ich bemühe mich, dies alles ganz nüchtern niederzuschreiben. Ich werde auch nichts denen zuliebe hinzufügen, die mich für fähig halten möchten, Dinge ohne Beweis vorzubringen oder auf bloßes Geschwätz hin. Ich berichte hier nicht über eine mehr oder weniger geheimnisvolle Maffia. Alle Tatsachen sind öffentlich bekannt; von der Mehrzahl gebilligt, von einigen wenigen mißbilligt, wurden sie von niemand in Zweifel gezogen. Ach, vieler Seiten würde es bedürfen, um verständlich zu machen, warum sie am Ende niemand mehr empörten. Die Vernunft, die Ehre wollten nichts mit ihnen zu tun haben, aber die Empfindung war schließlich wie betäubt, so als habe der Schrecken sie erstarren gemacht. Ein gleicher Fatalismus führte Opfer und Henker in der nämlichen Empfindungslosigkeit zusammen. Erst an dem Tage hat mir der Bürgerkrieg wirklich Angst eingeflößt, an dem ich bemerkte, daß ich seine Luft, ohne mir dessen überhaupt recht bewußt zu werden, atmen konnte, daß ich sie atmen konnte, ohne mich übergeben zu müssen, die fade, blutgesättigte Luft. Gott erbarme sich der Menschen!

Ich könnte von dieser Apathie – im genauen Sinne des Wortes – sehr viele Beispiele liefern. Ich will hier nur ein Interview mit den Ehrwürdigen Schwestern von Porto Cristo anführen, das in extenso in allen Zeitungen Palmas: *El Dia*,

El Almudaina [›*katholisches Blatt*‹ heißt es im Untertitel] und *Ultima Hora* erschien. Bei der kleinen Stadt Porto Cristo landeten im August 1936 katalanische Streitkräfte. Sie konnten übrigens niemals Boden gewinnen und schifften sich sechs Wochen später wieder ein. Jene Ordensschwestern leiteten ein Pensionat, das damals, während der Ferien, leer stand. Die Oberin schilderte also dem Journalisten recht farbig den Einzug der Roten in das Kloster und die erste Berührung ihrer entsetzten Schwestern mit den Milizsoldaten aus Barcelona, die ihnen den brutalen Befehl gaben, Betten für die Verwundeten vorzubereiten. In der allgemeinen Verwirrung trat plötzlich ein Südamerikaner auf, eine Art Riese, der mit der Pistole in der Hand vor sie trat und sich so vernehmen ließ: »Schwestern, ich bin Katholik und Kommunist, ich schieße jedem eine Kugel in den Kopf, der es euch gegenüber am schuldigen Respekt fehlen läßt.« Zwei Tage lang scheint dieser Mann überall zugleich gewesen zu sein; bald besorgt er Verpflegung für die Krankenschwestern, bald verbindet er mit ihnen die Verwundeten, deren Zahl ständig wächst, und in den seltenen Augenblicken der Muße führt er mit der Oberin spaßhafte Streitgespräche, über die sie dem Journalisten mit einem gewissen rührenden Humor berichtet. »Schließlich beim Morgengrauen des dritten Tages«, so beendete die Oberin ihren Bericht, »hörten wir lebhaftes Gewehrfeuer. Die Verwundeten werden unruhig, die Milizsoldaten brechen eilig auf, wir werfen uns alle auf die Knie und beten um die Gnade des Himmels für unsere Befreier. Die Rufe *Viva España! Arriba España!* dringen an unser Ohr, die Tore geben nach. Was soll ich Ihnen noch sagen? *Die tapferen Soldaten dringen von allen Seiten ein und rechnen mit den Verwundeten ab. Unser Südamerikaner wird als letzter erschlagen.*«

Als ich einige Tage später dem Madrider Journalisten, der diesen Artikel geschrieben hatte, mein Erstaunen zum Ausdruck brachte, veröffentlichte er am Tage darauf eine umständliche Rechtfertigung, der ich folgendes entnehme: »Gewisse hochherzige Seelen glauben, sich gegen die Notwendigkeiten des Heiligen Krieges empören zu müssen. Wer aber Krieg führt, muß sich dessen Gesetzen unterwerfen. Und lautet das erste Gesetz des Krieges nicht: Wehe den Besiegten?«

Mißtrauisch geworden durch den wachsenden Widerwillen, den sie rings um sich aufkommen fühlte – auch die Unzufriedenheit der Falange drohte gefährlich zu werden, man hatte sie zu plötzlich ihrer Waffen wie ihrer Führer beraubt –, schritt die Militärbehörde nunmehr zu einer dritten, noch diskreteren Methode der Säuberung. Hier ist sie, ein höchst einfaches Verfahren. Die Gefangenen, die als unerwünscht galten, erhielten eines Morgens die Mitteilung, sie würden wegen Mangels an Beweisen entlassen. Sie unterschrieben ihre Entlassungsurkunde, quittierten die Rückgabe ihres konfiszierten Eigentums, schnürten ihr Bündel, erfüllten also kurz gesagt nacheinander alle die Formalitäten, die unerläßlich sind, um eine Gefängnisverwaltung von aller zukünftigen Verantwortung zu entlasten. Um zwei Uhr morgens entließ man sie, zu zwei und zwei. Das ging so vor sich, daß sie sich – kaum hatten sie die Gefängnisschwelle überschritten – in einem abgelegenen Nebengäßchen einem Lastwagen gegenübersahen, von Männern umringt, von denen jeder eine Pistole in der Hand hatte. »Ruhe! Wir bringen euch nach Hause!« Man brachte sie auf den Friedhof.

Die Person, die die Höflichkeit mich zwingt, Seine Exzellenz den Herrn Erzbischof von Mallorca zu nennen, hat den gemeinsamen Brief des spanischen Episkopats mitunterzeichnet. Ich hoffe, daß die Feder in ihren alten Händen gezittert hat. Nichts von allen diesen Morden hat ihr verborgen bleiben können. Das sage ich ihr ins Angesicht, wo und wann man es wünscht. Ich berichte ihr auch noch diesen Fall: Ein ihr wohlbekannter Kanonikus ihrer Kathedrale, ein berühmter Prediger und Theologe, hatte erkennen lassen, daß er die Militärbehörde immer und ohne Einschränkung billige. Das beunruhigte eine Dame, eines seiner Beichtkinder, die es lange Zeit jedoch nicht wagte, ihn deswegen zu befragen. Als sie von den oben berichteten Tatsachen Kenntnis bekam, glaubte sie ihr Schweigen brechen zu müssen. Der Unglückliche hörte ihr zu, ohne die geringste Überraschung zu zeigen. – »Aber schließlich billigen Sie doch nicht ... ?« – »Ich billige nicht und mißbillige nicht«, antwortete dieser schauervolle Priester. »Euer Gnaden machen sich leider gar keine Vorstellung von den Schwierigkeiten, denen unser Amt auf dieser Insel ausgesetzt ist. Bei der letzten Konferenz des Klerus unter dem Vorsitz Seiner Exzellenz wurde der Beweis erbracht, daß im vergangenen Jahr von hundert Einwohnern Mallorcas nur vierzehn ihre Osterkommunion empfangen haben. Eine so ernste Lage rechtfertigt außerordentliche Maßnahmen!«

Sie rechtfertigte sie in der Tat... Einige Wochen vor Ostern schritt die Kirchenbehörde, in Absprache mit der Militärbehörde, zur Bestandsaufnahme der Gläubigen. Man ließ zu diesem Zweck jedem, der alt genug war, seiner österlichen Pflicht genügen zu können, ein gedrucktes Blatt zukommen. Dieses Blatt trug auf der Vorderseite folgenden Aufdruck:

1937
Herr, Frau oder Fräulein......
wohnhaft in .... Straße .... Nr. ... Stockwerk ...
hat die heilige Osterkommunion in der Kirche von .... empfangen.

Auf der Rückseite:

Es wird empfohlen, seinen österlichen Pflichten in der eigenen

Pfarrkirche nachzukommen. Wer die Osterkommunion in einer andern Kirche empfängt, muß seinem Beichtvater einen Nachweis darüber vorlegen.

Ein zum Abreißen eingerichtetes Blatt trug folgenden Hinweis:

Für Verwaltungszwecke wird angeordnet, dieses Blatt abzutrennen und ausgefüllt dem Gemeindepfarrer zu überreichen. Es kann auch in einen für diesen Zweck bestimmten Kasten geworfen werden.

Ist es noch nötig hinzuzufügen, daß die Beichtstühle nicht mehr leer wurden? Ja, der Zustrom der Bußwilligen, denen jegliche Erfahrung fehlte, war so groß, daß der Pfarer von Terreno sich in die Notwendigkeit versetzt sah, ein neues Blatt zu verteilen. Nachdem er darin die seltsame, aber durchaus zeitgemäße Bemerkung gemacht hatte, daß die Hauptschwierigkeit beim Beichten nicht sosehr darin bestehe, seine Sünden zu bekennen, als vielmehr zu wissen, was man sagen müsse – *en no saber que confesar o como expresarte* –, gab er in fünfzehn Zeilen das Muster für eine außerordentlich vereinfachte Gewissenserforschung. Auf dem Blatt stand überdies noch eine Nachschrift:

N. B. – No olvides colocar tu billete del cumplimiento en el cajón del cancel para poder formar el censo.
Vergiß nicht, diese Bestätigung in den Kasten zu werfen, damit die Zählung durchgeführt werden kann.

Es gibt keinen Geistlichen in Mallorca, der es wagen würde zu bestreiten, daß eine solche Maßnahme, mitten im Terror getroffen, nur die Zahl der Kirchenschändungen um eine neue vermehrt hat. Was soll ich noch viel sagen? Gott kennt die Namen der kleinen Schar Unbeugsamer, die sich ohne Zweifel für seine Feinde hielten, die aber, ohne sich dessen bewußt zu sein, noch soviel christliches Blut in ihren Adern hatten, daß sie den Schimpf, den man ihrem

Gewissen antat, empfanden und mit Nein auf diese ungeheuerlichen Zumutungen antworteten. Mögen sie zu Christus zurückfinden! Mögen sie, wenn der Tag gekommen ist, über ihre Richter richten!

Eine derartige Rache, im Namen des Allerhöchsten genommen, mag für Leute, die zuviel jüdisches oder maurisches Blut in den Adern haben, verlockend sein. Aber wenn sich auch vielleicht manche Fanatiker daran berauschen mögen, der überwiegenden Mehrzahl der Spanier erweist sie, glaube ich, einen recht mäßigen Dienst: für die einen ist sie eine scheinheilige Ausrede, um sich Gewissensbisse zu ersparen – sie sehen darin eine Möglichkeit, sich ihrer Verantwortung im Jenseits zu entledigen, indem sie sie auf die robusten Schultern ihrer Beichtiger abladen –, die andern nehmen sie lediglich an, so wie sie das faschistische Vokabular oder das Kriegsmaterial, das von den italienischen Fabriken auf Kredit geliefert wurde, angenommen haben. Hombre!

Es ist sicher unbegründet, zu meinen, daß Soldaten grausamer seien als Krämer, für welche sie im übrigen, wie es schon den Soldaten des General Gallifet erging, nur noch die Werkzeuge darstellen. Ich gestehe, ich war einen Augenblick überrascht von der Unbeschwertheit, mit der ein gewisser mallorcanischer, aus dem Mannschaftsstand hervorgegangener Hauptmann – er war bereits im Pensionsalter und schon so hinfällig, daß man ihn kaum mehr ohne Madame oder Fräulein Tochter im Café sitzen sah – Nachmittag für Nachmittag gegen arme Teufel, die ihm zudem wie Brüder glichen, ein Gesetz in Anwendung brachte, das von einem Gesetz kaum mehr als den Namen hatte. Ich möchte besonders den Fall des früheren Bürgermeisters von Palma erwähnen, eines alten, allgemein geschätzten Arztes, zu dessen Gunsten die Oberen einiger

Ordenshäuser spontan Zeugnis ablegten; überdies war er mit einer Frau verheiratet, die wegen ihrer Frömmigkeit bekannt war. Man konnte gegen ihn nur seine Mitgliedschaft bei der Radikalen Partei vorbringen. Nichtsdestoweniger wurde er zum Tode verurteilt. Eines Morgens band man ihn auf einen Stuhl und erschoß ihn; man hatte ihn aus seinem Krankenbett im Hospital zu seiner Opferstätte geschafft, nachdem die Schwestern eine ganze Nacht lang – seine letzte Nacht – damit verbracht hatten, sein versagendes Herz in Gang zu halten. Als ich mich darüber wunderte, daß man ihn über sechs Monate auf den Tod hatte warten lassen, der offensichtlich doch unvermeidlich war, gab man mir folgende Antwort: »Wir können nichts dafür, wir mußten ihn so lange am Leben erhalten, bis die Formalitäten der Konfiskation erledigt waren.« Der Unglückliche war nämlich reich.

Noch einmal, ich klage nicht an. Ich erwarte auch nicht, daß man mir aufs Wort glaubt; unermüdlich wiederhole ich, daß Mallorca nur vierundzwanzig Stunden von Marseille entfernt ist. Der alte Lenôtre führt uns in einem – im übrigen lobenswerten – Buch das Revolutionstribunal vor, aber es wird ihm unter der Hand zum bloßen Phantom. Der brodelnde Saal, erfüllt von Gekreisch, von Heulen und wütendem Gelächter, ist bei ihm eine stille, von Schatten bevölkerte Krypta. Aber der alte Lenôtre schrieb mehr als ein Jahrhundert nach den tatsächlichen Ereignissen. Überdies lag das Paris von 1793 gewissermaßen im Kreuzungspunkt aller Straßen der Welt. Die kleine Insel Mallorca ist ein geschlossenes Gefäß. Dort trocknet das Blut nicht so rasch.

Würde ich die Militärs wegen dieser Dinge zur Rede stellen, dann bekäme ich zweifellos zur Antwort, daß sie einen Befehl ausführten und ihn in aller Öffentlichkeit ausführten – wovon sich übrigens jeder, der es wissen will, selbst überzeugen kann; er braucht sich nur die betreffenden Ausgaben irgendeiner Zeitung von Palma zu verschaffen, in ihnen ist alles getreulich festgehalten. Und wenn ich ihnen darauf auch tausendmal erklärte, daß ein Urteil kein Befehl ist, so würden mir diese als Richter fungierenden Offiziere ins Gesicht lachen.

»Mischen Sie sich nicht in unsere Angelegenheiten!« würden sie sagen, »wir haben Kameraden unseres Jahrgangs in Barcelona oder in Valencia, die genau dasselbe tun wie wir, allerdings auf Kosten einer etwas andern Gattung von Bürgern. Wenn wir die Kriegsschule verlassen, bestimmt man uns für die Artillerie, für die Kavallerie oder Infanterie, je nach der Nummer, die wir ziehn. Jetzt steckt man uns in die Justiz. Sicher ist das eine seltsame Waffengattung, aber solange wir dabei unter uns bleiben, macht das nicht allzuviel. Tausend rote Spießer in Valencia, tausend weiße Spießer in Sevilla. Beim Dame-Spiel sagt man dazu: das Brett freimachen. Wer gibt Ihnen übrigens das Recht, sich wegen unseres Gewissens aufzuregen? Als gute Spanier stellen wir uns über Gut und Böse keine überflüssigen Fragen, wie ihr Franzosen das zu tun beliebt. Angenommen, es gäbe die Hölle, und selbst wenn nur eine gewisse Wahrscheinlichkeit besteht, daß es sie gibt: müssen wir sie dann fürchten, ja oder nein? Dafür tragen unsere Geistlichen die Verantwortung. Ob sie recht oder unrecht haben, das soll uns nicht kümmern, ich bitte Sie! Uns genügt das vollkommen, wenn man uns aus dem Spiel läßt. Wenn die Geistlichen das Gesetz falsch ausgelegt haben, um so schlimmer für sie! Vielleicht wird sie Gott am Ende im Jenseits noch unserm Urteil unterstellen! Seien Sie versichert, wir werden dann unsere Vorschriften ohne Nachsicht gegen sie in Anwendung bringen. Aber bis dahin – kümmere sich jeder um seine Angelegenheiten! Stellen Sie sich vor, der Wind würde sich drehen: wir verstünden es dann vollkommen, wenn sich die Kirchenleute wiederum als Verkünder der Barmherzigkeit offenbarten, die niemals, auch für die größten Sünder nicht, eine andere Sühne gefordert haben als die in unsern Beichtstühlen üblichen sechs Pater Noster und Ave Maria. Und wir werden es dann auch ganz natürlich finden, wenn sie uns hienieden der irdischen Gerechtigkeit überlassen – falls ihnen sonst nichts einfällt, um den Siegern ihren guten Willen zu beweisen. Wenn unser Schicksal dann entschieden sein wird, werden wir gerne den Beistand ihres heiligen Amtes annehmen, ganz im selben Geiste, in dem ihn gestern noch, nach den Aussagen des Kardinals Goma, die Republikaner empfingen, die wir an die Wand gestellt haben. Wir werden uns natürlich in diesem Augenblick hüten, mit ihnen über Dinge zu reden, die für sie und uns peinlich wären, die dann übrigens auch ohne Interesse sind, denn jeder Ausdruck ihres Bedauerns käme ja doch zu spät: wir könnten ihn höchstens als Geheimnis mit ins Grab nehmen. Was hätten wir davon? Dagegen kann uns ihre Absolution immer noch nützlich sein. – Wir machen uns nicht die geringsten Sorgen darüber, wer in dieser Angelegenheit recht oder unrecht hat. Ihr Franzosen unterscheidet nicht genügend zwischen der Idee der Macht und der Idee der Gerechtigkeit. Wir dagegen haben zu viel jüdisches Blut in den Adern, wir halten es sogar für einen der größten Vorteile der Macht, nach Belieben bald gerecht, bald ungerecht sein zu dürfen. Vielleicht machen wir uns von Gott nicht dasselbe Bild wie ihr? Seit Jahrhunderten leben wir in der Vorstellung, daß es wichtiger sei, mit seinem Bekenntnis im reinen zu sein als mit seinem Gewissen. Wir wollen, daß eine vollkommene Rechtgläubigkeit uns der Gnadenmittel der Kirche versichert – die mit dem, was wir tun und treiben, dann immer noch fertig wird, vorausgesetzt, daß wir ein wenig guten Willen erkennen lassen, und sei es im Augenblick des Abscheidens. Die Vorstellung, daß der Glaube eine Gabe Gottes von solcher Kostbarkeit ist, daß sie dem, der sie empfangen hat, die schrecklichsten Verpflichtungen auferlegt, diese Vorstellung läßt Gott übernatürlicherweise zum

Schuldner jener Unglücklichen werden, denen dieses Geschenk durch eine geheimnisvolle Prädestination verweigert wurde; allein der Gedanke daran müßte uns mit Entsetzen erfüllen, aber er kommt uns, wir gestehen es, nicht einmal in den Sinn. Wir ziehen es vor, uns einfach des Passes, mit dem wir ausgestattet sind, zu bedienen. Wenn er uns auch nicht unbedingt den Eintritt in die himmlischen Gefilde garantiert, so erlaubt er uns zumindest, in dieser Welt die riesige Basilika zu betreten, in der es mit dem Teufel zugehen müßte, wenn sie uns – bei so viel wundertätigen Heiligen, von denen jeder seine eigenen Heilsmittelchen hat – nicht eines Tages auch der Art Frömmigkeit begegnen ließe, die auf unsern Fall paßt. Ein solches System erspart uns Auseinandersetzungen wie die, in die Sie uns hineinziehen wollen. Für uns stellt sich zum Beispiel überhaupt nicht die Frage, ob einer »im guten Glauben« gehandelt hat. Der »gute Glaube« ist in unsern Augen kein mildernder Umstand, sowenig wie es Trunksucht ist. Jahrhundertelang haben wir Verbrecher hängen und brennen sehn, die sicherlich guten Glaubens waren, da sie ja sogar ihr Leben dafür hingaben. Und seien Sie überzeugt, wenn einer seinen Glauben aufgibt, das macht uns auch keine Sorgen. Viele von uns waren zum Beispiel Demokraten. Wir verabscheuten die Söhne der Adligen und die Neffen der Erzbischöfe. Es kommt einen heute hart an, einen ehemaligen Kameraden, mit dem man einst auf die republikanische Armee und die neue Trikolore getrunken hat, mit dem zusammen man sich über die Aristokraten und Pfaffen lustig gemacht hat, jetzt an den Galgen liefern zu müssen. Aber unsere reaktionären Freunde hüten sich, diese mißliche Lage noch zu erschweren. Sie nehmen auf unsere Gefühle Rücksicht. Im Grunde finden sie das alles ganz natürlich. Ihr Franzosen würdet nicht umhin können, uns zu verachten. Ihr gäbet den Rebellen den Vorzug vor den Renegaten, zumindest im Grunde euers Herzens. Mit solchen Skrupeln hätte unsere Heilige Inquisition keine acht Tage arbeiten können! Es gehört zu den Geheimnissen ihrer langen Herrschaft wie ihres Ansehens – das sich keinesfalls nur durch den Terror erklären läßt –, daß sie im Namen Gottes alle segnete, alle ehrte: sowohl den Feigling, der nur sein Leben rettet, wie den ehrlich Überzeugten, der sich freimütig zur Wahrheit bekennt, die er früher nicht kannte. Die Inquisition mußte vor allem eines wieder zu Ansehen bringen, was euerer westlichen Ritterlichkeit freilich am meisten widerstrebt: den Widerruf unter Zwang. Und ebenso hat die Inquisition die Angeberei wieder zu Ehren gebracht. Der Denunziant wurde geehrt und gesegnet. Die großartige Doppelzüngigkeit, die auf diese Weise zu Ehren gebracht wurde, hat Spanien für immer euern Maßstäben entrückt. Eine spanische Jungfrau von Orléans wäre unvorstellbar. Sobald die Umstände es uns wieder erlauben, folgen wir einer jahrhundertealten Gewohnheit und geben gegen Empfangsbestätigung mit der Sorge für unser irdisches Wohlergehen auch unser Gewissen ohne Vorbehalt der gesetzlichen Macht in die Hände.«

ZWEITER TEIL

ERSTES KAPITEL

DIE SPANISCHE TRAGÖDIE ist ein Leichenhaus. Alle Irrtümer, an denen Europa zugrunde geht und die es unter furchtbaren Zuckungen wieder auszuspeien sucht, gehen hier in Fäulnis über. Unmöglich, daran zu rühren, ohne daß die Hand in Gefahr gerät, sich mit Leichengift zu infizieren. Ab und zu sieht man in diesem eitrigen Geschwär Gesichter an die Oberfläche steigen, ach, Gesichter, die einem einst vertraut waren, die aber jetzt unkenntlich wurden, und die, sobald man den Blick auf sie richtet, zerfließen und wie Wachskerzen dahinschmelzen. Ehrlich gesagt, ich glaube, es nützt nicht viel, irgendeinen dieser Leichname hervorzuziehen. Um eine derartige Kloake – Bild dessen, was morgen die ganze Welt sein wird – zu säubern, muß man zuvor die Ursachen des Verwesungsprozesses angehen.

Es tut mir weh, ein altes, von Geschichte nicht nur beladenes, sondern niedergebeugtes Land, ein Land, in dem lebendige Menschen leiden, kämpfen und sterben, als Schlachthaus oder Kloake bezeichnen zu müssen. Dieselben Schwachköpfe, die so tun, als empörten sie sich darüber, hätten mich übrigens schon 1915 einer ähnlichen Lästerung überführen können, denn schon damals habe ich, wie so viele meiner Kameraden, den Krieg verurteilt, den berühmten »Krieg für das Recht«, den »Krieg gegen den Krieg«. Die Metzeleien, die jetzt sich ankündigen, sind genau der gleichen Art, aber da sie eine weit größere Anzahl oder vielmehr die Gesamtheit der unentbehrlichen geistigen Werte in Mitleidenschaft ziehen, wird das Chaos, das aus ihnen entsteht, noch ekelhafter sein, der Gestank ihrer Fäulnis noch übler.

Und die Menschen? – Was zählen schon Menschen, wenn ihr Opfer vergeblich ist! Und die edlen Ziele? – Was bedeuten sie, wenn die bösen Ziele die guten zunichte machen, wenn die guten Ziele, auf die beiden feindlichen Lager verteilt, gegeneinander wüten und sich schließlich gegenseitig verschlingen! Das Vaterland ist eine heilige Idee? Aber wenn ihr im Namen des Vaterlandes den Rotz und den Typhus verbreitet habt, was bleibt dann noch vom Vaterland und von der Vaterlandsliebe, ihr Dummköpfe!...

Der spanische Bürgerkrieg ist ein Leichenhaus. Er ist das Grab der wahren und der falschen Ideen, das Grab der guten und der schlechten Ziele. Wenn sie in Blut und Schlamm genügend miteinander gekocht haben, werdet ihr sehen, was aus ihnen geworden ist und was für eine Suppe ihr euch da eingebrockt habt. Es gibt kein erbarmungswürdigeres Schauspiel als diese Unglücklichen, die seit Monaten rings um den Hexenkessel hocken und mit ihren Gabeln in den Topf stechen: jeder rühmt das Stück, das er herausgefischt hat – Republikaner, Demokraten, Faschisten oder Antifaschisten, Klerikale oder Antiklerikale, arme Leute, arme Teufel... Auf eure Gesundheit!

In meiner Jugend pflegten Prälaten und liberale Mitglieder der Akademie, wenn man sie darauf ansprach, zu erklären: »Die Demokratie geht mit vollen Segeln unter.« Jetzt geht sie wirklich unter. Und ihr geht mit ihr unter, wir sehen euch untergehn. Vielleicht gibt es in der Welt kein Regierungssystem mehr, dem ich – um mich der großzügigen Ausdrucksweise unserer Vorfahren zu bedienen – bereit bin, »sein Recht zu lassen«. Aber trotzdem wird man mich nicht dazu bringen, den zynischen Mißbrauch von Grundsätzen und deren fürstlichen Trägern mitzumachen, nur weil ich nicht mehr weiß, wie man ihnen dienen kann. Die Christenheit hat Europa geschaffen, die Christenheit ist tot. Daß jetzt Europa auch krepiert, was gibt es Simpleres? Die soziale Demokratie hat mit der Idee der Gerechtigkeit ihr Spiel getrieben, aber sie hat keines ihrer Versprechen gehalten – wenn man von der allgemeinen Wehrpflicht und der Nation in Waffen absieht. Die parlamentarische Demokratie hatte es mit der Idee des Rechts. Die imperialistische Demokratie streut heute mit vollen Händen ihre Idee von der Größe aus. Die kriegerische Demokratie mobilisiert Kinder von sieben Jahren und prostituiert Heldentum und Ehre. Morgen werden die autoritäten Demokratien die letzte Erinnerung an das, was einst die freie christliche Monarchie gewesen ist, fortschwemmen. Was wollt ihr? Zu all dem werden die Vertreter der Kirche sagen, was sie eben sagen können. Ihre Vorgänger im sechzehnten Jahrhundert haben sich, nicht weniger als sie selber, von den Realpolitikern der Renaissance zum besten halten lassen, und ich sage, ich behaupte, ja ich verkünde, daß sie damals die Christenheit verkauft haben: mit christlichem Blut haben sie ihre Maler, ihre Bildhauer, ihre Goldschmiede, ihre Lustknaben und ihre Dirnen bezahlt. Bei ihren Nachfolgern schmerzt mich besonders, daß sie es ehrlich meinen und alles für nichts herschenken. Freilich gibt es heute auch nichts Rechtes mehr zum Verkaufen. Heute bleibt uns nur übrig, unsere Enttäuschungen und unser Unglück zur Groteske zu verzerren und lächerlich zu machen.

Ich will gern unterstellen, daß Benito Mussolini größer ist als Alexander oder Caesar. Aber gerade aus Achtung vor seiner Persönlichkeit und seinem Genie möchte ich mich jenen Leuten beigesellen, die er, wie sein Lehrer Sorel, verachten muß, und die sein anderer Lehrer, Proudhon, mit Recht »die Weib-Männer« nannte. Es steht diesem großen Mann frei, im Interesse seines neuen Imperiums eine Tradition beliebig zu mißbrauchen, deren Sinn er niemals versteht, weil dieser Sinn übernatürlich ist. Ich habe niemals bezweifelt, daß Charles Maurras mehr von Theologie versteht als ich. Es kann sogar sein, daß Mussolini ihm darin nicht nachsteht. Aber sie sind im Unrecht, sobald sie von

»Christenheit« reden. Denn Christentum beruht in seinem Wesen allein auf Christus. Weder Maurras noch Mussolini sind Christen. Zweifellos steht es mir nicht zu, die Leute der Kirche zu billigen oder zu verdammen, sie überhaupt zu beurteilen, wenn sie der Meinung sind, sie könnten das Wesen des totalitären Staates genauso unter der Hand austauschen, wie sie sich einst rühmten, sie könnten die demokratische Republik von innen her verwandeln. Sie haben uns mit ihrem vorletzten Bündnis nicht drangekriegt, mit dem nächsten werden sie uns auch nicht drankriegen. Übrigens kenne ich schon im voraus das Schicksal solcher Kombinationen, die in den Zeiten der Staatskanzleien von Nutzen gewesen sein mögen. Wenn die öffentliche Meinung von allen Seiten die Tausende von Fotolinsen der Weltpresse auf einen richtet, mimt man nicht Robert Hudini. Ihr habt leicht euch auf die Lügen der Presse herausreden. Dennoch schärft die Presse – nicht ohne Gefahr – die Urteilsfähigkeit der armen Teufel. Was hat es anderseits für einen Sinn, Realpolitikern schmeicheln zu wollen? Erwartet ihr, die ließen sich von sentimentalen Bedenken beeinflussen? Sie rühmen sich ihrer Undankbarkeit wie einer Tugend. Die Schmierenkomödianten unserer Rechten hatten schon den Schwindel mit dem äthiopischen Kaisertum als ihren persönlichen Triumph betrachtet, worauf sie auch den Schwindel mit dem spanischen Kreuzzug schluckten. Das Abendland, als dessen angesehenster Vorkämpfer bis jetzt Henri Massis galt, hat soeben einen neuen Beschützer für sich entdeckt, der als Preis für seine Dienste, dessen bin ich sicher, etwas ganz anderes als einen Sitz in der Akademie fordern wird. Ich meine Japan, die japanische Christenheit, das ritterliche Japan, das sich in China seine goldenen Sporen verdient hat. Und morgen werdet ihr einen weiteren totalitären Christen zählen, Stalin. Mit Hitler, Mussolini, dem Mikado hätten wir also fünf totalitäre Retter des Abendlandes – sofern man den portugiesi-

schen Autokraten nicht vergißt, dessen Name mir entfallen ist.
Ich bin durchaus kein Feind der Gewalt, auch nicht der Gewaltmethoden, das stünde mir schlecht an! Ich bin freiwillig in den Krieg gezogen, nicht wie ein geprügelter Hund. Wie käme ich nach vier Jahren Front dazu, wegen einiger tausend Toter mehr oder weniger das Gesicht zu verziehen? Welche Bedenken sollte ich haben? Dem Heiligen Stuhl hat es nun einmal gefallen, Geistlichen das Recht zu verleihen, sich mit Maschinengewehren abzugeben, es wäre also sehr unklug von mir, wollte ich etwas dagegen sagen, obwohl mich manche Aufmärsche – um mit meiner Meinung nicht hinter dem Berg zu halten – doch nachdenklich gestimmt haben. Übrigens fragt mich niemand nach meiner Meinung, und vielleicht käme sie zu spät. Da der hochwürdige Pater Janvier mit Paul Claudel darin einig ist, den Kreuzzug des Generals Franco den kleinen Buben unseres Landes als Beispiel hinzustellen, und nachdem wir schon früher unsere Priester zur Verfügung gestellt haben, um den Krieg der laizistischen Regierung für die Gerechtigkeit und das Recht zu segnen, wird man es jetzt nicht wagen, sie einem andern zu verweigern, wie? So werden wir also zweifellos nächstens die Gelegenheit haben, die ganze Frage noch einmal unter uns zu besprechen – unter uns Franzosen.
Ich halte den spanischen Kreuzzug für eine Farce, weil er zwei Parteihaufen gegeneinander stellt, die schon im Wahlkampf völlig sinnlos einander gegenüberstanden, ja die sich immer sinnlos gegenüberstehen werden, weil sie gar nicht wissen, was sie wollen, und weil sie die Macht mit der sie nichts anzufangen wissen, einfach mißbrauchen. Hinter dem General Franco sehen wir die gleichen Leute, die schon unfähig waren, der Monarchie zu dienen, weswegen sie sie schließlich verrieten, und die ebenso unfähig waren, die Republik aufzubauen, obwohl sie an de-

ren Zustandekommen weitgehend beteiligt waren, die gleichen Leute – und das heißt: die gleichen einander feindlichen Interessen, die für einen Augenblick durch das Gold und die Bajonette des Auslandes zusammengehalten werden. Das nennt ihr eine nationale Revolution?

Ihr werdet mir natürlich erklären, die Roten seien Taugenichtse, und darüber hinaus seien Schlagworte immer für etwas gut. Bitte tausendmal um Entschuldigung! Ihr mögt meinetwegen erzählen, der Mikado sei ein guter Katholik, und die Italiener seien schon immer Vorkämpfer des christlichen Ideals gewesen – *gesta Dei* –, ihr mögt sogar sagen, der General Queipo de Llano sei ein Mann vom Schlage Bayards oder Gottfrieds von Bouillon, das ist eure Sache. Aber sprecht nicht vom Kreuzzug! Die Zeit könnte kommen, wo die letzten freien Männer in der Tat gezwungen sein werden, mit dem Schwerte die letzten Reste des christlichen Staates zu verteidigen – weil es tausendmal besser ist, zugrunde zu gehen, als in einer Welt zu leben, wie ihr sie jetzt zurechtzimmert. Wir kennen nur zu gut eure grobschlächtigen Propagandamethoden. Schon kann man nicht mehr vom »Krieg für das Recht« sprechen, ohne daß nicht sogar die Magenkranken zu grinsen beginnen. Wir wollen nicht, daß ihr auf ebenso dreckige Weise die Idee des Kreuzzugs kompromittiert! Warum, zum Teufel, sind die Realpolitiker so darauf aus, sich unseres Vokabulars zu bedienen? Genügt ihnen das ihrige nicht? Und, bei allem Respekt, was haben denn die spanischen Bischöfe dabei zu suchen? Wenn die faschistischen Kreuzfahrer, nachdem sie sich fester See- und Luftbasen an der Küste der Levante versichert haben, einmal das Feuer auf Französisch-Afrika eröffnen in der Hoffnung, aus den Plünderungen, die solchen Zerstörungen immer folgen, ihren Gewinn zu ziehen, werden dann diese Exzellenzen auch zu Mussolini halten, etwa als bischöfliche Schutzherren des Islams?

»Seien wir doch menschlich in unserm Urteil«, werden mir meine erlauchten Gegner zweifellos antworten. »Unsere Hochwürdigsten Herren wären ja gerne, mit Freuden und mit Nutzen, Schiedsrichter in dem spanischen Konflikt gewesen. Leider wurde dieses Vorhaben dadurch erschwert, daß die Umstände uns zu rasch und zu unvorbereitet von der Monarchie zur Republik und von der Demokratie zur Diktatur überwechseln ließen. Kurz, es fehlte uns an der nötigen Anlaufzeit, um mit einiger Aussicht auf Erfolg eine versöhnlichere Sprache sprechen zu können. Die Klugheit legt uns auf, uns jeweils mit dem Stärksten zu verbinden, und da im Augenblick der Stärkste nur vermutet werden kann, dürfen wir mit unsern Diensten ihm gegenüber nicht sparsam sein. Unsere Einwände können wir später vorbringen. Schließlich und endlich, der General Franco beschützt uns und er rächt unsere Toten. Es ist durchaus richtig, daß wir, wie Sie, hinter den neuen Standarten und dem andern Firlefanz unsere Majoritäten von einst wiederfinden, noch genauso hübsch zusammengewürfelt, ach ja, die uns schon damals die schmerzlichsten Enttäuschungen bereitet haben. Wie werden es all diese Leute einmal fertigbringen, einander zu verstehn, wenn sie erst die Waffen niedergelegt haben? Die Zukunft wird's zeigen. Aber erst dann, nicht früher, können wir, nach und nach, auf Samtpfötchen, wieder in jene Rolle schlüpfen, die – wir gestehen es – unserm Stande tatsächlich mehr zukommt. Würden wir jetzt anders handeln, so liefen wir Gefahr, uns – selbst wenn, was leider unwahrscheinlich ist, die Monarchie wiederhergestellt würde – isoliert zu sehen, denn auch der neue König hätte es selbstverständlich mit dem General Franco zu tun und nicht mit den parlamentarischen Mächten, die wir ehemals kontrollierten und die im Augenblick durch die verwirrten Verhältnisse vollständig durcheinandergeraten sind. Für Gil Roblès ist das freilich bedauerlich. Wenn sich die Gemüter einmal beruhigt ha-

ben, sind wir übrigens auch gern bereit, die politischen Möglichkeiten dieses ausgezeichneten jungen Mannes und seiner neugegründeten Ceda nachzuprüfen.
Gehörte dieser Bernanos als Royalist und Franzose nicht zu jenen Schwärmern, die sich in die Wirklichkeit keines Landes einfügen können – in kein irdisches Jerusalem, dessen Schlüssel die Hochwürdigen Jesuitenpatres in Verwahr haben –, so müßte er zugeben, daß, Kompromiß hin, Kompromiß her, der General Franco immer noch derjenige ist, der uns am wenigsten kompromittiert, weil er uns nämlich nicht lange kompromittieren wird. Unsere moraltheologischen Richtlinien betreffs der Achtung, die man der herrschenden Macht schuldet, unsere einstige Verurteilung jeder Gewaltanwendung, unsere Wertschätzung des allgemeinen Wahlrechts, all das wird früher oder später seinen Sinn zurückerhalten. Sie glauben das nur deswegen nicht, weil Sie einen Wesenszug des modernen Menschen verkennen, nämlich seine Verachtung aller moralischen Wahrheiten und seine ungeheure Fähigkeit des Vergessens. Übrigens, ob gemäßigte Republik oder Monarchie: das nächste Regime wird die allgemeine Befriedung bewirken müssen, und das kann es auf keinen Fall ohne uns, denn unsere Gläubigen stehen auf der Rechten wie auf der Linken, wir sind das Zünglein an der Waage; wie wir es wollen, so wird sich die Schale senken. Nur verblendete Laien, die mit den unvorhergesehenen Einfällen ihrer übertriebenen Empfindlichkeit unsere fein eingefädelten Spiele stören, klagen über unsere scheinbare Kompromißfreudigkeit. Die Kompromisse, darüber können Sie beruhigt sein, sind nicht immer das, wofür man sie hält. Wenn man einmal die feindlichen Klassen entwaffnet hat, wenn die verschiedenen Verbände aufgelöst sind, wenn die Italiener, die Deutschen und die Marokkaner wieder in ihre Länder zurückgekehrt sind, dann werden unsere Generale in ihren großen Stiefeln anfangen zu zittern, denn dann wird Spanien seine Toten zäh-

len. Nach einem Bürgerkrieg beginnt die wahre Befriedung immer auf den Friedhöfen, auf ihnen muß der Friede zuerst einziehn. Und hier liegt unsere Aufgabe. Man läßt Friedhöfe nicht durch Soldaten segnen. Dann aber werdet ihr sehen, wie die Generale uns demütig um ihren Anteil an dem allgemeinen Vergessen bitten. Im Augenblick ist das Wort Kreuzzug an der Tagesordnung, und Mussolini macht es noch ein besonderes Vergnügen, es zu hören. Aber wer kümmert sich später noch um solche Worte, wenn sie zu nichts mehr nütze sind? Und wer kümmert sich dann noch um die Kreuzfahrer? Einst zogen unsere Vorfahren aus unseren lieblichen alten Ländern Millionen von Menschen heraus, um sie in Asiens flammenden Schlund zu werfen. Ist unter all den Tagen des Jahres nur einer, ja nur eine Stunde, ihrem Andenken geweiht? Gewiß, das ist alles schon lange her. Es ist vielleicht auch falsch, Gestalten von so legendärem Ruf zu beschwören, sie stehen jenseits des Bezirks der Dankbarkeit. Wir wollen also ein Beispiel wählen, das vertrauter, ja beinahe trivial ist, ein Beispiel aus der neueren Geschichte. Als die französische Regierung 1886 beschloß, die Orden aus Frankreich zu vertreiben, da weigerten sich viele Beamte, eine solche Maßnahme durchzuführen, die sie für ungesetzlich hielten, und sie quittierten unter dem Beifall der katholischen Presse ihren Dienst. Einige Jahre später erlebten die armen Teufel voller Staunen das Schauspiel, wie sich die französischen Bischöfe der gleichen Republik in die Arme warfen. Hätten sie nun nicht – so sind doch eure albernen Auffassungen! – beanspruchen können, daß die geschickten Unterhändler des Friedensschlusses zwischen Kirche und Republik auch ihre Wiedereinstellung betrieben? Sie taten's wohlweislich nicht – aus angeborener Feinfühligkeit. Sie waren eben Leute, die noch Lebensart hatten, und wenn gute Erziehung satt macht, dann hätten sie niemals Hunger leiden müssen. Man schlachtete das fette Kalb – und sie lehnten es sogar ab, ihre letzte Brotkruste in die Bratentunke zu tauchen. Unsere ehrwürdigen Mitbrüder hätten es ihnen übrigens gar nicht erlaubt, denn der Erfolg der ganzen Sache hing ja davon ab, daß man für die früheren Mißverständnisse genau die Starrköpfe, wie sie es waren, verantwortlich machen konnte. Die Männer hatten sich also freiwillig zum Opfer gebracht. Wenn sie so törischt gewesen wären, sich von der flammenden Rethorik der Ritter vom Tintenfaß fangen zu lassen und den Judas Makkabäus ihrer Zeit gespielt hätten, so hätte das die Lage unserer hochverehrten Brüder sicherlich sehr erschwert. Schließlich hat ja auch unser Heiliger Vater, der Papst, am Tage der Unterzeichnung der Lateranverträge keine feierliche Messe zum Gedächtnis der Truppen des Kirchenstaates am Hochaltar von Sankt Peter gelesen. Wenn ihn sein übertriebener Eifer nicht blind machte, so müßte auch Herr Bernanos zugeben, daß wir unser Eintreten für General Franco so lange hingehalten haben, bis der Vorteil, den dieser Kriegsmann daraus ziehen konnte, nur noch lächerlich gering war. Es ging uns übrigens dabei weder um ihn noch um seine Partei: wir hofften vielmehr, daß die harmlosen Äußerungen unseres Wohlwollens das wilde Herz jenes rätselhaften Herrn Hitler rühren werde, bei dem wir uns manchmal voller Angst fragen, ob er sich nicht vor allem seinen Gefühlen überläßt und darin vielleicht sogar aufrichtig ist! Bei diesen deutschen Richard-Wagner-Gestalten weiß man nie, ob sie lügen oder nicht. Bei unseren lateinischen Staatsmännern hingegen ist man sofort im Bilde: ihr Wort ist keinen Pfennig wert. Und die beiden gegnerischen Parteien sind sich spontan in einem Punkte einig: daß sie nur gegen bar verhandeln. Kurz, der General Franco ist heute in seinem Kaufwert sehr schwer zu schätzen. Zwar werfen uns Böswillige vor, wir seien zu vorsichtig, und sie verspotten uns deswegen. »Was, wir leben wieder in der Zeit der Kreuzzüge, und ihr habt es noch nicht gemerkt? Zwölf Monate habt ihr gebraucht, um das festzustellen?« Aber hätten es diese Leute lieber gesehen, wenn wir unsern Brief am Vorabend des Staatsstreichs geschrieben hätten? Wir machen diese gedankenlosen Schwätzer darauf aufmerksam, daß die italienischen Flugzeuge erst eine oder zwei Wochen danach in Spanien erschienen sind! Es scheint mir, daß dieses Argument durchschlagend ist.«

In der Tat, es ist durchschlagend. Ich schreibe das ganz ernsthaft. Ich habe ja keineswegs die Absicht, die spanischen Bischöfe der Unaufrichtigkeit zu zeihen, weil ich mir den Spaß mache, sie in einer Sprache sprechen zu lassen, die mir liegt und die mir ihr Zaudern und ihre Zweifel annähernd wiederzugeben scheint. Aber ich möchte auch nicht für einen Dummkopf gehalten werden. In der Politik haben die zustimmenden Erklärungen der Bischöfe einen gewissen Wert, sie bedeuten jedoch niemals eine Bindung für ihre Urheber selbst. Alles dient der Kirche, aber die Kirche steht im Dienste von niemand. Schön. Ein solcher Grundsatz entbehrt nicht der Größe, aber man wird mir zugeben, daß sein Wert davon abhängt, was die Menschen wert sind, deren Handeln er bestimmt. Er ist groß mit den Großen, mittelmäßig mit den Mittelmäßigen. Es ist klar, wenn ich einmal meinen Frieden in dieser und meine Seligkeit in jener Welt aufs Spiel setzte und Führer irgendeiner bescheidenen politischen Partei würde, so könnte ich General Franco gegenüber nicht eine so offene und klare Sprache sprechen, ohne die Frage zu gewärtigen: »Über wieviel Bajonette verfügen Sie eigentlich?« Wenn ich dann entgegnen müßte, meine Hilfe sei rein moralischer Art, dann würde er mir ins Gesicht lachen. Ich füge hinzu, daß ich mein Wort niemals zurücknehmen könnte, ohne meine Ehre zu verlieren. Hingegen wird mir niemand widersprechen, wenn ich behaupte, daß im Falle eines – übrigens sehr unwahrscheinlichen – Sieges der Regierungspartei der spanische Episkopat sicher sein darf, mit Azana verhandeln zu können, ohne daß ein Mensch darüber sonderlich erstaunt wäre. Das ist ein Vorrecht, dessen Ungeheuerlichkeit bestimmte Leute niederdrücken müßte. Mich, das weiß ich, würde es tief beugen. Sich derart über die menschliche Ehre zu erheben – welche Stille, welche Einsamkeit! Seinem Verbündeten nur im Erfolg treu bleiben zu müssen und ihn im Unglück verlassen zu dürfen – gibt es eine strengere, eine übernatürlichere Form der Pflicht? Ihr redet euch vergeblich darauf hinaus, ich messe einer Äußerung viel zuviel Gewicht bei, die für ihre Urheber doch nichts anderes bedeutet hat, als ein Schweigen zu brechen, das von Tag zu Tag schwerer zu wahren war. »Sie machen den Bischöfen zum Vorwurf, daß sie reden. Sie hätten es ihnen auch vorgeworfen, wenn sie weiterhin geschwiegen hätten! Übrigens sind zwar politische Gunstbezeugungen der Kirche immer enttäuschend, aber diesmal haben sie niemand enttäuscht – falls man nicht gerade sagen möchte, die Roten könnten sich eine solche Empfindung herausnehmen, was, unter uns gesagt, wohl reichlich paradox wäre.« Mein Gott, es gibt Rote und Rote. Nehmen wir an, die Leute von Valencia hätten nach zehn Monaten den Sieg davongetragen. Die Rolle eines Bürgen und Verbindungsmannes zur Regierung von morgen, die heute der General Franco innehat, wäre dann den katholischen Basken zugefallen. Ich weiß genau, was ich in diesem Falle zu hören bekäme:

»*Bewundernswertes kleines Volk, das es fertiggebracht hat, inmitten aller Wirrnis treu zu seinem der gesetzlichen Obrigkeit gegebenen Wort zu stehn – unbeschadet deren Fehler, denn die Christen können ja die Empörung nicht gutheißen –, das dabei dennoch die Fahne des Glaubens fest und hoch hielt und so seine mächtigen Verbündeten zwang, mit seiner Tradition und seiner Sprache zugleich auch die Freiheit des Glaubens zu achten und seine Priester zu schützen. Zu uns, katholisches Euskadien! Von allen Provinzen Spaniens wart ihr vor dem Bürgerkrieg die so-*

zialste und die christlichste. Die Hochwürdigen Jesuitenpatres haben dort besonders reichlich die Spuren ihres Eifers hinterlassen und ungeheuere Kapitalien investiert. Nun ist es an euch, das Mißverständnis zu beseitigen, das für eine gewisse Zeit die linken Arbeitermassen von uns weggeführt hat. Ihr habt gezeigt, daß man gleichzeitig der Kirche und der Demokratie treu sein kann. Wir kennen eure Herzen, katholische Euskadier, die Republik hat von euch das Zeugnis eurer Treue erhalten. Eure Aufgabe ist es nun, immer wieder darauf hinzuweisen, daß wir zwar Ausschreitungen bedauern – manche waren leider allzuoft entschuldbar, wenn nicht gar durch die Hartherzigkeit der schlechten Reichen gerechtfertigt –, daß wir aber deswegen keineswegs die Vorurteile der reaktionären Parteien teilen, die sich übrigens ihre Rücksichtnahme und ihre Spenden von der Kirche immer recht gut haben bezahlen lassen. Diejenigen, die das Schicksal des spanischen Episkopats mit dem inzwischen niedergeschlagenen Militäraufstand zusammenkoppeln möchten, vergessen, daß wir der Demokratie dereinst die katholische Monarchie freudig zum Opfer gebracht haben. Gewiß, unsere Priester sind dieses Mal zu Hunderten zugrunde gegangen, aber die Märtyrer gehören der Kirche, und nur ihr gehören sie. Sie haben für die Sünden aller gezahlt, und wenn alle an den Früchten ihres Opfers teilhaben können, welcher Mensch, welche Partei hätte dann die Stirn, die Ehre dieses Opfer sich allein zuzuschreiben? Baskische Katholiken, sagt euern verirrten Brüdern, an deren Seite ihr gekämpft habt, daß, wenn unsere Vaterliebe alle Gläubigen umschließt, sie sich dennoch zunächst denjenigen zuwendet, die von ihrer Hände Arbeit leben, insbesondere der Arbeiterklasse. Haben wir nicht einst gegen die Unterdrückung der Asturier protestiert? Und dabei war der für diese Unterdrückung verantwortliche Staatsmann einer der Unsrigen, Gil Roblès! Wie hat man jemals glauben können, wir seien fähig, einen Militärterror zu billigen und zu segnen, der, wie jener andere Terror, sich gleichermaßen gegen die Führer und die Truppe, gegen Böswillige und Verirrte, gegen Schuldige und Verdächtige mit seinen Strafmaßnahmen richtete? Gewiß, die Armee der Aufständischen zählte eine gewisse Anzahl ehrenwerter Gläubiger in ihren Reihen, aber wurde sie nicht von freimaurerischen Generalen kommandiert? Es bedarf schon der Verlogenheit gewisser katholischer Schriftsteller, um die Behauptung zu wagen, wir wären bereit gewesen, wenn General Franco die Grenze zu dem freien Euskadien überschritten hätte, miteinander die christlichen Navarresen, die Mauren und die hitlerischen Heiden des Herrn Alfred Rosenberg zu segnen. Zweifellos sind solche Verleumdungen schwer zu widerlegen, da ja die Niederlage des rebellischen Generals uns nicht erlaubt hat, unsere Verbundenheit mit eurer Bevölkerung und unsere Bewunderung für sie durch die Tat zu beweisen. Aber wir sind bereit, offiziell an den gesetzlichen Freudenfesten teilzunehmen, mit denen alle Basken in der heiligen, wie durch ein Wunder von Bomben verschont gebliebenen Stadt Guernica ihre wiedergewonnene Freiheit begehen, zusammen mit den Priestern die heldenhaft alle Prüfungen mit ihnen geteilt haben, und in den tausendfältigen Ruf einzustimmen: Es lebe Euskadien! Es lebe die christliche Demokratie! Es lebe die Universität von Santander!...«

Nochmals: ich finde das keineswegs komisch. Ich versuche, es zu verstehen. Sicherlich haben für die spanischen Bischöfe wie für mich die menschlichen Geschehnisse einen übernatürlichen Sinn, aber nur den Heiligen und den vom Geist Begnadeten ist es erlaubt, deren Chaos zu deuten. Da einem also nichts anderes übrigbleibt, müssen wir unsern Weg zwischen allen möglichen wilden Tieren hindurch verfolgen, gerade so wie ein vorsichtiger Mann eine Wiese überquert, auf der Stiere, die wer weiß was im Schilde führen können, gemächlich wiederkäuend in der Sonne liegen. Im übrigen kann man sich einer gefährlichen Lage gegenüber immer noch blind stellen oder den Einfältigen spielen. Ich will meine Zeit nicht damit vergeuden, die Haltung der italienischen Prälaten während des abessinischen Krieges zu kennzeichnen. Wie sie persönlich über die Achtung, die man einem Vertrag schuldet, und über die Kriegsgesetze denken, kann mich weder als Christ noch als Soldat verpflichten. Damit ist alles gesagt. Durch die Zerstäubung von Hyperit, mit dem man in Australien die Kaninchenplage bekämpft, konnte die faschistische Luftwaffe ganze Stämme armer Neger ihrer Haut entledigen, so daß diese Unglücklichen zusammen mit ihrem Vieh aufgedunsen vor ihren Hütten lagen und verwesten; wenn die italienischen Prälaten erklären, daß ein solcher Krieg ihnen ritterlich erscheine, was zum Teufel geht das mich an? Ich glaube zu wissen, was ritterlich ist und was nicht, aber wenn mir Zweifel darüber kämen, fiele es mir sicher niemals ein, einen italienischen Geistlichen um seine Meinung anzugehen. Aber bis jetzt haben die Bischöfe dieses Landes die Eroberung des famosen abessinischen Kaiserreichs wenigstens nicht zum Heiligen Krieg erklärt, nicht als den Kampf des guten Prinzips gegen das böse dargestellt. Noch ist nichts verloren. Denn ich will euch meine innersten Gedanken sagen: Ich glaube an den Heiligen Krieg, ich halte ihn für unvermeidlich, ich halte in einer von Lügen gesättigten Welt den Aufstand der letzten freien Menschen für unvermeidlich.

Das Wort Heiliger Krieg scheint mir übrigens nur teilweise richtig: die wahren Heiligen führen selten Krieg, und was die andern betrifft – ich meine die, welche sich vormachen, Heilige zu sein –, Gott bewahre mich davor, gemeinsam mit solchen Genossen zum letzten Kampf anzutreten. Ich glaube an den Krieg der freien Menschen, an den Krieg der Menschen, die guten Willens sind. »Was ist denn das: freie Menschen?« werdet ihr mich fragen, »was sind denn das für merkwürdige Tiere?« Freie Menschen möchte ich die Menschen nennen, die nichts wollen als ruhig leben und sterben, die aber eurer großartigen Zivilisation den Vorwurf machen, daß sie Leben wie Tod um ihren Sinn bringt, daß sie aus beidem ein Zerrbild für die Spötter macht. Wenn ihr's

nicht versteht, was tut's! Ihr braucht meinetwegen Gegner nicht ernst zu nehmen, die überall in der Welt verstreut zu finden sind, so wie es dem lieben Gott gerade gefällt, Leute, die sich auf den ersten Blick nicht einmal ähneln, denn sie gehören gewiß nicht alle der gleichen Klasse an, auch nicht der gleichen Partei, und sie kommen auch nicht alle ihrer österlichen Pflicht nach: Menschen, die guten Willens sind! Warum nicht: die Sanftmütigen, die Friedfertigen? Je nun, ich habe so meine Befürchtungen. Ich fürchte nämlich, daß gerade für die Sanftmütigen und die Friedfertigen eure verfluchte Welt zu schlecht ist. Was wollt ihr? Die armen Teufel sind geboren in der Atmosphäre der Seligpreisungen und kriegen nun in der euern nicht recht Luft. Freilich tun sie, was sie können, um sich einzufügen, denn sie spüren ihre Vereinzelung und wissen sie sich nicht recht zu erklären; sie sind immer bereit, sich selber unrecht zu geben, und suchen, in Ermangelung eines Besseren, ihre Zuflucht in den Worten, die ihr gestohlen habt, in den Zauberworten: Gerechtigkeit, Ehre, Vaterland – wie die Stiere der Corrida in ihren düsteren Zellen, diesen lächerlichen Abbildern des kühlen, schattigen Stalles, die sich nur öffnen werden, um ihnen den Weg in die blutige Arena freizugeben.
Auch die Worte, die ihr gestohlen habt, münden heute in den Krieg. Nun gut! Gestorben muß sein. Aber ich glaube bestimmt nicht, daß wir in euern Reihen sterben werden. Wir werden in unserer Haut sterben, in unserer richtigen Haut, und nicht in euer scheußliches Lumpenzeug gehüllt. In unserer Haut werden wir ruhig unter der Erde verfaulen, in unserer Haut unter unserer Erde, die zu verfälschen eure Schmutzfinken von Chemikern bis jetzt noch nicht Zeit genug hatten – vorausgesetzt freilich, daß der öffentliche Gesundheitsdienst uns nicht vorsorglich mit Benzin übergießt und in Asche oder Teer verwandelt.

ZWEITES KAPITEL

Wenn die spanischen Bischöfe ihre Zeit damit vergeuden, mich zu lesen, so werden sie mich einfach für einen Unzufriedenen halten. Sie glauben, sehr zu Unrecht, die Rolle eines Zuschauers zu spielen, der von seinem Fenster aus eine Schlägerei beobachtet und dem Wachtmeister, der natürlich zu spät kommt und nichts gesehen hat, in aller Aufrichtigkeit, mit Wohlwollen und Höflichkeit, seine Auffassung über die Streitenden bekannt gibt. Im allgemeinen schenkt der Wachtmeister den maßvollen Ausführungen des gewichtigen Zeugen keine allzu große Beachtung, er begnügt sich damit, die Übeltäter auf die Wache zu bringen. Diesmal ist aber unglücklicherweise kein Polizeikommissar da, der zwischen den Streithähnen entscheiden könnte, und noch weniger ein Friedensrichter. So gewinnt das Eingreifen der Bischöfe eine Bedeutung, an die sie nicht gedacht haben. Europa ist, ich wiederhole es, voll von Kriegen. Die Exzellenzen versäumen niemals, weder in Spanien noch anderswo, eine Gelegenheit, das zu beklagen. Sie wissen also so gut Bescheid wie ihr und ich. Europa ist voll von Kriegen, aber auch der einfältigste Tropf ist sich allmählich darüber klargeworden, daß diese Kriege nur der Vorwand und das Alibi für einen andern Krieg sind, der einmal *der* Krieg sein wird: der absolute Krieg, also weder ein politischer noch ein sozialer noch ein religiöser Krieg im genauen Sinne des Wortes, vielmehr ein Krieg, der seinen Namen nicht zu nennen wagt, der vielleicht gar keinen Namen hat, weil er ganz einfach der natürliche Zustand der heutigen menschlichen Gesellschaft ist; diese kennt ja bei aller Kompliziertheit ihrer Struktur nur noch jene paar elementaren Gefühle, in denen sich die niedrigsten Formen des Gemeinschaftslebens ausdrücken: Eitelkeit, Gier, Neid.

Glücklicherweise leben die weißen Neger noch im Haus ihrer Ahnen. Sie haben darin sogar, angeblich zum Zweck der Verbesserung, in Wirklichkeit jedoch aus gegenseitigem

Mißtrauen, eine solche Anzahl von dicken Zwischenwänden und Panzertüren eingebaut, daß sie buchstäblich nicht mehr wissen, wie sie es anfangen sollen, wenn sie nach Art der Wilden übereinander herfallen möchten. Niemand glaubt beispielsweise mehr an den Nationalismus, zumindest steht für jeden fest, daß er nichts anderes ist als das Verfallsprodukt des alten Vaterlandsgefühls. Trotzdem wissen unsere rivalisierenden Gesellschaften nicht, wie sie diesen verkehrshinderlichen Kadaver loswerden und über ihn hinwegsteigen sollen, ohne auf ihm zu krepieren, noch ehe sie Zeit gefunden haben, aneinanderzugeraten und sich gegenseitig die Schädel einzuschlagen. Ich habe es schon einmal geschrieben, und ich werde es immer wieder schreiben: Kommende Kriege werden nichts anderes sein als die Krisen einer allgemeingewordenen Anarchie. Da es sich letzten Endes nur darum handelt, einen Erdteil zu entvölkern, der zuviel Arme, zuviel Hände für seine zur Perfektion gediehene Maschinenwelt besitzt, verpflichtet einen nichts mehr, sich so kostspieliger Mittel wie der Artillerie zu bedienen. Eine kleine Anzahl von Spionen, die man in Laboratorien entsprechend ausgestattet hat, kann von Stadt zu Stadt ziehen, ein komfortables Touristenleben führen, und dabei die Bevölkerung um fünfzig Prozent vermindern: indem sie nämlich die Beulenpest einführt, den Krebs verbreitet und die Brunnen vergiftet – und das werdet ihr Heuchler dann auch noch einen Krieg nennen! Werdet ihr diese Leute mit dem Sankt Ludwigskreuz oder mit dem Kreuz der Ehrenlegion auszeichnen, diese Rotz- und Choleraagenten? Nicht einmal den Waffenstillstand kann man in einem solchen Krieg feiern, denn es wird keinen Waffenstillstand mehr geben, da es ja keine Kriegserklärung gegeben hat und die Regierungen, Hand auf dem Herzen, feierlich ihren Friedenswillen verkünden und bei all ihren großen Göttern schwören werden, daß sie mit jenem seltsamen Ausbruch von Epidemien ganz und gar nichts zu tun haben. Ich übertrage hier zweifellos eure innersten Gedanken in Bilder, deren Rohheit euch empört; aber verteidigt euch doch gegen sie! Ach was! Ich bin der Meinung, daß unser Heiliger Vater, der Papst, über die Zukunft des Abendlandes genauso unruhig ist wie ich. Es ist also keineswegs übertrieben, wenn ich aus all dem den Schluß ziehe, daß nichts die riesigen Schlachtfelder von morgen zu rechtfertigen vermag, kein noch so schöner *casus belli*, wie man sie in früheren Zeiten so liebevoll in den Staatskanzleien hegte und pflegte. Und dennoch, die Schlachthäuser müssen ihr Futter haben. Ihr selbst, ihr, die ihr die Achseln zuckt, ihr wißt – ihr wißt es genau –, daß sie sich füllen werden, daß ihr sie noch gefüllt sehn werdet, wenn ihr nicht, meine verehrten Herrschaften, wenn ihr nicht selbst mit hineingesteckt werdet. Es liegt auf der Hand, daß man zur Durchführung solcher wahnsinniger Pläne nur den religiösen Fanatismus, der den Glauben überlebt hat, benützen kann, jene religiöse Raserei, die eines Wesens ist mit dem finstersten, dem giftgeschwelltesten Teil der menschlichen Seele. Wer aber wird diesen Fanatismus ausnutzen? Welche Ungeheuer werden das tun? Ach, es sind vielleicht gar keine Ungeheuer. Die davon träumen, sich solche Entartungserscheinungen wie irgendein beliebiges Schlagwort zunutze zu machen, sind Unglückselige, selber unfähig, die ganze schreckliche, dämonische Macht, die darin liegt, überhaupt zu ermessen. Übrigens glauben sie nicht an den Teufel. Für einen Börsencoup würden sie Feuer an die Menschheit legen, ohne sich auch nur einen Augenblick darüber Gedanken zu machen, wie der Brand wieder zu löschen ist; sie wissen einfach nichts vom Menschen, untereinander bezeichnen sie ihn als eine Maschine, mit der man Geld verdienen oder verlieren kann, eine Geldmaschine. – Und die andern? Die andern sind verzweifelt, sie sind verzweifelt, ohne es überhaupt zu wissen, in jener widerlichen, immer ein wenig komisch wirkenden Art der Verzweif-

lung, die man Bestürzung nennt – einer Verzweiflung, deren die Dummen allein fähig sind. Ach, man will sich einfach keine Rechenschaft darüber ablegen!
Ich bin noch nicht sehr alt, und trotzdem habe ich noch die Zeit gekannt, in der die Dummköpfe glaubten, in einer sicheren, wohlumfriedeten Welt zu leben, in der »modernen Welt«, die besser als alle vorhergegangenen Welten sein sollte – wenn sie auch notwendigerweise noch nicht auf der Höhe der kommenden sein konnte. Ich habe noch die Zeit gekannt, wo das Wort »modern« soviel wie »besser« bedeutete. Nun, die Bitterkeit und die Enttäuschung der großen Geister des vergangenen Jahrhunderts – ein Gefühl, das dem Durchschnittsfranzosen zur Zeit der Weltausstellung von 1900 nicht weniger fremd war als die Lehre von Karl Marx oder die Ästhetik von Ruskin –, sie liefern heute, freilich in eine mehr barocke Sprache gekleidet, der Massenpresse ihre Lieblingsthemen. Was macht das schon, werdet ihr sagen, diese Art Leute brauchen eben ihre gewisse Anzahl von Gemeinplätzen, die sie einander wie Papageien ständig vorsagen, mit dem gleichen Augenzwinkern und dem gleichen Getue wie dieses Federvieh. Aber Papageien nährt man nicht mit einem Wein, der erfüllt ist vom Dufte des Buches Hiob oder des Predigers Salomon! Das sollten die Quatschköpfe bedenken, die derart viel vom geistigen Maß reden, daß sie gar nicht mehr um ihr eigenes Maß wissen. Sie zitieren bei jeder Gelegenheit La Fontaine, als habe es dieser vortreffliche Dichter im Leben zu mehr gebracht als in der Liebe: beides hat er mit seinen alten, geäderten Händen – über die Madame de la Sablière wachte, leider immer vergebens – nur im Spiel berührt. Die Altersweisheit La Fontaines ist eine Greisenweisheit, und man möchte sagen: sie riecht auch so. Ich verachte seine Maximen nicht, in neun von zehn Fällen können sie nützlich sein, um euch eine Dummheit zu ersparen. Aber ein menschliches Leben zählt nur wenige wirklich entscheiden-

de Augenblicke, die ihm seinen Sinn geben, und in solchen Fällen nützt die lächelnde Weisheit des Biedermannes gar nichts; sie macht nur, daß ihr um die Frist einer Minute den gebieterischen Ruf des Wagnisses, des Ruhms oder ganz einfach eure große Chance versäumt. In der Jugend oder im Glück – das eine andere Art Jugend ist – leiht man sein Ohr gern den freundlich beruhigenden Ratschlägen solcher Skeptiker, die behaupten, über alles Bescheid zu wissen. Und dann kommt das Alter, und man fragt sich, wohin sie sich denn verflüchtigt haben. Stellt euch zum Beispiel vor, der reizende Jacques Bainville hätte so lange gelebt wie Methusalem: hätte er im Laufe der 900 Jahre wohl etwas anderes tun können als Dummköpfen Geist anzudichten? La Fontaine verstand es mit seinen Teufelskünsten, vor allem Illusionen an den Mann zu bringen wie jener Glaser bei Baudelaire. Mit gezwungenem Lächeln, dessen Bitterkeit seine Rache und sein Geheimnis ist, beschenkte er die Mittelmäßigen mit der einzigen Illusion, die ihnen die Natur gewöhnlich versagt: der Illusion, etwas verstanden zu haben. Übrigens verhält es sich mit diesen Bücherweisheiten genauso wie mit den Erfahrungen alter Lebemänner. La Fontaine muß zu seiner Zeit – denn alte Lebemänner sind geschwätzig – mehr als einen Jüngling vor Neid und Bewunderung sprachlos gemacht haben. Aber viele von ihnen werden sehr rasch dahintergekommen sein, daß die Liebeskunst des biederen Mannes haargenau zu dem putzig verliebten Getier paßte, mit dem er seine Fabeln bevölkert hat. Einer wirklichen Frau gegenüber, einer von denen, die man nimmt oder nicht nimmt, wäre dem armen Schüler des Horaz wahrscheinlich nichts Besseres eingefallen, als seine kraftlose Hand unter ihre Röcke irren zu lassen, auf die Gefahr hin, im selben Augenblick die Hand seiner Göttin im Gesicht zu haben. So sieht man auf der Wange der Lehrer des Realismus, sobald sie sich erhitzen, die Ohrfeige der Wirklichkeit glutrot aufleuchten!

Es ist ein schwerer Irrtum, wenn man glaubt, der Durchschnittsmensch sei nur durchschnittlicher Leidenschaften fähig. Sehr oft erscheint er nur aus dem Grunde durchschnittlich, weil er sich gelehrig der gängigen Meinung angepaßt hat, so wie ein Tier aus der Familie der Kaltblüter sich seiner Umgebung anpaßt. Nun zeigt aber ein Blick in die Zeitung, daß durchschnittliche Gesinnungen ein Luxus sind, den sich nur besonders glückliche Geschichtsabschnitte leisten können; heute sind sie allenthalben der täglichen Tragik gewichen. Um sich ein angemessenes Urteil über das bilden zu können, was heutzutage geschieht, müßte man die Erleuchtung eines Genies haben. Aus den Durchschnittsereignissen gewinnt der Durchschnittsmensch seinen Honig – ein widerliches Elixier, dem André Tardieu einmal berauschende Eigenschaften zusprechen wollte. Wenn ihr ihn auf einen brennenden Holzstoß setzt, bringt ihr freilich seine Sekretion auf der Stelle zum Vertrocknen. Spürt er erst das Feuer unter seinem Hintern, dann hält ihn nichts, dann bringt er sich bei irgendeiner Ideologie in Sicherheit, die er zuvor voll Entsetzen gemieden hat. Das langsame und stetige Schwinden der Mittelklassen läßt sich sehr gut auch aus dem langsamen und stetigen Rückgang des Durchschnittsmenschen erklären. Die Mittelklasse erneuert sich nicht mehr. Die Diktaturen nützen diese Tatsache nur aus, sie haben sie nicht geschaffen.
Um eine Politik des Ausgleichs zu führen, scheint es mir vergeblich zu sein, sich auf den Durchschnittsmenschen zu verlassen. Durchschnittsmenschen haben kranke Nerven, es ist außerordentlich gefährlich, sie zu reizen. Ich will mich durchaus nicht zum Zensor einer bestimmten klerikalen Beredsamkeit machen, aber ich darf doch wohl mit einigem Recht darauf hinweisen, daß sich diese, so harmlos sie zur Zeit von Jacques Piou oder auf den Lippen des verewigten Grafen Albert de Mun sein mochte, heute an eine von Angst verwirrte Phantasie richtet. Die Zeitgenossen

von Jacques Piou waren sicherlich über die Politik Combes' empört, aber sie hielten sich keinen Augenblick für fähig, offen gegen diesen politischen Zwerg mit dem Rattengesicht zu rebellieren. Aus einem einfachen Grund, den ich genauso formulieren muß, wie ich ihn mir denke: die Geschäfte gingen damals gut. Mit dieser Bemerkung will ich niemand verletzen. Selbst der optimistischste spanische Bischof könnte nicht behaupten, daß man heute viele Christen antrifft, die sich von der Annahme eines Gesetzes gegen die Freiheit des Unterrichts genauso erschüttert fühlen wie von der Nachricht ihres eigenen Bankrotts, insbesondere, wenn gegen diesen kein Kraut gewachsen ist, da er, wie die Mathematiker das ausdrücken, nur eine Funktion des allgemeinen Bankrotts ist. Es ist also tatsächlich zweierlei, ob man friedlichen Untertanen des Präsidenten Armand Fallières von den Helden der Vendée erzählt, oder ob man armen Teufeln, die an allem zweifeln, sogar an der Gesellschaft selbst, den spanischen Bürgerkrieg als nachahmenswertes Beispiel hinstellt; diese sind nämlich bereit, in solchem Fall zu sagen: »Kreuzzug? Schön, also dann Kreuzzug!«, genau wie sie fünf Minuten zuvor dachten: »Kommunismus? Warum nicht?«

Ich wiederhole den Hochwürdigsten Herren, daß sie sich offenbar nicht ganz der Verantwortung bewußt sind, die sie tragen. »Der spanische Bürgerkrieg dauert jetzt fünfzehn Monate«, werden sie denken, »sich heute für ihn einzusetzen, verpflichtet zu nichts.« Bitte tausendmal um Entschuldigung! Der Kreuzzugsgedanke liegt in der Luft, die Idee eines Kampfes der Mächte Gottes gegen die Mächte der Finsternis. Ich lasse es nicht an der Achtung, die ich unsern Bischöfen schulde, fehlen, wenn ich erkläre, daß ein solches Unternehmen Folgen hat, und wenn die Hochwürdigsten Herren es billigen, dann sind sie auch verpflichtet, an seine Vorbereitung zu denken. Nicht, daß ich mich persönlich irgendwie betroffen fühlte: ich bin Royalist, und wenn es darum geht, in den Krieg zu ziehen, dann habe ich weder meine Befehle noch einen Vorgesetzten von ihnen zu erwarten. Aber sie können doch den Kreuzzugsgedanken nicht an der ersten besten Straßenecke abstellen, ohne sich die Mühe zu machen, nachzusehn, wer ihn dort aufnimmt! »Vorwärts, für das Gute gegen das Böse!« Und schon antwortet Japan mit seiner unbezahlbaren Klarinettenstimme: »Zur Stelle!« An allen vier Ecken von Schanghai flammt die glühende Nächstenliebe des neuen Mitkämpfers auf. Sie, meine Hochwürdigsten Herren, haben Sie nicht den Eindruck, daß man mit Ihren Mitren Schindluder treibt?

Es steht euch natürlich frei zu sagen, ich spräche in meinem Namen, was soviel heißen soll wie: in niemandes Namen! Aber nehmt einmal an, ich spräche im Namen von hunderttausend kampfbereiten Männern. Haltet ihr mich wirklich für so einfältig, daß ich meine Leute auf einen so vagen Aufruf hin in die Schlacht würfe wie: »Rottet die Bösen aus?« Zunächst einmal, welche Bösen? Etwa die, welche die Vertreter der Ordnung als solche bezeichnen? Ich bin mißtrauisch gegen die, welche ihr die Vertreter der Ordnung nennt. Warum wollen die Exzellenzen nicht selber die zu Ächtenden bezeichnen? Denn darüber sind wir uns doch wohl einig, daß unser Kreuzzug den Feinden Gottes gilt, den Menschen also, die Gott selbst dazu bestimmt hat, von uns geschlagen zu werden! – Die Feinde der gottgewollten Gesellschaft sind die Feinde Gottes. – Einverstanden. Aber wenn wir gerecht sind, müssen wir feststellen, daß die Gesellschaft zwei Arten von Feinden hat: die einen, die sie aus Egoismus und Ungerechtigkeit von innen heraus mißbrauchen, die andern, die sie von außen her zerstören wollen. Wenn der Engel des Herrn heute die Pyrenäen überschritte, um im einen und im andern Lager mit dem Flammenschwert diese beiden Arten von Anarchisten – sie sind es im wahrsten Sinne des Wortes – zu treffen, würden Sie nicht auch Ihre Truppen zusammenschmelzen sehen, Hochwürdigste Herren? Sollen wir also ganz einfach alle Schismatiker, alle Ketzer, Agnostiker, alle, die das Nicänische Glaubensbekenntnis nicht fehlerlos aufsagen können, als unsere Feinde betrachten? – Tut das ja nicht, ihr Unglücklichen! Ketzer und Agnostiker gibt es leider fast überall. Es gibt sogar Ungläubige. Fragt uns nicht zuviel. Wir sind keine fleischlichen Menschen, wir segnen und verdammen das Denken und Trachten der Menschen, zumindest, soweit man es äußert. Über das andere wird Gott richten. – Gut. Sie verdammen das Denken und Trachten, aber man erschießt nicht das Denken und Trachten, sondern die Menschen. Wenn es Ihnen nur um das Denken und Trachten geht, warum mischen Sie sich dann in den Krieg der Menschen? Die Menschen haben schon genug Vorwände, um sich gegenseitig die Köpfe einzuschlagen. Sie stören uns, Exzellenzen, gehen Sie aus unserer Schußlinie! Bei der ersten Gelegenheit, die Ihnen richtig erscheint, werden Sie doch wieder zu Männern des Friedens und lassen uns zwischen zwei Feuern sitzen, wie einst Ludwig XVI. seine Schweizer Garde. Und dann werden wir nichts mehr von Ihnen hören bis zu jenem Tag, an dem im ersten kalten Morgengrauen – ich kenne es! – irgendein wackerer Priester bei uns erscheint, um uns, bleich und stammelnd, beim Lärm der Hämmer, mit denen man hinter der Mauer irgend etwas zusammennagelt, auf unsere Stunde vorzubereiten. Deshalb haben meine Bemühungen um Klärung keineswegs den Charakter, den man ihnen unterstellen könnte.

Ein Bürgerkrieg wird von einer kleinen Gruppe betrieben, aber zunächst bedeutet er die Lösung eines psychologischen Komplexes: »Schlußmachen, ein für allemal!« Der Gegner ist dabei nicht ein Mensch, den es zu unterwerfen gilt, sondern den man ausmerzen muß, da sich die Gesellschaft nicht mehr in der Lage sieht, ihn unter sich zu dulden. Er steht außerhalb des Gesetzes, das Gesetz schützt ihn nicht mehr. Nichts kann er mehr erwarten als – Erbarmen. Nun, in einem Bürgerkrieg wäre aber jeder Akt des Erbarmens ein schlechtes Beispiel für die Truppe. Ihr bildet euch doch wohl nicht ein, die Soldaten des Generals Franco hätten es mit ansehen können, wie Spanier, die in ihrer Muttersprache um Gnade baten, von lausigen Mauren niedergestochen wurden, wenn sie nicht ihren Vorgesetzten aufs Wort geglaubt hätten, daß diese Landsleute Ungeheuer seien? Im Bürgerkrieg gibt es kein Mitleid, so wenig wie es Gerechtigkeit in ihm gibt. Die Roten von Palma gehörten in der Mehrzahl den gemäßigten Linksparteien an, man konnte sie keineswegs mit den Morden von Madrid oder Barcelona in Verbindung bringen: nichtsdestoweniger wurden sie wie wildernde Hunde niedergeknallt. Wenn man in den Bürgerkrieg zieht, führt man nicht Advokaten und Richter mit ihren Gesetzbüchern im Troß mit sich. Ich habe keinerlei Gefallen an derartigen Unternehmungen, aber es ist durchaus möglich, daß ich eines Tages hineingezogen werde. Dann werde ich, so hoffe ich, versuchen, dem, was ich zu tun habe, erst einmal ins Auge zu sehn, ehe ich die Ärmel hochkremple. Ich werfe den Vertretern der Ordnung vor, daß sie an die Ungerechtigkeit herangehn, ganz wie sie sich ins Bordell schleichen: solange sie noch kein Bedürfnis empfinden, drücken sie sich an den Mauern entlang, sind sie aber befriedigt, dann predigen sie dem armen Mädchen, das, nur mit ein Paar Strümpfen bekleidet, auf dem Bettrand sitzt und ihnen gähnend zuhört, väterliche Moral. Ist nicht beispielsweise das »Gesetz gegen die Verdächtigen« ausführlich in jeder Charta des Bürgerkrieges zu lesen? Warum also das Gesicht verziehn? Niedergeknallt jeden, der sich muckst! Gebt zu, für einen gewissenhaften Rechtsgelehrten ist aus solchen Grundsätzen nicht viel zu holen. Der sich muckst, kann ja auch ein sterbender

Verwundeter sein, was dann? Nicht einer von all den Verwundeten und Kranken, die bei den Kriegshandlungen gegen die Katalanen im August und September 1936 auf Mallorca in Gefangenschaft gerieten, wurde von den Nationalen verschont. Auf was hin, frage ich, hätten sie auch verschont werden sollen? Sie galten als außerhalb des Gesetzes stehend, damit standen sie auch außerhalb der Menschheit, waren einfach wilde Tiere. War das nicht genug? Wollen Sie diese Unglückseligen auch noch mit Ihrem Bann treffen? Bis jetzt duldete die Kirche, daß man sie ausrottete. Will man nun dieser Ausrottung auch noch den Charakter eines verdienstvollen, durch übernatürliche Motive gerechtfertigten Aktes geben? Ich weiß es nicht. Ich wünschte, man würde sich deutlicher ausdrücken. Es ist eine heikle Sache, die Soldaten des Bösen wie andere Kriegführende zu behandeln. Gehören sie nicht eigentlich vor das Gericht der Kirche? Ihr Verbrechen ist genau das, was die Tribunale der Inquisition mit den härtesten Strafen belegten – und die Geschichte lehrt uns, daß diese Tribunale weder Frauen noch Kinder verschont haben. Was sollen wir also mit den Frauen und Kindern anfangen? Ich weiß nicht, warum man diese Frage lächerlich finden sollte. Denn es ist töricht, die Kirche oder die Katholischen Könige für die Inquisition verantwortlich zu machen – die Sitten der Zeit haben sie geschaffen. Schließlich zählte, als die Inquisition in ganz Spanien ihre Scheiterhaufen entzündete, dieses Land viel mehr ausgezeichnete Theologen als heute, und da das Evangelium damals schon seit rund fünfzehnhundert Jahren in Spanien gepredigt worden war, können wir kaum annehmen, wir hätten seitdem besonders viel dazugelernt. Die Gewohnheiten entwickeln sich langsamer als die Sitten, oder vielmehr die Sitten entwickeln sich überhaupt nicht, sie scheinen jenen tiefen und plötzlichen Wandlungen unterworfen zu sein, die das Aufkommen und das Abklingen geschichtlicher Perioden oder das Werden und Vergehn tierischer und pflanzlicher Arten kennzeichnen. Die Welt ist reif für jede Form von Grausamkeit, und sie ist reif für jede Form von Fanatismus oder Aberglaube. Sie will bei allem lediglich einige ihrer Gewohnheiten respektiert sehn, etwa, daß man ihrer seltsamen Tierliebe nicht zu nahe tritt [die vielleicht eine der wenigen Errungenschaften der modernen abendländischen Empfindsamkeit darstellt]. Ich glaube, darüber hinaus würden sich die Deutschen sehr rasch daran gewöhnen, ihre Juden, und die Stalinisten ihre Trotzkisten öffentlich brennen zu sehn. Ich hab's gesehn, mit eigenen Augen habe ich's gesehn, ich, der ich zu euch spreche: ich habe ein kleines christliches Volk mit einer Tradition der Friedfertigkeit, mit einer außerordentlichen, fast übertriebenen Liebe zur Geselligkeit, plötzlich sich verhärten sehn, ich habe die Gesichter hart werden sehn, ja selbst die Gesichter der Kinder. Vollkommen sinnlos, sich einzureden, man könne gewisse Leidenschaften unter Kontrolle behalten, wenn sie erst einmal entfesselt sind. Werden wir sie, so wie sie sind, uns zunutze machen? Wollen wir diese Gefahr auf uns nehmen? Sollen wir diese großen Häresien, die noch keine richtige Gestalt angenommen haben, die aber schon überall unterirdisch rumoren, nach dem Beispiel der Zeitgenossen Philipps II. im Blute ersticken? Monate hindurch wurden die Mordkommandos in Mallorca in eigens zu diesem Zweck beschlagnahmten Lastwagen blitzschnell von Dorf zu Dorf befördert und überall schossen sie kaltblütig, vor aller Augen, Tausende von Verdächtigen nieder, Leute, gegen die selbst das Militärgericht nicht den geringsten Rechtsvorwand hätte finden können. Seine Exzellenz der Herr Erzbischof von Palma war darüber genauso unterrichtet wie jeder andere. Nichtsdestoweniger hat er sich, so oft er konnte, an der Seite dieser Henker sehn lassen, von denen einige – man wußte es allgemein – den Mord von Hunderten von Menschen an ihren Händen kleben hatten. Wird diese Haltung morgen die

Haltung der Kirche sein? Die Frage ist von nun an für die Spanier weniger wichtig als für uns. Es scheint durchaus wahrscheinlich, daß die Generale des Pronunciamento, um ihren Kopf zu retten, die Monarchie, die sie sechs Jahre zuvor gestürzt haben, wieder aufrichten werden. Das Unternehmen wird dann lediglich eine Million Menschen gekostet haben. Gewiß, das scheinen ungeheuerliche Kosten zu sein. Zumindest ist eines gut daran: daß Spanien für lange Zeit außerstande ist, an irgendeinem neuen Kreuzzug teilzunehmen. Wie in der Vergangenheit bleibt es hinter seinen Bergen am Rande Europas.

Dort unten ist die Säuberung übrigens beendet: ich denke bei allem jetzt an die Säuberung meines Landes, die noch nicht begonnen hat, an die Säuberung der Franzosen. Um einen Teil der Arbeiterklasse auf unsere Seite zu bringen, ist unsere Zeit sehr kurz bemessen. Wenn der Kampf der Mächte des Guten gegen die Mächte des Bösen so nahe bevorsteht, wie man behauptet, dann muß schnell und entschlossen gehandelt werden. Könntet ihr euch nicht zu eurer Verantwortung verstehn, so wie wir die unsre übernehmen werden, wenn der Tag gekommen ist? Denn nicht mit Paul Claudel oder dem Ehrwürdigen Pater Janvier werdet ihr zum Ziele kommen, diesen Kreuzzug werdet ihr mit uns machen. Darum habe ich das Recht, in aller Ruhe so offen mit euch zu sprechen. Wenn ein paar Unbelehrbare glauben, ich meine das nicht ernst, dann tun sie mir leid. Nicht nur Rußland wünscht heute eine Revolution in Frankreich, die beiden andern totalitären Staaten würden aus ihr nicht weniger Nutzen ziehn, und eine Revolution von links würde ihnen logischerweise mehr nützen, denn sie würde die innere Struktur unseres Landes viel tiefer erschüttern. Sie würde sein Gefüge zerbrechen, würde uns den kapitalistischen Demokratien entfremden und damit den Diktatoren die aussichtsreichsten Kombinationen erlauben. Möglicherweise werden wir daher gezwungen sein, zuerst zu schießen. Dabei sind Mißverständnisse durchaus nicht ausgeschlossen. So bedenkenlos unsere Prediger des »Kriegs der guten Sache« auch daherreden, sie werden nicht zu behaupten wagen, die Mächte des Bösen seien so genau zu bestimmen, daß wir auch wirklich mit unbedingter Sicherheit nur sie treffen werden. Zwanzig Prozent Plünderer, Brandstifter, Henker: das ist zuviel – und dabei scheint mir, bin ich euch mit meiner Berechnung noch entgegengekommen. Leider trifft man das Gesindel nur selten in der Feuerlinie. Man kann sicher sein, auch das unsrige wird sich vor allem hinter der Front nützlich machen, die Moral dort aufrechterhalten, Verräter, Spione und Defaitisten aufspüren. Uns gegenüber werden wir nur brave französische Arbeiter haben, die dumm genug sind, mich etwa für einen Freund von André Tardieu zu halten, und die mich auch als einen solchen zu erschießen bereit sein werden. Arme Teufel! Wird es wirklich so kommen, daß ich Leute, die ich achte, wie wilde Tiere behandeln muß? – Behandeln Sie sie doch, wie Sie wollen! – Verzeihung, das Schändliche an den Bürgerkriegen ist doch, daß sie ihrem Wesen nach Polizeiaktionen sind. Alles wird im Polizeigeist unternommen, jeder Befehl ist eine polizeiliche Anordnung. Wenn ich in Spanien mitgekämpft und dabei versucht hätte, mich den Massenerschießungen zu widersetzen, dann wäre ich selber an die Wand gestellt worden.

Einen Bürgerkrieg führt man nicht mit Glacéhandschuhen, der Terror ist sein Gesetz, das wißt ihr ganz gut. Die spanischen Bischöfe wissen es sogar so gut, daß sie sich gezwungen sahn, in einem gar nicht militärischen Ton auf bedauerliche Ausschreitungen und unvermeidliche Übergriffe hinzuweisen. Ach, ich gestehe es ungern ein: dieses Gerede im Tone einer Generalabsolution zählt in meinen Augen gleich null. Der große Irrtum der Hochwürdigsten Herren ist immer der gleiche. Sie scheinen sich vorzustellen, der

Bürgerkrieg sei so etwas wie eine Fastnacht, eine Art fröhlicher Vakanz von der geltenden Moral, und man gebe sich seiner Grausamkeit hin, wie die Fastnachtsnarren dem Vergnügen, ihre Damen in den Hintern zu kneifen. Sind dann die letzten Lampions erloschen, nimmt man das hübsche Kind, wie es so üblich ist, mit einem verständnisvollen väterlichen Lächeln in seine Arme: »Schon gut, schon gut, beruhigen Sie sich wieder! Man ist leider nicht immer genug Herr seiner selbst, um sich solche kleinen Freuden versagen zu können. Denken wir nicht mehr daran!« Aber, verehrte Exzellenzen, das sind durchaus keine kleinen Vergnügungen! Geben Sie doch zu, daß in der Hitze des Gefechts Soldaten manchmal außer Rand und Band geraten und dem Pferd der Heiligen Schrift gleichen, das da schnaubt und den Boden stampft. Wir wissen das von Herrn Claudel, und der weiß, was Krieg ist, er hat ja sogar Kriegsgedichte geschrieben. – Schließlich muß man es wohl einem Manne nachsehn, wenn er einen Feind, der ihn eine Minute vorher noch töten wollte, später, wenn er sein Gefangener ist, ein wenig mit dem Bajonett kitzelt, mit jenem Bajonett, das die tapferen französischen Landser Rosalie nannten, nicht war? – Aber nein! aber nein! Sie irren sich, Hochwürdigste Herren! Mit Ausnahme von Madame Chenal oder Herrn Paul Claudel haben diese Krieger den Namen Rosalie überhaupt nicht gekannt. Ich nehme an, daß man sich unter Rosalie ein von Blut gerötetes Bajonett vorstellen soll. Ein so blutrünstiger und gemeiner Scherz hat nichts Soldatisches, das kann ich Ihnen versichern. Er scheint mir, mit Verlaub, der poetische Ausdruck für die krankhaften Entzückungen von Damen zu sein, denen es an Zärtlichkeit fehlt, oder die vom Alter gequält werden. Viele Damen machen sich von einem Krieger auf Urlaub genau die Vorstellung, die ihre Liebesfähigkeit am besten anzustacheln vermag. Verfallen Sie nicht in aller Unschuld der gleichen Verwechslung! Gewisse alte Engländerinnen sind auch überzeugt, daß der Aficionado die Plaza nur besucht, weil er dort sieht, wie Pferden der Bauch aufgeschlitzt wird – dabei sind sie es, die – arme Wesen! – nur Augen für diese Schweinerei haben. Der Krieg mag früher Gladiatoren und Tierbändiger herangebildet haben, zumindest bei Völkern mit Bocksblut. Aber wenn ein Mann einmal die rote und schwarze Mauer des Sperrfeuers vor Augen gehabt, das Heulen der Tausende von Stahlsirenen erlebt hat, wenn er dann mit sparsamem Atem, seine schweren Stiefel im Dreck klebend, so gut er konnte, sich mit dem, was von seiner Abteilung übrig war, zum Angriff bereit macht, dann hat er keine Zeit mehr, an Lappalien zu denken wie den Haß auf den Feind... Nein, verehrte Exzellenzen, Sie täuschen sich noch immer, er hat auch nicht getrunken. Besaufen wird er sich erst hinterher. Er steht an den Pforten des Todes oder sogar schon ein wenig jenseits von ihnen, aber er weiß es nicht, er weiß nichts von jener eigentlichen, grundlegenden Abgelöstheit, die nicht mehr die Farbe des Lebens hat, die an eine Art übermenschlicher Transparenz heranreicht. Die tobenden Kräfte, denen er sich gegenübersieht, stehn in gar keinem Verhältnis zu der Empörung oder dem Zorn eines armen Teufels, wie er es ist, und obwohl er oft meint, er habe genug zu tun, mit seinen Hosen nicht im Stacheldraht hängenzubleiben, so versichere ich den Hochwürdigsten Herren, daß er in solchen Augenblicken nackt vor Gottes Auge steht. Das sind Bekenntnisse, wie Sie sie nur selten hören werden, aus dem einfachen Grund, weil die Pforten des Todes in keinem Eisenbahnfahrplan verzeichnet sind. Diejenigen, welche sich voller Naivität den ulkigen Namen »Ehemalige Frontkämpfer« gegeben haben, suchen vergebens mit ihrer Familie wieder jene Stelle auf, wo sie einst die Feuerprobe bestanden: sie erinnern sich an nichts mehr, und da ihnen nichts Besseres einfällt, erfinden sie Geschichten. Mit Kriegserinnerungen ist's genauso wie mit den Kindheitserinnerungen.

Es wäre allzu leicht zu bestimmen, was Heldentum ist, wenn es irgendwo in der Welt patentierte Helden gäbe, die denen, die es wissen wollen, die notwendige Aufklärung geben. Wirkliche Helden halten sich so wenig für Helden, wie sich die Heiligen für Heilige halten. Die letzteren müssen manchmal recht lange auf die Entscheidung der Kirche warten, und selbst dann sind sie in diesem Punkte, wie man weiß, weitgehend auf die gelehrten Prälaten angewiesen, die sie natürlich nach ihrem Bilde und Gleichnis umzuformen geneigt sind. Sogar im Krieg hat man übrigens viel seltener, als ihr meint, Gelegenheit, sich als Held zu bewähren, und wenn, dann höchstens für Augenblicke. Man kann eine ganze Maschinengewehrabteilung gefangennehmen und von dieser Waffentat trotzdem nur einen etwas unklaren Eindruck behalten, den übertriebene Lobsprüche später rasch in eine unangenehme Erinnerung verwandeln. Wohingegen gewisse Situationen – so bescheiden, daß sie kaum erzählenswert sind – sich mit aller Schärfe einprägen, wenn aus Müdigkeit, Ekel und Angst, ja aus der Auflehnung des abgezehrten Fleisches plötzlich eine Bereitschaft aufsteigt, den Tod hinzunehmen, keine entschlossene, keine fröhliche Bereitschaft, sondern etwas viel Innerlicheres, Tieferes: die friedliche Versöhnung von Leben und Tod, ähnlich den Wundern, die das Licht manchmal wirkt.
Meine Exzellenzen, ich wende mich mit solchen Worten nicht an Sie, ich verstehe durchaus, daß Sie sich von den Soldaten meines Landes eine andere Vorstellung machen. Ich schreibe in diesem Augenblick, um meine Seele zu erleichtern, denn ich habe es satt, immer anhören zu müssen, wie man den Krieg abwechselnd erniedrigt und verherrlicht, ohne nur das Geringste von ihm zu verstehn. Die Augenblicke, von denen ich sprach, gehören uns, einzig und allein uns, sie gehören uns so sehr, daß wir heute, wenn wir daran denken, meistens unfähig sind, sie mit dem Leben, das wir jetzt führen, in Einklang zu bringen. Sie waren, was

sie waren: sie hatten ihre Zeit. Nur scheinbar hängen sie mit gewissen alltäglichen, allen gemeinsamen Vorstellungen zusammen: wollte der Mechanismus der Erinnerung sie durch diese ersetzen, er würde leerlaufen. Vergebens würden Sie meine alten Kameraden über diese Dinge befragen. »Es ist wahr«, würden sie vielleicht sagen, »es gab Tage, da war einem alles egal, das ist nun mal so.«

Dasselbe hätten sie auch schon zwanzig Jahre vorher geantwortet, als sie, ein Lied vor sich hinpfeifend, in ihre hellen Dörfer heimkehrten, die erfüllt sind von Hahnengeschrei und vom fröhlichen Geschepper der Eimer am Brunnenrand. Ich sehe sie noch vor mir, in wunderbaren Morgenstunden, auf den kleinen sonnenbeschienenen Plätzen, den Soldatenrock und die verfluchten Wickelgamaschen noch steif vom Dreck. »Gehn wir einen heben? Wollen wir?« Sie versuchten zu lächeln mit ihren drei Wochen alten Bärten und mit Wangen, die so ausgehöhlt waren, daß ihnen das Lächeln schief geriet – oh, ihr Gesichter, teure Gesichter, oh, Gesichter meines Landes! Ich weiß, natürlich, das tut man nicht, man besäuft sich nicht, aber was wollt ihr? Sie glaubten, in einem trügerischen Wein, einem sauren Gesöff, könnten sie die Angst von gestern und die Angst von morgen ertränken. Aber es war nicht nur die Angst, es war auch die Erinnerung an eine Gnade, deren sie teilhaftig geworden waren: sie hatten's eilig, wieder Menschen zu werden wie die andern, wieder in die arme Haut simpler Wahlberechtigter zu schlüpfen, die man zu Soldaten gemacht hat, so wie sie früher ihre Sonntagskleider ablegten, um die Arbeitshosen überzuziehen und ihre Zehen in den gewohnten Holzschuhen spielen zu lassen. – Eine Gnade, deren sie teilhaftig geworden waren? Welcher Gnade? Nun ja, ich finde kein anderes Wort dafür: eine Gnade, ein Geschenk. Daß sie unfähig waren, dessen Preis zu ermessen, ändert nichts an der Sache. Viele von ihnen hatten dabei sogar eine böse Vorahnung. »Man hat manchmal Tage, da liegt einem so gar nichts mehr am Leben«, sagten sie. Wahrscheinlich fürchteten sie, daß dem Leben umgekehrt auch nichts mehr an ihnen liege, daß es sie vergessen könnte. Und sie beschlossen in aller Ruhe, sich zu besaufen, sich für möglichst wenig Geld zu besaufen. Sie betranken sich wirklich, sie wurden wieder arme Teufel. Das nennt ihr, glaube ich, Mißbrauch der Gnade? Zum Glück ahnten sie nichts von der Natur der Sünde, die sie damit begingen, und von deren Schwere. Die meisten wußten nicht einmal, was Gnade ist. Ein andermal können wir, wenn ihr Wert darauf legt, uns darüber unterhalten, ob es sich hier um bloße Unwissenheit oder um ein Vergessen handelte, denn viele dieser Leute waren getauft. Ich will nur sagen, daß sie vielleicht manchmal dieser Gnade, dieses Lächelns Gottes, würdig gewesen sind. Denn sie führten, ohne es zu wissen, in ihren dreckigen Schützenlöchern ein Leben »wie Brüder«. Nicht, daß sie sich untereinander so untadelig betragen hätten, nicht, daß sie einander, wie die Mönche es tun, Brüder genannt hätten: meist genügte ihnen ein Wort – das ich nicht niederzuschreiben wage –, um die Gefühle ihres Herzens auszudrücken. Für einen ermüdeten Kameraden die Wache zu übernehmen, wenn die Granatwerfer im sinkenden Tag zu ballern beginnen, das will schon was heißen! Sie taten es, und sie taten noch ganz andere Dinge. Sie teilten die letzte Brotkruste, tranken zusammen die letzte Feldflasche muffigen Kaffees, und mit einem »Ist doch ein Jammer!« und ›Verdammter Dreck!« stopften sie ihr letztes Verbandspäckchen in einen offen klaffenden Bauch, auf den der Schweiß von ihrer Stirn herniederrann. Und das will ebenfalls was heißen, wenn einen dabei die Maschinengewehrgarben in Schulterhöhe umpfeifen! Auf diesen Punkt möchte ich nochmals die Aufmerksamkeit der spanischen geistlichen Herren lenken. Wenn man ein solches Leben führt, fällt es einem schwer, den Feind zu hassen. Wenn man sich täglich zum Opfer bringen muß, neigt man wenig zu den Gefühlen des Hasses, des Neides und des Geizes, die den Menschen abkapseln, ihn zum Selbstzweck machen. Man gewöhnt sich recht gut an die Toten, an ihren Anblick, an ihren Geruch, aber Schlachthäuser bleiben Schlachthäuser: ein Rohling wird in ihnen zum Feigling, und ein Feiger verfault darin auf der Stelle, löst sich auf. Solange es Soldaten in der Welt gibt, werdet ihr sie nicht daran hindern, das Wagnis zu ehren, und wer das Wagnis ehrt, der ehrt auch den Feind. So ist das Gesetz des Sports, und so ist das Gesetz des Krieges. – Aber wer hindert euch denn, sie zu ehren? – Ich will es an einem Beispiel erläutern. Ich weiß nicht, was die Kreuzfahrer auf dem spanischen Festland taten oder nicht taten. Ich weiß nur, daß die Kreuzfahrer auf Mallorca in einer Nacht alle Gefangenen niedermachten, die sie in den katalanischen Schützengräben aufgelesen hatten. Man führte das Schlachtvieh an die Küste, wo man es, ohne sich dabei übermäßig zu beeilen, Stück für Stück abknallte. Aber nein, Exzellenzen, ich will durchaus nicht Ihren verehrten Mitbruder, den Herrn Erzbischof von Palma, in diese Geschichte hineinziehn. Er ließ sich wie gewöhnlich bei dieser Veranstaltung durch einige seiner Geistlichen vertreten, die unter militärischer Aufsicht diesen Unglücklichen ihren Beistand anboten. Man kann sich die Szene vorstellen: »Na los, Pater, ist der da soweit?« »Eine Minute, Herr Hauptmann, gleich können Sie ihn haben.« Was liegt mir dran, wenn man mir versichert, man habe recht zufriedenstellende Ergebnisse in solchen Situationen erzielt? Wenn sie noch ein bißchen mehr Zeit gehabt hätten, und wenn sie sich etwa die Mühe gemacht hätten, ihre Patienten auf einen Kessel mit kochendem Wasser zu setzen, dann hätten jene Priester zweifellos einen noch besseren Erfolg gehabt. Vielleicht wäre es ihnen sogar gelungen, sie die Vesper singen zu lassen, warum nicht? Ich, ich pfeife drauf. Nach getaner Arbeit stapelten die Kreuzfahrer ihr Vieh in zwei Haufen – solche, die die

Absolution erhalten hatten, und die, welche sie nicht erhalten hatten – und übergossen sie mit Benzin, das man da unten Gasolin nennt. Es ist durchaus möglich, daß diese Säuberung durch das Feuer infolge der Anwesenheit der diensttuenden Kleriker eine liturgische Bedeutung gewann. Leider habe ich erst am übernächsten Morgen diese schwarzen, fettglänzenden Männer, krummgezogen von den Flammen, gesehn, und einige von ihnen hatten im Tode eine obszöne Haltung angenommen, deren Anblick die Damen von Palma und ihre erlesenen Beichtväter sicherlich mit Betrübnis erfüllt hätte. Stinkender Teer floß in Rinnsalen aus ihnen und rauchte in der Augustsonne. Daß ich es nicht vergesse: Ich glaube, Herr Bailby, Herausgeber des *Jour*, spielt im Journalistenverband eine gewisse Rolle. Ich teile ihm also bei dieser Gelegenheit mit, daß der Baron Guy de Traversay, der Generalsekretär des *Intransigeant*, sich unter diesen Toten befand.

Muß ich noch einmal sagen, daß solche Bilder meinen Schlaf nicht stören? Es sind Bilder des Bürgerkriegs, und auf die Dauer sind sie sehr eintönig. 1914 zum Beispiel war ein Deutscher logischerweise so lange unerwünscht, als er in Waffen über den Boden unseres Landes stampfte. War er Gefangener, verwundet oder krank, so gehörte er alsbald zu dem Teil der Menschheit, den man zu achten hat. Selbst die Idioten von der Heimatfront hätten niemals gewagt, zumindest nicht öffentlich, zu behaupten, die deutschen, österreichischen oder bulgarischen Heere seien Armeen des Bösen. Die Roten dagegen sind die Roten. Wie das Freiwild, das man früher den Henkern der Inquisition überließ, so sind die Feinde der bestehenden Ordnung weniger durch ihre Waffen gefährlich als durch die Sprache, die sie führen. Diese Gewissensverderber gehören sogar einer so giftigen Menschengattung an, daß selbst die Berührung mit ihnen schon todeswürdig ist. Um auf den Generalsekretär des *In-*

transigeant zurückzukommen, so nützte es ihm gar nichts, daß er sich als französischer Journalist auswies. Ich fürchte keinerlei Dementi, wenn ich erkläre, daß er, nachdem sich zwei spanische Offiziere kurz über seinen Fall unterhalten hatten, nur aus dem Grunde erschossen wurde, weil man bei ihm ein elendes kleines maschinengeschriebenes Blatt fand, das von Beamten der Generalidad unterzeichnet war und ihn dem Wohlwollen des Hauptmanns Bayo empfahl. Es ist an sich durchaus möglich, daß ein ähnliches Blatt mit der Unterschrift der nationalistischen Autoritäten von Palma mir bei den Republikanern dasselbe Los beschieden hätte. Ich könnte erwidern, daß ich darüber nichts sagen kann: soviel mir jedenfalls bekannt ist, ist kein französischer Journalist von den Leuten von Valencia erschossen worden. Viel einfacher freilich wäre es, in dem angenommenen Fall zu schreiben, daß die Anarchisten der F. A. I. weder Gott noch einen Herrn anerkennen; das würde euch nämlich ersparen, für meine Ermordung einen andern Grund zu suchen als den ihrer reinen Willkür. Mit dem Gewissen der Biedermänner aber habe ich eine lange, weitzurückreichende Erfahrung; ich kenne ihre Herzen. Wenn sie töten, oder wenn sie gutheißen, daß getötet wird, dann haben sie sich zuvor, nehme ich an, mit Gott und ihren Vorgesetzten, mit dem Gesetz und besonders mit dem Urteil der anständigen Leute ins Reine gebracht, denn sie haben Söhne zu versorgen und Töchter zu verheiraten. Sicher ist, daß der Kreuzzugshauptmann, der das Schicksal unseres Landsmannes in Händen hielt, ihn keineswegs der Ermordung der katalanischen Priester oder der Plünderung der Kirchen von Malaga für schuldig hielt, weder für schuldig noch für mitschuldig. Aber vielleicht für moralisch verantwortlich? Genauso wie seinerzeit die zwanzigtausend Anhänger der Kommune für die Ermordung der Geiseln verantwortlich gemacht wurden, die hundert Strolche niedergemetzelt hatten: die Soldaten des Generals Gallifet schossen sie daraufhin zusammen; freilich hielten die französischen Bischöfe es damals nicht für notwendig, sich im Namen Gottes mit diesem Militär solidarisch zu erklären.

Wahrscheinlich wird man finden, daß ich mit meiner Darlegung nur sehr langsam und schrittweise vorankomme. Nur Geduld! Wir sprechen über das, was gewesen ist, nur aus berechtigter Sorge um eine nahe Zukunft. Ich werde nicht müde werden, immer wieder darauf hinzuweisen, daß wir von einem Tage zum andern eine Säuberung der Franzosen nach dem Muster der spanischen Säuberung bekommen können – mit dem Segen des Episkopats. »Machen Sie sich keine Gedanken«, flüstern mir die Hochwürdigsten Herren ins Ohr, »wenn es soweit ist, drücken wir die Augen schon zu.« Aber das will ich ja gerade nicht, daß Sie Ihre Augen zudrücken! Wenn Sie Ihre Augen schließen, ich kenne mich, dann werde ich auf der Stelle aufhören, auf das Gesindel zu schießen. Um dieses Geschäft einigermaßen ordentlich durchzuführen, brauche ich nicht Nachsicht, sondern Ermutigung. Es wäre sogar nicht überflüssig, mit der Hölle zu drohn, falls ich lässig werden sollte! Ach, ich bin mancherlei Versuchungen ausgesetzt, aber es käme mir niemals in den Sinn – nicht einmal nach einem üppigen Mahle – zu sagen: »Wie schade, daß mich die Zurückhaltung meines Beichtvaters hindert, an der Säuberung teilzunehmen!« Das Säubern ist eine schwere Arbeit, ein aufreibendes Geschäft! Wenn ich mich der Notwendigkeit gegenübersehe, eines Tages mich ihm zuwenden zu müssen, an wen, zum Teufel, Eure Exzellenzen, soll ich mich dann halten? – »Wir verstehn Ihre verrückten Einfälle nicht. Auf jeden Fall taugen Sie nur zum einfachen Soldaten des Kreuzzugs, vielleicht noch zum Korporal; man hat uns gesagt, Sie hätten es im letzten Kriege zu diesem bescheidenen Dienstgrad gebracht. Es wäre doch seltsam, wenn wir Sie zum Töten erst ermutigen müßten. Ist das nicht Ihre Aufgabe als Soldat? Das Böse genießt schon zu viel Ansehn, wenn wir uns dazu noch auf eine Don-Quichotterie einließen – die sich übrigens in keiner Weise mit der Heiligkeit unseres Amtes vereinbart –, würden wir Gefahr laufen, die Schwachen zu verwirren. Feinde der Kirche zu ehren, dieser Gedanke ist uns niemals gekommen. Im Gegenteil, es gilt, ihren stolzen, ihren eitlen Ruhm zu vernichten, sie zu demütigen. Der Stachel einer gewissen Ungerechtigkeit, die man ihnen zufügt, erleichtert ihre Sühne in dieser Welt und erspart ihnen härtere Strafen in der andern. Was haben sie viel zu verlieren? Schließlich erwies ihnen das Feuer der Scheiterhaufen ehemals den gleichen Dienst. Sünde wäre es lediglich, wenn man aus Haß so handelte. Es genügt also, daß wir ihr Heil wünschen – und daß unsere Theologen erklären, dieses Heil sei möglich, denn Gott ist für alle gestorben, auf diesem Punkt der Lehre bestehn wir. Die nachsichtige Weisheit der Gelehrten vermag immer nur die kleine Zahl der Gläubigen, die ihre Bücher lesen, zum Denken zu bringen. Die Mehrzahl unserer Pfarrkinder wird lieber ganz einfach glauben, ein für allemal, daß Luther nur wegen seiner Unzucht verdammt wurde und daß die vornehmen Mitarbeiter des *Ami du Clergé* leider vergeblich die letzten Reserven ihrer christlichen Nächstenliebe für den armen Lamennais geopfert haben. Es hilft nicht viel, die falschen Propheten zu widerlegen, wir müssen unsere Schäflein von ihnen fernhalten. Desgleichen würde es uns niemals in den Sinn kommen, zu behaupten, die Tausende von Spaniern, die unsere Kreuzfahrer erschießen mußten, seien allesamt Mörder von Priestern oder Nonnen gewesen; aber ist es nicht besser, anständige, jedoch irregeführte Leute für Mörder zu halten, als wenn Mörder für anständige Leute gehalten werden? Es gibt auf Erden keine nicht wiedergutzumachenden Justizirrtümer, denn alle Urteile können in der andern Welt wieder aufgehoben werden.« – Aber, meine Herren, vielleicht ist gerade die Erschießung Unschuldiger ein Fehler, der nicht wiedergutzumachen ist? – »Deswegen ziehen wir Männer der Kirche, Fürsten des Friedens, Diener der Diener eines Gottes, welcher selbst der Diener aller ist, es in unserer Schwachheit vor, nicht in die Prüfung weltlicher und notwendigerweise brutaler Unterdrückungsmaßnahmen einzutreten, sondern einfach unsere militärischen Kinder in ihrem guten Glauben zu belassen. Wozu ihr Gewissen verwirren, da sie ja ihre Befehle von Vorgesetzten erhalten, denen sie bei Todesstrafe gehorchen müssen? Bei Ihren Auffassungen wäre der Kreuzzug schließlich darauf hinausgelaufen, daß unsere gewissenhaftesten Gläubigen wegen disziplinwidrigen Verhaltens rechtmäßig hingerichtet würden, jene nämlich, bei denen sich die Liebe Christi einige Monate oder einige Wochen zu früh geregt hätte! Wenn man sie noch eine Zeitlang unter dem Zeichen der Gerechtigkeit wirken läßt, was ist da Schlimmes dabei? Nachdem sie auf diese Weise den Kriegsgerichten entgangen sind, die mit Befehlsverweigerern nicht sehr liebevoll umgehn, werden sie an dem Tage zur Barmherzigkeit zurückfinden, an dem wir sie brauchen: sie werden uns nämlich unsere Arbeit erheblich erleichtern, wenn die hochwürdigen demokratischen Jesuitenpatres die Zeit für gekommen erachten, Anschluß bei den Arbeitermassen zu suchen. Diese empirische Politik scheint bar allen Edelmutes. Sie ist in der Tat nicht sehr edel. Aber wir haben's uns geschworen, daß wir ihr folgen werden, mag sie wert sein, was sie will, bergauf, bergab, bis zum Jüngsten Tag, denn wir halten die Welt für unheilbar, wenn wir uns auch hüten, das offen zuzugeben. Wäre die Welt zu heilen, so wüßten wir es seit zweitausend Jahren. Die Welt des Heidentums war festgefügt, aber es wirkte in ihr ein Gesetz furchtsamer Unterwerfung unter die Kräfte der Natur, unter deren Herrschaft, unter das Schicksal. Die christliche Hoffnung hat ihren stockig gewordenen Lebenssaft in Bewegung gebracht. Genügen nicht ein wenig feuchte Erde und ein paar Feldblumen, die ihre Wurzeln in jede Ritze treiben, um alte Mauern zu sprengen? Und plötzlich wendet sich diese Hoffnung von ihren übernatürlichen Zielen ab, hetzt den Menschen in den Kampf um das Glück und bläht unser Geschlecht auf mit einem kollektiven Hochmut, der sein Herz härter werden läßt, als es der Stahl seiner Maschinen ist. Wir sind nicht nur die Prediger des Evangeliums, wir sind auch seine Diener. Und in dem Maße, in dem sein Geist schwächer wird, ähneln wir mehr und mehr den Gesandten allzu kleiner Länder, die niemals ihren Paß zu fordern wagen, aus Furcht, man könne sie beim Wort nehmen. Die katholischen Schriftsteller haben's leicht, gegen uns aufzutreten! Ach, wir machen keine Könige mehr und zerstören keine Reiche mehr. Wir treten durch die Tür ein, die man uns freiwillig offenläßt, lediglich kommen wir mit dem alten Pomp, und wenn es unsere Gastgeber nicht zu genau nehmen, laden wir sie zu ihrer eigenen Tafel. Kennen die katholischen Schriftsteller das Evangelium besser als wir? Sie machen unsern Kreuzzug zum Gespött. Sie verlangen von uns, wir sollen einen untadeligen Führer an seine Spitze setzen. Nun gut, sollen sie ihn suchen, und wenn sie ihn gefunden haben, sollen sie ihn selber dorthin setzen! Bis dahin begnügen wir uns mit dem, der uns gewohnheitsmäßig seine Dienste leistet, ohne daß wir erst die Last haben, ihn zu ernennen! Wollen Sie wissen, wie er heißt? Er heißt: General Kleineres Übel! Wir ziehn ihn noch dem General Besser vor, den übrigens die Weisheit des Volkes schon seit langem als den Feind des Guten erkannt hat. Was wollen Sie? Die menschliche Gesellschaft ist voller Widersprüche, die niemals zu lösen sind. So werden die Revolutionen immer von den Armen gemacht, obwohl die Armen selten Nutzen aus ihnen ziehn. Und die Konterrevolution richtet sich immer gegen sie, weil sie unzufrieden, manchmal sogar verzweifelt sind. Nun, Verzweiflung ist ansteckend. Solange die Gesellschaft ihre Unzufriedenen in die Spitäler oder Gefängnisse stecken kann, kommt sie mit ihren Armen zurecht. Wenn aber die Zahl der Unzufriedenen zunimmt und gefährlich wird, ruft sie die Polizei zu Hilfe und öffnet ihre Friedhöfe. Sie werden antworten, daß es heute keine Gesellschaft mehr gebe – was man so bezeichnet, wird in der Tat nur aus einer Art Übereinkommen so genannt, es meint einfach ›die bestehende Ordnung‹, den gegebenen Zustand. Ein solcher Zustand kann nur dank eines gewissen Optimismus bestehn. Da einem nichts Besseres einfällt, hilft man dem Optimismus wieder auf die Beine, indem man die Zahl der Unzufriedenen vermindert. Das sind bittere Wahrheiten, wir geben's gerne zu, und es erscheint uns besser, sie nicht ans Licht zu ziehn. Es sind übrigens nicht unsere Wahrheiten. Man schaffe wieder eine christliche Gesellschaft, und unsere Politik wird eine andere sein. Auch die Kirche ist eine Gesellschaft! Und als solche verhandelt sie mit den menschlichen Gesellschaften. Verlangt man denn von uns, wir sollten immer auf der Seite der Unzufriedenen stehn? Dann wäre unser Kredit bei den irdischen Mächten sehr rasch erschöpft! Gewiß, wir lassen es der Armut gegenüber niemals an der gebührenden Achtung fehlen, noch vergessen wir, in unserer Lehre darauf hinzuweisen, daß man ihr Ehrerbietung schuldet; aber es gibt ja nicht nur die Armut, es gibt auch die Armen. Die einzigen Armen, die wahren Armen, für die wir einstehn können, sind die freiwillig Armen, unsere Mönche, unsere Ordensleute. Sie tragen die Uniform der regulären Armee. Die andern gehören zu den irregulären Truppen, etwa in der Art der Korsaren früherer Zeiten, die man mit einem Kaperbrief ausstattete: die gesetzliche Ordnung behielt sich ihnen gegenüber jederzeit das Recht vor, ihre Anerkennung zurückzuziehn. Es ist durchaus richtig beobachtet, daß die moderne Welt, indem sie die Bedürfnisse vermehrt, zugleich die Zahl der Bedürftigen steigen läßt und daß dadurch die friedliche Ausübung der Armut immer schwieriger wird. Die Päpste haben durch Enzykliken die Aufmerksamkeit der Regierungen auf dieses vordringliche Problem gelenkt. Was können wir mehr tun? Die Zahl der Armen in der Welt wächst, und im gleichen Verhältnis dazu sehn wir die Ausgaben der Staaten für die Rüstung wachsen. Das ist eine Übereinstimmung, die einen schon zu verwirren vermag. Schließlich: ob man die überzähligen Armen in der Welt zusammenkartätscht oder ganze Getreideernten ins Feuer wirft und Milch tonnenweise in die Flüsse schüttet, das sind vollkommen gleichwertige Maßnahmen. Wenn uns die materialistische Gesellschaft etwa ersuchen würde, von Amts wegen die Ausrottung der Arbeitslosen gutzuheißen, so würden wir ein solches Ansinnen selbstverständlich zurückweisen. Vergessen Sie jedoch nicht, daß ein solches Vorgehn weniger unmenschliche Folgen hat als ein ohnmächtiges Beiseitestehn; denn indem man die Armen – also die gesellschaftsfeindlichen, nicht assimilierbaren Elemente – sich vermehren läßt, kommt man zwangsläufig zu blutigen Unterdrückungsmaßnahmen, die immer über's Ziel hinausschießen, die Friedhöfe füllen, die Staatskassen leeren und zu Wirtschaftskrisen führen; diese wiederum erzeugen neue Armut – der Teufelskreis ist geschlossen. Wie dem auch sei, eine Ausrottung der Arbeitslosen werden wir ohne weiteres verurteilen; dagegen können wir es der Gesellschaft nicht verbieten, sich gegen Elemente der Unordnung zu verteidigen. Um so mehr, als wir die ersten Opfer dieser Unordnung sind. Die letztere Erwägung wird zweifellos Herrn Bernanos wieder wenig edel erscheinen. Wir bitten ihn daher zu bedenken, daß in dem Maße, in dem sich die Gesellschaft verhärtet, unser Wirken immer wertvoller, immer unentbehrlicher wird. Es gibt christliche Arme, und es gibt gottlose Arme. Daß man die letzteren erschießt, erbaut uns nicht gerade, aber im Hinblick auf unsere Kirchen und unsere Priester sind wir auch nicht böse darüber. Wie stellen Sie sich denn vor, daß wir uns Leuten gegenüber verhalten sollen, die erklären, sie verteidigten uns gegen Henker und Brandstifter? Wir tun, als ob wir ihnen glaubten. Manchmal glauben wir ihnen auch wirklich, denn diese unglückselige Zeit ist voller Rätsel, Zweideutigkeiten und Widersprüche. Ein paar Jahre, ja ein paar Monate mehr zu gewinnen, das bedeutet schon etwas! Denn die Stunde wird kommen, sie kommt, die Stunde, wo man uns, wie man so sagt, an die Wand drücken wird. Noch nimmt die materialistische Gesellschaft ein gewisses Maß an Rücksicht auf uns. Sie nennt sich realistisch. Realismus, das ist ein ehrenwerter Name, ein schöner Name, er erinnert an die Auseinandersetzungen einer besseren Zeit, an den Universalienstreit. Entmutigen wir dieses Wohlwollen nicht. Es ist klar, diese Gesellschaft wird, nachdem sie einmal die Armen ausgerottet hat, uns um Ermächtigung bitten, im Namen der gleichen realistischen Grundsätze die Unheilbaren, die Krüppel, die Schwachen [oder die man dafür ausgibt] ausmerzen zu dürfen im Interesse der Rasse. Einem so beklagenswerten Vorhaben müssen wir uns selbstverständlich widersetzen. In diesem Fall wird es für uns weniger gefährlich sein, da ein Teil der öffentlichen Meinung uns unterstützen wird. Man kann diese Sorte von Unglücklichen in der Tat nicht mit den Elementen der Unordnung in einen Topf werfen. Wir haben ja auch Herrn Hitler gegenüber die Sache der Juden zu unserer Sache gemacht. Die Juden haben sich wohl gehütet, zu den Waffen zu greifen, Hitler kann sie uns also nicht als Aufrührer vorführen! Dadurch sind sie für uns wertvoller geworden als die katholischen Basken, deren heldenmütige Starrköpfigkeit unserer Politik ernstliche Schwierigkeiten bereitet. Außerdem erstreckt sich die Macht der Juden über die ganze Welt, und es lohnt die Mühe, sich um sie zu kümmern. Wir sagen das ohne Scham. Unsere Haltung wäre tadelnswert, wenn wir etwa von den Juden erwarteten, daß sie unseren zeitlichen Interessen dienten. Aber wenn wir uns ihrer annehmen, damit sie ihrerseits sich unser annehmen, dann heißt das, damit sie sich der Kirche annehmen, vielleicht sogar eines Tages von ihrem Überfluß etwas jenen Hilfsbedürftigen spenden, welche die Metzeleien überstanden haben. Denn vom Armen kommt alles, zum Armen kehrt alles zurück. Die Armut ist ein Abgrund, der alles schluckt: langsam und geduldig frißt er die Reichtümer der Welt. Wir wissen es, und wir wissen, daß die Geduld der Armen niemals endet. *Patientia pauperum non peribit in aeternum.* Die Geduld des Armen wird alles überdauern. So muß man auch das Geheimnis der Heraufkunft des Reiches der Armen verstehn. Das Szepter der Armen ist die Geduld. Das alles sind freilich Wahrheiten, welche die Vertreter der Regierungen, auch wenn sie unserer Kirche angehören, sich wohl hüten müssen, den Reichen gleicherweise wie den Armen zu predigen. Wie es in deren Herzen aussieht, das weiß Gott allein – aber die Verdammungen Léon Bloy's brauchen sie nicht auf sich zu beziehn. Ebenso werden wir Charles Maurras immer den Vorzug vor Péguy geben. Hat man jemals eine wohlhabende Stadt gesehn, in der sich auch die armen Teufel satt essen konnten? Die erlesensten Blüten der menschlichen Kultur sind dem Mistbeet der Armut entsprossen. Es sollte nicht so sein, gewiß nicht! Darum hat ja auch unser Herr Jesus Christus die Welt verflucht, und dennoch sind wir gezwungen, mit dieser Welt auszukommen. Wenn man sich an das alles gewöhnt, kann eine gewisse Herzensverhärtung natürlich nicht ausbleiben. Nehmen wir an, die Kirche werde von den Kleinen Schwestern der Armen regiert – glauben Sie uns, um ihre irdischen Angelegenheiten stünde es keinen Deut besser. Es würde sogar viel schlechter darum stehn. Was wollen Sie! Wir auferlegen den Herren der Welt die Pflicht zur Gerechtigkeit – und den Sklaven die Pflicht zur Ergebung. Wenn ein Sklave zu schießen anfängt, wie können wir dann noch an seine Ergebung glauben? Wohingegen die Ungerechtigkeit der Herren Auffassungssache ist! Ach, wir leugnen ganz und gar nicht, daß die Ungerechtigkeit der Herren der Gesellschaft viel teurer zu stehn kommt als manche Gewalttaten der Armen. Dennoch: selbst wenn der Schaden gleich wäre, wird das Strafmaß sehr verschieden ausfallen, denn die Ungerechtigkeit der Herren kommt vor die Schranken der Justiz, der Aufstand der Armen dagegen fällt in die Zuständigkeit der Polizei. Leider gibt es gegen das Urteil der Maschinengewehre keine Berufung. Wir weigern uns keineswegs, zuzugeben, daß es heute schlechte Arbeitgeber gibt. Früher hat's noch schlimmere gegeben. Um noch mehr auf die Gedankengänge unserer Widersacher einzugehn, sind wir sogar bereit, zum Beweis das vorige Jahrhundert heranzuziehn, in dem es noch keine Arbeitsgesetzgebung gab. Wir denken an einen jener kleinen Provinzgewaltigen, deren Gier, Gewissenlosigkeit und Geiz ganze Jahrgänge von Frauen und Kindern ausrotteten: die Armen brachen unter einer Arbeit zusammen, für die ihre schwachen Kräfte nicht ausreichten, bei einem Lohn, der so lächerlich war, daß er sie kaum vor dem Hungertode bewahrte. Sollte das Gemälde noch nicht schwarz genug sein, sind wir zu der Annahme bereit, daß viele Reiche außerdem unter Mißachtung des sechsten Gebotes ihre hübschesten Arbeiterinnen zu tadelnswerten Zwecken mißbrauchten. Solche Dinge sind vorgekommen, sogar oft vorgekommen. Stellen Sie sich nun vor, daß an einem Zahltag die Arbeiter, nachdem sie sich der Trunkenheit schuldig gemacht haben – unter den Sünden der Unmäßigkeit ist sie die größte, freilich auch die einzige, die Leuten, welche am Hungertuche nagen, zugänglich ist –, daß sich also die Arbeiter zusammenrotteten, um die Fensterscheiben ihres Arbeitgebers einzuwerfen. Der Präfekt – wir sprechen nicht vom Bürgermeister, denn wir setzen voraus, daß unter der Regierung von Louis Philippe unser Fabrikbesitzer dieses öffentliche Amt

selbst ausübte –, der Präfekt also würde nicht versäumt haben, seine Polizei einzusetzen. In einem solchen Fall, der durch ein kleines Buch von Edouard Drumont eine traurige Berühmtheit erlangt hat, weigerten sich die Aufrührer, denen ihre Familien zur Seite standen, den Aufforderungen des verantwortlichen Kommissars zu gehorchen, und dieser gab den Befehl, auf die Menge zu schießen. Es gab damals eine beklagenswerte Anzahl von Opfern. Nun, mit Ausnahme des Kanonikus Lemire und des Grafen Albert de Mun billigten alle rechtgläubigen Abgeordneten das Verhalten dieses Beamten. So begründet auch die Entrüstung der Arbeiter sein mochte, sie durfte natürlich nicht zu Taten der Unordnung führen. Jeder andere Präfekt hätte genauso gehandelt, auch wenn er ein guter Katholik und Mitglied des Vinzenzvereins gewesen wäre.«
Ich teile durchaus die Ansicht Eurer Exzellenzen. Man kann die Beweisführung noch weitertreiben. Man könnte sich zum Beispiel vorstellen, der Fabrikbesitzer-Bürgermeister empfinge genau am gleichen Tage den Pfarrer der Gemeinde bei sich zu Tisch. Es besteht kein Zweifel, daß dieser Geistliche, falls die Gendarmen – wie immer – ein bißchen auf sich hätten warten lassen, seinem Gastgeber ohne weiteres die Ermächtigung erteilt hätte, auf das Gesindel, das sein Eigentum bedrohte, zu schießen. – »Ihre Ironie verwirrt uns nicht im geringsten. Das Recht der gesetzlichen Notwehr darf niemand verweigert werden.« – Schön, inwieweit würden Sie es dann den armen Teufeln zuerkennen, von denen wir gerade sprachen? – »In genau demselben Maße. Denn wenn der schlechte Reiche mit seinen Dienstboten losgezogen wäre, um die bescheidenen und ehrbaren Hütten zu belagern, deren Fensterscheiben einzuwerfen...« – Exzellenzen, in jener Zeit gab es in den Hütten kaum Fensterscheiben. Ihr Beispiel klingt übrigens, erlauben Sie mir das zu sagen, unwahrscheinlich. Aber lassen wir die Toten ruhen. Ja oder nein, stimmt es, was die hochwürdigen sozia-

len Jesuitenpatres bezeugen, daß es in Spanien zahllose Gebiete gibt, in denen die Fahrlässigkeit und der Geiz der Grundbesitzer die Armen seit Jahrhunderten der Unterernährung und dem Hunger preisgeben? Der Diktator Primo de Rivera hat jene seltsamen Zentren des Bevölkerungsschwunds die Schande Spaniens genannt. – »Unsere geistlichen Mitbrüder beklagen diese Zustände. Wie oft sind sie schon dagegen aufgetreten, sie treten noch immer dagegen...« – Mögen sich Eure Exzellenzen nicht überanstrengen. Ihre Gymnastik hilft da nicht das geringste. Hätten Sie eine Empörung dieser Unglücklichen gutgeheißen, ja oder nein? Hätten Sie, und zwar öffentlich und feierlich, zu ihren Gunsten das Recht auf Selbstverteidigung in Anschlag gebracht? – »Ihre Empörung hätte kaum mehr geholfen als unsere Gymnastik...« – Ohne Zweifel. Und ich werde Ihnen sogar sagen, warum: weil nämlich auf den Hilferuf der ausbeuterischen Grundbesitzer sofort die Gesamtheit der ordnungsliebenden Leute geantwortet hätte, und unter diesen hätte man brave Leute gesehn, viele brave Leute, die beinahe ebenso mager und nicht weniger ausgebeutet waren als jene Halbverhungerten. Es gibt eine Solidarität der Freunde der Ordnung. Ich beklage diese Solidarität nicht. Ich beklage aber, daß sie auf einer so zweifelhaften, so unmenschlichen, auf einer so häßlichen Auffassung von Ordnung gegründet ist – nämlich der Ordnung auf der Straße. Diese Art Ordnung kennen wir seit unserer Kindheit, sie ist eine Schulmeisterordnung. Zwei Taugenichtse haben den Schüler Gribouille mit einer Feder in den Hintern gepiekt. Gribouille schreit. – Schüler Gribouille, zweihundert Zeilen. – Aber Herr Lehrer! – Schüler Gribouille, zweihundert Zeilen, und wenn Sie Ihre fleißigen Kameraden weiter stören, setze ich Sie vor die Tür. – »Wir und unsere verehrten Mitbrüder haben zu wiederholten Malen geschrieben...« – Exzellenzen, Sie haben uns die Voraussetzungen für eine christliche Ordnung hinreichend klargemacht. Und wenn man Sie liest, versteht man sehr wohl, daß die armen Leute Kommunisten werden. Das ist nämlich die Art, wie sie zum Ausdruck bringen, daß sie von der falschen Ordnung nichts wissen wollen. Die Gründe, die Sie für Ihre Auffassung anführen, sind natürlich viel gewichtiger und sachlicher; vielleicht kommt das daher, weil die Empörung über die Unordnung bei Ihnen nur den Verstand und den religiösen Eifer erfaßt. Die armen Leute bringen nun einmal nicht zuwege, genau zu erklären, was Unordnung ist: sie spüren sie am eigenen Leibe. Ein Arzt kann durchaus aufrichtig sein, wenn er eine schlechte Gesundheitspolitik tadelt, durch die unschuldige junge Leute der Syphilis ausgesetzt werden. Aber es ist nun einmal nicht dasselbe, ob man die Syphilis beklagt, oder ob man sich mit der Seuche angesteckt hat. – »Sie möchten also unsere hohe Geistlichkeit der Heuchelei überführen?« – Ganz gewiß nicht! Ich will nur sagen, daß Sie nicht in Ihrem eigenen Fleisch leiden, noch weniger im Fleische Ihres Fleisches. Und selbst wenn Sie litten, dann würden es Ihre religiösen Gefühle Ihnen leichter machen, die Tugend der heiligen Geduld zu üben. – »Wir sind in der Tat Männer des Friedens.« – Gewiß! Und dennoch kommt es vor, daß auch Sie die Unordnung in Druck bringt, und dann unterscheidet sich Ihre Haltung nicht sehr von der aller Gewalttätigen, die töten, um nicht zu sterben. Im Namen des Vaters, des Sohnes und des Heiligen Geistes sieht man Sie dann die Mehrlade-Argumente segnen, die glänzend und gut geölt aus den berühmten Bibliotheken des Herrn Hotchkiss bezogen werden. So sah ich zum Beispiel den Herrn Erzbischof von Palma seine ehrwürdigen Hände über die italienischen Maschinengewehre erheben. Habe ich's gesehn, ja oder nein? – »Ja, Sie haben es gesehn! Aber sollten wir denn uns töten lassen, sollten wir zugeben, daß das katholische Spanien seiner Hirten beraubt wird? Ist denn das Leben unserer Mörder mehr wert als unser eigenes? Sollten wir sie vielleicht auf Kosten unseres eigenen

Bestehens verschonen?« – Ich will Euren Exzellenzen ein für allemal antworten, daß Töten für einen Mann von Ehre eine schmerzliche Notwendigkeit ist. Dabei würde ich es immer noch vorziehn, mich selbst hinzustellen. Aber da Eure Exzellenzen nur mittelbar, durch Zwischenpersonen, Ihr rechtmäßiges Verteidigungsrecht ausüben – dieses Recht, das, wie mir scheint, mehr und mehr einer bestimmten Gruppe von Mitbürgern vorbehalten bleibt und offenbar unlöslich mit dem Recht auf Eigentum zusammenhängt, etwa dergestalt, daß man zwar sein Haus mit Gewehrschüssen verteidigen darf, auch wenn man mehrere Häuser besitzt, daß man dagegen seinen Lohn, selbst wenn man nichts weiter sonst besitzt, durchaus nicht mit den gleichen Mitteln verteidigen darf –, da also Eure Exzellenzen mit all dem einverstanden sind, wäre es besser gewesen, Sie hätten sich nach so viel Reden über die bedauerliche Lage der spanischen Arbeiter und Bauern, über den Egoismus der Reichen und den angeblich antisozialen Charakter der bourbonischen Monarchie, noch ein wenig zurückgehalten, ehe Sie der Welt feierlich als die Verantwortlichen für ein so vielgestaltiges und großes Elend gerade die Leute vorführten, von denen man zum mindesten sagen kann, daß sie unter diesen Irrtümern und diesem Elend, die zu beklagen Sie Ihre Zeit verschwendet haben, mehr gelitten haben als alle andern. Wenn Sie für die schlechten Reichen keine andern Strafen wissen als die Fastengebote, dann ist es ein trauriges Schauspiel, zu sehen, wie Ihre alten, Ihre verehrungswürdigen Hände, an denen der Hirtenring glänzt, mit zittriger Gebärde dem Rächer die Brust des schlechten Armen bezeichnen. Man kann die Armen, selbst wenn sie schlecht sind, zum Beispiel nicht für die Wirtschaftskrise und für den Wahnsinn der Aufrüstung verantwortlich machen. Sie haben Gott verloren, schön. Aber hatten Sie etwa ihnen die Hut Gottes übertragen? Bis jetzt glaubte ich, dieses Amt sei Ihnen anvertraut worden!

Wir, die wir Väter sind, wir machen uns, glaube ich, eine ziemlich genaue Vorstellung von dem, was wir von Ihrer Vaterschaft erwarten dürfen. Wenn Ihre Kinder schlecht geraten, warum weigern Sie sich, die Angst der natürlichen Väter zu teilen? Diese Angst hat einen Namen, wir nennen sie Scham. Fallen die Fehler der Söhne nicht immer auf die Väter zurück? Ein solches Risiko zu tragen, ist nicht leicht, aber in ihm beruht auch die Würde unseres bescheidenen irdischen Auftrags. Wenn die Söhne nicht ihre Väter entehren könnten, wie könnten sie sie dann ehren? Ich bin ganz sicher, daß ich mit dem, was ich sage, den Herren Klerikern nichts Neues erzähle, denn unsere Prediger versäumen ja keine Gelegenheit, uns an unsere Verantwortung in diesem entscheidenden Punkte zu mahnen. Auf Grund dieser Verantwortung sind wir übrigens Väter. Ohne sie wären wir lediglich Vormünder und Ernährer.

Gewiß, ich hege keinerlei Zweifel, daß die spanischen Bischöfe in der Stille ihrer Privatkapelle ernsthafte Gewissenserforschung betreiben. Sie würden allerdings unser Gewissen außerordentlich erleichtern, wenn sie ab und zu in ihren Reden etwas von ihren Ängsten spüren ließen. Wir verlangen ja gar nichts Besseres, als kindlich an ihrer Bitternis teilzuhaben. Das steht nämlich am Ende aller Dinge: Wenn Gott sich von der Welt zurückzieht, dann zieht er sich zuerst von uns, den Christen, zurück. Ich bin alles andere als ein Theologe von Fach, ich spreche hier, wie gewöhnlich nach dem Buchstaben und dem Geist des Kleinen Katechismus, des einzigen Lehrbuchs, das zu kennen ich sicher bin. Seit den ersten christlichen Jahrhunderten ist Spanien ein christliches Land. Um es vor den Mauren, den Juden und der größten Häresie des Abendlands zu schützen, haben die Männer der Kirche weder sein Fleisch noch sein Blut geschont. In den Katholischen Königen fanden sie so eifrige Mitarbeiter, daß die Päpste selber der verdächtigen Bigotterie dieser großartig Besessenen manchmal die Zügel anlegen mußten. Die Gesandten dieser Könige bespitzelten übrigens, wie man in gewissen, seinerzeit von Champion veröffentlichten Berichten nachlesen kann, für den Herrn Erzbischof von Toledo den französischen Hof, so daß die Sbirren der heiligen Inquisition Verdächtige beim Grenzübertritt sofort in Empfang nehmen konnten. Kurz, es wäre unmöglich, ein Land in Europa zu nennen, wo die Kirche mehr Verbündete oder, wenn es nötig war, mehr Helfershelfer gefunden hätte. Mitten im neunzehnten Jahrhundert, als unser armer, durch die Revolution ruinierter Klerus bereits nur mit vieler Mühe Nachwuchs fand, wußte der spanische Episkopat buchstäblich nicht, wohin mit all seinen Priestern und Mönchen. Ebenso wird man mir zustimmen, daß es ihm niemals an Mitteln und auch – von kurzen Mißverständnissen abgesehen – niemals an der Unterstützung durch die Regierung gefehlt hat. Ja, und nun? Ist es nicht unglaublich, daß sich in einer solchen Nation heute eine so große Zahl fanatischer Gottloser befinden soll? Der Vergleich mit meinem eigenen Land hilft hier nicht weiter. Der Rationalismus der Renaissance hat zwei Jahrhunderte gebraucht, um unsre führenden Schichten zu vergiften, und seinen Antiklerikalismus hat unser Volk von dem Bürgertum Voltairescher Prägung. Der Antiklerikalismus ist – wie die Syphilis – bei uns zunächst eine bürgerliche Krankheit gewesen. 1789 blieben die französischen Bauern ihren Priestern treu. Sie blieben es auch noch 1875. Kurz, die Hochwürdigsten spanischen Herren können nicht wie die unsrigen die weltliche Schule für alles verantwortlich machen. – »Offenbar, hier war der Teufel am Werk.« –

Mir scheint, dieses Argument sollte man nicht außer acht lassen. Indem ich mich immer noch auf meinen Kleinen Katechismus berufe, möchte ich dennoch sagen, daß es gefährlich wäre, einzugestehen, ein Land, das über so reiche geistliche Hilfsmittel verfügt, könne plötzlich von Gotteshaß befallen werden wie von der Pest. Ich weiß wohl, daß es der Vorsehung manchmal gefällt, unsere Logik zu verwirren, aber sie läßt selten zu, daß sich den Menschen, die guten Willens sind, jene Frage ohne Antwort stellt, in der sich die heimtückischste, die fürchterlichste aller Verzweiflungen ausdrückt: »Wozu das alles?« Gegen den Teufel hat die Kirche mächtige, übernatürliche Hilfsmittel. Ich weiß, daß Gott sie zeitweise unwirksam machen kann. Aber schließlich sprechen die Männer der Kirche doch unaufhörlich von den Notwendigkeiten ihrer weltlichen Politik. Wenn man sie hört, wissen wir deren Bedeutung und deren glückliche Wirkungen im Weltgetriebe noch gar nicht richtig zu schätzen. Kein Opfer an Geld, an Überzeugung und an Selbstachtung, das man nicht im Interesse dieser unfehlbaren Kombinationen von uns verlangt! Wenn es Ihnen früher, meine Herren, in der hohen Zeit der Diplomatie, gelang, ein vorteilhaftes Konkordat zu schließen, waren Sie da nicht sofort bei der Hand, Lob dafür einzuheimsen? Und – ohne Ihnen deswegen einen Vorwurf zu machen – wenn es anders nicht gehn wollte, besorgten Sie es nicht selber, mit Hilfe einer religiösen Presse, die in Übertreibungen erfahren ist? Wenn es Ihnen wirklich, wie die ehrwürdigen Jesuitenpatres gehofft hatten, geglückt wäre, jenseits der Pyrenäen eine Republik der Wohlgesinnten zu gründen, jene klerikale Demokratie, welche die Frucht eines gelungenen Kompromisses zwischen dem konservativem Geist und dem Wortschatz der Linken hätte sein sollen, mein Gott!... wieviel Weihrauch wäre dann gestreut worden! Da sich Ihre weltliche Politik so hohe Ziele setzt, warum sollte es mir dann nicht erlaubt sein, den entsprechenden Maßstab an Ihre Niederlagen anzulegen?

Ich bin keineswegs ein Prahlhans der Aufrichtigkeit. Es wäre mir sehr lieb, wenn ein anderer es übernehmen würde, das auszusprechen, was ich noch zu sagen habe. Was habe ich schon zu gewinnen bei einem solchen Unternehmen? Ich kann mich leider nicht zu jenen gefährlichen Leuten zählen, denen man ihre rücksichtslose Sprache verzeiht, weil man sie fürchtet. Die hohe Geistlichkeit hat weder in Spanien noch anderswo von mir irgend etwas zu befürchten.

Ach, jedem von uns kann es geschehen, mag er Fürst oder Bischof sein, daß er sich plötzlich und unversehens, Antlitz zu Antlitz, der Heiligen Menschheit Jesu Christi gegenübersieht, denn Christus steht nicht über unserm jammervollen Streit – nach Art des Gottes der Deisten –, er steht mitten darin, er hat sich mit unserm Elend bekleidet, wir sind gar nicht sicher, ihn auf Anhieb zu erkennen. Aber schließlich, Eure Exzellenzen spielen ja mit mir, wie man so sagt, ein abgekartetes Spiel. Sie wissen sehr gut, daß ich unter gar keinem Vorwand ein Wort gegen die Kirche schreiben würde. Ich gebe gerne zu, daß meine Ausführungen nicht unbedingt für jeden geeignet sind, aber wer kann sprechen, ohne Gefahr zu laufen, daß er Ärgernis erregt? Schon die Umsetzung des Gedankens in die Sprache bedeutet ein ständiges Ärgernis in der Welt. Und was soll man vom geschriebenen Wort sagen? Was heute noch gut ist, kann es morgen nicht schon schlecht sein? Es gibt Werke, die zu ihrer Zeit, als das arme Herz, das sie entworfen hatte, noch schlug, wohltätig und befreiend waren – heute scheinen sie uns in einer schrecklichen Unbeweglichkeit erstarrt zu sein, wie eine unmenschliche Grimasse, ja wie Gespenster. Ach, das letzte Vorrecht der Armen war es, nicht lesen zu können! Auch das hat man ihnen mit ihren andern Vorrechten geraubt: sie sind heute keine Analphabeten mehr, sie sind nur noch unwissend. Die Welt lebt von der Illusion, das will sagen: vom Ansehen, das man genießt. Für viele ist es ein großes Unglück, daß das Ansehen der Person, ja das der Uniform, durch das blassere Ansehen der Worte ersetzt wurde. Ich weiß das, ich weiß das ebensogut wie irgendeine der Exzellenzen, die mir vorwerfen, dem ihren zu nahe zu treten. Aber was soll das, haben sie mir nicht früher gepredigt, ich müsse mit meiner Zeit leben? Genügt es noch zu schweigen, um das Ansehen zu wahren in einer Welt, die den Schwätzern ausgeliefert ist? Es steht mir nicht zu, mich über den tieferen Sinn dieses menschlichen Ansehens zu äußern, aber ich habe wohl das Recht, die Methoden, die man anwendet, kritisch zu prüfen, denn ich gehöre zu dem Publikum, das man zu verführen trachtet. Will man mir verbieten, die aufrichtigen Methoden vorzuziehn? Zweifellos, das Bedürfnis nach Aufrichtigkeit bedrängt nicht gleich stark die Vertreter der Öffentlichkeit, auch wenn sie der Kirche angehören. Ich gestehe ihnen gern zu, daß sie nur lügen, wenn sie nicht anders können. Zwar bleibt es dabei, daß die Lüge ein schlechter Ausweg ist: aber zu irgend etwas nütze sein muß sie immer. Nun, die Lebenserfahrung lehrt uns auf der Stelle, daß die nutzlosesten Lügen die sind, welche Irrtümer oder Fehler nachträglich vertuschen möchten: die Entschuldigungslügen, die Lügen, die man Gelegenheitslügen nennen könnte. Schließlich betreiben ja auch Familienväter ihre Zweckpolitik, und es geht ihnen in mehr als einer Hinsicht darum, ihr Ansehen zu wahren. Wir haben selten Glück, wenn wir einen Irrtum oder eine Niederlage durch eine Lüge aufzufangen suchen. Man entflieht der Lächerlichkeit nicht, indem man eine hoheitsvolle Miene aufsetzt. Ich weiß von einer Dame, einer wirklichen Dame, einer der größten Damen der Welt, die in Gegenwart ihres Vetters, des Königs von Spanien, während eines intimen Frühstücks ihr Gebiß verlor. Diskret nahm sie es wieder auf, hielt eine Sekunde lang die Serviette an den Mund, ließ den Blick über die Tafelrunde gleiten, sah das flüchtige Lächeln auf den Gesichtern und erblickte endlich unten an der Tafel den geistlichen Erzieher, bleich vor Mitgefühl: »Mein lieber Abbé«, sagte sie zu ihm, »ich wünschte, ich könnte Sie zum Erzbischof machen. Wir beiden sind die einzigen, die nicht gelacht haben.«

Man kann mir entgegenhalten, daß ich nicht der rechte Mann sei, über die weltliche Politik unserer kirchlichen Führer zu Gericht zu sitzen. In der Tat, Gott bewahre mich davor, es den unerträglichen Vielschreibern der Rechten nachzutun, die seit dreißig Jahren – die meisten mit einem Marseiller Akzent – Europa ausschelten, über Krieg oder Frieden entscheiden, von nebelhaften lateinischen Allianzen träumen – zweifellos unter der Kontrolle einer Internationale von Professoren – und die, um die deutsche Frage zu lösen, einer gewissen Gruppe von alten Damen, die ihnen voll Zittern und Bewunderung zuhören, erklären: »Das ist ganz einfach. Wir befolgen die cartesianische Methode und zerlegen das Problem, das heißt Deutschland, in so viele Kleinstaaten, wie wir brauchen.« Alsdann läuten sie dem Redaktionssekretär, der ihnen Leim und Schere bringt.

Ich bin nicht in der Lage, über die weltliche Politik unserer kirchlichen Führer zu urteilen, ich kenne ihre Akten nicht. Aber ich kann wie jedermann ihre öffentlichen Kundgebungen beurteilen. Die hohen geistlichen Herrn wissen besser als ich, welche Art Achtung sie sich wünschen. Aber es geht nicht ums Wünschen, es geht ums Erreichen. Nun, wenn die Eigenliebe genügt, uns über den Grad des Ansehens ins Bild zu setzen, der unserer eigenen, für gewöhnlich günstigen Meinung von uns selber entspricht, so ist sie offenbar, und zwar aus demselben Grunde, nicht imstande, uns vor der Gefahr der Lächerlichkeit zu warnen. Das kann nur unser Nächster, nur er allein. Ich nehme also die Gefahr der Lächerlichkeit auf mich und weise in allem Freimut auf die Unterlassungen und Lügen hin – sie sind übrigens inzwischen überflüssig geworden, denn sie tun nur einer kleinen Gruppe von Fanatikern Genüge, die sowieso zu jeder Ehrerbietung bereit sind und vermutlich mit der Wahrheit ebenso zufrieden wären, da sie mit allem und jedem einverstanden sind. Auf einen Gläubigen, der überzeugt ist, die Männer der Kirche hätten immer die besten Karten in der Hand und verlören das Spiel nur kraft der Zauberkünste eines in ihrem Birett versteckten bösen Teufelchens, kommen hunderttausend brave Leute von durchschnittlicher Intelligenz, die, wenn man ihnen die sagenhafte Pfiffigkeit der kirchlichen Würdenträger rühmt – und die dabei recht wohl wissen, daß sich die Kirche diese Würdenträger nicht gerade unter den der Beschauung ergebenen und mit ungewöhnlichen mystischen Gnadengaben ausgestatteten Ordensleuten aussucht –, sich sagen, daß bei allen menschlichen Unternehmungen – oder wenigstens bei denen, wo es auch auf den menschlichen Verstand ankommt – die Führer für die Niederlagen verantwortlich sind. Muß ich noch einmal sagen, daß man sich im Irrtum befände, wenn man mich für einen Eiferer oder Sektierer hielte? Es wäre wahrscheinlich gefährlich, wollte man die spanischen Bischöfe und Ordensoberen, von deren Unfähigkeit man überzeugt ist, alle miteinander absetzen. Aber nehmen wir einen Augenblick an, der Heilige Stuhl hätte mich vor zehn Jahren an die Spitze der Katholischen Aktion in Spanien gestellt und mir die finanziellen Mittel dieser mächtigen Gesellschaft anvertraut: ich fände es heute ganz natürlich, wenn ich meiner Ämter enthoben würde. Sollte der Kampf für die Verbreitung des Glaubens das einzige Unternehmen sein, das nicht nach seinen Erfolgen beurteilt wird? Wenn man diese nicht überwachen zu müssen glaubt, dann rate ich eher, die Namen der etwaigen Amtsnachfolger auf Zettel zu schreiben, diese in einen Hut zu werfen und nach einem Gebet zum lieben Gott das Los entscheiden zu lassen. Ein solches Vorgehen scheint mir nicht verächtlicher als irgendein anderes, im Gegenteil. Ich zweifle nur, ob man die zuständigen Obrigkeiten dafür gewinnen kann. Also?

Sicher ist, daß die Männer der Kirche ganz andern Überlegungen folgen. Was den Optimismus anlangt, stehen die Leute von rechts ihnen übrigens nicht nach. Wenn die *Action Française* morgen drei Millionen Abonnenten zählte, dann würde sich Herr Pujo sicher zu diesem Erfolg beglückwünschen. Wenn die Zeitung aber eines Tages nur noch zweihundert Abonnenten hat, dann wird ihr Chefredakteur schreiben, daß gerade die Minoritäten Geschichte machen, daß ein solcher Rückgang nur ein neuer Beweis für die Hartnäckigkeit des inneren Feindes sei und folglich auch für die dringende Notwendigkeit, der einzigen Zeitung, die sich noch niemals geirrt hat, die Treue zu halten. Nicht anders rühmen die Jesuiten, wenn ihr Einfluß wächst, den Erfolg ihrer eigenen Methode. Das nennt man dann einen Triumph. Wenn sie von allen Regierungen ausgewiesen und sogar vom Papst verboten werden, wie im achtzehnten Jahrhundert, nannte man es eine Prüfung, und in solch einem Fall erklären sie, der Widerstand der Gegner beweise deutlich, daß ihre Gesellschaft die beste sei. Nun, ich will's ihnen glauben. Ich will ihnen auch glauben, daß, wenn Spanien heute von Bilderstürmern wimmelt, der Teufel seine ganz besonderen Teufeleien mit einem Lande treibt, das ihm zu reich an tugendhaften Priestern, an beispielhaften Frommen, an männlichen und weiblichen Eiferern ist. Nach dieser Rechnung müßte man Klöster, in denen sich die Mönche plötzlich dem Trunk und der Unzucht ergeben, als beachtliche Festungen betrachten, gegen die die Dämonen wütend anstürmen. Eine sehr bemerkenswerte, übernatürliche Sicht der Dinge. Allerdings glaube ich nicht, daß mir die Index-Kongregation erlauben würde, sie in einem Roman zu entwickeln.

Meine Meinung hat nur für einige Freunde wirkliche Bedeutung. Deshalb sage ich sie auch so freimütig heraus. Ich glaube, daß ich von meinen bescheidenen Ahnen, obwohl mir deren große Tugenden mangeln, ein gewisses christliches Lebensgefühl ererbt habe, das früher allen Menschen unseres alten getauften Volkes gemeinsam war. Ich will gern zugeben, daß man sich mit Auguste Comte eine positivistische Nation vorstellen kann, welche die gleiche Achtung vor der Macht des Religiösen hat, wie sie der Autor der *Politique Positive* besaß. Ich würde jedoch unter diesen Leuten, so nachsichtig sie mir persönlich gegenüber auch sein sollten, einfach sterben – weil mir die Luft fehlte, die ich gewohnt bin, die mir unentbehrlich ist. Hundertmal lieber sind mir die bilderstürmenden Räuber, für ihren kirchenschänderischen Haß habe ich wahrhaftig mehr Verständnis als für den Hochmut der Philosophen. Und gibt es nicht bei uns – in allen Klassen – viele solcher Christen? Wir wissen nicht, ob Umfragen und Statistiken etwas über die unmittelbaren Reaktionen unseres Lebensgefühls sagen können oder nicht. Aber das Zeugnis des erfahrensten Chemikers vermag nichts gegen das Zeugnis des Unglücklichen, der, indem er erstickt, die schlechte Luft, die er einatmet, handgreiflich beweist. Die spanische Luft taugt nichts für christliche Lungen. Man glaubt, die Erstickungsangst hier um so weniger ertragen zu können, als man zunächst keine Erklärung dafür hat, denn die Macht des katholischen Glaubens wird einem da unten allerseits entgegengehalten. Nach einem Aufenthalt jenseits der Pyrenäen wurde der berühmte Erzbischof von Mecheln, Kardinal Mercier, von einem Zeugen, der es mir selbst berichtet hat, beglückwünscht, daß er das christliche Spanien aus solcher Nähe habe bewundern können, worauf der Kardinal nach einem langen Schweigen antwortete: »Spanien christlich? Finden Sie?...« Gestützt auf einen solchen Bürgen, erlaube ich mir also zu schreiben, daß man, ehe man für ein inzwischen historisch gewordenes Faktum nach Erklärungen

sucht, die dem Durchschnittsverstand doch nicht einleuchten, sich erst einmal die schlichte Frage stellen sollte: »Ist der christliche Unterricht oder vielmehr die christliche Erziehung in Spanien nicht immer einer Handvoll Auserwählter zuliebe geopfert worden, denen damit ein Lohn für ihre Frömmigkeit zuteil werden sollte?«
Wenn dem so wäre, dann könnte man sowohl die feierliche Verdammung aller Gegner des Pronunciamento – auch der katholischen – wie die fast uneingeschränkte Billigung der militärischen Methoden zur Bekehrung der Ungläubigen nur als Spott und Hohn bezeichnen. Was macht das schon aus, werdet ihr sagen, eine Billigung mehr oder weniger? Ich will darauf antworten, und ich wäge meine Worte. Ich behaupte nicht, daß die spanischen Bischöfe oder deren französische Lobredner blutdürstig sind. »Dieser Herr Bernanos«, denken sie, »hält sich für sehr schlau, er beurteilt uns nach unsern Schriften. Sind wir denn simple Literaten? Mit all seinen schönen Reden wird er wahrscheinlich keinen einzigen katholischen Basken vor dem Galgen retten, während unsere diskrete Beharrlichkeit zu wiederholten Malen dem Herrn General Franco das ausdrückliche Versprechen entlockt hat, daß man sich bei der Durchführung der Vergeltungsmaßnahmen größerer Mäßigung befleißigen wolle.« Ein solcher Einwurf ist nicht von der Hand zu weisen. Ich füge noch hinzu, daß die hohen geistlichen Herren den erhabenen Kredit, den sie in der katholischen Öffentlichkeit genießen, wohl zu bescheiden einschätzen – welche Bescheidenheit freilich durch zahllose frühere Erfahrungen gerechtfertigt ist. Unglücklicherweise beginnen die Realpolitiker der Rechten wie der Linken zu bemerken, daß die katholische Meinung nach zwei Jahrhunderten der Ohnmacht jetzt zu einer nicht unbeachtlichen Macht wird, ja man kann sagen, zu einer unentbehrlichen Macht für die Veranstalter aller kommenden Metzeleien. Die stalinistischen Realpolitiker lassen ihr, zumin-

dest in Frankreich, alle Rücksicht angedeihen, die faschistischen Realpolitiker bieten ihr im wiedererstandenen alten Rom eine Art Ehrenbürgerschaft an, eine Vorzugsstellung, wie man sie etwa einem Prinzgemahl einräumt. Die hitlersche Realpolitik ihrerseits nimmt sich Pfänder, gegen die sie die zukünftigen Verträge zweifellos günstiger einhandeln wird – nach der besten Tradition bismarckscher Diplomatie. Kurz, die Welt, die heute im Entstehen ist, leidet unter einem verzweifelten Mangel an geistlichen Werten und wünscht brennend, über die unsern verfügen zu können. Sie ist, wie alle Schatzmeister, die am Ende ihrer Weisheit sind, bereit, den Zinssatz zu erhöhen.

Wir geben nicht vor, wir einfachen Laien, über riesige geistliche Kapitalien zu verfügen, und eine gewisse Summe würden wir gern unsern Hirten zur Verfügung stellen. Ist es aber nicht berechtigt, einige Sicherheiten zu verlangen, ehe man die bescheidenen Ersparnisse der Vorfahren in die Spekulationen der Diktaturen steckt? Denn diese Ersparnisse sind kein abstraktes Gut: unsere geistliche Erbschaft ist Fleisch geworden, wir werden dereinst vor Gott nicht Rechenschaft ablegen über eine Bibliothek – unsere Kinder sind ein Teil dieser Erbschaft, deren lebendiger Teil. Nun, der Hirtenbrief der spanischen Exzellenzen ist augenscheinlich nur ein Hirtenbrief neben vielen andern, aber er ist kein Hirtenbrief wie die andern. Man kann den hohen Herren nicht verhehlen, daß unsere Generation von ihnen nicht gerade mit Größe und Heldentum gefüttert worden ist. Jedes Mal, wenn die Exzellenzen im Namen des Kleineren Übels sich irgendwo ins Mittel legten, haben sie von uns verlangt, wieder etwas preiszugeben. Sie haben uns nie etwas anderes gepredigt als Resignation, Sich-Abfinden und Gehorsam gegenüber der herrschenden Macht. Gestern noch galt die Treue zum alten Frankreich als ein Akt bedauernswerter Aufsässigkeit, und die widerlichen kleinen demokratischen Kleriker, denen der blasse Neid der Neureichen der Intelligenz im Gesicht steht, lachten uns aus, wenn wir von Ehre sprachen, von der alten, als reaktionär verschrienen Ehre – heute ist diese Sorte von Geistlichen übrigens beinahe ausgestorben, ganz wie die ihnen recht ähnliche Gattung der Schulmeister des Herrn Jules Ferry. Im Krieg dann überließen unsere geistlichen Würdenträger, nachdem sie schnell noch zugegeben hatten, daß man den Katechismus um eine achte Todsünde bereicherte, nämlich den Defaitismus, den Herren Poincaré oder Clemenceau die Aufgabe, die kleinen Nöte unseres Gewissens zu klären, unseres militärischen, unseres mobilisierten Gewissens. Einige Jahre später, als sich die Notwendigkeit erhob, eine Friedenslehre in die Wirklichkeit umzusetzen – wie sie die Welt erwartete, von uns, von Frankreich erwartete –, da beauftragten die gleichen geistlichen Herren den Herrn Aristide Briand offiziell mit dieser Aufgabe. Herrliche Zeiten, als der Pater de la Brière Beobachter der Gesellschaft Jesu beim Völkerbund war – o herrliche, längst vergangene Zeiten! Die Stimme dieses Ehrwürdigen ist mit Addis-Abeba verstummt, seine Glut mit der letzten Bombe von Guernica erloschen. Wofern er nicht, nachdem er seine frühere Rolle zu Ende gespielt hat, von seinen Oberen erwarten darf, mit einer neuen betraut zu werden. Vielleicht habe ich keine sehr orthodoxe Vorstellung von Gehorsam. Gehorsam, unterwürfig wie ein Leichnam, gut. Aber niemand kann einen Leichnam zwingen zu reden!...

Wenn ich heute Erinnerungen wachrufe, so deshalb, um besser verständlich zu machen, daß die neue Sprache unserer hohen Geistlichkeit im Herzen unserer Kinder wie ein Trompetenstoß widerhallte. Sagt die Heilige Schrift nicht, daß die Väter Herlinge aßen und die Zähne der Söhne stumpf wurden? Wir haben die Erniedrigung wie Wasser getrunken. Es ist nur natürlich, daß unsere Nachfolger das Bedürfnis haben, sich den Magen aufzuwärmen. Aber es ist ebenso natürlich, daß sie einer Täuschung ausgesetzt sind über die Güte des Weines, den man ihnen kredenzt. Ich fahre fort, meine Worte zu wägen. Als die Männer der Kirche eine Politik der Konzessionen betrieben und eine ebensolche Sprache sprachen, da entzückten sie neben den liberalen Herzögen der Académie Française eine Menge wackerer Leute, deren Reaktionen um so weniger zu fürchten waren, als sie öffentlich erklärten, daß sie schon das Wort Reaktionär verabscheuten. Unter solchen Umständen riskierten die kirchlichen Generalstäbler offensichtlich nicht allzuviel. Wenn sie aber heute, und sei's mit leiser Stimme, zu den Waffen rufen, dann, glaube ich, wird ein Volk aufstehn, das sie schlecht kennen, dessen Sprache sie bislang nur selten sprachen, nämlich das Volk der Jugend, das einst das Mittelalter schuf und die Christenheit – in jenen gebenedeiten Zeiten, da die Welt noch nicht von Greisen überfüllt war, da ein Mensch in meinen Jahren dank der Unwissenheit der Ärzte und des übermäßigen Genusses von Fleisch und kräftigen Landweinen bereits daran denken mußte, seinen Platz einem Nachfolger abzutreten.

Seit dem siebzehnten Jahrhundert mißtraut die Kirche der Jugend. Oh, lächelt nur! Euer Erziehungssystem, gebt's doch zu, verrät mehr Besorgnis als Vertrauen. Es ist ja ganz hübsch, die kleinen Kerle vor den Gefahren der Adoleszenz zu bewahren, aber den jungen Leuten, die ihr uns bei den Schulprüfungen vorführt, fehlt's ein bißchen an Temperament, findet ihr nicht? Sind sie wirklich keuscher als ihre Ahnen im dreizehnten Jahrhundert? Ich weiß es nicht. Unter uns gesagt, ich bezweifle es. Ich frage mich überdies, ob diese ausgesuchten Produkte einer humanistisch-moralischen Erziehung, wie sie durch die Jesuiten der klassischen Epoche in Schwung kam, eure Aufmerksamkeit nicht so stark in Anspruch nehmen, daß ihr darüber jeden Kontakt mit einer Jugend verliert, die ganz anderer Art ist und die im übrigen nur selten die Schwelle eurer Häuser überschreitet. Ja, ruft diese Jugend zu den Waffen, und ihr werdet die Christenheit zittern sehen wie die Oberfläche eines Wassers, das zu kochen beginnt. Für unsere alten streitbaren Rassen ist es leichter, zu kämpfen und zu sterben, als die Tugend der Keuschheit zu üben. Euer Irrtum war nicht, zuviel zu verlangen, euer Irrtum war, daß ihr nicht genug verlangt habt, daß ihr nicht alles, das Leben selbst verlangt habt. Im Grunde scheinen mir eure trefflichen Methoden weniger vom Evangelium eingegeben zu sein als von den Moralisten – das Evangelium ist ja soviel jünger als ihr! Wenn man euch hört, möchte man manchmal glauben, Jugend sei eine gefährliche, leider nicht zu vermeidende Krise, eine Prüfung, die man bestehen muß. Ihr macht den Eindruck, als überwachtet ihr mit dem Thermometer in der Hand deren Komplikationen, nicht anders als bei Scharlach oder Masern. Sobald die Temperatur fällt, stoßt ihr einen Seufzer der Erleichterung aus als sei der Kranke nun außer Gefahr, während er doch meistens nichts anderes tut, als seinen Platz unter den Mittelmäßigen einzunehmen, die sich untereinander als ernste, erfahrene oder würdige Männer bezeichnen. Ach, das Fieber der Jugend ist's, das die Welt bei normaler Temperatur hält! Wenn die Jugend anfängt, sich abzukühlen, klappert die Welt mit den Zähnen. Oh, ich weiß wohl, das ist keine ganz einfache Sache. Im Namen des Humanismus die Moral des Evangeliums und die Moral La Fontaines in Einklang zu bringen, das scheint mir keine Kleinigkeit. Wenn ein Minister oder Bankier seine Sprößlinge in eure Hände gibt, so hofft er, daß ihr sie nach seinem Bilde und Gleichnis formt, und ihr könnt seine Erwartungen nicht gänzlich enttäuschen. Ihr enttäuscht sie nicht immer. Die feine Blume des enzyklopädischen Atheismus ist aus euern Häusern hervorgegangen. »Wir haben die jungen Leute gut behandelt«, sagt ihr, »wir haben sie vor dem Bösen bewahrt, bei uns hatten sie nichts zu fürchten.« Ja, schade nur, daß das Schiff aufs hohe Meer geriet. Hätte es niemals die Werft verlassen, dann könnten wir es dort noch heute bewundern: frisch gestrichen, blitzblank gewaschen und mit zierlichen Wimpeln geschmückt. – »Wie? Hatten wir sie nicht gegen die Welt gewappnet?« – Zweifellos, sie kannten so ziemlich alle Zugeständnisse, die ein Christ dem Geist dieser Welt machen kann, ohne das ewige Feuer fürchten zu müssen. Vor solchen Vorkämpfern der Seligpreisungen braucht der Welt nicht angst zu sein, sie kann in aller Ruhe abwarten, bis der Fluch, der über sie gesprochen wurde, sich erfüllt. Ihr könnt nicht Gott und der Welt dienen, ihr könnt nicht Gott dienen und dem Mammon... Beruhigt euch, ich werde zu diesem Text nichts ausführen, da ihr es mir verbietet. Ich will nur das Eine sagen: wenn ihr zwei Jahrtausende lang so viel Mühe darauf verwendet hättet, ihn richtig auszulegen, wie ihr Scharfsinn, Spitzfindigkeit und Psychologie verschwendet habt, ihn – nun, nicht gerade auf den Kopf zu stellen, das hätte Gott nicht erlaubt – aber eure Schäflein davor zu warnen, ihn allzu wörtlich zu nehmen, dann hätten wir heute vielleicht eine lebendige Christenheit. Es bedeutet kaum etwas, daß ihr junge Durchschnittschristen heranzieht: die moderne Welt ist so tief gefallen, daß »Durchschnittschrist« heute nicht einmal soviel sagt wie »anständiger Mensch«. Es ist unnötig, daß ihr mittelmäßige Christen heranbildet, sie werden mit den Jahren ohnehin dazu. Gewiß, Gott allein sieht ins Herz. Aber schließlich – wenn schon mittelmäßig, und nur auf den Effekt gesehen: jeder Personalchef wird euch bestätigen können, daß ein mittelmäßiger Christ sämtliche Fehler der gewöhnlichen Gattung Mensch besitzt, zusätzlich einer Portion Hochmut und Heuchelei, ganz zu schweigen von einer fatalen Geschicklichkeit, Gewissensfragen vorteilhaft zu lösen. »Wir können's nicht besser«, antwortet ihr. Zweifellos! Es steht indessen zu befürchten, daß ihr seinerzeit dem gleichen Irrtum verfallen seid wie die Verfasser der Universitätspläne: weil ihr von allem etwas wolltet, habt ihr am Ende nicht genug gewollt. Die Ergebnisse eurer Erziehungsarbeit entsprechen auf traurige Weise der Vorstellung, die sich Literaturprofessoren vom französischen Genius machen: ausgeglichen, maßvoll und beherrscht. Ich verstehe sehr wohl, daß es gefährlich wäre, den natürlichen Aufruhr der Jugend sich frei auswirken zu lassen angesichts einer Gesellschaft, die sich ohne sie gebildet hat und die ihr überdies nirgends Zutritt gewähren könnte. Ihr müßt Bürger erziehen, die dem Kaiser geben, was des Kaisers ist, sogar noch ein bißchen mehr. Dieser Zuschlag ist übrigens von wechselnder Bedeutung, über den Betrag läßt sich streiten; er stellt ein wertvolles Pfand dar, eine Grundlage für aussichtsreiche Verhandlungen mit der bestehenden Macht. Wenn ihr glaubt, dieser Kuhhandel errege bei mir Ärgernis, so täuscht ihr euch sehr. Da der Staat das Verfügungsrecht über alle eure Anstalten hat und sie nach Belieben öffnen oder schließen kann, warum solltet ihr da nicht mit ihm verhandeln? Das Unglück ist nur, daß ihr die Flamme, die eure Vorsicht unter den Scheffel gestellt hat, später nur schwer wieder entfachen könnt.

Ich bitte um Entschuldigung, daß ich in der Asche herumstochere. Sie ist schon so kalt, daß man auf ihr schlafen könnte, ohne in Gefahr zu kommen, zu ersticken. Unsere Generation wurde nicht mit Herrlichkeit überfüttert, wahrhaftig nicht! Der Bereich unserer irdischen Bindungen schwand in einer Weise dahin, daß er heute nur noch ein Pünktchen auf der Landkarte ist – so wie der Kirchenstaat, diese berühmte Erbschaft Karls des Großen, für die unsere Großväter noch sterben zu müssen glaubten. Wir zweifelten an allem, am meisten an uns selbst. Die Moralprediger halten die Jugend gern für anmaßend. Ihre Anmaßung und ihre Frechheit sind jedoch nichts anderes als der Ausdruck einer inneren Unsicherheit, denn sie fürchtet die Lächerlichkeit, sie fürchtet sie mehr als den Tod, und die Erwachsenen, die ihre Zwecke mit ihr verfolgen, wissen das sehr wohl. Stellen wir uns vor, ich wäre, so um das Jahr 1905, mit ein paar Freunden zu den einzelnen französischen Bischöfen gegangen, und wir hätten ihnen etwa Folgendes gesagt: »Exzellenz Sie erzählen uns jedes Jahr in Ihrem Fastenhirtenbrief von der Angst, die Sie angesichts des Verfalls der Christenheit überkommt. Die Frechheit der Bösen wächst ständig. Die Zeit der Verfolgungen hebt an, ja viele von Ihnen erklären, sie habe schon begonnen. Wir sind entschlossen, gegen diese Gefahren mit der Waffe anzutreten. Wir bitten Euer Exzellenz selbstverständlich nicht, sich an unsere Spitze zu stellen, aber wenn es so weit ist, werden wir Sie ganz einfach um Ihren Segen bitten.« Nun, Ihre Exzellenzen hätten uns wahrscheinlich väterlich ausgelacht. Die Gelegenheit hat sich uns natürlich nicht geboten, aber dennoch – dieses Lächeln will uns nicht aus dem Sinn. Wie? Was ihr damals als eine Kinderei, als einen dummen Jungenstreich bezeichnet hättet, das soll nun auf einmal gar nicht so töricht gewesen sein? Während wir meinten, romantischen Ideen zum Opfer gefallen zu sein, sollen wir plötzlich eine beachtliche politische Voraussicht bewiesen haben? Nun, gibt uns das nicht ein gewisses Recht, uns heute mit euch über das, was ihr vorhabt, auseinanderzusetzen? Wer verdient in diesem Punkt das Vertrauen unserer Söhne, ihr oder wir? Aus der Bitterkeit, die uns nach unsern damaligen Enttäuschungen erfüllte, kennen wir besser als irgend jemand die begeisterte Hingabebereitschaft unserer Söhne, die man in einem Alter zu den Fahnen ruft, in dem ihr uns zu friedlichem Zeitvertreib einludet, als da war: Schrebergärten, Ausspracheabende, Armenbetreuung oder Verteilung der *Croix* und des *Pèlerin*. Noch einmal: ich spreche nur von dem, was ich weiß. Was ich sage, ist erlebt und erlitten. Wenn es nicht öffentlich bekannt wäre – soweit man bei einer so beiläufigen Sache dieses anspruchsvolle Wort verwenden darf –, würde ich mir gar nicht erlauben, daran zu erinnern, daß mein Sohn in der Uniform der Falange gedient hat. Ich spreche um so freimütiger von ihm, als er in der Stunde, in der ich diese Zeilen schreibe – an einem schwermütigen Weihnachtsabend –, irgendwo auf dem Meer an der Küste von Dahomey weilt, was schließlich beweist, daß er kein Stubenhocker ist. Freilich, ich muß in seinem Namen das übertriebene Lob zurückweisen, das ihm kürzlich Seine Eminenz der Herr Kardinal Baudrillart von der Kanzel herab zuteil werden ließ, denn er hat es nicht mehr als ich zu meiner Zeit verdient, der französischen Jugend als Beispiel hingestellt zu werden. Aber schließlich, er hat gekämpft. Er hat auf unserer kleinen Insel gekämpft und auch in den Gräben von Madrid. Gewiß, ich halte die alte Falange für absolut ehrenhaft, und es käme mir nicht in den Sinn, einen so großartigen Führer wie Primo de Rivera mit den gerissenen Generalen zu vergleichen, die seit achtzehn Monaten mit ihren hohen Reitstiefeln in einem der scheußlichsten Schlachthäuser der Geschichte herumstapfen. Wäre ich anderer Ansicht gewesen, so hätte ich mir dennoch niemals einfallen lassen, die Treue, die Yves seinen Kameraden und seiner Fahne hielt, zu tadeln. Die Ehre eines siebzehnjährigen Jungen ist etwas zu Empfindliches: es ist gefährlich, mit alten Händen daran herumzutappen. Eben deshalb bitten wir euch aber auch, es euch gut zu überlegen, ehe ihr etwas gutheißt oder verurteilt, denn es ist leichter, in einem feierlichen Erlaß einen x-beliebigen General zu einer Art Gottfried von Bouillon zu erklären, als aus dem gescheiterten Gottfried von Bouillon wieder einen x-beliebigen General zu machen. Wenn unsere Jugend einmal aufgestanden ist, kommen eure Ratschläge zu spät, und wir sind nicht die Leute dazu – wir, die wir ihre Väter sind –, diese tapferen Jungen, die schon im Feuer des

Feindes stehn, an den Rockschößen zurückzuzerren. Werft uns nicht unser Mißtrauen vor. Es hat nichts mit mangelnder Ehrfurcht zu tun. Einem Herrn Claudel mißtrauen wir zum Beispiel gar nicht, denn wenn er einen Aufruf ergehen läßt, dann zählt der in unsern Augen überhaupt nicht.

Wir wünschen uns für unsere Söhne einen andern General als den General Kleineres Übel. Wenn die moderne Gesellschaft so sehr der Ungerechtigkeit verfallen ist, daß selbst die Männer des Friedens daran denken, sie dem Schwert zu überlassen, dann sollte man sich immerhin vorher verständigen. Sollen unsere Söhne sterben, um den unvermeidlichen Zerfall dieser Gesellschaft noch ein wenig hinauszuzögern? Anarchisten, Kommunisten, Sozialisten, Radikale, Demokraten – die spanischen Roten, von Prieto bis zu Gil Roblès, stellen ein ganz hübsches Gemisch dar. Aber die Weißen stehen ihnen in dieser Hinsicht keineswegs nach. Wen will man glauben machen, daß der Milliardär Juan March, der, wie ganz Spanien weiß, nur durch Bestechung und Erpressung zu seinem Geld gekommen ist, der unter der Monarchie im Gefängnis saß und heute der große Geldgeber der Bewegung ist, wen will man glauben machen, daß dieser Mann die gleichen politischen oder sozialen Ziele verfolgt wie der Führer der Falange, der ihm 1936 öffentlich den Galgen versprach? Was zum Teufel können die Bauern von Fal Conde mit den jüdisch versippten Aristokraten gemein haben, die von ihrem zwiefachen Herkommen die erlesensten Formen der Lepra und Epilepsie geerbt haben und deren irrsinniger Egoismus das Königtum zu Fall gebracht hat? Die spanische Tragödie, Vorform der Tragödie der ganzen Welt, offenbart schlagartig, wie erbärmlich es um den Menschen guten Willens in der modernen Gesellschaft bestellt ist – die ihn nach und nach ausstößt wie ein Abfallprodukt, das zu nichts mehr taugt. Der Mensch guten Willens hat keine Partei mehr, und ich frage mich, ob er morgen noch ein Vaterland haben wird. Ich halte eine Zusammenarbeit der Katholiken und Kommunisten gewiß nicht für besonders wünschenswert, aber hatte seinerzeit das Bündnis der alten Kämpfer von Cathelineau und der voltairianischen Emigranten mehr Aussicht, eine neue Gesellschaft zu gründen oder die alte wiederherzustellen? Wer von einer Halbheit ausgeht, kann nur beim Kompromiß enden. Überwiegt denn in der modernen Welt das Gute immer noch so sehr das Böse, daß wir uns bedingungslos auf die Seite ihrer Verteidiger schlagen müssen, selbst wenn diese einen ungerechten Nutzen daraus ziehn? Ich sehe zum Beispiel ganz genau, daß während eines Bürgerkriegs die Menschen guten Willens den Geldleuten manche Unterstützung zuteil werden lassen. Sie stellen ihren Heroismus in den Dienst der letzteren. Aber wenn dann wieder Friede herrscht – oder wenigstens das, was die Polizei so nennt –, dann wird der Geldmensch aller Wahrscheinlichkeit nach den Menschen guten Willens von seinem Sekretär abfertigen lassen. »Ist die Ordnung nicht gerettet? Was wollen Sie also mehr?« Wenn der andere sich nicht abweisen läßt, wird er als Störenfried behandelt. Solange er sein Ungestüm in den Dienst der Herren stellte, hatte er Justiz und Polizei auf seiner Seite. Wenn es ihm später einfällt, sich zugunsten einer andern Gruppe von Staatsbürgern hinreißen zu lassen, ist er nicht länger mehr ein Mensch guten Willens, sondern nur noch ein Mann der Unordnung, für den das Militärgericht zuständig ist. Unter solchen Voraussetzungen könnte ich es nicht wagen, ihm die Fürsprache der Bischöfe zuzusichern.

Die Zeitungen veröffentlichen gerade am heutigen Tage einen feierlichen Protest des Heiligen Stuhls. Es fällt einem schwer, ohne Rührung diesem Schauspiel beizuwohnen, wie ein Greis, der fast schon im Sterben liegt, seine letzten Kräfte zusammenrafft, um von Gott Hilfe zu erflehen gegen eine ungerechte Beschuldigung; anzusehn, wie er bis zum letzten Atemzug die Ehre seines Pontifikats verteidigt. Versetzt euch aber nun in die Lage eines jungen italienischen Kreuzfahrers. Man hat ihn gegen die Schwarzen aufgerufen, man hat ihn gegen die Roten aufgerufen; wird man ihn nunmehr gegen die Roten und Schwarzen Hitlers aufrufen, wenn dieser zum Verfolger der Kirche, genau wie Prieto, erklärt wird? Freilich, um diese letztere Säuberungsaktion durchzuführen, braucht er gar nicht die kostspielige Reise an die Ufer der Spree zu unternehmen: wenn er in Spanien seinen Heiligen Krieg führt, hat sein Glaubenseifer gleich an Ort und Stelle Gelegenheit, sich zu bewähren – gegen die Nazi-Freiwilligen in Francos Armee. Das ist es, was ich nie begreifen werde.

Wir haben niemals andere als religiöse Maßnahmen getroffen, verkündet Papst Pius XI. Für den Heiligen Vater ist es leicht, sich an solche Maßnahmen zu halten. Aber einem Glaubenskämpfer, den man mit einem Maschinengewehr ausgerüstet hat, wird es viel schwerer fallen, den Partisanen und den Missionar in sich säuberlich zu trennen. Auf dem Schlachtfeld werden sie beide in eins verschmelzen. Dies scheint mir unvermeidlich, und ich bin nicht verlogen genug, deswegen den Entrüsteten zu spielen. Genauso wenig werde ich aber müde werden, ständig zu wiederholen, daß sich diese Art Apostolat nicht immer mit ruhigem Gewissen ausüben läßt. Ist es nicht die Pflicht der geistlichen Autoritäten, wenigstens das Ziel klar zu bestimmen, wenn sie es schon, leider, für unmöglich halten, die dafür verantwortlichen Führer zu benennen? Die Kreuzfahrer von einst brachen auf, um das Grab Christi zu befreien. Henri Massis versichert uns, daß wir heute die Grundlagen der abendländischen Kultur verteidigen. Das scheint mir eine reichlich verschwommene Formel, die an die Parole vom Gerechten Krieg erinnert. Man spricht auch von Freiheiten, ohne die man nicht leben könne. Ist man sich über diese Freiheiten einig? Für einen Christen gibt es meines Wissens nur eine: die Freiheit, seinen Glauben auszuüben. Wenn man aber die jahrhundertelangen Kämpfe zwischen Kirche und staatlicher Macht betrachtet, kommt man zu dem Urteil, daß keine menschliche Gesellschaft den Katholiken je die unbedingte Ausübung dieser kostbaren Freiheit gewährt hat. Es ist also eine Frage des Mehr oder Weniger. Wie nun stellt ihr diese Frage? Wenn man, nach meiner Auffassung, seinen Glauben frei, im Geiste des Evangeliums – ich bitte um Entschuldigung – ausüben soll, dann gehört dazu nicht nur, daß man das Recht hat, ihn auszuüben, sondern auch, daß man nicht dazu gezwungen wird. Man kann Gott nicht lieben, wenn man von Drohungen eingeschüchtert ist. Das haben die Männer der Kirche manchmal vergessen. Habe ich mich klar ausgedrückt? Was soll man zu den kirchlichen Polizisten sagen? Jetzt sind es bald zweitausend Jahre her, daß gegen die Pharisäer das härteste Wort des Evangeliums ausgesprochen wurde, von einer Härte, daß es einem ans Herz greift, und dieses Geschlecht will noch immer nicht aussterben? Wer von uns kann sich rühmen, daß er keinen Tropfen Blutes von diesen Vipern in seinen Adern habe? Da ihr schon eure Gemeinden nicht vor ihnen bewahren konntet – nicht einmal eure Klöster und Ordenshäuser –, so müssen wir mit Recht fürchten, daß sie in euern Armeen den Ton angeben werden. Für sie wie für euch wäre es besser, wenn dem nicht so wäre. Die Freiheit Christi ist unversehrt in uns, heil ist auch unsere Ehre. Das hätte ich euch gern einfacher gesagt, mit einfacheren Worten. Wir werden das Schwert des christlichen Frankreich nicht solchen Händen überlassen. Wir werden uns dagegen wehren – und sei es Seite an Seite mit gefallenen Mädchen, Samaritern, Zöllnern,

Räubern und Ehebrechern, wie es uns der Herr, dem wir dienen, vorgetan hat.

Ich bezweifle, daß die Schriftgelehrten sich viel mit diesem Problem abgegeben haben. Denselben Klerikern, die ihre Zeit damit verbringen, in albernen kleinen Büchern ihre arglose Unwissenheit über das gequälte menschliche Herz, ja über den Menschen überhaupt, zu beweisen – denn sie haben das konventionelle Bild, das ihnen die faden Humanisten des achtzehnten Jahrhunderts vererbten, noch leerer gemacht –, diesen Klerikern wird es ein leichtes sein, meine Gedankengänge zu verurteilen. Sie würden weder Gott noch ihrem eigenen Priestertum die Ehre erweisen, anzunehmen, daß beispielsweise das Sakrament der Taufe einem Wesen ein so unauslöschliches Siegel aufdrücken muß, daß dessen etwaige Verirrung einen Grad von Verworfenheit annimmt, der im genauen Verhältnis zu der empfangenen Gnade steht. Solche Wahrheiten sind natürlich nicht gerade geeignet, eiligen Pfarrkindern fünf Minuten vor der Kollekte von der Kanzel verkündet zu werden. »Was mischen Sie sich in unsere Angelegenheiten?« werden mir diese Herren wieder einmal entgegnen. »Es ist etwas Wahres in dem, was Sie da schreiben. Aber reden Sie nicht den Ungläubigen das Wort, wenn Sie derartige Meinungen verbreiten? Werden diese nicht aus Ihren Reden über die Korruption der Besten – *corruptio optimi* – den Schluß ziehen, daß wir es sind, die sie verdorben haben, daß sie also die ersten Opfer unseres eigenen Unglaubens sind?« Mein Gott, eine solche These läßt sich vertreten. Zugunsten der Ungläubigen, die sich ihrer bedienen möchten, besagt sie übrigens nicht viel, denn sie zeugt gegen sie, sie sieht ja gerade die Quellen des Übernatürlichen soviel tiefer, und das ist eine der Gnaden Gottes, mit denen diese Besserwisser ihren Mißbrauch treiben. Aber sicherlich hat sie ihre Bedeutung für die, welche nie an eine so spitzfindige Ausle-

gung gedacht haben. Diese werden sie eines Tages hören, glaube ich – und ich glaube es mit allen Kräften meiner Seele –, diese werden sie einmal, zu ihrer großen Überraschung, vernehmen aus dem Munde des Gerechten Richters – zugleich mit dem Wort, daß ihnen vergeben ist.
Die Moraltheologie hat gegenüber andern nicht streng beweisbaren Wissenschaften einen in die Augen springenden Vorteil: die Wahrheiten, die sie verkündet, werden weniger vom Verstand als vom Gewissen überprüft. Und zudem, ich finde, wenn man sie aufs Wesentliche beschränkt, sind sie für jeden verständlich. Wir werden selten durch sie gerechtfertigt, und je tiefer wir in sie eindringen, desto weniger werden wir's. Die Wahrheiten, die ich zum Ausdruck zu bringen suche, verurteilen mich, ich weiß es. Ich habe es immer gewußt. Wer hat mich zuerst gelehrt, daß der Glaube ein Geschenk Gottes ist? Ich weiß es nicht, meine Mutter vermutlich. Er konnte mir also wieder genommen werden?... Von jenem Augenblick an habe ich die Todesangst gekannt, denn nach so viel Jahren kann ich die eine Angst nicht von der andern trennen, das doppelte Entsetzen ist durch dieselbe Wunde in mein kindliches Herz gedrungen. Der Glaube ist mir also nie als ein Zwang erschienen. Der Gedanke, ich könnte ihn gegen mich selbst verteidigen müssen, kommt mir gar nicht. Er ist es vielmehr, der mich verteidigt, er ist jener Teil der Freiheit, den ich nicht aufgeben könnte, ohne zu sterben. Sollten wir uns eines Tages wie zwei Fremde gegenüberstehen, so bedürfte es dazu der gleichen geheimnisvollen und unbegreiflichen Verdoppelung, die dem Akt des Selbstmords vorausgehen muß, ja, ihn allein zu erklären vermag. Nicht jeder, der es möchte, nimmt sich das Leben. Ich glaube, daß der Tod nur eine gewisse Zahl Vorherbestimmter anzieht, Menschen, bei denen das Entsetzen, wie mir scheint, nach der entgegengesetzten Seite ausschlägt – infolge einer wunderlichen Verirrung, die von fern an gewisse sexuelle

Abnormitäten erinnert. Ich empfinde so wenig eine Versuchung zum Selbstmord wie zum Zweifel. Genauer gesagt: derselbe Instinkt bewahrt mich vor dem einen wie vor dem andern. Es ist der mächtigste aller Instinkte, der Selbsterhaltungstrieb. Ihr wollt doch nicht, daß ich, der ich inmitten einer geistigen Welt lebe, von deren bloßer Existenz viele keine Ahnung haben, daß ich glaube, ich könnte mich derselben Fehler schuldig machen wie die letzteren, nur weil sie im Wörterbuch denselben Namen führen? Das schreckliche und flehentliche Geständnis des Psalmes: »Ich habe gesündigt in Deiner Gegenwart«, hat natürlich keine große Bedeutung in den Augen einer Menge wackerer Leute, die in einer heiklen Lage die Gegenwart eines Polizisten der Gegenwart Gottes tausendmal vorziehen würden. Man braucht kein Theologe zu sein, um zu begreifen, daß das Böse, das man in Gegenwart Gottes begeht, einen Grad der Verdichtung erreichen muß, die es nicht nur für uns, sondern auch für unsern Nächsten tödlich werden läßt, und zwar schon in einer ganz kleinen Dosis. Ein schlechtes Beispiel zu geben, dazu ist jeder Beliebige fähig. Das schlechte Beispiel der Christen heißt Ärgernis. Wir sind es, die dieses Gift über die ganze Welt verbreiten, in unsern Retorten wurde es gefiltert. Die guten Karthäusermönche empfehlen den Kunden, ihren Likör vorsichtig zu trinken und nicht zu viel davon zu nehmen; obwohl sie nicht übersehn können, daß er nicht nur die Verdauung anregt, wären sie baß erstaunt, wenn sie hörten, daß ihre Kunst den Verführern in den Absteigequartieren wertvolle und manchmal entscheidende Dienste leistet. Aber schließlich könnten mir die Mönche entgegenhalten, daß sie ja auch den Kranken und Leidenden eine Stärkung bereiten. Wohingegen das Ärgernis niemand einen Hilfsdienst dieser Art leistet.

Mein Gott, wie gern möchte man diese einfachen Wahrheiten in der Sprache der Kindheit ausdrücken. Einmal wird's so sein, es wird geschehen. Und man braucht sich gar nicht zu freuen darüber. Die Betbrüder und Betschwestern, die nach Lisieux wallfahren, kommen gewöhnlich sehr beruhigt zurück. Sie haben dort unten eine Kirche wie alle andern gesehen, nur noch ein wenig häßlicher, und dazu eine niedliche Wachspuppe, angetan mit einem Seidensamt, der die härene Kutte der Armut vortäuschen soll. Statt genauer Eindrücke bringen sie zum mindesten eine Photographie mit, die die guten Schwestern in aller Naivität gefälscht haben und die vollkommen dem standardisierten Schönheitstyp entspricht, wie ihn der Film verbreitet. Ich messe diesem Betrug keinerlei Bedeutung bei. Wer auch immer der Zuckerbäcker sein mag, dem wir dieses Bildnis verdanken: es ist inzwischen in Tausenden von Exemplaren verbreitet worden und gehört schon längst nicht mehr den armen Händen, die es geschaffen haben, und die vielleicht heute schon unter der Erde verwesen oder morgen unter ihr verwesen werden. Ich denke nur an die Unglücklichen, die diesem Bild ihre Qual anvertrauen, an die Sterbenden, deren letzten Blick es labt. Vielleicht aber lag es in der Absicht dieses geheimnisvollen Mädchens, der armen Welt eine letzte Atempause zu gönnen, sie einen Augenblick im Schatten ihrer vertrauten Mittelmäßigkeit verschnaufen zu lassen, denn mit ihren kleinen unschuldigen Händen, mit diesen erstaunlichen kleinen Händen, so geschickt im Ausschneiden von Papierblumen, aber auch ganz zerfressen vom Chlor der Waschlauge und vom Frost, hat sie ein Korn gesät, dessen Keimen und Wachsen nichts aufhalten wird. Da liegt es unter der Erde, und die frommen Gaffer betrachten gerührt den winzigen, honigfarbenen, noch kaum grünen Stengel. »Der Geist der Kindheit«, so sagen sie unter sich, »gewiß, Madame! Man möchte glauben: eine Pflanze – aber es ist keine Pflanze, es ist eine Idee, eine bezaubernde Idee voller Poesie, eine echt weibliche Idee – mein Mann fand diese Bezeichnung. Denn neben der Arbeit und den ernsten Dingen gehört zum Leben unbedingt die Poesie. Die jungen Leute haben gar keinen Sinn mehr für solches unschuldige Vergnügen. Wenn ich darüber mit meiner Tochter spreche, dann antwortet sie mir, sie habe die kleine blaue Blume gefressen, man mache heute nur noch Salat daraus, und andern Unsinn. Das ändert nichts daran, daß die kleine Heilige uns recht gibt, nicht wahr? Übrigens ist sie unsere Generation. Sie wäre nur zehn Jahre älter als ich, es hätte gut sein können, daß ich sie gekannt hätte.«

Man spricht immer nur vom Sieg der Heiligen, immer nur von ihrem Triumph. Da sie der triumphierenden Kirche angehören, bleibt ihnen nichts anderes übrig, als zu triumphieren, das steht fest. Einen Tag im Jahr lädt mich die kämpfende Kirche ein, mich dieses Triumphes zu freuen oder sogar bescheiden an ihm teilzuhaben, und ich gehorche. Dann bleiben mir dreihundertvierundsechzig Tage, um an die irdische Niederlage jedes dieser irrenden Ritter zu denken. Im Jahre 1207 zum Beispiel begann ein kleiner Mann durch Umbrien zu wandern. Er verkündete den Menschen eine überraschende Neuigkeit: die Armut sei erhöht worden. Es war seine, des Poverello, eigene Erhöhung, die er verkündete, ohne es zu wissen. Die Frömmler sind hinterhältige Leute. Solange der Heilige auf Erden wandelte, an der Seite der heiligen Armut, die er seine Braut nannte, solange wagten sie nicht allzu viel zu sagen. Aber als der Heilige einmal tot war, was geschah? Derart waren sie damit beschäftigt, ihn zu ehren, daß die Armut in dem Festgedränge verlorenging! Sogar ihre Krone vergaß sie, die Krone, die für die heilige Weihe bestimmt war und die man nun feierlich dem Heiligen aufs Haupt setzte unter dem Beifallklatschen der Reichen, die ganz erstaunt waren, daß man sie so billig davonkommen ließ. Ich denke, am erstauntesten von allen war der Heilige selbst, der

nichts verlangt hatte, weder Szepter noch Krone, und der wahrscheinlich gar nicht wußte, was er mit diesen Attributen anfangen sollte. Was tut's! Dem gold- oder purpurgeschmückten Gesindel war es doch ganz schön heiß geworden, uff!... Und danach nahmen die Geschäfte, wie man so sagt, einen großartigen Aufschwung! Noch nie hatte der Ablaßhandel so viel eingebracht. Wahrhaftig, das kümmert euch nicht, dieses Bacchanal der Renaissance! Diese buntscheckigen Hurenkerle: Fürsten, Minister, Kardinäle, Astrologen, Maler, Dichter, mit Gold behängt oder in Eisen gepanzert, von der neapolitanischen Seuche angefressen, tanzen wiehernd ihren infernalischen Reigen um das Grab des Armen der Armen, des Entdeckers unsichtbarer neuer Welten, der an der Schwelle dieser Zaubergärten starb... Freilich, der General des Franziskanerordens wurde durch die zarte Aufmerksamkeit der Katholischen Könige zum spanischen Granden und erhielt als Asyl einen der großartigsten Paläste von Madrid.
Und was weiter? Nichts weiter; das ist alles. Dieses Unternehmen mußte gewagt werden, und es mußte wohl auch scheitern. Niemand, ausgenommen der Poverello selbst, hat jemals ernsthaft an die Erhöhung der Armut geglaubt, niemand außer dem seraphischen Heiligen hat jemals gehofft, daß sie bei den Völkern zu Ehren käme. Ich weiß sehr wohl, daß die Hartnäckigkeit, mit der ich auf diesem Punkt bestehe, etwas Unerträgliches hat. »Viele Heilige haben den Armen gedient. Wir ehren diese Heiligen. Fällt die Ehre, die man ihren Dienern erweist, nicht auch zurück auf die Armen, denen sie gedient haben? Man kann, man muß es sogar beklagen, daß es den Armen an Brot fehlt, aber an Ehre? Nein, das ist Literatur.« Es gäbe ein Mittel, alles in Ordnung zu bringen: organisiert den Kult des Unbekannten Armen. Beerdigt ihn auf dem Börsenplatz, und dann wird man in Paris keinen Stahl-, Kohlen- oder Petroleumkönig mehr sehen, der es nicht für seine

Pflicht hielte, einen Kranz an dieser neuen Weihestätte niederzulegen.

Ich verstehe, daß ihr genug habt von meiner Literatur, das ist euer gutes Recht. Ich, ich habe genug von der euern. Jedesmal, wenn sich die Gelegenheit bietet, schreibt ihr Seiten um Seiten über die Franziskanische Bewegung, aber selbst der Schamloseste von euch würde es nicht wagen, im Ernst zu behaupten, das Los der Armen habe sich – wenn man den ungeheuern materiellen Fortschritt, der sich seit dem Tode des Poverello in der Welt vollzogen hat, in Rechnung stellt – wesentlich gebessert. Ist's die Schuld des Heiligen? Nein. Also ist es eure Schuld; es ist die eure und die meine, es ist unsere Schuld. Man braucht kein großer Theologe zu sein, um zu begreifen, daß man die Geschichte des heiligen Franziskus nicht totschweigen kann, ohne gleichzeitig die Geschichte der Kirche zu verstümmeln. Das leuchtet dem ersten Besten ein. Schön, ich habe größte Achtung vor den Franziskanern, ich gebe zu, daß sie ausgezeichnete Mönche sind. Aber unter uns, Hand aufs Herz, stellt euch vor, alle diese guten Leute zögen morgen Schuhe an und würden Jesuiten, Dominikaner, Redemptoristen oder gründeten einfach einen Kirchenchor: glaubt ihr, ein solches Ereignis sei noch imstande, die Christenheit zu erschüttern? Würde man etwa deswegen in den Hütten Trauer anlegen? Nein? Nun also, hören wir auf, Worte zu machen, verschnaufen wir ein wenig, einverstanden?

DRITTES KAPITEL

DIE WELT wird von den Kindern gerichtet werden. Ich will diesen Worten keinen eigentlich mystischen Sinn beilegen. Paul Claudel hat seine Nachahmer, genau wie sein alter Meister Hugo sie hatte. Und die Jünger Paul Claudels haben mir, wenn nicht die Mystik, so doch mindestens Paul Claudel verekelt, denn ein naives, mit Eifer getätigtes Plagiat bringt nur allzu deutlich an den Tag, daß phantastischer Reichtum der Sprache immer mit einer gewissen Albernheit Hand in Hand geht. Das Wort Albernheit auf den großen Seher der *Légende des Siècles* anzuwenden, schokkiert heute, seit dem Tode Paul Soudays, niemand mehr. Als Barbey d'Aurevilly es zum erstenmal tat, erntete er nur Wutgeschrei. Möchte doch auch ich, so unwürdig ich des alten Lehrers meiner Jugend bin, meinerseits die Empörung der Dummköpfe ernten, sie mit beiden Händen zu fassen kriegen. Gewiß, die Umstände waren dem Propheten von Guernesey nicht gerade günstig: er konnte nur die Philosophie des *Constitutionnel* und die Wissenschaft Raspails in seine erhabenen Verse bannen; Paul Claudel schöpft seine Verse aus der *Revue Thomiste*.

Der Nachbeter, der in Paul Claudel steckt, hätte allein kaum ausgereicht, mich von allen dichterischen Verballhornungen des heiligen Johannes vom Kreuz abzuschrekken. Zum Glück erlaubt mir meine grobschlächtige Art ganz von selbst keine Lektüre, die das mir gesteckte Maß überschreitet. Wenn es ein Lexikon der Mystik gäbe – vielleicht gibt es wirklich eins –, würde ich mich hüten, hineinzuschauen, genauso wie ich mich hüte, medizinische oder archäologische Lexika aufzuschlagen, denn ich achte das bißchen Wissen, das ich besitze – und das zu erwerben, mich genug Mühe gekostet hat –, viel zu hoch, um es mit Dingen zu belasten, die mir nicht ganz einwandfrei vorkommen. Von allen Fragwürdigkeiten aber scheint

mir das hochtrabende Geschwätz am lächerlichsten. Warum sich erst in die Gefahr bringen, den Hals zu brechen und Wahrheiten auf Gipfeln zu suchen, die man mit der Hand greifen kann?
Ich glaube, selbst wenn ich kein Christ wäre, würde mir das innere Leben der Kirche immer auf eigentümliche Weise all jene verborgenen Mängel, jene Veränderungen der sittlichen Substanz enthüllen, durch die sich langsam, fast unmerklich die Völker verwandeln und die gewöhnlich erst dann richtig erkannt werden, wenn plötzlich die Krise ausbricht, ausgelöst durch irgendwelche Zufälle, die der Historiker dann mit wichtiger Miene als die Ursachen ausgibt. Jeder unvoreingenommene Beobachter wird mir zugeben, daß man von einer religiösen Gesellschaft wie der Kirche wenn schon keine übermenschliche Klarsicht, so doch mit Recht raschere und feinere Reaktionen erwarten dürfte. Die Dinge so zu sehen, mag einseitig sein, aber falsch ist es nicht. Überdies feit es einen gegen die rednerischen Ergüsse unsrer provinziellen Kanzelgrößen, deren erhabener Stil nicht viel mehr als das Gewand der Herren zum Wallen bringt und die jede Wette eingehen könnten, daß sie ihren schläfrigen Zuhörern, ohne daß diese es merken, statt gesprochener Worte bloße Modulationen der Stimme vorzuführen vermöchten, als hätten sie ein Akkordeon im Bauch.
Ich kann mir sehr gut die Rede vorstellen, die ein braver Ungläubiger von mittlerer Intelligenz halten würde, wenn ihm – nehmen wir's einmal an – einer dieser unerträglichen Schwätzer am Fest der Kleinen heiligen Therese für einen Augenblick seine Kanzel zur Verfügung stellte.

»Andächtige Christen«, so würde er beginnen, »ich teile zwar nicht euern Glauben, aber die Geschichte der Kirche ist mir wahrscheinlich vertrauter als euch, denn ich habe sie gelesen, und das können nicht viele Gläubige von sich behaupten. Wenn ich mich täusche, so bitte ich die Betreffenden, die Hand zu heben. Andächtige Christen, ich billige es durchaus, daß ihr die Heiligen preist, und ich bin glücklich, daß der Herr Pfarrer mir gestattet hat, meine Lobpreisungen mit den euern zu vereinen. Die Heiligen gehören mehr euch als mir, da ihr denselben Gott anbetet wie sie. Ich finde es darum ganz natürlich, daß ihr einander zu dem Ruhm beglückwünscht, den jene durch ihr erhabenes Leben erworben haben, doch fällt es mir schwer – ich bitte um Entschuldigung –, zu glauben, sie hätten bloß darum soviel gelitten und gekämpft, damit ihr zu ihren Ehren Feste feiern könnt, an denen im übrigen Tausende von armen Teufeln nicht teilnehmen können, weil sie niemals von diesen Helden haben reden hören – und um sie kennenzulernen, sind sie auf euch, nur auf euch, angewiesen. Gewiß, die Postverwaltung sorgt dafür, daß jedes Jahr eine gehörige Menge Kalender in Umlauf kommt, in denen neben den jeweiligen Mondphasen auch die Namen der Heiligen verzeichnet sind. Diese großartigen Verschwender haben ja alles verschenkt, sogar ihre Namen – die nun eine zweite umsichtige Verwaltungsbehörde, nämlich das staatliche Personenstandsregister, jedem x-Beliebigen, sei er gläubig oder ungläubig, als Ordnungsnummer für neugeborene Bürger zur Verfügung stellt. Wir Draußenstehenden, wir kennen die Heiligen nicht; aber es kommt mir so vor, als ob ihr sie nicht viel besser kennt. Wer von euch wäre imstande, zwanzig Zeilen über seinen Namenspatron oder seine Namenspatronin zu schreiben? Es gab eine Zeit, da war ich über diese Unwissenheit fassungslos, heute erscheint sie mir fast so natürlich wie euch selber. Ich weiß, es kümmert euch wenig, was Leute meiner Art denken. Die Frommen unter euch hüten sich sogar, sich mit Gottlosen in eine Diskussion einzulassen, damit sie ja nicht, so sagen sie, ihren Glauben verlieren. Wir verfehlen natürlich nicht, daraus den Schluß zu ziehn, daß dieser Glaube auf recht schwachen Füßen stehen muß. Und wir fragen uns, wie es erst um den Glauben der Lauen und Durchschnittschristen bestellt sein mag. Wir sehen in diesen armen Schelmen leicht Simulanten und Heuchler, aber ganz wohl ist uns dabei nicht zumute.

Ihr seid nicht sehr neugierig auf uns Ungläubige; wir umgekehrt sind es ungeheuer auf euch. Es gibt wenig Ungläubige, die sich nicht in einer bestimmten Zeit ihres Lebens einem von euch – heimlich, manchmal mit einem Fluch auf den Lippen – genähert haben. Versetzt euch in unsere Lage! Bestünde auch nur eine Wahrscheinlichkeit, eine leise Wahrscheinlichkeit, die allerleiseste, daß ihr recht hättet, dann müßte der Tod für uns die fürchterlichste Überraschung bringen. Muß es uns darum nicht reizen, euch näher kennenzulernen, euch zu ergründen? Denn schließlich – man erzählt sich von euch, ihr glaubtet an die Hölle! Wird also der Blick, so fragen wir uns, den ihr als irdische Gefährten auf uns richtet, ein wenig Mitleid verraten, etwas von jenem Mitleid, das ihr einem auf Erden Verurteilten gewiß nicht verweigern würdet? Oh, wir erwarten ganz und gar keine ›Beweise‹ von euch, die uns nur lächerlich vorkämen, aber bitte: schon der bloße Gedanke, daß Kameraden, Freunde, mit denen man getanzt hat, mit denen man Ski gelaufen ist und Bridge gespielt hat, daß diese vielleicht die ganze Ewigkeit verurteilt sind, mit den Zähnen zu knirschen und Gott zu fluchen – diese Vorstellung allein müßte einen Menschen doch verändern! Kurz, wir erwarten von euch wichtige Aufschlüsse. Aber wie sieht's in Wirklichkeit aus? Wir haben gar nichts von euch zu erwarten. Und unter dieser Enttäuschung leiden wir. Wir leiden vor allem darunter, daß wir uns vergebens demütigten und unsere Hoffnung auf euch setzten, das heißt: daß wir an uns, an unserm Unglauben zweifelten. Die meisten meinesgleichen lassen es mit einer ersten Erfahrung in dieser Hinsicht genug sein. Diese besagt jedoch gar nichts, denn natürlich gibt es unter euch eine Reihe falscher Frommer, die nur auf ihren Vorteil aus sind. Aber es gibt auch die andern. Wer nun sie betrachtet, kann nicht umhin, festzustellen, daß der Glaube, den sie bekennen, zwar nicht viel an ihrem Leben ändert – sie begehen nämlich genau wie wir, in mittleren Mengen, sechs von den bekannten Hauptsünden –, daß er jedoch offenbar ihre trübseligen Vergnügungen vergiftet, weil er der siebten Hauptsünde eine so ungemeine Wichtigkeit beimißt: die wird nämlich für tödlich erachtet. Meine lieben Brüder, wenn ihr schon nicht an euerm Heroismus zu erkennen seid – ohne den, wie Léon Bloy behauptet hat, der Christ nur ein Schwein ist –, so macht euch das ängstliche Getue, mit dem ihr die Sünde der Unzucht begeht, unter den Leuten kenntlich. Es ist also wahr, ihr glaubt tatsächlich an die Hölle! Ihr fürchtet sie für eure Gläubigen, für uns erwartet ihr sie. Seltsam, daß ihr unter solchen Voraussetzungen so gar nicht zu erschüttern vermögt!

Andächtige Christen! Falls ihr einmal in die Lage kommt, gefilmt zu werden, dann werdet ihr auf der Leinwand mit Bestürzung einen Menschen entdecken, gänzlich verschieden von dem, dessen unbewegliches Abbild euch der Spiegel zeigt. Möglicherweise hat euch eure Gewissenserforschung mit der Zeit Eigenschaften aufgedeckt, die euch so vertraut geworden sind, daß ihr in aller Einfalt meint, jeder müsse sie kennen. Aber wir sehen ja nicht in euer Gewissen hinein. Dagegen ist euer Wortschatz, der durch den langen Gebrauch für euch zweifellos seine ursprüngliche Kraft verloren hat, uns eher zugänglich. Und dieser Wortschatz stimmt uns nachdenklich. Steht in ihm nicht jenes geheimnisvolle Wort vom *Stand der Gnade?* Wenn ihr aus dem Beichtstuhl kommt, seid ihr im ›Stand der Gnade‹. Der Stand der Gnade... Nun, wir müssen schon sagen: man merkt nicht viel von ihm. Wir fragen uns, was ihr eigentlich mit der Gnade Gottes anfangt. Müßte sie nicht ausstrahlen von euch? Wo zum Teufel versteckt ihr eure Freude?

Ihr werdet mir antworten, das ginge mich nichts an. Wenn ich sie auch wirklich fände, diese Freude, ich wüßte ja doch nichts mit ihr anzufangen. Nun gut. Aber der Ton, in dem ihr mit uns sprecht, ist gewöhnlich von Bitterkeit und Rachsucht durchtränkt: mißgönnt ihr uns etwa die Vergnügungen, die ihr euch versagt? Sind sie denn so viel wert in euern Augen? Ach, in den unsern gelten sie nicht viel. Es macht uns ganz den Eindruck, als hieltet ihr uns für Tiere, die in der Ausübung ihres Verdauungs- und Fortpflanzungsvermögens eine unerschöpfliche Quelle der Lust finden, immer neuer, immer frischer, weil sie nach ihrem Genuß sofort wieder vergessen. Aber das *Vanitas Vanitatum* birgt für uns längst kein Geheimnis mehr! Die bittersten Seiten des Buches Hiob oder des Predigers Salomon sagen uns nichts Neues; schon unsere Maler und unsere Dichter schöpften daraus. Wenn ihr es recht überlegt, werdet ihr zugeben, daß wir, wir Ungläubigen, den Menschen des Alten Bundes nicht unähnlich sind. Die moderne Welt ist nicht weniger hart als die jüdische Welt: das unaufhörliche Geschrei, das aus ihr hervorbricht, ist das gleiche, das die Propheten zu hören bekamen – das Geschrei, das die riesigen Städte, am Rande der Wasser kauernd, zum Himmel schickten. Das Schweigen des Todes sucht uns heim, wie es diese heimgesucht hat, und wie sie antworten wir darauf abwechselnd mit Ausbrüchen des Hasses und des Entsetzens. Und schließlich, wir beten das gleiche Goldene Kalb an. Ein Kalb anzubeten, glaubt mir, ist bei den Völkern keineswegs ein Zeichen von Selbstvertrauen. Wir sind vom gleichen Aussatz zerfressen, dessen scheußliche Wunde die semitische Phantasie über die Jahrhunderte hin geprägt hat: von der Obsession des Nichts, der gewissermaßen physischen Unfähigkeit, die Auferstehung zu begreifen.

Selbst zur Zeit unsers Herrn glaubten die Juden, mit Ausnahme der kleinen Gruppe der Pharisäer, kaum an ein zukünftiges Leben. Ich nehme an, sie begehrten es zu heftig: mit einer aus den Eingeweiden aufsteigenden Sehnsucht, wie sie auch uns verzehrt. Die christliche Hoffnung rinnt durch uns hindurch wie durch ein Sieb. Ihr werdet mir jetzt erwidern, daß Israel doch auf den Messias wartete. Nun, wir warten auf den unsern. Und genau wie sie, sind auch wir durchaus nicht sicher, ob er kommt, und aus Furcht, die letzte Illusion, die uns bleibt, in den Himmel davonfliegen zu sehen, ketten wir sie mit aller Kraft an die Erde und träumen von einem fleischlichen Messias: von der Wissenschaft, vom Fortschritt, die uns zu Herren des Planeten machen werden. Ja, wir sind Menschen des Alten Bundes. Ihr werdet uns entgegenhalten, daß unsere Verblendung dann viel schuldvoller sei als die der Juden zur Zeit des Tiberius. Verzeihung, erstens ist es durchaus nicht sicher, ob wir den Messias gekreuzigt hätten. Und im übrigen – dreht die Sache, wie ihr wollt: die Gottesmörder gehörten zu den sogenannten besseren Leuten. Was ihr auch behaupten und anstellen mögt: seit damals kann man den Gottesmord nicht mehr unter die niedrigen Verbrechen rechnen. Er ist ein vornehmes Verbrechen, das vornehmste aller Verbrechen, ein erlesenes Verbrechen, von steinreichen Priestern begangen mit Billigung des Großbürgertums und der Intellektuellen jener Zeit, die man damals Schriftgelehrte nannte. Ja, lacht nur, liebe Brüder, es waren weder Kommunisten noch Gotteslästerer, die den Heiland ans Kreuz schlugen. Gestattet übrigens, daß auch ich lache: ihr haltet natürlich das Evangelium für das Wort Gottes, jeder Vers dieses göttlichen Buches gilt euch als Orakel – und das berührt euch gar nicht, daß der liebe Gott eine bestimmte Gattung von Leuten beharrlich aus dem Spiel läßt, von denen man zumindest sagen kann, daß sie nicht zum üblichen Umgang von Polizisten, Notaren und pensionierten Generalen gehören, auch nicht zu dem der tugendhaften Ehefrauen der Genannten, und, unter uns gesagt, auch nicht des hochwürdigen Klerus? Das trifft euch gar nicht, daß der liebe Gott seine härtesten Flüche höchst angesehenen Persönlichkeiten vorbehalten hat, die regelmäßig zum Gottesdienst kamen, streng die Fastengebote hielten und viel besser über ihre Religion Bescheid wußten als – das soll kein Vorwurf sein – die Mehrzahl des heutigen Kirchenvolks? Diese Ungeheuerlichkeit erregt nicht eure Aufmerksamkeit? Die unsrige nimmt sie gefangen, das muß ich schon sagen! Ihr wollt mir entgegenhalten, Gott habe sich in eure Hände gegeben? Die Hände, in die sich Christus damals gab, waren keine Freundeshände, es waren geweihte Hände. Was kümmert es uns, daß ihr die Nachfolge der Synagoge angetreten habt und daß diese Nachfolge legitim ist? Für uns, die wir nur von euch erwarten können, teilzuhaben an einem Geschenk, das ihr unaussprechlich groß nennt, ist es völlig gleichgültig, daß Gott sich in eure Hände gegeben hat. Uns interessiert nur, was ihr damit anfangt.

Ich kann von hier aus, meine lieben Brüder, das scharfe Profil des Herrn Obersten Romorantin erkennen. Er wechselt gerade mit dem Herrn Direktor der Hypothekenbank und einigen in dieser Pfarrei wohlbekannten Geschäftsleuten Blicke der Entrüstung. Schließlich sind wir ja hier zu Hause, zum Donnerwetter! Dieser Herr ist mir überhaupt nicht vorgestellt worden, ich kenne ihn nicht, und er nützt das aus, um uns unangenehme Dinge zu sagen. Aber, lieber Herr Oberst, Ihre Kirche ist doch nicht das Offizierskasino! Ich wünsche Ihnen von Herzen, daß Sie eines Tages Ihren Ehrenplatz unter der riesigen Kuppel der triumphierenden Kirche einnehmen mögen; heute jedoch sind Sie nur Anwärter darauf – wie jedermann. Begehen wir das Fest der Kleinen Therese oder das der Mitglieder dieser

Pfarre? Als ich Sie im Chorgestühl Platz nehmen sah, glaubte ich beinahe, der Aufnahme eines neuen Akademiemitglieds durch seine feierlich geschmückten Kollegen beizuwohnen! Man möchte meinen, das große Dogma von der Gemeinschaft der Heiligen, dessen Majestät uns erschüttert, stelle für Sie nur ein Vorrecht mehr, neben vielen andern, dar. Ist nicht die Lehre von der Übertragbarkeit der Verdienste dessen Ergänzung? Wir, wir haben nur das zu verantworten, was wir selber tun und was uns an materiellen Folgen daraus erwächst. Die Verpflichtung dagegen, die euch an die andern Menschen bindet, ist wesentlich höherer Art. Mir scheint, daß das Geschenk des Glaubens, das euch zuteil wurde, euch keineswegs von den Menschen scheidet, sondern im Gegenteil noch enger an sie bindet, als es Bande des Blutes oder der Rasse vermöchten. Ihr seid das Salz der Erde: wenn die Welt schal wird, an wen soll ich mich dann halten? Vergebens beruft ihr euch auf die Verdienste eurer Heiligen; zunächst seid ihr die Verwalter dieser Güter. Wir hören oft die Besten unter euch voller Stolz erklären, sie seien niemand etwas schuldig. In euerm Munde sind solche Worte einfach sinnlos, denn ihr schuldet buchstäblich der ganzen Welt, jedem von uns, auch mir. Herr Oberst, es ist gut möglich, daß Sie mehr verschuldet sind als ein Leutnant! Gott allein kennt die Geheimnisse eurer Schatzkammern! Wenn es wahr ist, was eure Priester behaupten, daß das Schicksal auch des Mächtigsten dieser Erde – vielleicht in diesem Augenblick, in dem ich spreche – vom Willen eines Kindes abhängt, das, zwischen Gut und Böse hin und her gerissen, vielleicht gerade mit all seinen schwachen Kräften der Gnade widersteht, dann ist es für mich höchst ulkig, euch im alltäglichen Ton von den Geschäften dieser Welt sprechen zu hören. Ach, ihr seid merkwürdige Leute! Der Herr Oberst Romorantin wird heute abend beim Kartenspiel ohne Zweifel erklären: »Was soll das alles? In unserer Familie, sapperlot, ist man katholisch, und damit basta!« Denn eure Moral ist wie die der ganzen Welt, bis auf einen winzigen Unterschied: ihr nennt Sünde, was die Moralisten mit einem andern Namen bezeichnen. Ach ja, ihr seid merkwürdige Leute! Wenn ihr verkünden hört, eine kleine schwindsüchtige Karmeliterin habe durch die heroische Erfüllung von Pflichten, die ebenso demütig waren wie sie selbst, die Bekehrung von Tausenden bewirkt oder sogar – warum nicht? – den französischen Sieg von 1918, dann findet ihr das selbstverständlich. Wenn man euch aber umgekehrt, im Sinne eurer merkwürdigen Logik, höflich erklärt, die Verkommenheit des mexikanischen Klerus zum Beispiel sei die übernatürliche Ursache der Verfolgungen in diesem unglücklichen Lande, dann zuckt ihr die Achseln: was haben die Verbrechen vertierter Menschen mit der Habsucht, dem Geiz oder dem Luderleben dieser armen Priester zu tun? Aber dieses Argument spricht für mich, nicht für euch. Genauso urteilen nämlich die Richter dieser Welt, die den Ehebruch mit einer Geldstrafe von fünfundzwanzig Francs belegen und einen armen Schlucker, der die Zeche geprellt hat, sechs Monate ins Gefängnis stecken. Ein anderes Beispiel: ihr haltet es für wahrscheinlich, daß der Pfarrer von Ars allein durch sein Leben es fertigbrachte, seine Bauern wieder in die Kirche hereinzuholen – ein so jammervolles Leben, daß seine Amtsbrüder den Unglücklichen beinahe eingesperrt hätten. Aber wenn ich so ungeschickt wäre, die Meinung zu äußern, irgendein spanischer Pfarrer, wiewohl vollkommen im reinen mit den Gerichten seines Landes, sei nichtsdestoweniger als der geistige Vater einer Gemeinde von Mördern und Kirchenschändern anzusehen, so würde ich bestimmt als Bolschewist verschrien. Seid ihr wirklich so dumm, oder tut ihr nur so als ob? Man würde euch ja durchgehn lassen, daß ihr einen Glauben ohne Werke habt. Denn da wir nicht an die Wirksamkeit eurer Sakramente glauben, können wir euch beim besten Willen keinen Vorwurf daraus machen, daß ihr nicht viel besser seid als wir. Was wir nicht verstehn können, ist, daß ihr in der Regel über die Dinge dieser Welt genauso redet wie wir. Denn schließlich – dazu zwingt euch doch nichts! Daß ihr nach unsern Grundsätzen handelt oder vielmehr nach den harten Erfahrungen von Menschen, die nichts von einer andern Welt erhoffen und deshalb in dieser einen Kampf führen wie die Tiere oder die Pflanzen, also nach dem Gesetz des Stärkeren, mag noch angehn. Aber wenn eure Väter die herzlose Wirtschaftslehre des Herrn Adam Smith förderten, oder wenn ihr allen Ernstes einem Machiavelli huldigt, dann muß ich schon sagen, daß ihr uns damit nicht den geringsten Eindruck macht; ihr kommt uns lediglich als sonderbare, unbegreifliche Narren vor.

Diese aufrichtige Erklärung wird, ich weiß es wohl, euern gesunden Optimismus nicht erschüttern, dem ihr zweifellos, auf Grund einer Ähnlichkeit, die nur ihr entdeckt, den Namen Hoffnung gebt. Das Schlimme an den erhabenen Tugenden ist, daß sie in heroischem Geist geübt werden müssen. Es ist mit ihnen wie mit den Männern, die es wunderbar finden, wenn man ihnen Widerstand leistet, die aber desto leichter zu verführen sind. Die Demut gibt dem Starken Stärke. Mit Geschick angewendet, kann sie dem Mittelmäßigen den Abgrund der Erniedrigung ersparen oder zumindest deren Bitternis mildern. Wenn die Umstände unsereinen zu dem Eingeständnis zwingen, daß er nicht viel taugt, dann bleibt ihm nicht viel anderes übrig, als die Augen vor solch trauriger Wahrheit zu schließen. Das gelingt uns nicht immer. Sich selber einzugestehen, daß man ein Feigling, ein Lügner oder ein Schuft ist, das bedeutet für Leute unsers Schlages nur einen schwachen Trost. Dagegen lassen einige von euch, wenn sie diese Übung angestellt haben, eine Art Befriedigung erkennen, die uns ein wenig komisch vorkommt. In Ermanglung der

Gnade Gottes gibt ihnen der Akt der Demut, den sie gerade in ihrem Gebetbuch gelesen haben, ihre Selbstachtung zurück. Ein solches Verfahren scheint mir zu vorteilhaft, um wahrhaft übernatürlich zu sein.

Ihr findet, liebe Freunde, daß meine Einleitung recht langatmig ist. Aber die schlechte Meinung, die ihr von uns habt, betrübt mich, und ich suche sie zu widerlegen. Ich halte diese Meinung nicht für bewußt oder für böse Absicht. Ihr seht die Ungläubigen, wie sie sind, und die Christen, wie sie sein sollten – daher das ärgerliche Mißverständnis! Oder vielmehr, ihr seht uns Ungläubige so, wie wir in der Tat wären, wenn ihr Christen im Geiste des Evangeliums und nach dem Herzen Gottes wäret. Denn in diesem Fall wärt ihr berechtigt, von der Verhärtung unserer Herzen zu sprechen. Glaubt ihr, es sei sehr angenehm, sich täglich als Feinde Gottes bezeichnet zu hören von Leuten, die so erhaben übernatürlich sind wie die Herren Bailby oder Doriot? Eine solche Einordnung war für unsere Väter und Großväter nicht weiter gefährlich – damals, als eure Prediger gegen uns das geheiligte Recht auf Gewissensfreiheit ausriefen. Morgen kann sie die peinliche Aufmerksamkeit eines Kreuzzugsgenerals auf uns lenken. Nein, meine lieben Brüder, viele Ungläubige sind gar nicht so verhärtet, wie man denkt. Muß ich euch daran erinnern, daß Gott selber gekommen ist, um sich dem jüdischen Volke zu offenbaren? Sie haben ihn gesehen. Sie haben ihn gehört. Sie haben ihn mit ihren Händen betastet. Sie haben Zeichen von ihm gefordert. Er hat ihnen Zeichen gegeben. Er hat die Kranken geheilt, die Toten auferweckt. Dann ist er aufgefahren gen Himmel. Wenn wir ihn seitdem in dieser Welt suchen, finden wir nur euch, euch allein! Oh, ich ehre die Kirche – aber schließlich liefert gerade die Geschichte der Kirche ihr Geheimnis nicht dem ersten besten aus. Da ist Rom – aber ihr wißt, daß die Größe des Katholizismus sich dort nicht auf Anhieb enthüllt: viele von euch sind enttäuscht von dort zurückgekommen. Wie wird es erst uns ergehn? Euch, Christen, erklärt die Liturgie der Messe als der Gottheit teilhaftig; ihr, mit euerm vergöttlichten Wesen, seid seit der Himmelfahrt Christi hier auf Erden das, was von Christus sichtbar ist. Gebt zu, daß man euch das nicht immer auf den ersten Blick ansieht!

Ihr findet meine Bemerkungen fehl am Platze in diesem Kreise. Nun, sie sind es nicht mehr als die meisten von euch. Könnten sie doch eure Aufmerksamkeit auf die Gefahren lenken, die euch drohen! Gewiß sind sie der Heiligen, deren Fest wir feiern, recht unwürdig, aber sie haben das Verdienst, einfach zu sein, ja, sogar kindlich – das Lächeln des Herrn Direktors der Hypothekenbank ist mir dafür ein sicherer Beweis. Unsere himmlische Freundin wird mir nicht böse sein, daß ich wie ein Kind spreche. Ich bin leider nur ein altes Kind, das sich von seiner Unerfahrenheit bedrückt fühlt, und ihr habt nicht viel von mir zu befürchten. Fürchtet die, welche nach mir kommen, sie, die euch richten werden, fürchtet die Unschuldigen Kinder, denn für euch werden sie schrecklich sein. Das einzige, was euch zu tun bleibt, ist, dem Rat der Heiligen zu folgen: werdet selbst wieder Kinder, findet den Geist der Kindheit wieder! Denn die Stunde kommt, wo die Fragen, die von allen Enden der Erde auf euch eindringen, zugleich so unabweislich und so einfach sein werden, daß ihr nur mit Ja oder Nein auf sie antworten könnt. Die Gesellschaft, in der ihr lebt, scheint verwickelter als andere, weil sie sich dadurch auszeichnet, daß sie die Probleme schwierig erscheinen läßt oder zumindest auf hundert verschiedene Arten vor Augen stellt – und das erlaubt ihr, genauso viele vorläufige Lösungen zu erfinden, die sie uns natürlich als endgültige anbietet. Seit Molière machen's die Ärzte so. Aber auch die Wirtschaftler und Soziologen tun's nicht an-

ders. Ich behaupte, daß ihr euch in dieser Gesellschaft in einer sehr günstigen Lage befindet, denn da sie sich selber als materialistisch bezeichnet, überläßt sie euch recht wohlfeil das unermeßliche Vorrecht, im Namen des Geistes Kritik an ihr zu üben. Zum Unglück für euch vermögen jedoch selbst die unverschämtesten Phrasen, sobald ein gewisser Grad von List und Heuchelei überschritten ist, nicht mehr über die innere Hohlheit der Systeme hinwegzutäuschen. Wenn ein politischer Redner merkt, wie sich in einem aufmerksam lauschenden Saal plötzlich ein gewisses, zunächst kaum vernehmliches Flüstern erhebt, dann mag er seine Argumente und Beschwörungen verdoppeln – diese letzte Anstrengung wird seine Niederlage nur beschleunigen. In einer der letzten Nummern der *Revue de Paris* konnte man zum Beispiel folgende Zeilen, von Paul Morand gezeichnet, lesen: ›Ich kann mir sehr gut die Autarkien von morgen vorstellen, wie sie in bestimmten verwahrlosten Gegenden die Ehelosigkeit zum Gesetz erheben, in andern hingegen, die besonders herausgestellt werden sollen, auf eine Steigerung der Geburtenzahl nach einem umfassenden Plan drängen. ... Und nachdem die Zahl der Geburten geregelt ist, wird sich der zukünftige Staat zweifellos mit deren Qualität befassen, denn er wird doch nicht hinter dem augenblicklichen Staat als Gestütsdirektor zurückstehn.‹ Paul Morand gehört zur besten Gesellschaft, er gehört sogar dem Diplomatischen Korps an. Man kann ihn also wahrhaftig nicht für einen Humoristen halten. Herr Patenôtre ist, soviel ich weiß, genauso wenig Humorist, eine kürzlich von ihm abgegebene Erklärung kann also auch von einer so seriösen Zuhörerschaft wie der, vor der zu sprechen ich die Ehre habe, entgegengenommen werden:
›Stellen wir uns eine Gesellschaft vor, so reich wie die Vereinigten Staaten oder auch nur wie Großbritannien oder Frankreich, in der man mit allen Vorurteilen reinen Tisch gemacht hat und wo man sich eines Tages einstimmig ent-

schließt, einfach zu produzieren, soviel man kann, ohne sich um die Nachfrage der Verbraucher zu kümmern. Die Fabriken bringen alsbald ihre Maschinen auf den besten Stand und arbeiten im Schichtbetrieb Nacht und Tag. Ebenso werden auf dem Lande die Erträge des Getreidebaus, des Gemüsebaus und der Viehzucht gesteigert. Was geschieht? Diese industrielle und landwirtschaftliche Produktion wird am Ende von x Jahren ein solches Ausmaß erreicht haben, daß eine gerechte Verteilung jedem einzelnen und der Gesamtheit einen sehr hohen Lebensstandard zusichert. Warum sollen wir also zusehen, wie der Schlendrian unserer Wirtschaftsmethoden und die Zwangsjacke unserer Vorurteile den Fortschritt aufhalten und sich der Erhöhung unseres Lebensstandards in den Weg stellen unter dem Motto: Bis hierhin und nicht weiter? Wo liegt der Fehler unseres Wirtschaftssystems, der es in jenen Teufelskreis einschließt, in dem die Produktion niedergehalten wird, weil es nicht genug zahlungsfähige Verbraucher gibt und die Verbraucher eben deshalb so wenig abnehmen können, weil die Produktion nicht genügend entwickelt ist?‹

Ich weiß nicht, ob ihr dieses schlichte Bekenntnis ebenso zu schätzen wißt wie ich. So viel Anstrengungen, um schließlich zu einer angeblich materialistischen Gesellschaft zu gelangen, die weder mehr produzieren noch verkaufen kann! Gebt zu, daß es unter solchen Voraussetzungen gleichgültig ist, ob die Vorkämpfer der Ordnung – einer solchen Ordnung – rote, gelbe oder grüne Hemden tragen, daß die Diktatoren ruhig mit den Zähnen knirschen und ihre Augen rollen mögen – die Kinder, die von ihren Eltern in dieses Theater geschleppt werden, schauen einander an: sie haben den Hanswurst entdeckt, und der Saal birst unter dem Ausbruch eines allgemeinen Gelächters!

Meine andächtigen Zuhörer, hier liegt die Gefahr. Es ist gefährlich, die Nachfolge einer Gesellschaft anzutreten, die unter Lachsalven zusammengebrochen ist, denn selbst deren Trümmer werden zu nichts mehr nütze sein. Alles müßt ihr neu errichten, vor den Augen der Kinder müßt ihr alles neu aufbauen. Werdet also wieder Kinder! Sie haben eure verwundbare Stelle entdeckt, ihr werdet ihren Spott nur durch Einfachheit, durch Freimut und Kühnheit entwaffnen.

Nur mit dem Geiste des Heldentums werdet ihr vor ihrem Urteil bestehn.

Wenn ich so spreche, glaube ich nicht, daß ich die Denkweise der heiligen Therese von Lisieux verfälsche. Ich lege sie nur ein wenig aus. Ich versuche sie auf menschliche Weise anzuwenden, um die Dinge dieser Welt zu klären. Sie hat den Geist der Kindheit gepredigt. Der Geist der Kindheit vermag das Gute wie das Böse. Er ist kein Geist, der Ungerechtigkeit hinnimmt. Laßt ihn nicht zum Geist der Empörung werden: er würde euch von der Erde hinwegfegen.

Eine solche Vorstellung ist freilich auch für uns nicht gerade beruhigend, denn wir würden mit euch zusammen hinweggefegt werden.

Ich möchte eure Aufmerksamkeit auf einen eigentümlichen Aspekt lenken, den die Geschichte seit Beginn der christlichen Ära zeigt. Wenn die Juden ihre Propheten steinigten, dann waren die Gojim die Nutznießer: Gott lieferte ihnen dieses halsstarrige Volk aus, und sie beuteten es aus: seine Schätze, seine Frauen und seine Töchter. Wohingegen wir, wenn ihr taub bleibt für die Warnungen der Heiligen, mit euch zusammen die Zeche bezahlen werden, genau wie ihr, teurer noch als ihr – wenn ihr mir erlaubt, mich so familiär auszudrücken. Unter diesem Gesichtspunkt gibt es noch immer die eine Christenheit von ehedem.

Denn eure Geschichte, die Geschichte der Kirche, scheint

zunächst einfach der allgemeinen Geschichte ein neues Kapitel hinzuzufügen. Aber in Wirklichkeit ist dem gar nicht so. Zwar haben die Klugheit und die Torheit der Menschen sie abwechselnd geprägt, aber Siege wie Niederlagen der Kirche lassen sich nicht allein daraus erklären. Oh, das erkennt man nicht auf den ersten Blick. Es wäre deshalb auch überflüssig, Seite um Seite alle Arten von Irrtümern, die uns bekannt sind, aufzudecken. Deren Ausmaß bleibt sich immer gleich. Aber ich glaube nicht, daß sie nach dem allgemeinen Gesetz der Geschichte einer aus dem andern hervorgehn und ein und derselben Ordnung der Aufeinanderfolge unterworfen sind. Ihr erklärt diese merkwürdige Erscheinung durch das Eingreifen Gottes. Ich widerspreche euch in diesem Punkt nicht. Ich bin zum Beispiel der Meinung, daß nur ein Narr vom außerordentlichen Wesen eurer Helden unbeeindruckt bleiben kann, vor allem was deren unvergleichliche Menschlichkeit betrifft. Die Bezeichnung Held paßt übrigens nicht ganz auf sie, die des Genies ebensowenig: sie sind ja immer zugleich Helden und Genies. Aber Heldentum und Genialität pflegen beide einen gewissen Verlust an Menschlichkeit im Gefolge zu haben, wohingegen eure Heiligen überströmen von Menschlichkeit. Ich würde also sagen, daß sie zugleich Helden, Genies und Kinder sind. Wundersames Geschenk des Schicksals! Selbstverständlich hätten wir es viel lieber mit ihnen als mit euch zu tun. Ach, die Erfahrung lehrt uns leider, daß es unmöglich ist, unmittelbare Beziehungen zu ihnen aufzunehmen. Was sollten auch unsere Politiker und Moralisten mit der Kleinen Therese anfangen? Im Munde dieser Herren verlöre die Botschaft der Heiligen jeden Sinn, zumindest jede Aussicht, wirksam zu werden. Diese Botschaft ist in eurer Sprache geschrieben, in eurer Sprache allein kann sie ausgedrückt werden, uns fehlen die Worte, die es braucht, um sie unverfälscht wiederzugeben – sprechen wir nicht mehr davon. Meine Brüder, dieses Geständnis mache ich euch in aller Demut, nehmt es im gleichen Geist auf. Denn wenn es nur euch zusteht, die Botschaft der Heiligen zu vermitteln, dann, o weh, habt ihr es sehr daran fehlen lassen, dieser Pflicht immer zu unserm Bestehen nachzukommen. Es tut mir leid, aber ich muß es euch sagen: eure Versäumnis kommt uns teuer zu stehn. Versucht nicht, uns glauben zu machen, diese gotterfüllten Menschen seien lediglich gekommen, um dem jeweiligen Bild ein paar kleine Tupfer aufzusetzen! Wenn ich es zum Beispiel wagen dürfte, dann würde ich die Botschaft des heiligen Franz folgendermaßen zusammenfassen: Es sieht bös aus, liebe Kinder, es sieht sehr bös aus – so hätte der Heilige gesagt – und es wird bald noch schlimmer um euch bestellt sein. Ich wünschte, ich könnte euch über euern Gesundheitszustand beruhigen. Aber wenn Kräutertees für euch genügen würden, dann wäre ich ruhig zu Hause geblieben, denn ich liebte meine Freunde zärtlich, ich pflegte ihnen provenzalische Lieder zur Laute zu singen. Das Heil ist für euch erreichbar. Versucht nicht, auf Umwegen hinzugelangen, es gibt nur einen Weg: die Armut. Ich werde euch auf diesem Weg nicht folgen, meine Kinder, ich werde euch vorangehn: ich werfe mich voran, habt keine Angst! Wenn ich für mich allein leiden könnte, glaubt mir, dann hätte ich euch nicht aus euern Vergnügungen aufgestört! Ach, der liebe Gott hat es mir nicht erlaubt. Ihr habt die Armut gekränkt! Was soll ich euch viel erzählen: zum Äußersten habt ihr sie getrieben! Weil sie geduldig ist, habt ihr nach und nach, hinterlistig, all eure Lasten auf ihre Schultern geladen. Da liegt sie nun, das Gesicht auf der Erde, immer noch ohne ein Wort der Klage, ihre Tränen in den Staub verströmend. Ihr sagt: Jetzt stört uns nichts mehr, jetzt können wir tanzen. Aber ihr werdet nicht tanzen, liebe Kinder, ihr werdet sterben. Wenn euch die Armut verflucht, seid ihr tot. Zieht nicht den Fluch der Armut auf diese Welt! Voran!

Dieser Ratschlag ist offensichtlich an euch alle gerichtet worden. Nur wenige sind ihm gefolgt. Ihr gleicht jenen Italienern, von denen erzählt wird, wie sie in ihren Gräben saßen und das Zeichen zum Sturmangriff erwarteten. Plötzlich schwingt der Oberst seinen Säbel, springt auf die Grabenbrüstung, stürmt allein durch das Sperrfeuer und schreit: Avanti, Avanti! Und seine Soldaten, immer noch in ihre Gräben gekauert, werden von seinem Heldenmut elektrisiert, klatschen in die Hände und rufen, Tränen der Begeisterung in den Augen: Bravo! Bravo! Bravissimo!

Meine Brüder, ich sage immer dasselbe, weil es immer dasselbe ist. Wäret ihr diesem Heiligen gefolgt, statt ihm Beifall zu klatschen, dann hätte Europa weder die Reformation noch die Religionskriege noch die schreckliche spanische Unterdrückung gekannt. Euch, nur euch hatte der Heilige aufgerufen, der Tod aber machte keinen Unterschied: er traf alle. Heute sind wir in ähnlicher Gefahr. Sie ist sogar noch schlimmer. Eine Heilige, deren erschütterndes Leben zur Genüge offenbart, wie unabweisbar drängend ihre Botschaft ist, fordert euch auf, wieder Kinder zu werden. Die Ratschlüsse Gottes, wie ihr das nennt, sind undurchdringlich. Aber man kann schwerlich anders als glauben, daß euch hier eine letzte Chance geboten wird. Eine letzte Chance für euch wie für uns. Seid ihr noch fähig, die Welt zu verjüngen, ja oder nein? Das Evangelium ist ewig jung, ihr aber seid alt. Eure Greise sind sogar noch älter als die andern. Sie wackeln mit dem Kopf und wiederholen ständig: Weder Reaktion noch Revolution! mit einer so tiefen Grabesstimme, daß sie bei jeder Silbe einen Zahn verlieren. Die Reaktion ist notwendig und die Revolution nicht überflüssig. Reaktion und Revolution zusammen aber können kaum etwas bessern.

Himmel, macht doch Schluß mit dieser alten Zwangsvorstellung, ihr müßtet eine Ordnung schützen, die sich selbst überhaupt nicht schützt, sondern sich vielmehr planvoll zerstört. Die allgemeine Ordnung wurde übrigens inzwischen von der allgemeinen Militärdienstpflicht abgelöst. Ruft eure Kasuisten zurück, daß man sie nicht auch noch unter die Soldaten steckt! Ruft sie zurück, oder vielmehr tragt sie zurück, denn die Unglücklichen haben sich so komplizierten Gelenkigkeitsübungen hingegeben, daß sie ihre Beine um den Hals, die Arme hinter den Schultern und den Kopf in Höhe des untersten Rückenwirbels tragen. Tragt sie, wie sie sind, auf euern Tragbahren zurück, denn von allein wird es ihnen nicht gelingen, wieder in eine normale Lage zu kommen. Aber noch ist nichts verloren, denn das Evangelium ist durch zwei Jahrtausende nutzlosen Verhandelns hindurch unversehrt auf uns gelangt: nicht ein Jota fehlt ihm. Ist es denn so schwer, auf alle Fragen, die euch von nun an gestellt werden, mit Ja oder Nein zu antworten? Das allein ist nämlich die Sprache der Ehrenmänner. Auch die Ehre gehört zu den Schätzen, über die die Kindheit verfügt. Eben durch ihr zutiefst kindliches Wesen entzieht sie sich der Analyse der Moralisten, denn der Moralist hat es nur mit dem ›reifen Menschen‹ zu tun, jenem Fabelwesen, das er erfunden hat, um bequemer seine Deduktionen zu vollführen. Es gibt diesen reifen Menschen gar nicht, weil es keinen Zwischenzustand gibt zwischen einer Altersstufe und der andern. Wer nicht fähig ist, mehr zu geben, als er empfängt, beginnt in Verwesung überzugehen. Was die Moral oder die Physiologie über diesen wichtigen Punkt sagen, hat für uns keine Bedeutung, weil wir den Worten Jugend und Alter einen andern Sinn beilegen als sie. Die Erfahrung mit den Menschen – und nicht irgendein Wissen um den Menschen an sich – bringt uns schnell bei, daß Jugend und Alter eine Sache der inneren Gestimmtheit oder, wenn man will, der Seele sind. Und in dieser Hinsicht gibt es freilich, wie ich glaube, eine Art Vorherbestimmung.

Solche Ansichten sind, gebt es nur zu, keineswegs neu. Selbst der stumpfste Beobachter sieht genau, daß ein Geizkragen schon mit zwanzig Jahren ein Greis ist. Es gibt ein Volk der Jugend. Dieses Volk ruft euch, dieses Volk gilt es zu retten. Wartet nicht, bis es dem Volk der Alten gelungen ist, es zu zerstören mit Hilfe der gleichen Maßnahmen, mit denen sie einst in weniger als einem Jahrhundert die Rothäute ausgerottet haben. Laßt es nicht zu, daß die Alten die Jungen als Kolonialvölker behandeln! Glaubt nicht, ihr könntet eure Schuld gegenüber dem Volk der Jugend mit Reden begleichen, auch wenn ihr sie druckt. Zu der Zeit, da die Pharisäer Amerikas mit wissenschaftlicher Gründlichkeit eine Rasse ausrotteten, die tausendmal kostbarer war als ihr eigenes widerliches Gemisch, ließen Chateaubriand und Cooper ihre Indianer gemeinsam mit den Schotten Walter Scotts das erlesene Vergnügen romantischer Katzen genießen: sich am Mitleid zu erquicken wie an frischem Blut.
Christen, die Heiligsprechung der Jeanne d'Arc im zwanzigsten Jahrhundert bedeutet eine feierliche Mahnung. Das wunderbare Schicksal einer kleinen unbekannten Karmeliterin erscheint mir als ein noch bedeutsameres Zeichen. Werdet rasch wieder Kinder, damit wir unserseits es auch werden. Das kann doch nicht so schwer sein, wie man meint. Da ihr euern Glauben nicht mehr lebt, ist dieser Glaube nicht mehr lebendig, er ist abstrakt geworden, gleichsam desinkarniert. Vielleicht haben wir in der Desinkarnation des göttlichen Wortes die wahre Ursache all unsrer Leiden zu suchen? Viele von euch benutzen die Wahrheiten des Evangeliums wie ein musikalisches Thema und instrumentieren es mit der Weisheit dieser Welt. Indem ihr die evangelischen Wahrheiten angeblich den Politikern mundgerecht macht, fürchtet ihr da nicht, sie den Einfältigen unzugänglich zu machen? Wie wäre es, wenn ihr gelegentlich einmal versuchtet, diese Wahrheiten,

so wie sie sind, euern verwickelten Systemen gegenüberzustellen und dann ruhig ihre Antwort abzuwarten, anstatt fortwährend zu reden? Jeanne d'Arc war nur eine Heilige, und trotzdem hat sie die Doktoren der Pariser Universität in die Tasche gesteckt. Wie wär's, wenn ihr das Wort dem Jesuskind überließet? Ihr werdet mir wieder sagen, daß mich das nichts angehe. Aber Verzeihung: Um mit einer Ordnung fertig zu werden, die kaum weniger erstarrt war als die unsere, hat es nicht eines solchen Aufgebotes von Gelehrten bedurft! Das ist eine historische Tatsache von größter Tragweite. Ich finde es durchaus natürlich, daß ihr euch an eure Bibliotheken haltet. Sie haben euch wertvolle Dienste gegen die Ketzer geleistet. Aber die Welt wird nicht nur von den Ketzern geplagt, sie ist vom Wahn besessen, sich selber zu vernichten. Eilig trägt sie von einem Ende des Planeten zum andern alles zu diesem gigantischen Unternehmen Notwendige zusammen. Ihr könnt einen Unglücklichen nicht vom Selbstmord zurückhalten, indem ihr ihm beweist, daß der Selbstmord eine gesellschaftsfeindliche Handlung ist, denn der arme Teufel will ja gerade durch den Tod einer Gesellschaft, die ihn anwidert, entfliehen. In einer Sprache, die sich kaum von der der Moralisten, der Moralbestien, unterscheidet, ermahnt ihr die Menschen noch immer, ihre Begierden zu mäßigen. Aber sie haben ja gar keine Begierden mehr, sie setzen sich gar kein Ziel mehr, sie sehen gar kein Ziel mehr, das zu begehren eine Anstrengung verlohnte!

Andächtige Christen, ich komme zum Schluß dieser langen Rede. In meiner Eigenschaft als Ungläubiger kann ich euch leider nicht den Segen geben. Ich habe aber die Ehre, euch zu grüßen. Daß wir uns euch so ähnlich fühlen, daß wir angesichts einer gefährlichen Entwicklung fast genau so ratlos sind wie ihr, das bedrückt mich ein wenig. Denn, entschuldigt meinen Freimut, ihr scheint nicht weniger als wir von der einzigen Sorge erfüllt zu sein, wie ihr eure

Haut retten könnt. Jenes Wort einer hemmungslosen Verzweiflung: Komme, was da wolle, wenn's nur mich nicht erwischt! scheint sich schon auf euern Lippen zu bilden, während ihr nach den Diktaturen schielt. Komme, was da wolle, komme, wer da wolle – zum Teufel! Werdet schleunigst wieder Kinder, das ist weniger gefährlich! Wir müssen euch sagen, daß wir in eure politischen Fähigkeiten keinerlei Vertrauen setzen. Nur noch kurze Zeit, und euer übertriebener Eifer wird euch auch den neuen Herren verdächtig machen. Zum Schreckgespenst der freien Menschen und der Armen zu werden, wenn man einen Führer wie das Evangelium hat, gebt zu, darüber kann man nur lachen. Werdet also wieder Kinder, flieht in die Kindheit zurück. Wenn die Mächtigen dieser Welt euch verfängliche Fragen stellen über eine Menge heikler Dinge, über den modernen Krieg, über den Wert von Verträgen, über die kapitalistische Ordnung, dann schämt euch nicht, dann sagt offen heraus, daß ihr zu dumm seid, daß ihr keine Antwort wißt, daß das Evangelium für euch antworten wird. Dann wird das Wort Gottes vielleicht das Wunder bewirken und die Menschen, die guten Willens sind, vereinen, denn es wurde ja für sie gesagt. Das *Pax hominibus bonae voluntatis* läßt sich beim besten Willen nicht übersetzen mit: ›Zunächst einmal Krieg, das andre findet sich später‹. Für uns ist es natürlich widersinnig, ein Wunder zu erwarten. Aber ist es nicht noch viel widersinniger, es von euch zu erwarten? Aus diesem Grund treffen wir unsere Vorsichtsmaßregeln. Das scheint uns berechtigt zu sein, denn wohlgemerkt, wir nehmen uns nicht heraus, das Evangelium auszulegen, wir bitten vielmehr euch, es zu erfüllen, gemäß euerm Glauben, gemäß dem Glauben eurer Kirche. Wir haben nichts gegen eure Theologen. Aber eure Politiker lehnen wir ab, weil sie übergenug bewiesen haben, daß sie anmaßend und töricht sind.

Das Evangelium! Das Evangelium! Wenn man's dahingebracht hat, daß man alles nur noch vom Wunder erwartet, dann muß man verlangen, daß dieser letzte Versuch auch richtig durchgeführt wird. Stellt euch vor, meine teuren Brüder, ich hätte die Schwindsucht und verlangte Wasser von Lourdes zu trinken, die Ärzte schlügen aber vor, doch ein paar von ihren Tabletten hineinzutun. Meine Herren, würde ich in einem solchen Fall sagen, Sie haben mich für unheilbar erklärt. Lassen Sie mich also ruhig meine letzte Chance versuchen. Wenn ich bei diesem Experiment, das nur mich und die heilige Jungfrau angeht, eine Mittelsperson nötig habe, dann werde ich mich bestimmt nicht an den Apotheker wenden.«

DRITTER TEIL

ERSTES KAPITEL

ICH HABE dieses Buch in einem milden Winter, wie man ihn nur in Palma kennt, begonnen, in einem Winter, ganz erfüllt vom Duft blühender Mandelbäume und so saftig wie eine Frucht im Herbst. Diese Mitteilung, fürchte ich, ist euch vollkommen gleichgültig. Wolle Gott, das Café Alhambra würde eines Tages wieder das sein, was es einmal war, damals, wenn des Morgens die Reisenden ein wenig müde von einer Nacht auf dem Meer, von der *Ciudad* herunterstiegen, wenn auf den Marmortischen der aromatische Kaffee dampfte und die goldbraunen Hörnchen dufteten. Aber die *Ciudad* liegt mit ihrer Besatzung auf dem Grunde des Meeres, und durch die Kabine, in der ich geschlafen habe, huschen die Fische. Ich möchte dem sympathischen Besitzer des Alhambra gewiß kein Unrecht tun. Er wird mir indessen erlauben zu sagen, daß sein Haus nichts zu bieten hat, was die Kundschaft anzulocken vermöchte. Für mich ist es trotzdem eine der großen Stationen meines armen Lebens, zweifellos die letzte. Denn schon neigt sich der Tag, der Wind erhebt sich, der Weg ist noch lang, und ich werde nicht stillestehn, bevor mich die milde Nacht, die ich erwarte, umschließt – o Trösterin, hilfreiche, heitere!

Das Leben enttäuscht nicht, das Leben verspricht nur eins – und das hält es, denen zum Trotz, die das Gegenteil behaupten. Lügner sind das oder Feiglinge. Die Menschen zwar, die können enttäuschen, aber nur die Menschen. Tut mir leid für die, welchen diese Enttäuschung das Leben vergällt. Das kommt daher, daß ihre Seele nicht richtig arbeitet, sie scheidet das Gift der Enttäuschung nicht aus. Was mich betrifft, so haben mich die Menschen nicht enttäuscht, und ich selbst habe mich auch nicht enttäuscht. Ich war immer auf das Schlimmste gefaßt, das ist es. Was ich zunächst im Menschen sehe, das ist sein Leiden. Das Leiden des Menschen ist das Wunder des Weltalls.

Was mir nun noch geschehen mag: der letzte Abschnitt meines Lebens wird mich ebensowenig enttäuschen wie die früheren. Niemals habe ich von der Erfahrung erwartet, sie könne mir Weisheit verleihen, ich bitte sie nur, sie möge meine Fähigkeit, Mitleid zu empfinden, vertiefen, das Mitleid möchte so tiefe Wurzeln in mir schlagen, daß der Quell der Tränen niemals versiegt. O Gott, da ich unfähig bin, gemäß deiner Gnade zu lieben, entreiße mir nicht das demütige Mitleid, dieses hausbackene Brot des Mitleids, das wir Sünder, schweigend am Straßenrande sitzend, miteinander brechen können, gesenkten Hauptes, ganz wie alte arme Leute. Es gibt nichts Hassenswerteres am Menschen als seine angemaßte Weisheit, diesen unfruchtbaren Keim, das steinerne Ei, das sich die Alten von Generation zu Generation weiterreichen, und das sie, einer nach dem andern, zwischen ihren erkalteten Schenkeln zu erwärmen versuchen. Vergebens bemüht sich Gott, sie davon abzubringen, bittet er sie voller Nachsicht, doch dieses lächerliche Ding gegen das lebendige Gold seiner Seligpreisungen einzutauschen. Sie starren ihn an, erschreckt mit den Kiefern klappernd und schauerliche Seufzer ausstoßend. Wenn es wahr ist, daß, wie das Evangelium sagt, diese Weisheit Torheit ist, weshalb haben sie sich dann unter so vielen andern Torheiten gerade solch harten Kieselstein erwählt? Aber die Weisheit ist das Laster der Greise, und die Greise überleben ihr Laster nicht, sie nehmen sein Geheimnis mit ins Grab.

Ich fühle mich nicht dazu berufen, ein steinernes Ei auszubrüten. Vergebens werdet ihr mich bereden, ich solle es doch versuchen, ich hätte vielleicht mehr Glück als die andern, ich bleibe bei meinem Nein! – »Schön! Aber verwehren Sie doch diesen unschuldigen Zeitvertreib nicht den ehrwürdigen Patriarchen, die zu ehren die Sittenlehrer uns gebieten.« – Kaltblütig verwehre ich es ihnen. Sol-

len sie lieber hinter den kleinen Mädchen herlaufen! – »Sie können sich doch kaum mehr auf den Beinen halten!« – Dann sollen sie den letzten Roman von Léon Daudet lesen! – »Sie können nicht mehr lesen.« – Dann macht sie zu Senatoren und setzt sie auf eine Bank im Luxembourg, an den Rand des großen Teiches. Ich glaube, ein Mann meines Alters darf so sprechen, ohne daß er fürchten muß, sich lächerlich zu machen – in welche Gefahr die jungen respektlosen Leute immer geraten, denn nicht weniger komisch als die wütende Ernsthaftigkeit der Greise ist das alberne, überhebliche und verworrene Geschwätz der Jünglinge. Ich habe nichts gegen die Greise. Es ist, unter uns gesagt, durchaus möglich, daß sie einst Ehrerbietung verdienten und daß lediglich die moderne Welt neben ihren vielen andern tragischen Kasperlefiguren auch ein neues Geschlecht von Nestoren geschaffen hat.
Solange die Menschen noch mit der Erde verbunden sind, gewissermaßen von ihr gebildet und geformt, ist das, was sie ihre Erfahrung nennen, nichts anderes als die gesammelten Erträgnisse der bescheidenen Mühsal eines jeden Tags. Es ist eine Art natürlicher Heiligkeit, die sich in Duldsamkeit und Heiterkeit äußert, eine höhere Klugheit, die für Wesen, die ganz im Kampf um das tägliche Brot aufgehen, unerreichbar bleibt, denn sie speist sich aus einem Verzicht ohne Bitterkeit, aus einem schlichten und feierlichen Hinnehmen. Was können sie gemeinsam haben, ein alter Bauer des ehemaligen Frankreich und diese Siebzigjährigen, die von den wirklichen Werten des Lebens nicht mehr wissen als ein zwanzigjähriger Polytechniker, diese formel- und systembesessenen Hohlköpfe, die, schon zappelnd im Netz der Alterslähmung, noch ebenso wütend über ihren Töpfen wachen wie zu der Zeit, als sie Wirtschaftskonferenzen leiteten? Die heutige Ordnung ist ihre Ordnung. Man möchte wünschen, daß sie miteinander krepieren, beide, still und friedlich. Aber das ist der Punkt, an dem wir uns

nicht mehr verstehen, sie und wir. Sie wollen nämlich nicht krepieren.
Den Jungen auf Kosten der Alten zu schmeicheln, ich schwöre es, liegt mir fern. Ich würde damit übrigens nur meine Zeit und meine Kraft verschwenden. Gegen Ende des vorigen Jahrhunderts konnte man Jüdinnen ohne Alter sehen, von Wohlgerüchen gebeizt, gegilbt von allen Giften der Wechseljahre, bemalt wie antike Fresken, die das Erbe und die Lenden unzähliger Mitglieder des noblen Faubourg – und der vornehmsten, der schnöseligsten! – auspumpten. Drumont war empört über solche Abnormitäten. Aber noch widerwärtiger war der Hang der jungen Intellektuellen jener Zeit zu eben diesen verluderten Aristokraten; nur über deren Hände gebeugt, konnten sie den Duft der modrigen Alkoven atmen, deren Wonnen sie selber niemals kennenlernen sollten. Ich behaupte, daß die Generation, die um 1870 das Licht der Welt erblickte, schon bei ihrer Geburt an die Dämonen des Alters verraten und in deren verdorbenem Blute getauft wurde. Zweifellos verdankt sie es ihrem besonderen Schutz, daß sie mit knapper Not an zwei Kriegen gerade so vorbeischlitterte. Und die auf sie folgende Generation scheint mir das gleiche Zeichen des Unheils an der Stirn zu tragen. Die erste hat vergeblich versucht, sich freizumachen, und zwar weniger von einem Feind – dessen Kraft und Absichten sie in ihrer Naivität kaum richtig einschätzen konnte – als vielmehr von einer düsteren Ahnung, die sich bereits in ihrem Herzen regte. Unter diesem Gesichtspunkt ist Péguys Revolte gegen die Sorbonne, diese atemlose, stammelnde Anklage, von einer manchmal schülerhaften Ironie, unterbrochen von feierlichen Beschwörungen, dieser von Sorge erfüllte Anruf der toten Ahnen gegen die quicklebendigen Greise, eines der erschütterndsten Zeugnisse der Geschichte. Gemeinsam mit so vielen Franzosen, deren geborener Führer er war – obwohl die meisten, Gott sei's geklagt,

nicht einmal seinen Namen kannten –, mußte Péguy seinen frevlerischen Trotz gegen die irdischen Gottheiten teuer bezahlen. Der Krieg hat sie miteinander verbrannt und verschlungen, haufenweise. Schließlich verzweifelte der Geist des Alters daran, das allgemeine Gemetzel der Unschuldigen allein durch den Glauben an die Demokratie rechtfertigen zu können, und er begann griechisch und lateinisch zu sprechen, zum Entzücken eines Teiles seiner Getreuen. Die Büste des Brutus wird gegenüber derjenigen Cäsars aufgestellt, eine Hälfte von Renan kommt ins revolutionäre Pantheon, während das reaktionäre Pantheon ehrfurchtsvoll die andre Hälfte aufnimmt, Jean-Jacques Rousseau weint an der Brust von Niccolò Machiavelli, und der Haß auf das Weimarer Deutschland wechselt brühwarm vom Schoße unsrer Nationalen zu den über Hitler empörten Internationalisten hinüber. Kurzum, die beiden Frankreich, das Frankreich der Rechten und das Frankreich der Linken, beten den gleichen Gott an, ohne es zu wissen und obwohl sie nicht dieselben Heiligen verehren.

Die jungen Leute, die diese Seiten lesen, werden wahrscheinlich mit den Achseln zucken: »Das Alter ehren, was für ein Einfall! Wir bieten in der U-Bahn unsern Platz niemals älteren Damen an, wir treiben jede Art von Wintersport, und um unsre Linie zu bewahren, tragen wir uns sogar mit dem Gedanken, nackt zu gehen.« Sicher, ihr seid Leute, die sich in der freien Luft bewegen, aber euer Denken, liebe Freunde, riecht nach Lindenblütentee und Urin wie ein Krankensaal im Spital. Genauer gesagt: ihr habt gar keine eigenen Gedanken, ihr lebt im Denken eurer Vorgänger, ohne je die Fenster zu öffnen. Für Sieger im Hochsprung – gebt es zu! – ist das doch ein bißchen seltsam. Zuckt die Achseln, so viel ihr wollt – es genügt, eure Zeitungen zu lesen. Die Zeitungen, in die ihr jeden Morgen, eure Pantoffeln an den Füßen, beim ersten Frühstück

hineinstolpert, wurden seit dreißig Jahren weder frisch gestrichen noch tapeziert, überall findet man noch Barthaare darin. Ich wette, ich könnte morgen unter einem falschen, der heutigen Presse entliehenen Titel ganz gleich welche Nummer der *Libre Parole* abdrucken, und es würde euch nichts auffallen, meine Kinder. Wenn heute den alten roten, schwarzen oder weißen Polemikern von damals das Wort gegeben würde, ich schwöre, sie würden euch binnen vierundzwanzig Stunden dahin bringen, daß ihr den Boulevard Saint-Michel entlang zieht und schreit: »Es lebe Dreyfus!« oder »Nieder mit Dreyfus!«, meine armen kleinen Hohlköpfe.
Ich habe mir vorgenommen, so wenig wie möglich von der *Action Française* zu sprechen, denn ich möchte nicht ungerecht sein. Die *Action Française* ist, so unglaublich das heute klingt, einmal jung gewesen, und ich fürchte, das wird man später nicht von allzu vielen von euch sagen können... Aber schließlich und endlich, wir können es durchaus verstehen, daß ihr Maurras ein ehrenvolles Altenteil sichern wollt. Das seltsame ist nur, daß sich eure Rücksicht auf dessen ganzen Stab ausdehnt. Wie denn, seit Jahren geht ihr Tag für Tag durch diese Räume, und keiner von euch hat jemals das Bedürfnis empfunden, wenigstens die Inneneinrichtung auszuwechseln? Immer noch bewundert man auf den Kaminen, in Bronze gegossen, die Büsten der Herren Pujo, Delbecque, Pierre Tuc und anderer hochwohllöblicher Herren – die andern nur in Gips –, der vorsichtigste Wischer mit dem Staubtuch müßte sie umstürzen! Ist euch nie der Gedanke gekommen, einmal ein wenig drüberhin zu blasen, um zu sehen, was dann geschieht? Und wenn nun ein Fürst euers Alters euch aufforderte, eine Wahl zu treffen, erschiene es euch dann nicht ganz natürlich, ihm den Rücken zu kehren und euch würdevoll auf die gleichen Bänke zu setzen, auf denen schon eure Väter ihre kurzen Hosen abgewetzt haben, und den Weltanschauungsunter-

richt unter der Leitung von Maxime Réal del Sarte wiederaufzunehmen, eines andern Fürsten, den einst die jungen royalistisch gesinnten Mädchen verehrten, heute längst schon Großmütter: er also der Fürst der französischen Jugend?

Es gibt eine Krise der Jugend, und sie wird sich nicht von allein lösen. Wie ihr es anfangt, wird sie sich unter Umständen nur verschlimmern. Die Herren der Welt scheinen zu fühlen, daß die Jugend ihnen entgleitet. Sie entgleitet allen, sie entgleitet sich selbst, ihre Kraft schwindet langsam dahin, wie erkaltender Dampf in einer Maschine. Die alles erdrückende, tyrannische, zermalmende Fürsorge der Diktatoren wird sie zu einem Nichts vergehen lassen. Man rekrutiert die wahren Kinder so wenig wie die Dichter, und die neuen Erziehungssysteme können zu nichts anderm führen als zur Aufzucht abscheulicher Homunkuli, die sich als Propagandisten, als Soldaten oder Ingenieure betätigen. Denn der Geist der Jugend ist eine ebenso geheimnisvolle Wesenheit wie die Jungfräulichkeit. Nicht Albernheit, Unwissenheit oder Furcht, auch nicht die Furcht vor der Hölle machen die Jungfrau. Oder zumindest scheint mir eine solche Art von Jungfräulichkeit ebenso jämmerlich wie eine Keuschheit, die man durch Kastration erreicht.

Ihr werdet mir natürlich erklären, ein Kastrat sei nur der Abfall eines Menschen, wohingegen man, realpolitisch gesehen, jede junge Frau, der von den Ärzten ihre Unberührtheit bescheinigt wird, für eine Jungfrau halten und als solche behandeln müsse. Ich lasse sogar den Diktatoren der Rechten wie der Linken ihren Glauben, sie verfügten, wenn sie dank außerordentlicher Anstrengungen ihres Budgets den männlichen Nachwuchs um eine gewisse Kopfzahl vermehrt haben, nunmehr über besondere Reserven von Jugend. Aber der Geist der Kindheit, nicht wahr, ist unsichtbar, die Statistiken geben über ihn keinerlei Auskunft. Und genausowenig sagen sie etwas aus über den militärischen Geist – woraufhin Mussolini sich einbildet, auch er könne seine Schlacht von Austerlitz gewinnen, sofern er nur eine gewisse Anzahl neapolitanischer oder sizilianischer Divisionen in ähnlichem Verhältnis wie Napoleon am Fuße der Hochebene von Pratzen aufstellte. Ich habe häufig spanische Faschisten über das gesellschaftsfeindliche Benehmen der französischen Kinder klagen hören, denen es Vergnügen mache, den Gendarmen vom Kasperle verprügelt zu sehen. Diese Bengels hätten alle, so sagten die Herren, eine winzige Drüse, die anarchistische Sekrete absondere, aber unsere Chirurgen könnten sie sicher mit Leichtigkeit wegoperieren. Schön! Die gleichen Ärzte stellen im Evangelium eine ähnliche revolutionäre Drüse und dazu eine jüdische Drüse fest, die man also ebenfalls ausmerzen müßte. Zweifellos hätte ein ähnlicher Eingriff seinerzeit genügt, um durch eine leichte Veränderung seiner körperlichen Beschaffenheit den heiligen Franz von Assisi aus einem liebenswerten Schwärmer in einen handfesten humanistischen und wirklichkeitsbewußten Domherren zu verwandeln. Durchaus möglich! Und dennoch habe ich Bedenken gegen solche Drüsenchirurgie. Die gleichen Bedenken habe ich gegen eure Erziehungsmethoden. Wie in den meisten Städten Spaniens, herrschten in der Hauptstadt Mallorcas die Kinder. Sechs Wochen nach der Ankunft der militärischen Kreuzfahrer schien ihnen die Stadt noch mehr zu gehören: mit Holzgewehren bewaffnet, sah ich diese mobilisierten Murmelspieler hinter ein paar Rädelsführern todernst über die verlassenen Landstraßen ziehn. Sie spielen Soldat, sagte ich mir. Wenn jedoch die großen Brüder Abend für Abend von geheimnisvollen Unternehmungen zurückkehren, wenn es jedem widerfahren kann, daß er an irgendeiner Straßenecke auf einen Leichnam stößt, von Fliegen übersät, den Kopf zerschmettert, mit dem Rücken an die Böschung gelehnt, auf seinem Leib die Hälfte seines rosa Gehirns würdevoll zur Schau tragend, dann ist nicht mehr der Soldat der Held des Tages, sondern der Polizist. Man sah also die einstigen Murmelspieler sich in Hilfspolizisten verwandeln und ihre Paradegewehre gegen bleibeschwerte Gummiknüppel eintauschen. Lacht nur, Terror ist Terror, und wenn ihr zur Zeit Maximilian Robespierres gelebt hättet, als Verdächtige, das heißt als Freiwild für die Polizei, für das schon die unbestimmteste Anzeige Todesgefahr bedeutet, so würdet ihr beim Vorübermarsch dreizehnjähriger Kämpfer vielleicht auch gezittert haben. Ich habe keineswegs die Absicht, an euern Nerven zu zerren, ich möchte lediglich, daß ihr nachdenkt, so wie ich selbst habe nachdenken müssen. Ich habe all dies nicht auf Anhieb verstanden. Wäre mir, als ich im August 1936 in Barcelona ankam, so ein Trupp mit Totschlägern bewaffneter Bürschchen in den Straßen von Barcelona, die Internationale singend, begegnet, so wären mir genau die Worte auf die Lippen gekommen, die ihr vermutet. Wohingegen ich die gleichen Burschen, mit den gleichen Waffen ausgestattet, nur als Lausbuben bezeichnet hätte, wenn sie »Nieder mit den Roten!« anstatt »Nieder mit den Pfaffen!« geschrien hätten. Was kann man da machen? Wir sind nun einmal nicht Herr über bestimmte Gefühlsaufwallungen. Heute aber fällt es mir nicht schwer, der einen wie der andern mit dem gleichen Erbarmen zu gedenken.

Ich war immer der Ansicht, daß die moderne Welt gegen den Geist der Jugend sündigt und daß sie an diesem Verbrechen sterben wird. Es ist klar, daß das Wort des Evangeliums: Ihr könnt nicht Gott dienen und dem Mammon, seine Entsprechung im Bezirk des Natürlichen hat: Ihr könnt nicht dem Geist der Jugend dienen und dem Geist der Gier. Das sind selbstverständlich Überlegungen allgemeiner Art. Sie gestatten nicht, etwa auszurechnen, wie lange sich eine Entwicklung hinzieht, die zunächst nur mit

äußerster Langsamkeit Gestalt anzunehmen scheint. In Palma habe ich erfahren, daß sie sich dank dem außerordentlichen Einsatz propagandistischer Erziehungsmittel durch die Diktaturen zu überstürzen beginnt.
Oh, mein Gott, das alles ist keine höhere Offenbarung! Ich empfinde es sogar als peinlich und ein wenig beschämend, daß ich nur diese scheinbar alltäglichen Dinge zu berichten habe. Aber gibt es etwas, was weniger bemerkenswert wäre als ein Reflex in der Pupille? Und doch kann der Arzt daraus mit einem einzigen Blick eine Lähmung des ganzen Körpers erkennen. Ich wohnte auf Mallorca in einem kleinen Dorf am Meer, das übrigens nur ein Vorort von Palma ist, etwa fünf Kilometer entfernt. Sogar mitten im Bürgerkrieg herrschte in Porto-Pi, wie ich feststellen muß, kaum ein besonderer Betrieb. Die jungen Leute taten in der einen oder andern Einheit Dienst oder dienten überhaupt nicht, je nachdem, wo sie gerade von den politischen Geschehnissen überrascht worden waren, denn die Mallorcaner sind ein reiselustiges Volk. Diejenigen, die auf der Insel blieben, ließen sich kaum noch außer sonntags in der Messe sehen, zu der natürlich alle gingen. Ich erinnere mich... Ich erinnere mich... Da gab es diesen alten Bettler, der zugleich die Straßen kehrte, mit seinem komischen kleinen Karren, den ein gespenstischer Esel zog – das Tier sah aus, als hätte es sich sein Fell von einem andern Tiere geliehen, denn es hing ihm nur so um die Knochen herum. Obwohl der einzige Sohn dieses Straßenkehrers von den Soldaten getötet worden war, erlaubte ihm ein mitleidiger Kneipenbesitzer, daß er im Stall schlief, neben seinem vortrefflichen Tier. Meine kleine Tochter Dominique liebte die beiden sehr. Am Ostermorgen fand sie ihren alten Kameraden erhängt zwischen seinem Abfalleimer und seinem Esel – an einem Ostermorgen, einem leuchtenden Ostermorgen, voll weißer Möwen... Und dann war da dieses dicke Mädchen, das so fröhlich, so gefällig war und von allen gern gesehn,

jeden Sonntag war es neben mir an der Kommunionbank. Eines Tages konnte man unter ihrer nicht ganz zugeknöpften Bluse die Erkennungsmarke der Polizeibediensteten erkennen – eine schöne, noch neue Marke... Ja, und dann diese Köchin, auch sie wurde von meinen Kindern zärtlich geliebt: in aller Herrgottsfrühe stöberte ein Häscher sie auf, der aussah wie ein abgefallener Priester und sich vor mir bis zur Erde verbeugte. – »Ziehen Sie sich an«, sagte er zu ihr. »Heute nachmittag um vier Uhr komme ich wieder und hole Sie ab.« Sie hat ihr schwarzes Seidenkleid angezogen, das ihr zu eng geworden war und in allen Nähten krachte. Sie hat ihr Bündel gepackt, und sie hat diesen ganzen langen Tag, der nicht enden wollte, herzzerreißend geweint. Ich begegnete ihr unterwegs, wie sie hinter ihrem Wärter hertrottete, und sie grüßte mich mit dem faschistischen Gruß, o Jammer!... Jammer!... Ich erinnere mich... Ich erinnere mich... Aber was tut's! Ich möchte euch nur noch sagen, daß alle diese Leute, wenn sie auch nicht immer heiter gestimmt waren, dennoch ihre Stunden der Muße hatten. Dann saßen sie am Strand, und die Väter rauchten ihre Pfeife. Diese Gegend der Küste wird kaum von Fremden besucht, das luxuriöse Terreno hat mehr Liebhaber. Also sahen es die Dorfbewohner nicht ohne Überraschung, wie eines Tages ein Dutzend faschistischer Jugendlicher erschien, aber ihr könnt euch vorstellen, daß sie sich nichts anmerken ließen. Eines der Bürschchen badete nackt. Republikaner oder nicht, die Leute von Palma sind prüde, und eine Großmutter hielt die Gelegenheit für gekommen, ihre Zunge ein wenig spazierengehen zu lassen. Sie nannte den Burschen einen schamlosen Kerl. Auf einen Pfiff ihres Führers kamen die Wachen herbei, und ohne übertriebenen Eifer an den Tag zu legen, verhafteten sie die Frevlerin. Ihre Gevatterinnen protestierten, während die Männer, die ein paar Schritt abseits standen, weiterhin unbestimmt in die Ferne blickten, ihre Pfeifen allerdings ließen sie ausgehen. In diesem Augenblick beschlossen die jungen Polizisten, das Gelände mit Gummiknüppeln zu säubern. Ihr müßt euch das Schauspiel vorstellen: die Alten, rot vor Zorn, humpelten vor den Lausejungen davon, von denen übrigens keiner gewagt hätte, einen von ihnen wirklich anzurühren, zwischendurch bemühten sie sich – wegen der Frauen – eine würdige Haltung einzunehmen und verlangsamten ihre Schritte, aber wenn der Gummiknüppel ihnen dann wieder ins Kreuz sauste, sprangen sie neuerdings auf. Einige weinten vor Wut. Sieger blieben natürlich die Vertreter des Gesetzes.

Wackere Burschen, werdet ihr sagen. Mein Gott, ja, wakkere Burschen! Das waren sie, ehe man Zwerge aus ihnen machte: Zwergmenschen, die in ihrem Zwergkörper allen Haß eines reifen Mannes aufspeicherten. Aber ich bin ruhig: die Geschichte wird ihren Weg gehen, nicht so sehr durch die Bosheit der Menschen, als vielmehr durch die Logik der Dinge. Es wäre seltsam, wenn die autarken Staatsgebilde nicht dahin kämen, die Kindheit ebenso gründlich auszubeuten, wie sie es mit jedem beliebigen Rohstoff tun. Die erbärmlichen Schulmeister, diese tintensaufenden Bökke mit ihren löschpapierenen Eingeweiden flüstern's ihnen ein, daß das Menschenjunge, wenn man es sich selbst überlasse, Anlagen zur Unabhängigkeit entwickelt, die eine vorausschauende Gesellschaft am besten sofort unterdrückt, andernfalls sie kostbare Zeit mit seiner Rückerziehung verlieren müsse. Kurz, es handelt sich darum, möglichst rasch jenen realistischen Sinn für Rangordnung auszubilden, und sei's in gröbster Weise, jene Neigung zu Ordnung und Disziplin, die zum Beispiel die korsischen Feldwebel auszeichnet. Der kindliche Geist, so pflegen diese gelehrten Herren in ihrer finstern Redeweise zu sagen, weist einander widersprechende Tendenzen auf. Für ein Kind ist es zum Beispiel ganz natürlich, einen räudigen Hund mehr zu lieben als ein preisgekröntes Tier. Aber ebenso natürlich ist es ihm, den räudigen Hund mit einem Kieselstein totzuwerfen. In der ersten Haltung kommt die keltische Mystik zum Durchbruch, wie sie sich etwa in dem seltsamen Wort: »Heil den Besiegten« ausdrückt. Die zweite zeigt dagegen im Ansatz schon das politische Genie lateinischer Prägung, denn ein räudiger Hund ist ja doch zu nichts nütze, und so ist es erlaubt, ihn zu töten – vorausgesetzt, daß man den Henker gebührend auf die Nutzlosigkeit und folglich wenig soziale Art gewisser ausgekochter Grausamkeiten aufmerksam gemacht und ihm die Überzeugung beigebracht hat, daß man in der gleichen Zeit, die man braucht, einen einzigen Hund zu martern, zehn räudige Hunde töten kann mit dem gleichen Vergnügen, aber zum größern Nutzen der Allgemeinheit.

Diese Gelehrten denken ganz richtig. Denn ich wiederhole, es ist durchaus wahr, daß der kleine Mensch als ein Aufsässiger zur Welt kommt, daß er so lange wie möglich in einer nach seinem Gustus geformten, von seinen Gefühlen bestimmten Welt lebt, in der ohne Schwierigkeit neben einem idealisierten Vater und einer idealisierten Mutter noch andere kaum unwirklichere Geschöpfe Platz haben: Drachen, Feen, Ritter, Königinnen, für die man Riesen niedersticht, und junge Prinzen, die vor Liebe sterben. Wenn ein Junge, gleich welcher, einmal von diesen Fabelgestalten besessen ist, läuft er, selbst bei vernünftiger Erziehung und sportlichem Training, immer Gefahr, ein Dichter zu werden, oder besser noch: er wird ein Anarchist im genauen Sinn des Wortes, unfähig, eine Anordnung des Propagandaamts in Verse zu übersetzen. Ich kenne einen jungen Franzosen, ich kenne ihn sogar sehr gut, der zu Beginn des bischöflichen Kreuzzuges in Spanien an einer Strafexpedition teilnehmen mußte und vollkommen außer sich davon zurückkam; er zerriß sein blaues Falangistenhemd und rief mit von Schluchzern unterbrochener Stimme, mit seiner Stimme von einst, seiner wiedergefundenen Knabenstimme, immer wieder aus: »Die Sauhunde! Sie haben zwei arme Teufel getötet, zwei alte Bauern, ganz alt, mindestens fünfzig Jahre alt!« – was, unter uns gesagt, nicht sehr schmeichelhaft für seinen Vater war, der gerade dabei war, in diese letzte Stufe der Greisenhaftigkeit einzutreten ... Ein Professor der Realpolitik hätte ihm darauf erwidert: »Lieber Freund, was sich da vor Ihren Augen vollzog, war Politik erster Ordnung. Zunächst waren die beiden Burschen anderer Meinung als der vom Staat gebilligten. Daß sie außerdem alt und arm waren, sollte viel eher dazu angetan sein, Ihr Gewissen zu beruhigen – sofern Sie überhaupt Ihre blinden Gefühlswallungen unterdrücken können. Denn ein Alter ist nun einmal nicht soviel wert wie ein Junger. Und da die Armen kaum in der Lage sind, die Freuden des Lebens zu genießen, ist es auch weiter kein großer Verlust für sie, wenn man sie eines Gutes beraubt, von dem sie doch nur wenig Nutzen hatten.«

Eine solche Überlegung hat sicher ihre Berechtigung. Ich wiederhole, daß ihr mit dem politischen Realismus nie zu Ende kommen werdet: an dem Tag, an dem die Armen, die Krüppel und die Geisteskranken auf dieser Erde niemand und nichts mehr haben werden, das für sie zeugt, als den natürlichen Widerwillen zarter Seelen gegen das Leiden überhaupt, an diesem Tag wäre es besser, diesen Unglücklichen den Selbstmord zu empfehlen. Das Volk hat ein tiefes Wort, wenn es jemand auffordert, Mitleid mit einem andern zu haben. »Versetzen wir uns doch in seine Lage!« sagen sie. Man kann sich nur in die Lage von seinesgleichen versetzen. Ist ein bestimmter Grad von wirklichem oder eingebildetem Abstand gegeben, dann ist eine solche Vertauschung der Standpunkte nicht mehr möglich. Die zarten Seelen des siebzehnten Jahrhunderts versetzten sich keineswegs in die Lage der Neger, aus deren Verkauf ihre Familien ihren Reichtum schöpften. Vittorio Mussolini hat ein Buch über den abessinischen Feldzug veröffentlicht, in dem er schreibt:

»Ich hatte noch nie einen großen Brand gesehen, obwohl ich oft der Feuerwehr nachgelaufen bin... Vielleicht hatte irgend jemand von dieser Lücke in meiner Bildung gehört, und eine Maschine des vierzehnten Geschwaders bekam deswegen den Befehl, das Gebiet von Adi-Abo ausschließlich mit Brandbomben zu bewerfen. Wir... hatten den Auftrag, die bewaldeten Hügel, die Felder und die kleinen Dörfer in Brand zu stecken. All das war sehr unterhaltsam... Kaum berührten die Bomben den Boden, zersprangen sie in weißem Rauch, und eine riesige Flamme schoß hoch, während das trockene Gras zu brennen anfing. Ich dachte an die Tiere. Mein Gott, wie sie rannten!... Wenn die Bombenkammern leer waren, begann ich, Handgranaten zu werfen... Das war sehr lustig. Eine große, von Bäumen umgebene Zariba war gar nicht leicht zu treffen. Ich mußte sehr genau zielen, und erst beim dritten Mal gelang es mir. Die armen Kerle, die sich im Innern befanden, sprangen, als sie das Dach brennen sahen, ins Freie und liefen wie die Wahnsinnigen davon... Vier- bis fünftausend Abessinier fanden, in einem Flammenring eingeschlossen, den Erstickungstod. Es war die Hölle, hätte man sagen können: der Rauch erhob sich in eine unglaubliche Höhe, und die Flammen färbten den ganzen Himmel rot.«[1]

Es ist klar, daß Vittorio Mussolini niemals daran gedacht hat, sich in die Lage der Äthiopier zu versetzen. Wenn ihn sein Papa eines Tages an die französische Front schickt, wird er eine andere Lücke seiner Bildung ausfüllen. Vielleicht wird er dann erfahren, was wirkliche Männer sind, und die Füße voran zu seiner Familie zurückkehren, um ihr von dieser Erfahrung Kenntnis zu geben. Na schön! – Überlassen wir ihn Herrn Brasillach, der ihm einen würdigen

---

1] Zitiert nach *De Groewe Amsterdamer* von *La paix civile*.

Nachruf widmen wird! – Die Seidenfabrikanten von Lyon, die unter der Monarchie von Louis-Philippe ihre Arbeiter Hungers sterben ließen, versetzten sich ebensowenig in die Lage ihrer geringen Brüder wie Herr Cavaignac, dessen Wort, das er nach dem Lyoner Aufstand vor der Kammer prägte, ja jedem bekannt ist: »Die Arbeiter müssen erkennen, daß es für sie kein anderes Heilmittel gibt als Geduld und Ergebung.« Ein Wort, gegen das die französischen Bischöfe der damaligen Zeit nichts einzuwenden hatten. Kurzum, das Mitleid ist immer eine recht zweifelhafte Sache. Der Gesetzgeber sollte nicht unbedingt mit ihm rechnen, wie er es zum Beispiel mit dem Geist der Profitsucht und des Gewinnstrebens kann. Für das Mitleid ist in der Politik kein Platz, oder zumindest kann es den Realpolitikern nur in Ausnahmefällen eine im übrigen recht unsichere Hilfe bieten. Sie benutzen es gelegentlich, weil es nun einmal da ist, lieber ist es ihnen, wenn sie darauf verzichten können. Ihr könnt übrigens das Mitleid gar nicht beurteilen, denn seit zweitausend Jahren wißt ihr nicht mehr, was Mitleiden wirklich ist. Seit zweitausend Jahren hält es der Engel der Barmherzigkeit Christi an seine Brust gedrückt, an die Glut seines erhabenen Herzens. Wenn der Engel einmal genug von euch hat, liebe Kinder, dann hilft es nichts, daß eure Gelehrten der »positiven Politik« ihm durch ihre abgelegten, nach Mottenpulver riechenden Kasuisten das vorteilhafteste Tauschgeschäft vorschlagen. – »Nehmt doch euer Mitleid zurück, nehmt es zurück!« würde der Engel antworten. Und dann würdet ihr auf der Erde ein armes, kleines, blindes Tier vorfinden, mit rosiger Haut, ohne Fell und Federn, das binnen fünf Minuten vor Kälte eingeht.

Ich will nicht den Geist der Jugend und den des Mitleids gleichsetzen, ich bin kein Theologe. Die Erfahrung hat mich jedoch gelehrt, daß man niemals den einen ohne den andern antrifft. Was, zum Teufel, soll ich euch mehr darüber sagen? Ja, die Tugenden des Evangeliums sind ein wenig verrückt – oder ist es vielleicht nicht anstößig, vor der Bundeslade zu tanzen wie König David? Wehe den Priestern, die, um dem Spott der Philosophen zu entrinnen, den Tugenden einen Doktorhut überstülpen und eine Brille auf die Nase setzen! Weil sie die Keuschheit in den Augen der Moralbestien oder der Hygieniker, der Wirtschaftswissenschaftler, der Mediziner und der Gymnastiklehrer rechtfertigen wollen, haben sie sie schließlich lächerlich gemacht. Ich glaube, ihnen verdanken wir das Wort von der »Enthaltsamkeit« – ich bitte um Entschuldigung, wenn ich mich täusche. Sicher aber verdanken wir es ihnen, daß die Weiber *les personnes du sexe* heißen – was mindestens ebenso schön ist. Es gibt kein braves französisches Pfarrkind, das »enthaltsam« genannt werden möchte, wie der Erdteil Afrika oder Australien[1]. Einen ähnlichen Streich haben uns die politischen Schulfuchser mit dem Wort »Freiheit« gespielt. Spricht man dieses Wort in Gegenwart eines jungen Realpolitikers aus, dann löst sich irgendein Hebel in seiner Kehle und mit der Stimme eines Hanswursten ertönt es: »*Die* Freiheit gibt es nicht. Wir kennen nur Freiheiten.« So lautet die Weisheit, die sie andächtig aus den zahnlosen Mündern ihrer hundertjährigen Lehrmeister aufgeschnappt haben, und niemals werden sie sich fragen, wozu denn die Freiheiten nütze sind, wenn der Geist der Freiheit verschwunden ist, der allein sie fruchtbar macht.

Was das Wort »Gerechtigkeit« betrifft, so schreibe ich's, wenn ich aus Ungeschick mich seiner gelegentlich noch bediene, vergebens mit lauter kleinen Buchstaben, aus Furcht, man könnte mir nachsagen, ich schriebe es nur in

---

[1] Das französische Wortspiel mit *continent* ist im Deutschen nicht wiederzugeben.

großen – ein unverzeihlicher Fehler in den Augen der geistesschwachen Machiavellisten –: alle Welt bricht in Gelächter aus, wenn ich's verwende. Die Gerechtigkeit, das ist ein fauler Zauber, ein Trick, ähnlich wie die Sache mit dem Völkerbund, so sagen sie. Arme Bürschlein, damit glaubt ihr nun zu beweisen, daß ihr auf der Höhe der Zeit seid. Aber auch die schamlosen alten Richter glauben schon lange nicht mehr an die Gerechtigkeit, und die alten Börsianer noch weniger. Jeder Budiker, jede Hökerin nimmt es mit euch auf im Mißtrauen gegen die Gerechtigkeit, ja, übertrifft euch noch in diesem wichtigen Punkt. Ihr schert euch nicht um die Gerechtigkeit, meinetwegen! Verfluchte Teufelskerle! Dann tut's aber auch richtig! Die Ganoven wollen geflissentlich nichts wissen von der Gerechtigkeit, und was die Vertreter der Gerechtigkeit betrifft, so schätzen sie diese nicht viel mehr, während man euch stets mit den Gendarmen zusammenstehen sieht. Es klingt ja sehr hübsch, wenn man bei seiner Mama mit flammenden Reden über die Gewalt, die vor Recht geht, und ähnlichen Narreteien Eindruck macht. Die gute Frau freut sich im Innern nur über euer blühendes Aussehen, denn sie weiß im voraus, daß ihr artiger Gewaltpolitiker am Ende, nach einer ehrenvollen Laufbahn, doch friedlich seine Pension von der Staatskasse beziehen wird. Möge Gott trotzdem dieses kostbare Gewächs vor den Unbilden drohender Krisen schützen!

Wenn das Schiff zu sinken droht, muß man Ballast abwerfen, und was wiegt am schwersten im Bau der modernen Gesellschaft, obwohl es keinen wirklichen Wert hat? Das Gewissen. Der Staat wird immer stark und reich genug sein, den Schutz von Ordnung und Besitz zu sichern, wenn ihm die Jugend der herrschenden Klassen behilflich ist, sich der Last sittlicher Verpflichtungen zu entledigen, die ihm seine christliche Vergangenheit vererbt hat, und welche die

Demokratien, aus einer gewissen Scheu heraus, noch anzuerkennen vorgaben. Ihr spielt eure Rolle bewundernswert, meine lieben Gaukler. Sie ist übrigens nicht schwer, man verlangt von euch nichts, als über alles zu grinsen. Nichts ist einfacher.
Ihr seid genauso viel wert wie eure Großväter, nicht mehr und nicht weniger, und wenn es um wichtigere Dinge geht, etwa darum, eure Groschen zu verteidigen, dann laßt ihr euch von den gleichen Grundsätzen eines gemäßigten Pharisäertums leiten, wie sie es taten. Ich werde also nur von eurer öffentlichen Erscheinung sprechen, von der Persönlichkeit, die an Festessen teilnimmt, Bridge spielt, vor Berufskollegen Reden schwingt, im Verwaltungsrat den Vorsitz führt, kurz, von der Persönlichkeit, die eines Tages von einer gewissen Anzahl von Herren mit schwarzer Krawatte höflich zum Friedhof geleitet wird und die nur selten die gleiche ist, mit der eine arme Frau jeden Abend schläft, oder die einstmals vor Gottes Richterstuhl erscheinen wird. Nach einer Schulung von einigen Jahren gelingt es dieser vorzugsweise durch ihre gesellschaftliche Rolle bestimmten Persönlichkeit, sich gewisse Automatismen anzueignen, kraft derer sie sich mühelos an allen Gesprächen beteiligt, auch wenn diese sich verlieren, das heißt in allgemeinere Denkbezirke, zu den Gipfeln erheben. Die Fähigkeit ist die gleiche wie bei euern Großvätern, und sie kommt auf die gleiche Weise ins Spiel: bestimmte Worte lösen zwangsläufig die entsprechenden Reaktionen aus, nur sind die Reaktionen heute anders, das ist alles. Eure Großväter legten ein bißchen zu häufig, muß ich gestehen, die Hand aufs Herz, zu oft quoll die Träne ihnen im Auge. Es genügte zum Beispiel, das Wort vom »Fetzen Papier« auszusprechen, und eine ganze Tafel von Haien der Literatur, des Handels oder des Geldmarktes brach in Schluchzen aus, sogar die Gerichtsvollzieher taten mit. Heute ruft das gleiche Wort bei den sportlichen Bürgern, die den Len-

den jener entsprossen sind, einen unwiderstehlichen Krampf in der Kehle hervor, der sich in einem hysterischen Gelächter Luft macht. Und die Emser Depesche, und der Faustschlag auf den Tisch! Wenn unser patriotischer Gerichtsvollzieher von dazumal diese Dinge hörte, schneuzte er, von Verzweiflung überwältigt, seine Nase ins Tischtuch. Der Sprößling jenes Gesetzesvertreters brüllt jetzt jedesmal, wenn ein Diplomat einen Tritt in den Hintern bekommt: »Tolle Geschichte! Diplomatie? Überflüssig! Alles dummes Zeug!« Dann gab es noch den U-Boot-Krieg, ihr Tröpfe! Den deutschen Kanonier, der aus hundertzwanzig Kilometer Entfernung ausgerechnet die Sängerknaben von St. Gervais tötete, und die Beschießung von Straßburg, den Brand von Löwen und das Niederknallen von Zivilisten – Schweinereien dieser Deutschen, die keine Achtung vor den Frauen haben! Aber seit diese Greuel in Spanien, in Abessinien oder Schanghai geschehen sind ... Oh, meine Lieben! ... Der Unglückswurm, der es wagen würde, im Namen der Menschlichkeit den schüchternsten Protest dagegen zu erheben – hi! hi! hi! –, er würde alsogleich als Trottel, als Waschlappen beschimpft von dicken Damen, prall bis zum Platzen und eisern entschlossen, ein für allemal Schluß zu machen mit den Arbeitern: haben sie nicht seit der Heraufkunft des Kapitalismus die armen Unternehmer nur schikaniert und sich von deren Schweiß gemästet, diese Schweine? Zunächst: die Abessinier sind ja nur Neger, Wilde. Und die Chinesen? Die Chinesen sind schon viel zu lang ein Kulturvolk – jetzt müssen Jüngere ran! Und Frankreich? Welches Frankreich? Man wagt nicht mehr recht, es zu zeigen, es erregt bei den tüchtigen Diktatoren nur Widerwillen. Wenn damals, als sich Jaurès im Französischen Parlament einen Anwalt Deutschlands schimpfen lassen mußte, Kaiser Wilhelm sich angemaßt hätte, zu entscheiden, welches das wahre Frankreich, das authentische Frankreich sei, dann hättet ihr die patriotischen Redner hören können! Heute gibt der General Franco zwischen zwei Bombenangriffen auf Madrid den verkommenen Royalisten, die ihm ehrfurchtsvoll den Speichel lecken, seine begründete Ansicht über Vergangenheit, Gegenwart und Zukunft meines Landes zum besten. Unsre französischen Royalisten sagen sich von ihren Fürsten los, weil sie befürchten, die hätten das Gefühl für die Bedürfnisse der Nation verloren, aber steif und fest glauben sie daran, daß sich Mussolini selbstlos für unsre Größe und unsre Ehre einsetzen wird. Es ist in der Tat durchaus sinnvoll, daß dieser jeden Abend für uns ein Gebet zum heiligen Niccolò Machiavelli schickt, denn daran zweifelt ihr doch wohl nicht, daß er unser Kolonialreich leichter von einem geeinigten und mächtigen als von einem von zahllosen Klüngeln zerrissenen Frankreich erhält!

In diesem wesentlichen Punkt duldet unsre führende Jugend nicht den geringsten Widerspruch: Die Diktatoren wollen Frankreichs Heil, der Völkerbund will seinen Untergang. Zu der Zeit, da unsre angesehenen Zeitungen gegen den Völkerbund einen Feldzug der Schlagworte führten ähnlich dem der Chansonniers vom Montmartre gegen Cécile Sorel, habe ich mich, obwohl ich wirklich keine zärtlichen Gefühle für dieses Institut hege, immer wieder gefragt: »Was ist denn bloß in sie gefahren, daß sie sich jeden Morgen so aufspielen, was juckt sie denn eigentlich? Wollte man ihnen glauben, dann hätte Europa nur einen Feind: den Völkerbund. Wenn der Vertrag von Versailles für uns nachteilig wäre und Genf hätte den Auftrag, darüber zu wachen, daß er richtig durchgeführt wird, gut, dann könnte man's verstehen, aber der Status quo ist doch günstig für uns – wir haben überhaupt keinen Vorteil davon, wenn wir die Achtung vor den Verträgen ins Lächerliche ziehn!« Je nun, ich wußte eben nicht, daß das zukünftige Imperium schon dabei war, die öffentliche Meinung für die Eroberung Abessiniens vorzubereiten, man kann ja nicht alles wissen... Als Mussolini an den Ufern des Roten Meeres ungeheure Mengen Kriegsmaterial bereitstellte – auf einen Neger zwei Kanonen –, lösten unsre jungen französischen Realpolitiker einander ab, um Tag und Nacht dabeizusein: »Das Völkerrecht, hu, hu! An den Galgen mit Jèze!« Von Zeit zu Zeit hörten wir einen silbernen Klang. Das war Herr Laval, der sein Geld zählte. Tolle Kerle, unsre Nationalen! Immer wissen sie was, um uns zum Lachen zu bringen. René Benjamin überschreitet die Alpen. Und was entdeckt dieser Beobachter dort drüben? Autostraßen im Blumenschmuck, Schulen, Inschriften, Brunnen und hübsche Frauen – alles im reinsten faschistischen Stil. Auch den Zauberer selbst hat er aufgestöbert, und er hat wegen Frankreich um Verzeihung gebeten, worauf dieser zu versprechen geruhte, sich noch ein wenig zu gedulden und seine mächtige Rechte zurückzuhalten. Mit äußerstem Feingefühl lehnte es Mussolini ab, sich über die imperialistischen Pläne meines Landes hinsichtlich Nizza, Korsika, Marokko und Tunis zu äußern, die seine unbesiegbare Armee übrigens Manns genug wäre, gegen die Schergen des Herrn Thorez zu verteidigen. Immerhin gehört schon etwas dazu, in ein Land zu reisen und kreuz und quer darin herumzufahren, das bis auf den letzten Mann unter Waffen steht, und trotzdem nicht ein einziges Mal an Krieg denken zu müssen, findet ihr nicht? Ich wenigstens finde es. Ja, ja, unsre Nationalen! Bei ihnen langweilt man sich keinen Augenblick! Als der Kronprinz 1914 vom frischfröhlichen Krieg sprach, nannten sie ihn Sauprinz. Wenn aber der Führer des neuen friedlichen und zivilisierten Imperiums jetzt das gleiche in der Sprache eines Schulmeisters à la Sorel wiederholt, dann trampeln sie vor Freude. Ich weiß nicht, ob der Krieg Mussolinis fröhlich sein wird, frisch wird er jedenfalls sein, nachdem er jetzt die Pimpfe von der Ballila eingezogen hat – ein Krieg mit frischem Schlachtvieh! Tolle, tolle Kerle, diese Nationalen!

Immer das richtige Wort zum Lachen, immer das richtige Wort zum Sterben!

ZWEITES KAPITEL

ICH BIN nicht national, ich bin es niemals gewesen, und ich werde es niemals sein, selbst wenn die Regierung der Republik mich eines Tages eines »nationalen« Begräbnisses würdigen sollte. Ich bin nicht national, weil ich genau wissen will, was ich bin, und das Wort national für sich allein ist mir nicht eindeutig genug. Ich weiß nicht einmal, wer es erfunden hat. Seit wann nennen sich die Leute der Rechten national? Das ist ihre Sache, ich erlaube mir jedoch zu bemerken, daß sie damit dem Urteil der Geschichte vorgreifen. Es gibt nicht mehr allzuviel Worte in unsrer Sprache, denen ein Mensch das, was ihm teuer ist, anvertrauen kann, ohne daß ihr sofort eine Art Absteigequartier oder Kontor für jedermann daraus macht. – »Also ziehen Sie zweifellos das Wort ›international‹ vor?« – Keineswegs. Ich wüßte nicht, was ich dem Wort ›international‹ an Wertvollem anzuvertrauen hätte. Es wurde im vorigen Jahrhundert gebildet, und ich finde es völlig in Ordnung, daß es den Sozialisten seine Dienste leistet, denn die haben es erfunden und sind seine ursprünglichen Besitzer. Für meine Bedürfnisse genügt das Wort ›universal‹, auch das Wort ›katholisch‹ ist nicht schlecht. Ihr schämt euch nicht, wirklich nicht, einen Namen, der uns allen gehört, gegen andere Franzosen – mögen sie sich auch verirrt haben – zu benutzen, einen Namen, den ich nicht aus euern Händen empfangen möchte? Wessen Hand ist das, die ihn mir da entgegenstreckt? Herrn Tardieus. – Nein, besten Dank! Natürlich, ein Wort kann sich nicht verteidigen. Manchmal jedoch rächt es sich – indem es listig seinen Sinn wandelt. Seitdem ihr es für gut befunden habt, es für das Wort Patriot einzutauschen, das eure Kriegspropaganda 1914 übrigens bis auf die Knochen lächerlich gemacht hat, könnt ihr es nicht mehr gebrauchen, ohne sofort Gefahr zu laufen, mit der Vernunft auch dem Geist der Sprache Gewalt anzutun. Viktor Hugo zum Beispiel ist ein nationaler Dichter. Nimmt man aber das Wort in seinem neuen Sinn, dann sind die Herren Destour und Pierre Tuc nationale Schriftsteller. Oder wenn man hört: Wir, die Nationalen ... selbst Kinder müssen über so etwas lachen. Aber leider gibt es ja keine Kinder mehr! Zwei oder drei Jahrhunderte sind keine zu lange Zeit gewesen, um die Politik Ludwigs XI. in den Augen der Franzosen zu rechtfertigen und alle von ihrer nationalen Bedeutung zu überzeugen. Wohingegen die Politik der Nationalen schon durch ihren Namen sagt, daß sie gar nichts anderes sein kann als national, was zweifellos Zeit erspart, also viel bequemer ist. Oder zum Beispiel Herr Recouly. Herr Recouly erklärte kürzlich todernst den Lesern des *Gringoire*, nicht diejenigen Staaten bedrohten den Frieden, die ihren Getreidekonsum einschränken, um Eisen kaufen zu können, und die den Katechismusunterricht durch einen Lehrgang in der Handhabung automatischer Waffen ergänzen, der Friedenstörer sei vielmehr Frankreich, das genau auf dem Punkte sei, wirklich zu jenem betrunkenen Heloten zu werden, von dem Bismarck in so verächtlichem Tone gesprochen habe. Ich frage euch, wozu denn auf französisch nachplappern, was wir Tag für Tag in Deutsch oder Italienisch lesen können?

Wenn die Diktatoren einmal Europa von meinem unwürdigen Lande befreit haben, dann ist kaum zu erwarten, daß sich die Exekutoren vor irgendeinem Gericht rechtfertigen müssen. Aber gesetzt diesen Fall, dann brauchten sie nur ein Dutzend nationaler Schriftsteller zu zitieren, die ihnen gerne den Nachweis führen, daß die alte Hure nichts andres verdient hat, da sie gegen alle Warnungen taub gewesen ist. »Es handelt sich hier nur um einen Unfall, der durch Trunkenheit verschuldet wurde«, wird Herr Recouly wahrscheinlich erklären. »Das Opfer hatte sich wie gewöhnlich mit dem Wodka Stalins schauerlich betrunken, und so fiel es Mussolini ins Messer, als dieser sich gerade ein Stück Mortadella abschneiden wollte. Wenn sich dann die Wunde entzündet hat, können wir nur feststellen, daß die Unglückliche die Syphilis hatte.« Oh, natürlich, man wird mir entgegenhalten, daß die höheren Geister nach dem Beispiel des Herrn Franco nur das heruntergekommene Frankreich verabscheuen. Ja, gewiß. Aber welches ist denn das Frankreich der Nationalen ? Im gleichen Artikel bestimmt es Herr Recouly als »die Heimstatt der Freiheit, das Land Voltaires, Rousseaus, der Enzyclopädie und der Menschenrechte«. Zum Donnerwetter! Die faschistischen Staaten rüsten also auf, um das Frankreich Voltaires und der Menschenrechte zu retten ? Es ist wahr, in der Spalte nebenan ruft André Tardieu aus: »Der Radikalismus kennt nur eines: Frankreich zu entchristlichen.« Wieviel Unheil ist daraus entstanden, schluchzt der einstige Lehrer des Optimismus. Aber glaubt ja nicht, auch nicht einen Augenblick, diese beiden nationalen Schriftsteller verträten hier eine klare Meinung. Sie operieren mit Argumenten – und das ist nicht dasselbe. Herr Recouly denkt, wenn er das Frankreich der Menschenrechte gegen die Volksfront stellt, könne er den Radikalen den Mund stopfen. Aber seid unbesorgt: das nächste Mal wird er ein anderes Frankreich hervorziehen, das zum Beispiel, dessen sich soeben Herr Tardieu bediente. Denn schließlich, wenn diese Herren sogar das Frankreich der Menschenrechte mit ihrer Gunst beehren, wie viele Frankreichs gibt es dann, mein Gott, wie viele Frankreichs! Ausgenommen, wohlverstanden, das Frankreich der Volksfront. Das Frankreich Rabelais', Pascals, Bossuets, Calvins, das klassische Frankreich, das neoklassische, das romantische, das naturalistische, das Frankreich Claudels und das Frankreich Valérys, das lateinische, das griechisch-lateinische, das kaiserliche und das demokratische, das Frankreich Déroulèdes und das Frankreich Clemenceaus, das fette oder das magere, das mystische oder das vollbusige – so viele Frankreichs... »Alle Frankreichs in den Salon! Sie stehen Ihnen alle zur Verfügung, meine Herren. Sie müssen sich nur ein paar Minuten gedulden, die armen Mädchen schlafen gerade alle mit den Nationalen. Aber falls es Ihnen zu lange dauert, dann belagern Sie mir bitte nicht das Vorzimmer, machen Sie einen kleinen Gang durch die Stadt.« Das scheint euch in der Tat ein guter Rat, und ihr zieht also zum Pont-Neuf, um euch ein wenig die Beine zu vertreten. Solltet ihr dort einen jungen Mann antreffen, der im Dunkeln vor dem Denkmal Heinrichs IV. steht, fragt ihn nicht, er würde euch nur antworten: »Ich heiße Heinrich von Frankreich – und ich allein, ich habe kein Frankreich. Charles Maurras hat es mir weggenommen, zusammen mit dem Recht, mich national zu nennen.«

DRITTES KAPITEL

NICHT OHNE Wehmut lese ich die erste Seite meines Vorworts wieder. »Ich werde durchhalten, bis mein Werk getan ist!« sagte ich. Schön, es ist soweit, ich habe durchgehalten. Ich bin am Ende meines Buches. Ich bin zufrieden. Das Geheimnis meiner Zufriedenheit wird vielen Menschen unverständlich sein. Ich hätte lieber nicht von jenen gesprochen, die aus den vorangegangenen Seiten nur einen Aufschrei der Wut oder des Trotzes herauszuhören glauben. Das Urteil solcher Leute kann mich nicht weiter beunruhigen, denn ich denke nicht an ihr Urteil: ich sehe sie ja selbst. Ich sehe sie. Ich will mich nicht über sie lustig machen. Sie gehören alle jenem Teil der Menschheit an, der die braven Bürger ausmacht. In einer wirklich geordneten Welt sieht sie niemand, ausgenommen ihre Familie, ihre Vorgesetzten oder ihre Untergebenen. Sie bleiben völlig unbemerkt. Sie werden erst lächerlich in einer Zeit wie der unsern, weil sie für solch tragische Situation nicht geschaffen sind. Der krasse Gegensatz löst das Lachen aus. Da seht ihr am Sonntag vor dem Musikpavillon von Brignoles oder Romorantin einen alten Herrn in einer Alpaka-Jacke mit karierter Hose, dazu einen Strohhut auf dem Kopf, und ihr empfindet bei seinem Anblick nicht das geringste. Aber versetzt ihn einmal, nachdem ihr ihm noch einmal rasch über den Anzug gebürstet habt, in die Ruinen von Schanghai: der arme Kerl wird euch lächerlich oder schauerlich erscheinen, je nachdem, wie ihr gestimmt seid. Die Vaterländischen Verbände sind voll von derartigen militärischen oder zivilen Würdenträger, denen gerissene Journalisten jeden Morgen vorschlagen, Frankreich zu retten. Ehemals ereiferten sich diese Unschuldslämmer gegen die Deutschen. Heute ist der gewerkschaftlich organisierte Arbeiter an die Stelle des Deutschen getreten. Was zum Teufel sollen denn diese harmlosen Leute für eine Vorstellung von den berechtigtsten Sozialreformen haben, sie, die ihr ganzes Le-

ben lang vor ihrem Bürochef, dem Obersten oder dem Inspektor gezittert haben, und die sich mit einem kindlichen Stolz als Preis für vierzig Jahre Verdauungsbeschwerden das gleiche Abzeichen der Ehrenlegion ins Knopfloch stecken, das einstmals der größte Kriegsmann aller Zeiten auf dem Schlachtfeld von Boulogne seinen alten Soldaten im Helm Franz I. überreichte? Da sie für das Ungeheuerliche dieser Posse kein Empfinden haben, wie kann man da hoffen, daß sie – und sei's auch nur in bescheidenstem Ausmaß – Sinn für Ehre, Gerechtigkeit oder Geschichte haben? Für diese Unglückseligen ist der unzufriedene Arbeiter von vornherein im Unrecht, weil er etwas fordert. Jeder, der es wagt, dem Anspruch der Kaufleute oder der Besitzenden zu nahe zu treten, beleidigt in ihren Augen tödlich den lieben Gott. Das Ärgernis meines Lebens war es sicher, sehen zu müssen, wie eine Anzahl dieser unentwegt Katzbuckelnden zu Royalisten wurden. Das kam daher, weil man diesen Strohköpfen ständig vorerzählt hatte, die Monarchie sei »für die Ordnung«. Dem Himmel sei Dank, daß sie jetzt die Fürsten für Sozialisten halten. Man kann also hoffen, daß sie wieder Republikaner werden.
Noch einmal, ich wünsche nicht, daß diese Sorte von Leuten verschwindet. Ich möchte sie lediglich einen Augenblick aus unsern Auseinandersetzungen heraushalten, gerade solange, wie es nötig ist, um die Franzosen wieder miteinander zu versöhnen. Es mag sein, daß sie guten Glaubens diese Wiederversöhnung wünschen. Aber sie sind unfähig, sie zu verwirklichen, ja sie vermögen sie nicht einmal sich vorzustellen. Es ist nicht die Unordnung selbst, die sie ablehnen, nein, der Lärm, den die Unordnung verursacht, stört sie, daher der Ruf: Ruhe! Ruhe! ihrer armseligen, bald klagenden, bald drohenden Stimmchen. Daß die Forderungen der Arbeiter sie aus dem Häuschen bringen, kommt nur daher, daß sie ihnen auf die Nerven gehn. Der Leiter einer mächtigen Industrie, der sich seit fünf Jah-

ren bemüht, gerechte Löhne zu zahlen, gestand mir heute, daß, sobald er den Lohn um fünf Prozent erhöht, der Handel mit einer zehnprozentigen Preiserhöhung der Lebensmittel darauf antwortet. Diese abscheulichen Schröpfköpfe saugen nach und nach das Mark unsers Volkes aus, aber die Zeitungen der Rechten verschweigen einhellig diese Tatsache, die jedem bekannt ist. Es gibt zweifellos mehr als einen Grund für diese Zurückhaltung. Ich will nur den wichtigsten von ihnen nennen: die Schröpfköpfe arbeiten ohne Lärm. Und das genügt den Männern der Ordnung. Dagegen fordern sie staatliche Maßnahmen, um die Schreihälse zum Schweigen zu bringen. Denn wer schreit, wenn man ihn schröpft, der ist ein Anarchist und verdient keinen Pardon.

Wenn man so empfindliche Nerven hat, sollte man besser zu Hause bleiben. Jedenfalls ist es dann widersinnig, sich die Rolle des Schiedsrichters anzumaßen. Ich verstehe vollkommen, daß der gewerkschaftlich organisierte Arbeiter ihre Geduld auf die Probe stellt. So sollen sie es doch andern überlassen, mit ihm zu verhandeln! Wie diese Unglücksraben nun einmal beschaffen sind, bekommen sie schon nach dem ersten Wortwechsel Zustände. Sie gleichen jenen unverstandenen Frauen, die alles hinzunehmen bereit sind, selbst Hiebe mit dem Knüppel, wenn man ihnen nur zwischen zwei Abreibungen versichert: Du hast recht, recht, recht. Ich spreche von einer Tatsache, die sich leicht nachprüfen läßt. Ich möchte jede Wette eingehen, daß man nicht die vorsichtigste, nicht die schüchternste Billigung irgendeines Punktes des Arbeiterprogramms wagen darf, ohne daß diese Weibmänner sich wie die Blümchen Rühr-mich-nicht-an in sich selbst verkriechen. So, Sie sind also ein Kommunist? schreien sie im gleichen Tonfall wie die Heldinnen Courtelines, wenn sie ausrufen: So, ich bin also eine Närrin?

Weshalb leihen junge Franzosen dem Geschwätz dieser

Angsthasen, dieser gejagten, überhaupt ihr Ohr? Ich denke nicht daran, die Gefahr zu leugnen, die Frankreich von seiten des totalitären Kommunismus droht. Aber selbst wenn sie noch größer wäre, als ich annehme, dann bestände eine um so dringlichere Notwendigkeit, die Festung von diesen angstschlotternden Unglückswürmern zu säubern, die in den Keller gehören und sonst nirgendshin. Ich wiederhole, daß Frankreich, das Haus Frankreich selbst, vor ihren hysterischen Verdächtigungen nicht sicher ist. Werde ich einmal gezwungen sein, mir von den Herren Pozzo di Borgo oder Taittinger bescheinigen zu lassen, daß ich Royalist bin? Warum sollte ich auf den Krampf der Pressekampagnen, die nur zu lärmigen Niederlagen führen können, mein Vertrauen setzen? Ich habe noch nie ein Wort über den Prozeß des Obersten de La Rocque geschrieben. Ich erlaube mir, es ganz einfach komisch zu finden, daß die gleichen Leute, die, wenn sie es nur wagten, allzu gern den Anschlag vom Étoile billigen würden, plötzlich ein Geschrei erheben, weil ein nationaler Oberst – um mich ihrer lächerlichen Sprache zu bedienen – eine nationale Unterstützung von einem nationalen Ministerium für eine nationale Organisation angenommen haben soll. Wie in der Zeit der Dreyfus-Affäre wollten es diese Patrioten nicht dulden, daß man einen Hauptmann in Uniform vor Gericht stellte, und heute entehren sie öffentlich einen Oberst und denunzieren ihn vor dem Ausland als Gauner, der sogar seine Kriegsauszeichnungen gestohlen haben soll! Wo bleibt euer Gewissen!

Ist nur einer unter diesen Narren, der nicht, wenn man ihn über das einzige Kapitel der zeitgenössischen Geschichte, das ihn noch zu interessieren vermag, das heißt über den abessinischen Krieg, befragt, ist nur einer unter ihnen, der nicht bereit wäre, aus Liebe zu Herrn Mussolini unsere eigenen Kolonialkriege zu schmähen? »Ja, mein Herr, wir haben viel mehr Neger niedergemetzelt als der Duce! Was ist schon ein Neger wert! Nieder mit den Negern!« Habt ihr jede Scham verloren? Wenn Dummköpfe ehrlos genug sind, das Werk eines Gallieni oder Lyautey mit der Vernichtung Abessiniens zu vergleichen - sie kostete übrigens Milliarden -, so darf ich ihnen wohl sagen, daß ich ihrer sonderbaren Vorstellung von der Verteidigung unserer Gesellschaftsordnung mit allem Mißtrauen begegne und daß ich, kurz gesagt, lieber krepieren würde als im Schutz ihrer aus allen Heerlagern zusammengestohlenen Maschinengewehre zu leben. Habe ich das Recht, so zu sprechen, ja oder nein? Wollt ihr wirklich jemand die nationale Gesinnung absprechen, nur weil er sich weigert, französische Arbeiter, die von einem französischen Vater und einer französischen Mutter stammen und von denen viele infolge des Spiels unbekannt gebliebener Verschwägerungen vielleicht ein kostbareres Blut in ihren Adern haben als die verjudeten Aristokraten – weil er also sich weigert, französische Arbeiter mit den durch eine tausendjährige Sklaverei verrohten Muschiks gleichzusetzen? Und wollt ihr als Grund dafür anführen, daß unsere Arbeiter dem Marxismus vor dem Kapitalismus den Vorzug geben – wo doch auch der Kapitalismus nur eine Form des Marxismus ist? Hört man augenblicklich auf, Franzose zu sein, weil man nichts mit den schmutzigen Machenschaften zu tun haben will, die die französischen Arbeiter allein für den Zusammenbruch einer wirtschaftlichen und gesellschaftlichen Ordnung verantwortlich machen möchten, obwohl diese längst vor Herrn Jouhaux tot war, schon 1914 sich totlief in einem höchst zweideutigen Krieg, den heute niemand mehr zu rechtfertigen oder zu verteidigen wagt und von dem jedenfalls das eine feststeht, daß seine Urheber gleicherweise der Panslawismus und der Pangermanismus waren und daß nur Frankreich – ich sage: Frankreich, und das schließt das Frankreich der Arbeiter und Bauern ein – mit reinen Händen in ihn eintrat? Soll ich meinen nationalen Ruf verlieren, weil ich euch ruhig ins Gesicht sage, daß ich wahrscheinlich nie ein Wort über den General Franco verloren hätte, wenn ihr euch nicht angemaßt hättet, aus diesem Popanz-Gallifet eine Art christlichen Helden für den Hausgebrauch der französischen Jugend zu machen? Kürzlich wagte es Herr Benjamin, in einem Vortrag zu erklären, er sei nach Burgos gegangen, um dort zu lernen, was Größe ist. Dieses Recht werdet ihr mir schon zugestehn müssen, daß ich meine Auffassung von Größe nicht aus der gleichen Quelle beziehn möchte wie der Autor des *Gaspard*.

Nehmt einmal an, ich ginge morgen zu irgendeinem im Exil lebenden Fürsten, etwa zum Herzog von Guise oder zu Alfons XIII., zu Otto von Habsburg oder Kaiser Wilhelm, und ich fragte ihn: »Majestät, würden Sie sich, wenn der Fall eintreten sollte, eine Wiederherstellung der Monarchie in der Form, wie sie Herr Benjamin in Übereinstimmung mit den spanischen Bischöfen für empfehlenswert hält, vorstellen können?« Die Majestäten würden mir ins Gesicht lachen. Warum zum Teufel soll ich einen General bewundern, der an der Legitimität seines Auftrags um so verbissener und bornierter festhält, als er selber schon zweimal seinem jeweiligen Chef den Eid gebrochen hat? Oh, ich weiß schon, ihr werdet mir entgegnen: »Jouhaux oder Gignoux – man muß sich entscheiden!« Nun schön: weder Jouhaux noch Gignoux! Wenn man euch hört, so gibt es nur in der Welt der Arbeiter politische Drahtzieher und eine subventionierte Presse. Höchst ulkig: dabei lebt das kapitalistische System von der Propaganda, die es betreibt. Aber was kümmert das euch? Die Vereinigten Wirtschaftlichen Interessenverbände – oder ein Unternehmen ähnlicher Art – würden selbstverständlich vor Scham erröten bei dem Gedanken, sie könnten auf den Herausgeber des *Echo des Bons-Riches* auch nur den geringsten Druck ausüben. Ihr könnt euch sogar folgendes Gespräch vorstellen: »Meine Herren«, würde der Herausgeber sagen, »ich habe mich entschlossen, für einige soziale Reformen, denen Ihre Habsucht sich bis jetzt widersetzt hat, einzutreten.« – »Ausgezeichnet, Herr Direktor, wir denken nicht daran, in Ihre erhabenen Gewissensentscheidungen einzugreifen. Ja, noch mehr: in dem sehnlichen Wunsch, Sie in Ihrem lobenswerten Vorsatz zu bestärken, verdoppeln wir unsere Subvention.«

Natürlich hat der Klassenkampf, wie jeder andere Kampf, Notwendigkeiten, denen man sich nicht entziehn kann. Ich mache niemand zum Vorwurf, daß er diesen Kampf führt. Ich lehne es lediglich ab, den Herren Gignoux und Jouhaux die Rolle des Schiedsrichters zuzuerkennen. »Aber wir sind gegen Gewaltmaßnahmen!« Sicherlich. Nur, die Kapitalflucht ist ein nicht minder wirksames Erpressungsmittel als ein Streik. »Was, wir sollen nicht mehr das Recht haben, das Erbe unserer Kinder in Sicherheit zu bringen?« Tut es wenigstens nicht im Namen des Vaterlands. Das Erbteil all eurer Kinder zusammen macht noch nicht das Vaterland aus.

Ich kann so sprechen, weil ich kein Demokrat bin. Der Demokrat, und insbesondere der demokratische Intellektuelle, scheint mir die hassenswerteste Ausprägung des Bürgers zu sein. Selbst bei den aufrichtigen und schätzenswerten Demokraten findet man diese unbewußte Schauspielerei, die einen Marc Sangnier so unerträglich macht. »Ich gehe unter das Volk, ich scheue nicht vor seinem Anblick, seinem Geruch zurück. Ich höre es geduldig an. So ein guter Christ bin ich... Freilich, unser Herr hat mir das Beispiel gegeben.« Unser Herr hat Ihnen mitnichten dieses Beispiel gegeben! Wenn er sich in die Gesellschaft von armen, nicht immer ganz einwandfreien Leuten begab, so deshalb, weil er sich, wie ich annehme, in dieser Gesellschaft wohler fühlte als unter Beamten. Es steht den vornehmen Leuten frei, sich für die zweifellos schmeichelhaftere Annahme zu entscheiden, es handele sich hier um eine freiwillige Abtötung unseres göttlichen Meisters. Ich für mein Teil, ich möchte mich alle Tage mit alten Mönchen oder jungen, in ihr Handwerk verliebten Offizieren an einen Tisch setzen. Auch die Unterhaltung mit einem wackeren Landedelmann gefällt mir nicht schlecht, denn ich liebe die Hunde, die Jagd, den Anstand auf Schnepfen im Frühling. Dagegen machen mich die großen Industriekapitäne, wenn sie über die letzte Automobilausstellung oder über die Lage der Weltwirtschaft reden, nur lachen. Fort damit! Fort damit! Was man heute einen distinguierten Mann nennt, das ist ein Mann, an dem eben nichts Distinguiertes ist. Woran, zum Teufel, soll man sie denn auch unterscheiden? Selbst nach vierzehn Tagen gemeinsamen Lebens, zum Beispiel auf der *Normandie*, ist es, vorausgesetzt, daß man den Trottel in seiner Jugend leidlich abgerichtet hat, ganz unmöglich zu erkennen, ob sein Vater Lumpen verkaufte oder ein hohes Tier bei Creusot war. Kurzum, jeder ordentliche Mensch, ob Arbeiter oder Bauer, der den Mut hat, das zu sein, was er ist, der spricht, wie ihm der Schnabel gewachsen ist, und schweigt, wenn er nichts zu sagen hat, scheint mir des Wortes »vornehm« viel würdiger als diese armseligen Schattengewächse, die zwar ihre Rolle auswendig können, aber unfähig sind, auch nur ein Wort darin zu verändern, ohne sofort Gefahr zu laufen, ein paar Ohrfeigen einzustecken. Die alten Schulfuchser werden mich bestimmt nicht dazu bringen, solche Leute für erlesene Exemplare der Menschheit zu halten und deren versnobtes Getue für einen Bestandteil unsres nationalen Erbes, genau wie die Dichtung von Racine. Arme Schulfuchser... Es gab eine Zeit, da hielten sie Anatole France für ein Genie und Gabriele d'Annunzio für einen Fürsten der Renaissance, meine Güte! Die wahren Aristokraten sind, was sie eben sind. Unnütz, lange darüber zu reden, denn es gibt sie nicht mehr. Niemand zweifelt daran, daß es in allen Klassen bedeutende Vertre-

ter gibt. Wir müssen dafür sorgen, daß sie sich finden. Alles übrige ist sinnlos.
Weder von der Presse der Rechten noch von der Presse der Linken kann man erwarten, daß sie ein derartiges Beginnen unterstützt. Die erschreckendste Erscheinung der heutigen Gesellschaft ist, daß sich am Ende nur noch die Abonnenten der beiden sich bekämpfenden Pressen gegenüberstehn. Die Auseinandersetzung ist zu einem Kampf zwischen zwei Abonnentenkreisen geworden. Es geht gar nicht mehr um Klassengegensätze, sondern um eine viel tiefere Feindschaft, die sich zudem Tag für Tag vertieft, und nicht nur vertieft, sondern ausbreitet, Tag für Tag, über die ganze Welt hin, die auf diese Weise den lächerlichsten Mißverständnissen ausgeliefert ist. So bestimmt der widerliche Gegensatz von zwei Arten gedruckter Blätter das Schicksal der großen Völker. Wozu da noch viel von sozialen Kämpfen reden? Dieser schäumende Haß ist viel zu klebrig, viel zu dick, man merkt ihm sofort an, was dabei herauskommt. Wenn das französische Volk solchen Geifer von sich gibt, dann ist es eben krank. Ich hörte heute morgen, daß die Hitlertruppen in Wien eingezogen sind. »Da wird die Rechte zufrieden sein«, meinte der Verkäufer von *Ce Soir*. Und fünf Minuten später hält mich ein braver Mann auf der Straße an: »Da haben wir's, dahin führt uns die Volksfront!...« Wir betrachteten zusammen einen Demonstrationszug alter Männer und Frauen, die ihre immer wieder versprochene und immer wieder vorenthaltene Rente forderten und wie ein Mummenschanz an uns vorbeizogen. »Schweine!« rief mein Begleiter aus und drohte diesem menschlichen Treibgut mit der Faust. – Oh, mein Land!...

Es gibt keine Klassen mehr. Eine lebendige Klasse scheidet ihr Gift und ihren Haß aus. Unsere Parteien scheiden nichts mehr aus. Mit einer lebendigen, gewachsenen Klasse kann

man verhandeln, denn selbst was sie erreichen will, ist lebendig, und manchmal opfert sie ihm sogar ihre Rachegelüste. Welche Aussicht besteht inmitten eines allgemeinen Chaos, daß ein freies Wort gehört wird? Wenn man unsern Wohlgesinnten glaubt, wäre der französische Arbeiter, überfüttert, wie er ist, in Gefahr, an lauter Wohlleben einzugehen. Ich empfehle ihnen, den Artikel zu lesen, den kürzlich Louis Gillet im *Paris-Soir* veröffentlichte. Gillet ist Schwiegersohn eines Akademikers und selber Mitglied der Akademie, er kann also kaum als Bolschewist gelten: »*Wissen Sie*«, so schreibt er, »*daß achtzehn von hundert französischen Familien, das heißt also eine Familie unter fünf, zusammengepfercht in einem einzigen Zimmer hausen? Das sind natürlich die ärmsten, nämlich die kinderreichsten. Ein einziges Zimmer, in dem man sich zu acht oder zu zehnt aufhält, in dem man ißt, die Mahlzeiten zubereitet, das Geschirr abwäscht, in dem man sich anzieht und in dem man schläft. Ein einziges Zimmer, das oft genug sein Licht aus dem Treppenhaus bekommt, diesem Schacht, der dem ganzen Haus als Luftzufuhr dient, in dem sich sämtliche Küchengerüche ablagern, und wo jede Familie aus Platzmangel tagsüber ihre Betten und Strohsäcke zum Lüften auf dem Geländer stapelt.*«
Die kleinen Tölpel von der neuen realistischen Generation werden das zweifellos ganz in Ordnung finden. Ganz natürlich werden sie es auch finden, daß diese Sklaven im nächsten Krieg die mütterliche Fürsorge, die ihnen die Nation fortwährend zuteil werden läßt, mit ihren elenden Knochen bezahlen. Wahrscheinlich werden sie diese Zeilen nicht lesen können, ohne sich laut über die »Lästerungen« zu empören. Und doch weiß der Herrgott, wie die Papas dieser Herrchen über Frankreich sprechen, seit die Geschäfte schlechter gehn! Wie Zuhälter eine Hure, die nicht mehr genug abliefert, so behandeln sie ihr Vaterland. Die feindliche Propaganda zieht ihren Nutzen aus dem Gefasel dieser aufgeschreckten Dummköpfe. Vor einigen Monaten

behauptete die von Franco beeinflußte argentinische Presse, die französischen Kommunisten hätten die Grotte von Lourdes in die Luft gesprengt. Einige Zeit vor der Ankunft des päpstlichen Legaten Pacelli in Frankreich, gab Monsignore Pizzardo auf der Durchreise in Paris in aller Öffentlichkeit seinem Erstaunen Ausdruck, daß er am Bahnhof von Geistlichen in der Soutane empfangen worden sei: »Wie mutig, meine Herren, aber wie unvorsichtig! Sie setzen Ihr Leben aufs Spiel!«

Unsre Gemäßigten irrten sich einst, als sie hofften, mit dem Mittelstand Politik machen zu können. Die Mittelklassen haben ihre Bedeutung, aber Politik kann man mit ihnen nicht machen. In die Opposition gedrängt, haben sie alle Sicherheit verloren, die für sie nicht zu trennen ist vom Gehorsam gegenüber einer bestehenden Macht, wobei es ihnen gleich ist, wer diese Macht stellt. Beim ersten Augenzwinkern eines neuen – eines fremden – Herrn, legen sie sich auf den Rücken, strecken alle Viere von sich und lispeln: »Nimm mich, mach mich glücklich!« Ich erhoffe mir für mein Land doch ein andres Ende.

Während ich diese Seiten schreibe, marschieren Hitlers Truppen in Wien ein, und unsre Nationalen wiederholen ihr altes Wort: »Warum haben wir Mussolini nicht nachgegeben?« Wem nachgegeben? Worin nachgegeben? Am Mittelmeer ist kein Platz für zwei Imperien. Seit der erste Kanonenschuß in Abessinien fiel, wußten wir, daß Mussolinis Entscheidung gefallen war. Die Demonstration auf dem Brenner diente höchstens dazu, Herrn Lavals Zeitungskampagne zu unterstützen, er hatte sie ja herausgefordert. Möge er in dem französischen Blut, das morgen fließen wird, ersticken!

Im Namen der von den Kommunisten bedrohten europäischen Ordnung haben die Nazis vom Erbe Habsburgs Besitz ergriffen. Aber hatten wir nicht selber schon 1917 dieses Erbe Italien zuliebe geopfert? Kaiser Karl bot uns den Frieden an. Wir haben den Krieg um ein Jahr verlängert für eine Art geographischer Zwangsvorstellung, für eine unmögliche Nation, eine Nation ohne nationale Tradition, eine bloße Schöpfung des neunzehnten Jahrhunderts und des Weltfreimaurertums. Was ich hier als meine Meinung bekanntgebe, habe ich nicht nur von meiner Familie, sondern auch von den Priestern, die mich unterrichtet haben. Nicht einen Christen meiner Generation gibt es, dem man es nicht – zugleich mit dem Katechismus – als Kind beigebracht hat, daß die Auflösung des Kirchenstaates eine Bedrohung für die Freiheit der Kirche bedeute. Heute nimmt es die katholische öffentliche Meinung fröhlich hin, daß zwischen den Söhnen der Kirche und deren Vater ein Wald von Bajonetten aufgerichtet wird. Beachtet dabei wohl, daß ich keineswegs den Heiligen Vater in dieser Sache beschuldige; er hat seine Amtshandlungen einzig vor Gott zu verantworten. Ich bin aber gegen die Heuchler, die auf Befehl wehklagen und sich wieder beruhigen. Solchen Leuten dürfte übrigens auch die Einhaltung des Keuschheitsgelübdes nicht allzu schwer fallen.

»Ihr werdet nicht alt werden, meine jungen Franzosen!« Das schrieb ich am Schluß der *Großen Angst*. Heute fürchte ich mich davor, daß sie alt werden. Ich fürchte, sie haben schon zu lange gelebt. Auf den riesigen Friedhöfen des letzten Krieges versuchten sie ihre ersten Schritte, spielten sie ihre ersten Spiele. Manchmal kamen die Überlebenden herzu, um sie durch das Gitter zu beobachten, schüttelten den Kopf und kehrten auf den Zehenspitzen in ihre Häuser zurück, den kleinen Strauß in der Hand, den sie nicht gewagt hatten, auf den Gräbern niederzulegen, aus Furcht, die fröhlichen Kleinen zu erschrecken. Sie legten den Strauß, um ihn frisch zu halten, in eine Waschschüssel, und dort sahen sie ihn dahinwelken, sterben, auch ihn... Es verging Jahr um Jahr, und die Kinder wuchsen heran. Wir wurden älter – das ist nicht dasselbe. Die Erlebnisse hatten uns bescheiden gemacht. Es steht fest, daß einer sehr großen Zahl von Helden zwischen 1914 und 1918 Hörner aufgesetzt worden sind. Aber das waren unglückliche Einzelschicksale. Die scheußliche Hochzeitsnacht der Nachkriegszeit dagegen, die nach den Klängen einer ungeheuerlichen Farandole die Armlosen, die Holzbeinigen, die Beinlosen, die Gasvergifteten mit den rosigen Wangen – zwischen zwei Tänzen spuckten sie ihre Lungen ins Waschbecken –, eine buntscheckige Schar, in ihren Reigen zwang, sie zeichnete uns alle mit dem Stempel des Sganarell. Es war Frankreich, das uns zum Hahnrei machte – und darin ist nichts Entehrendes.

Aber schließlich fühlten wir uns doch ein wenig lächerlich, wir gingen nicht mehr auf die Friedhöfe. Von ferne nur hörten wir aus diesen düsteren Gefilden ein Gesumm wie aus einem Bienenstock zu uns dringen. »Was sie nur da drinnen treiben, die Kinder?« Was konnte es schon sein! Waren die Toten für sie nicht auch tot? »Sie müssen sich ganz lustig die Zeit vertreiben«, sagten wir uns. »Na, das ist so in ihrem Alter. Heute, wo die Kameraden schön ausgetrocknet und reinlich unter der Erde liegen, ist der Ort ja gesund, und da die Jugend nun einmal die frische Luft liebt, ist's besser, sie lernen dort die Liebe kennen als in den Bordellen.« – »Sie haben's ja gar nicht mit der Liebe«, sagten die Nörgler. »Nachts hören wir Hacke und Spaten knirschen. Sie arbeiten offenbar schwer.« Wahrhaftig, die Nörgler hatten recht. Sie arbeiteten in der Tat schwer, die Kinder. Eines Tages gingen wir hin, um sie uns anzuschauen, eines schönen Tages, an einem Festtag. Verdammte Bengel! Verdammte Schweinehunde! Sie hatten das Ganze neu geordnet, so wie es ihrer Vorstellung entsprach. Von den alten Gräbern, die wir gekannt hatten, keine Spur mehr. Kein Baum, keine Blume, kein Grashalm mehr, nichts als die frische Erde, die uns an die Offensive an der Somme erinnerte, wißt ihr noch? Zwei riesige Grabhügel, einander gegenüber, sie sahen aus wie zwei Hügel aus Dreck. Ja, alle Kameraden hatten sie in zwei Haufen aufeinandergetürmt, einen links und einen rechts: Volksfront und Nationale Front, und mittendurch ein Stacheldrahtzaun.

Arme Kinder! Sie hatten's gut gemeint, sie hatten sich offenbar viel Mühe gegeben, denn die grausige Auslesearbeit und dann die Umschichtung all der alten Knochen, das war gewiß keine Kleinigkeit! Sie haben's geschafft. Übrigens wären sie allein damit nicht fertiggeworden, sicher nicht. Aber sie hatten ja die Kraft ihrer Arme in den Dienst des Hasses gestellt, des unversöhnlichen, unauslöschlichen, ohnmächtigen Hasses der Alten. Als Frankreich 1918 im vollen Anlauf seiner Rüstungsproduktion plötzlich gestoppt wurde, sah es sich überschwemmt von einer Masse nunmehr unbrauchbar gewordenen Kriegsmaterials – weit umfangreicher jedoch waren die Reserven an Haß, über die es verfügte. Von 1914 bis 1918 haben die Männer in den Schützengräben von der Ehre, die im Hinterland vom Haß gelebt. Mit wenigen Ausnahmen kehrten alle, die nicht selber mitgekämpft hatten, angefressen aus diesem Krieg zurück, heillos angefressen, angefressen für immer, angefressen von vier blutigen Jahren. Alle sind's, alle sind sie verfault, sage ich euch. Meine Worte sind nicht aus der Luft gegriffen. Die Beweise sind vorhanden. Ich fordere einen normalen jungen Mann auf, zum Beispiel eine Arbeit über jene Werke zu schreiben, aus denen diese Unglücklichen ihren stubenhockerischen Patriotismus bezogen haben: augenblicklich wird ihn die Verzweiflung überwältigen, denn was findet er? Lüge und Haß. Haß und Lüge. Die öffentliche Meinung in diesem edeln Volke, das in seiner ganzen Geschichte nur den Kampf, den Kampf mit wechselndem Erfolg gekannt hat, ist heute in die Hände eines Haufens von mehr oder weniger latinisierten Schwätzern gelegt, von Söhnen griechischer, jüdischer oder Genueser Sklaven, für die der Krieg niemals etwas anderes war als ein Raubzug oder ein Vendetta-Abenteuer. So niedriger Herkunft sind sie, daß ihnen die Achtung vor dem Feind als ein verrücktes Vorurteil erscheint, das die Soldaten nur demoralisieren kann! Ihr, ihr hättet uns demoralisiert, ihr Hunde, wenn wir uns überhaupt dazu hergegeben hätten, euch zu lesen! Wolle Gott, wir hätten, als wir heimkehrten, euch eure Schandmäuler mit dem Gewehrkolben zugeschlagen! Aber ihr vollführtet ein solches Geschrei, ihr schäumtet so über von patriotischen Tiraden, daß wir ein bißchen verlegen waren, mit unsern Holzbeinen und unsern Auszeichnungen, wir hatten Angst, als Patrioten hinter euch zurückzustehn, ihr Heuchler! Eure ungeheure Schamlosigkeit würde genügen, um die Scheu der Frontkämpfer zu erklären, wenn nicht gar zu rechtfertigen. Ja, so ist es: wir, die wir uns geschämt hätten, einem ehrenvollen Feind, mit dem wir ehrlich gekämpft hatten, die Hand hinzustrecken, wir nahmen eure Losungsworte hin, erduldeten eure Lobsprüche! Denn der Waffenstillstand brachte euch nicht zum Schweigen, und der Friede ebensowenig. Solche Angst hattet ihr um eure Haut, ihr Tartarins!

Ja, ich schwöre es: nachdem wir unsern Sieg sicher nach Hause gebracht hatten, hätten wir nichts sehnlicher gewünscht, als einem ausgehungerten Volk nunmehr seine Ehre zu erweisen; wir hätten uns daran erinnert, daß es gegen eine Welt Widerstand geleistet hatte, daß es alles aufgeopfert hatte, sogar seine elenden, ohne Milch aufgezogenen Kinder. Wir hätten an die vielen deutschen Frauen gedacht, die vielen Soldatenfrauen,.die eines Tages tot, mit ausgetrockneter Brust, neben ihrem gespenstischen Säugling lagen, den sie mit schwarzem, klebrigem Brot ernährt hatten. Wir hätten euch gesagt: »Nehmt euch in acht, ihr Tartarins! Wir haben sie besiegt, nun demütigt sie nicht! Schluß jetzt mit den Geschichten von den Soldaten, die man an ihr Maschinengewehr fesseln, von den Deutschen, die man mit Stockschlägen ins Feuer treiben mußte, Schluß mit dem Gerede von den Barbaren. Ihr könnt ein Sechzig-Millionen-Volk mit offenen Grenzen nicht unter der ständigen Drohung einer präventiven Okkupation halten.« Ach, sie unterbrachen ihr Schmähgeschrei nur, um sich den Angstschweiß abzuwischen: Sicherheit! Sicherheit!... schrien sie mit so durchdringender Stimme, daß Europa – ein mißgünstiges und uns damals schon im geheimen feindliches Europa – so tat, als wenn es sich die Ohren zuhielte, und voll Bedauern von der krankhaften Besessenheit, an der wir litten, sprach. Nun, was uns betrifft, wir waren keineswegs besessen. Wir hätten viel gegeben, sogar den sagenhaften Dank des Vaterlandes, um die Ausscheidungen eurer Eingeweide zum Stillstand zu bringen. Aber die Diarrhöe der Greise hält keiner auf. Wir hätten es wissen müssen, daß in dem Maße, in dem Deutschland sich wieder aufrichtete – erst ein Knie, dann das andere – der eitrige Ausfluß eures Hasses nicht versiegen, sondern nach und nach zurückfließen würde, ins Herz des Landes. Die Wüteriche, die damals kein Mitleid mit dem besiegten, ausgebluteten Deutschland hatten, sie erweisen dem heutigen alle Ehre. Am Ende werden sie es noch lieben. Der gefürchtete Osten, der gestern noch in Saarbrücken begann, hat jetzt mitten in Paris, rue Lafayette, Stellung bezogen. Die Alten von damals sind eben inzwischen noch älter geworden. Sie möchten die Barbarei ganz in der Nähe haben, in einem Tagesmarsch im Rollstuhl zu erreichen. Die Verteidigung des Abendlandes wurde dadurch wunderbar erleichtert. Der Krieg zwischen den Parteien wird im gewohnten Stil des Gerechten Krieges geführt. Gewiß, das Gerede vom Defaitismus verfängt zur Zeit nicht mehr: seit dem Tage, da Mussolini seinen Anspruch auf Abessinien, den Schlüssel zu Afrika, anmeldete, sind all die wakkeren Kriegsleute zu Pazifisten geworden. Dafür soll uns jetzt das Geschrei vom Kommunismus mürbe machen. Tausende von ehrlichen Leuten, die nichts andres wollen, als sich Klarheit verschaffen, ehe sie einen beträchtlichen Teil der französischen Arbeiterschaft endgültig aus der nationalen Gemeinschaft ausstoßen, getrauen sich nicht den Mund aufzutun, aus Angst, man beschuldige sie des Liebäugelns mit Jouhaux, so wie man sie einst zur Parteigängern von Josef Caillaux gestempelt hat, der heute im Senat der Vorkämpfer der »Guten Reichen« ist.

Es ist nicht sehr wahrscheinlich, daß ein junger Mann seine Zeit damit verliert, die Zeitungen des letzten Krieges zu lesen. Er weiß übrigens gar nichts vom Krieg, will auch nichts von ihm wissen. Er wird also niemals erfahren, daß Frankreich damals in zwei Hälften zerfallen war und daß alles bewunderungswürdige Heldentum der Front es einfach nicht fertiggebracht hat, durch seine übernatürliche Kraft den wachsenden moralischen Zerfall des Hinterlandes, dessen Habgier, Würdelosigkeit, Skrupellosigkeit, Frivolität auszugleichen. Am Tage des Waffenstillstands fiel das Frankreich, das den Krieg geführt hatte, wie von einem einzigen Schlag niedergestreckt, zu Boden, das Gesicht zur Erde. Das andere aber – kann man ihm überhaupt den Namen Frankreich geben? –, die Taschen voll, die Herzen leer, die Nerven kaputt, hat sich im Troß hinter seinen Politikern, seinen Journalisten, seinen Bankiers, seinen dunkeln Zuhältern, seinen Komödianten und seinen Negern unserer öffentlichen Meinung bemächtigt.

Und sie gehört ihm noch heute.

Die Diktatoren sehen in der Gewalt das einzige Werkzeug der Größe. Ein systematischer Gebrauch der Gewalt kommt nicht ohne Grausamkeit aus. Die heldische, uneigennützige Gesinnung der neuen Jugend wird diese offene Grausamkeit bald zu einer neuen männlichen Tugend entwickeln. Dann wird ihnen das Erbarmen genauso töricht vorkommen wie einst unsern jungen französischen Bürgern die Tugend der Keuschheit. Daß der einzelne weiterhin zu seinem Wort steht, wenn die Herren der Welt das ihre fortwährend verleugnen – das zu glauben, bedarf es der ganzen ungeheuern Gedankenlosigkeit unsrer wohlanständigen Bürger. Wozu noch vorgeben, man kämpfe gegen die politische oder soziale Anarchie, wenn man zu diesem Zweck Mittel benutzt, die jegliches Gewissensbedenken lächerlich machen; wenn man dadurch eine Art moralischer Anarchie großzieht, die früher oder später zu einer politischen und sozialen Anarchie führen muß, weit schlimmer noch als die erste? Wir wissen schon, was der totale Krieg bedeutet. Der totale Frieden ist ihm ähnlich, oder vielmehr, es gibt nichts, worin er sich von ihm unterscheidet. In dem einen wie in dem andern zeigen sich die Regierungen buchstäblich fähig zu allem. Ist es das, was Bertrand de Jouvenel »die Schule der Gewalt« nennt, zu der Europa erwacht ist? »Im kommenden Jahrhundert«, so schließt dieser Edelmann im Sinne Nietzsches, »wird der Zustand Europas die Auslese der männlichen Tugenden notwendig machen, denn dann wird man in einem Dauerzustand der Gefahr leben.« Da Verträge dann keine Achtung mehr genießen werden, wird es offensichtlich schwerfallen, seinen Kindern ein Stück Brot zu schneiden, ohne gleich angstvoll zu fragen, ob nicht die mit der Vorbereitung des Bakterienkrieges beauftragten Stellen bereits die Bazillen der Kinderlähmung hineingebacken haben. Wenn unsere Großväter von dem Bedürfnis nach derartigen Lebensbedingungen gepackt wurden, ließen sie klüglich ihre Familie daheim und begaben sich eine Zeitlang unter die Menschenfresser. Zweifellos wird man mich beschuldigen, es fehle mir an männlicher Gesinnung, weil ich keinen Gefallen an diesen Dingen finde. Das ist möglich, alles ist möglich. Es kann sogar vorkommen, daß mir gewisse Journalisten, deren Namen mir in der Feder liegt, Unterricht in Männlichkeit erteilen.

Keine Zweideutigkeit, keine Lüge hilft, wenn etwas offen zutage liegt. Wenn alle Staaten mit so wütendem Eifer aufrüsten, so geschieht das aus einem sehr einfachen Grund. *Sie können keine Verträge mehr miteinander schließen*, weil ihre Unterschriften nichts mehr gelten. Ich glaube nicht, daß eine menschliche Gesellschaft jemals solche Schmach erlebt hat. Die Anarchisten werden sich vielleicht über so etwas freuen. Aber die Männer der Ordnung? Haltet sie nicht auf, sie sind noch nicht fertig mit ihrem Beifall für den lächerlichen Zusammenbruch des Völkerbundes. Jedesmal, wenn man in China, in Abessinien, in Spanien oder anderswo ein Geräusch von zerreißendem Papier hört und den Lärm der Wasserspülung, die es in die Kanäle schwemmt, dann trampeln die Unseligen vor Vergnügen und brechen in schallendes Gelächter aus. Wenn ihr ihnen entgegenhaltet, daß sich dem Realismus der Staatsmänner bald der Realismus der Kriegsmänner beigesellen wird, daß es schon keine Form des Krieges mehr gibt, so gräßlich man sie sich immer vorstellt, die fortan nicht möglich ist, daß diese morgen das ungeheuerlichste Wettrennen des Schrekkens auslösen wird, dann werden sie nur um so lustiger. Wenn eines Tages die Diktatoren, weil das Wohl der Nation allem vorangeht, aus Sparsamkeitsgründen ihren Soldaten die Gefangenen, die sie gemacht haben, als Mittagsmahl vorsetzen, dann wird ein strammer Bursche wie Jouvenel zweifellos sagen: »Je nun, Kamerad, sei ein Mann!« Und im *Osservatore Romano* werden wir eine kluge, maßvolle Notiz lesen, die die geschätzten katholischen Staatsoberhäupter auffordert, aus kindlicher Ergebenheit gegenüber dem Heiligen Stuhl doch wenigstens am Karfreitag den Genuß dieser Art Fleischkonserven zu verbieten. Seid Männer! Aber sagt doch, seid ihr es wirklich mehr als ich, ihr Gaukler? Bei alledem sehe ich unter euch eine hübsche Anzahl von Leutchen, deren Männlichkeit ganz ihrem Patriotismus entspricht, und ihr werdet mich doch nicht zwingen wollen, jedesmal »Es lebe Frankreich!« zu schreien, wenn ein nationaler warmer Bruder sich eine Trikolore auf sein Hinterteil pappt.

Ich habe nichts gegen eure Grundsätze, ihr Männer der Ordnung. Die Partei der Ordnung – kann es überhaupt jemals eine Partei der Ordnung geben? – müßte noch gegründet werden. Was ihr mit diesem Namen belegt, ist nur ein Mischmasch. Es kann nichts anderes sein, sagt ihr. Ach, zu all dem wäre zunächst wohl nötig, daß die Führer, die sich so oft gegenseitig davon überzeugt haben, daß sie nichts als Verräter oder Dummköpfe sind, verschwinden. Ich muß mich entschuldigen, daß ich immer wieder dieselben Namen nenne, aber was will ich machen? Doriot, Taittinger, Jean Renaud, Tardieu, Laval, Flandin?... neben diesen Leuten hätte ein Waldeck-Rousseau noch als Herr gewirkt. – »Welche bestehende Ordnung vertreten Sie?« – »Wir vertreten keine bestimmte Ordnung.« – »Dann: welche Staatsauffassung?« – »Keine bestimmte Staatsauffassung. Wir sind gegen das Schlimmere! Das verbindet uns!« – »Das dachte ich mir, ihr setzt also das Mittelmäßige gegen das Schlimmere, darin besteht eure ganze Daseinsberechtigung. Nun gut: Frankreich will keine Mittelmäßigen.« – »Unsere Gegner sind genauso mittelmäßig wie wir, aber dabei viel gefährlicher.« – »Gerade deswegen: Frankreich will die gefährlichen Mittelmäßigen.« – Bei ihnen hofft es nämlich immer noch, es werde sich etwas ändern – übrigens ein rührender Irrtum, denn Mittelmäßige ändern niemals etwas. Männer der Ordnung, das Volk läßt sich nicht so leicht verführen wie die unschuldigen Mitglieder eurer kirchlichen Vereine. Wenn ihr den Mittelklassen von Ordnung erzählt, dann begreifen sie sofort, denn seit hundertundfünfzig Jahren ist dieses Wort, gleichviel unter welcher bürgerlichen Regierung, für sie immer gleichbedeutend gewesen mit Aufschwung von Handel und Industrie. Aber in den Ohren des Volkes klingt das Wort anders. Ihr sagt:

»Die Sorge um die Ordnung ist unsere Aufgabe.« Welche Ordnung? Die liberale Ordnung war eine solche Ordnung. Mehr als ein Jahrhundert hat sie in Frankreich geherrscht. In diesen gesegneten Zeiten verdienten die Arbeiter in der Normandie, nach dem Zeugnis der Handelskammer von Rouen, »nicht einmal das Nötigste, um ihre Familien zu ernähren, obwohl sie achtzehn Stunden am Tag arbeiteten«. Achille Tenot, der Baron von Morogues, Alban von Villeneuve Bargemont berichten, daß die meisten Arbeiter mit drei bis vier Sous für Brot und vier Sous für Kartoffeln auskommen mußten. Unterernährte achtjährige Kinder, die als Garnwickler oder Spulenträger in den Spinnereien angestellt waren, blieben täglich sechzehn Stunden auf den Beinen. Die Berichte, die Augustin Cochin 1862 und 1864 der Académie des Sciences morales vorlegte, bestätigten, was ich soeben die zweifelhafte Ehre hatte, niederzuschreiben. In Mühlhausen so gut wie in Lyon betrug die durchschnittliche Lebenserwartung für die Kinder von Fabrikanten und Kaufleuten achtundzwanzig Jahre, für die Kinder von Weber- oder Spinnereiarbeitern dagegen einundeinhalbes Jahr. Oh, ich weiß wohl, ihr wünscht durchaus nicht, eine solche Ordnung wiederherzustellen. Aber die Mittelklassen jener Zeit nannten sie nichtsdestoweniger *Die Ordnung*. Die Generale, die Beamten, die Männer der Kirche höchstselbst sprachen von ihr nur mit einem Tremolo in der Stimme und wehklagten, daß sie bedroht sei. Unter solchen Voraussetzungen ist das Mißtrauen der Arbeiter gegen die Vertreter der Ordnung ganz natürlich, und das um so mehr, als die letzteren sich niemals besonders für soziale Reformen erwärmt haben, gebt's doch zu! Dieses Mißtrauen muß besiegt werden, koste es, was es wolle, aber um es zu besiegen, muß man zunächst euch reformieren, muß man eure Vereinigungen zerbrechen.

Eure Vereinigungen sind politische Verbände, eure Führer sind Politiker, und zwar von der schlimmsten Sorte: Politiker des Nein. Die Gewohnheit, immer zu opponieren, hat sie ausgedörrt bis ins Mark. Sie denken, fühlen und handeln immer nur aus Opposition. Das Laster der Kritik hat bei ihnen alle Aufrichtigkeit des Herzens erstickt, alle Spontaneität des Denkens gelähmt. »Die einen sind soviel wert wie die andern!« werdet ihr sagen. Und vielleicht hättet ihr tatsächlich recht, wenn ihr nicht, immer höher bietend, schließlich zu der Behauptung gekommen wäret: wir sind die Ordnung, und wir sind Frankreich, das Frankreich der Ordnung, ja, Frankreich schlechthin. Seitdem hat jeder geborene Franzose das Recht, von euch Rechenschaft für eine so erschreckende Anmaßung zu fordern.

Ich sage euch das ganz ruhig. Ich gehöre keiner Partei an. Es zieht mich in keine Akademie, weder in die Académie Goncourt noch in sonst eine. Wenn ich in gewisser Hinsicht der herrschenden Klasse angehöre, so nicht als Kapitalist. Die heutigen Lebensbedingungen eines französischen Schriftstellers kommen denen eines Proletariers recht nahe. Der Handelswert eines Werkes hat offenbar nichts mit dessen wirklichem Wert zu tun. Wurde nicht ein Georges Ohnet reißend verkauft? Deshalb kann ich, ohne mich lächerlich zu machen, sagen, daß ich einer der französischen Schriftsteller bin, die das meiste dem Wohlwollen ihrer Leser verdanken. Nichtsdestoweniger ist es eine Tatsache, daß von 1926 bis 1936 meine Bücher, die in alle Sprachen übersetzt wurden, mir nicht mehr als ein Durchschnittseinkommen von fünfunddreißigtausend Francs im Jahr eingebracht haben. Wenn es mir dennoch gelungen ist, sechs Kinder großzuziehen, so glaube ich, daß ich meine Schuldigkeit gegenüber meiner Klasse und sogar gegenüber meinem Lande getan habe. Da ich einfach nichts besitze in dieser Welt, nicht einmal ein Bett, um darin zu sterben, hoffe ich, daß man mir den vielbeneideten Titel eines Mannes der Ordnung nicht streitig machen wird. Wohlan, Männer der Ordnung, ich kannte eine Zeit, da habt ihr über eure Ohn-

macht gejammert. »Ja, wenn wir die Presse hätten!« sagtet ihr. Jetzt habt ihr sie! Die große Presse gehört euch so gut wie ganz. Millionen von armen Leuten, die kaum etwas von Frankreich wissen und die seine Geschichte nie anders kennengelernt haben als durch Schulbücher, in denen Haß und Parteinahme einem auf jeder Seite entgegenspringen, Leute, deren Unwissenheit sie gänzlich außerstand setzt, den Wert einer Kultur zu ermessen, und die ihr nur unbewußt verbunden sind, Leute, die niemals Corneille oder Rabelais lesen werden, sie hören täglich die mächtigen Lautsprecher eurer Zeitungen an jeder Straßenecke hinausplärren: »Hier ist Frankreich! Wer Frankreich kennenlernen will, muß sich an die Nationale Front wenden.«
Ich behaupte, daß – bewußt oder unbewußt – eine solche Unterschiebung ein Verbrechen am Vaterland ist. Nichts gibt euch das Recht, meinem Land dieses unverschämte Ultimatum zu stellen: »Entweder der Kommunismus oder wir!« Fünfzig Jahre Erfahrung haben hinlänglich gezeigt, daß ihr niemals zum Volke in einer Sprache sprechen werdet, die seiner und seiner Vergangenheit würdig ist. Ihr habt von der alten, heute gottlob zerschlagenen klerikalen Partei den Wortschatz, die Kampfmethoden, ja sogar ihren Ton unerträglicher Herablassung, ranziger Salbung, rhetorischen Überschwangs übernommen, der unserer Art am meisten zuwider ist. Es fehlt euch jeder Sinn für Komik. Damals, als Briand über die Geschicke des Völkerbunds bestimmte, als Abrüstung das Wort des Tages war, da erhobt ihr euch gegen die Arbeiter, die: »Nieder mit dem Krieg« schrien. Heute, da Frankreich sich Tag für Tag die Spucke der Diktatoren aus dem Gesicht wischen muß, da stellt ihr einen »Pazifismus unter Waffen« zur Schau, und ihr haltet das noch für besonders schlau. Nachdem ihr euch über die »Bündnissucht« lustig gemacht habt, wollt ihr uns heute einreden, wir könnten über die Zukunft Spaniens vollständig beruhigt sein, weil ihr aus Burgos eine Erklärung des Ge-

neral Franco bekommen habt, für die kein halbwegs vernünftiger Mensch nur einen Pfifferling gibt – aber ihr tragt sie artig und fromm nach Hause, wie ein Pudel seinem Herrn die Milchkanne nachträgt. Ich wünsche durchaus keine Intervention in Katalanien. Ich sage ganz einfach, daß die solidarische Haltung, die die französischen Arbeiter ihren unglücklichen Genossen in Spanien gegenüber bezeigen, Ausdruck einer edeln Gesinnung ist, selbst wenn die russische Propaganda gewissenlos daraus Kapital schlägt, und es ist unrecht von euch, sie mit euerm albernen Geschwätz in den Dreck zu ziehen.

Dieses alberne Geschwätz ist es gerade, das euch das Volk nicht verzeiht. In den Glanzzeiten der Katholischen Aktion in Spanien suchten sich die vornehmen Damen von Palma auf den Rat ihrer Beichtväter die »Armen«, denen sie ihre Unterstützung angedeihen ließen, prinzipiell unter jenen unglücklichen Teufeln aus, die einer fortschrittlichen Partei angehörten. »Wir treiben keine Politik«, pflegten diese Damen zu sagen. »Pfui über die Politik, wir kommen im Namen Christi. Christus kennt weder Rote noch Weiße... [an dieser Stelle erfolgte ein kleines Lachen] ... und hier haben Sie etwas Tabak für Ihre Pfeife!« Einige Monate später fragte ich einen dieser Engel der Barmherzigkeit, was ihre Schützlinge machten. »Sprechen Sie nicht davon«, sagte sie. »Ich wage gar nicht, mich zu erkundigen. Sie müssen schon alle erschossen sein.«

VIERTES KAPITEL

WIR MÜSSEN für die Toten sühnen. Wir müssen wiedergutmachen für die Toten, damit sie ihrerseits uns erlösen. Die Versöhnung der Lebenden ist erst möglich, wenn die Toten versöhnt sind. Nicht so sehr die Irrtümer oder Fehler der Toten vergiften unser nationales Leben, als vielmehr ihr Haß und ihre Ablehnung, die sie überleben. Diese werden von einer kleinen Anzahl von Parteiführern, die wir an den Fingern einer Hand aufzählen könnten, für ihre Zwecke mißbraucht. Wir schauen ihnen noch einmal ins Gesicht, diesen Feinden des Vaterlandes, ehe wir sie um eines andern Buches willen verlassen. Das Vaterland wird nicht durch ihre Hände sterben!

Léon Daudet war zweifellos der einzige, der der hitlerischen Revolution ihren wahren Namen gegeben hat. Er nannte sie »die zweite deutsche Reformation«. Der Autor der *Reise Shakespeares* ist unter dem Zeichen des größten Tragikers geboren, er ist der einzige legitime Erbe eines Aeschylos und Sophokles gegenüber der drückenden, kriechenden, wilden und mächtigen Latinität. In dem Schicksal dieses seltsamen Mannes ist sowohl etwas von Caliban wie von Ariel. Ich sage: in seinem Schicksal, nicht in seiner Person oder in seinem Gesicht, in seinem Schicksal, seinem Fatum, seiner übernatürlichen Bestimmung. Es ist schwer, sich ein Bild von den Ungerechtigkeiten zu machen, die er begangen hat, aber zumindest trägt er sie in seinem Gesicht, sie haben sich ihm eingeprägt wie die Narben der Brust eines alten Gladiators. Gewiß, wer das menschliche Antlitz liebt, kann nicht ohne Erzittern dieses schreckliche Gesicht sehn, dessen ungeheure Sinnlichkeit selbst die Tränen ersticken würde: in irgendeiner Sitzung des Prozesses gegen den Obersten de la Rocque – ich weiß nicht mehr in welcher – tauchte es plötzlich auf, rot bemalt, wie die Maske eines griechischen Schauspielers. Doch das ist nicht weiter wichtig. Jedenfalls ist es nicht das Gesicht eines Pharisäers. Es ist alles, was ihr wollt, nur nicht ein Grab, und noch viel weniger ein übertünchtes Grab. Mehr als unsere Gesichter, weit mehr, ist es für den Angstschweiß geschaffen, für jene andere Art reinigender Tränen, inniger und tiefer als Tränen – den einst in der Nacht der Nächte die biblischen Ölbäume fließen sahen. Es gibt Menschen, die nichts auszufüllen vermag, die auch vom Wasser des Lebens, das der Samariterin verheißen ward, nicht erquickt werden, sie dürsten nach dem Essig und der Galle der Heiligen Agonie.

Ihr hättet durchaus das Recht, mir zu sagen, es sei anmaßend oder lächerlich von mir, in solchen Worten von Léon Daudet zu sprechen. Ich spreche von Léon Daudet, als sei er schon längst gestorben, das ist alles. Vielleicht ist er wirklich schon tot? Vielleicht hat er niemals gelebt, in dem Sinne, den die Dummköpfe, die ihn mit ihrem Speichel bedecken und vergebens suchen, ihn hinunterzuwürgen, diesem Wort geben? Er mag uns vom Wein, von den Frauen und den Blumen erzählen, er mag unmögliche Romane schreiben, in denen eine Wollust aufschluchzt, infantil noch bei dem Weißhaarigen – irgendein gedankenschweres Wort, das ihm plötzlich entfährt, seine wiehernde Stimme, sein glühender und eisiger Blick, all das trifft uns manchmal wie die Botschaft einer andern Welt. Was hat er nur in der Académie Goncourt zu suchen, lieber Himmel!

Wahrscheinlich liest Mussolini jeden Tag die *Action Française*. Er muß sich sogar in ihr zu Hause fühlen, ähnlich wie früher ein Fürst in seinem Pariser Absteigequartier. Die Möbel sind ganz nach seinem Geschmack, hübsch altmodisch. Hier kann er seinen imperialen Purpur im Vorzimmer an den Nagel hängen, in die Pantoffeln eines gemäßigten Realismus schlüpfen, seine konsularischen Hände über dem schwachen Holzfeuer einer Weisheit wärmen, die mit Buchenscheiten aus der Champagne genährt wird und da-

zu mit dem Wein der Hügel von Chateau-Thierry, aus dem Keller La Fontaines. Selbst nachts kann er die Türen offen lassen, ohne Furcht und völlig gewiß, keinem shakespeareschen Gespenst zu begegnen. Er muß wohl sehr überrascht gewesen sein, als am Ende eines zwanglosen Mahles Léon Daudet, beschwingt von dem weißen Wein, sich ihm zuwandte und, indem er sein Glas niedersetzte, in vertraulichem Ton sagte: »Die zweite deutsche Reformation will über die Seelen herrschen wie über die Körper, und es ist wahr: man schafft nichts Dauerhaftes auf dieser Erde, wenn man nur über die Körper herrscht. Alle Sportvereinigungen der Welt sind ein Nichts und vermögen nichts gegen die Schriften des im Wahnsinn gestorbenen Philosophen, der in Sils Maria die Grundlagen der ewigen Wiederkehr legte – der Wiederkunft des Glücks.«
Am Schluß des gleichen Artikels – er hieß »Das Hakenkreuz gegen das Kreuz« – spricht Léon Daudet von »der seltsamen Tiefe der Hitlerbewegung«. Einige Tage zuvor sagte mir ein junger österreichischer Pater etwas Ähnliches: »So viele Jahrhunderte nach dem Tode Luthers wissen wir nun, was der lutherische Geist ist. Nach ebensoviel Jahrhunderten werden unsere Nachfahren wahrscheinlich die wahre Natur des Hitlergeistes besser kennen als wir.«
Ich gebe mich nicht der Hoffnung hin, daß die französischen Kleinbürger vom Geiste des einen wie des andern auch nur die leiseste Vorstellung haben. Für diese Dummköpfe sind Hitler, Stalin oder Mussolini gerissene Schlauberger, weiter nichts: Doriots, die es geschafft haben. Auf die große Erschütterung des abendländischen Bewußtseins, das nicht mehr fähig ist, Lebenskraft zu ziehen aus einem erstarrten Christentum, sondern dieses Christentum nach und nach wie ein Gift ausscheidet, reagieren unsere Nationalen mit nichtssagenden Sprüchen, die dem ewigen Einerlei ihrer Sorgen entsprechen. Herr Didier Poulain berichtete kürzlich im *Candide* über ein Gespräch, das er mit ei-

nem österreichischen Katholiken führte: »Ihr habt euern Führer, und wir haben den unsern, und das ist leider Herr Blum. Ich sah an dem schmerzlichen Lächeln auf den Lippen meines Gegenübers«, fügte er hinzu, »daß dieser dachte, ein Unglücklicher begegnet doch immer einem noch Unglücklicheren, als er selbst ist.« Solchen Leuten ist nicht zu helfen. Sie meinen, sie könnten Hitler gegen Stalin »benutzen«, und bedenken nicht einen Augenblick, daß der Gegensatz der beiden Reformatoren sich aus der Gleichheit ihrer Methoden erklärt. Der erste mißbraucht die Mystik der Rasse, der andere die Mystik der Klasse, beide mit dem gleichen Ziel: nämlich zur zweckmäßigsten Ausnutzung der menschlichen Arbeit und des menschlichen Geistes im Dienste einer rein diesseitigen Wirklichkeit. Ein ungeheuerlicher Umschwung der Geschichte von unberechenbarer Tragweite, wenn man bedenkt, daß bis dahin die besten Kräfte der gemeinsamen menschlichen Bemühungen der Erforschung, der Verteidigung und der Verherrlichung der übernatürlichen Wirklichkeit gewidmet waren. Millionen Menschen haben einander getötet um eines metaphysischen Glaubens willen und Millionen Menschen haben diesem Glauben mit Herz und Geist gedient. Ein kleiner Teil nur des Heldenmutes, der zur Eroberung des ewigen Lebens eingesetzt wurde, hätte genügt, Imperien zu gründen.

Gewiß, solche Ansichten sind für viele Menschen noch ungewohnt. Ist aber erst ein Anfang gemacht, sie in die Wirklichkeit umzusetzen, so werden sie mit Blitzesschnelle um sich greifen. Man bedenke nur, wie ungemein die letzten Endes doch bescheidenen und vor allem recht einseitigen Erfolge der Erfahrungswissenschaften den religiösen Sinn geschwächt haben – und dabei war der rein utilitaristische Materialismus des vorigen Jahrhunderts wahrhaftig dazu angetan, edlere Seelen abzustoßen! Unsere heutigen Reformatoren haben ihm die Idee des Opfers, der Größe und des Heldentums hinzugefügt. So können die Völker nunmehr mit Gott brechen ohne jede Angst, fast ohne es selber zu merken, und mit einem glühenden Eifer, der dem der Heiligen und Märtyrer nicht nachsteht. Nichts vermag sie zu warnen, daß am Ende der Haß aller gegen alle stehen muß.

Während wir also diese Ungeheuer dem Boden entsteigen sehen, noch schwankend auf ihren Beinen, umgeben von dem zitternden riesigen Wald von Bajonetten, der bald die ganze Erde bedecken wird, überlegen unsere wahnwitzigen Dummköpfe, wie man den faschistischen Elefanten abrichten könne, um nach beendigter Dressur, wenn auch dem hitlerischen Ungeheuer die nötige Vernunft beigebracht ist, miteinander auszuziehen und den dritten Elefanten zu unterwerfen, den rasenden Einzelgänger, der zwischen Moskau und Wladiwostok umhertrampelt und trompetet, den Schnee mit seinen riesigen Füßen aufwirbelnd. Ich übertreibe keineswegs. Die wenigen guten Bürger, die ein dunkles Vorgefühl der uns allen drohenden Gefahr wachhalten möchte, schlafen wieder ein, weil sie sich sagen, daß im schlimmsten Fall Charles Maurras mit seinem *Dictionnaire* die politischen Konzeptionen des Duce schon in Ordnung bringen wird, und wenn der allein es nicht schafft, dann wird man eben dem seine eigenen Wege gehenden portugiesischen Autokraten drahten, dessen Name mir, zum Donnerwetter, schon wieder entfallen ist – jenem vornehmen, vegetarisch lebenden Professor, der, genau wie Dollfuß, die Verfassung eines friedlichen korporativen Staates entworfen hat, und den zweifellos früher oder später das gleiche Schicksal ereilen wird wie seinen armen, kleinen Kollegen...

So ruft die neue Reformation bei den französischen Eliten nur eine dumpfe und lächerliche nervöse Erregung hervor, widerlich anzusehen. Sie fühlen den Boden wanken und raffen ihre letzten Kräfte zusammen, um gegen die Vierzigstundenwoche, die Ursache allen Übels, zu protestieren. »Wenn die Herren Hitler und Mussolini auch keine wohlanständigen Bürger in unserm Sinne sind – sagen Sie es bitte nicht laut! Der Volksfront käme das nur allzu gelegen!« Man muß übrigens zugeben, daß diese Hanswurste die bescheidene Rolle, die man ihnen anvertraut hat, in Anbetracht ihrer nicht allzu großen Intelligenz und Energie recht gut spielen. Indem sie gegen den roten Diktator losbellen, übertönen sie den Lärm, den die beiden andern Diktatoren machen. Sie greifen das französisch-sowjetische Bündnis an und unterschieben dem zwischen Hitler und Mussolini rein gefühlsmäßige Gründe. Diese beiden folgen einfach ihrer Laune, das ist alles. Wäre man zu General Franco freundlicher gewesen, dann hätte sich dieser brave Soldat sicherlich dem Anschluß widersetzt. Weit entfernt, ein Bündnis mit Berlin zu suchen, hätte der Duce gerne seine tapferen Truppen mit den unsern vereint, und gemeinsam hätten sie dann Korsika und Tunis erobert. Kurzum, für einen freundlichen Schmatz würden alle diese Gewaltherren ihren großen Säbel verkaufen...

Ihr jungen Leute, die ihr dieses Buch lest, ob es euch gefällt oder nicht, seht es euch gut an, denn dieses Buch ist das Zeugnis eines freien Mannes. Vielleicht wird es, ehe noch eure Haare weiß geworden sind, als Wahnsinn gelten, seine Stimme gegen die Diktatoren zu erheben. Ich sage: Wahnsinn, und nicht Heldentat, nicht einmal: Ehre. Die Freiheiten, deren man sich längere Zeit nicht mehr bedient, werden lächerlich. Ein rumänischer Chemiker, sagt man, hat ein Gas entdeckt, das, mit Luft gemischt, fast auf der Stelle jeden, der es, schon in winzigsten Mengen, einatmet, in Schlaf fallen läßt. Ich kann sie mir genau vorstellen, die Herren von morgen, wie sie in jeder Stadt über ein Leitungsnetz für dieses Gas verfügen. Ein paar Hähne werden aufgedreht, und eine ganze Bevölkerung sinkt in

Schlaf: die Polizei braucht nichts zu tun, als sich in aller Ruhe die Unzufriedenen herauszusuchen, die erst auf dem elektrischen Stuhl wieder erwachen. Der Narr, der unter solchen Umständen seinen Willen dem totalitären Willen entgegenstellt, kann natürlich nur noch Mitleid erregen.

Die Reformatoren kümmern sich nicht um mich, und sie haben recht. Dafür kann ich sie mir um so besser betrachten, im Gegenlicht, aus der Tiefe meines schattenhaften Daseins. Ich betrachte sie ohne Haß. Wer in ihnen nur die bewußten Werkzeuge einer bestimmten Politik sieht, ist völlig blind. Wie viele Mißverständnisse würden sich morgen aufklären, wenn man die absurde Bezeichnung Diktatoren durch Reformatoren ersetzte! Die erste Reformation, die Lenins, unter ungünstigsten Bedingungen begonnen und von der jüdischen Neurose verzerrt, verliert heute mehr und mehr ihr ursprüngliches Gesicht. Die von Mussolini, im Geiste des Unanimismus und Georges Sorels begonnen, vielgesichtig wie der mächtige Arbeiter selbst, der sein Bild von ihr lange Zeit aus soziologischen, geschichtlichen und archäologischen Handbüchern zusammengetragen hat, prunkend mit einem antiken Glanz, der aus dem Warenhaus zu stammen scheint, in der Maske einer heroischen Pose sich gebend, mit einer vulgären Liebenswürdigkeit, die von gelegentlicher Grausamkeit abgelöst wird, ebenso unbedenklich wie abergläubisch einen Katholizismus mißbrauchend, der überdies so leer und bombastisch ist wie die Peterskirche – diese Reformation, sage ich, war zweifellos nur die Reaktion eines übersensiblen Volkes auf die ersten Anzeichen der heraufziehenden Krise. Hatte nicht einige Jahre zuvor der russische Sturm es schon einmal über Tausende von Meilen hinweg in Zuckungen versetzt? Das Wagnersche Gewitter, das sich in Mitteleuropa zusammenzog, mußte seine Nerven noch viel stärker erregen. Was vermag ein Erasmus gegen Luther? Welcher vernünftige Mensch hätte auf die humanistischen Girondisten oder selbst auf Danton gesetzt, gegen einen Robespierre und St. Just? Das Verhalten des neuen Italien gegenüber dem schrecklichen Zauberer ist nichts anderes als das Verhalten eines Invertierten gegenüber dem Mann. Bis zur Übernahme des Paradeschrittes, um ein Beispiel zu nennen, ruft uns das alles gewisse Formen der Freudschen Mimikry ins Gedächtnis. Was ist dazu viel zu sagen? Lenin oder Trotzki waren nur die jüdischen Propheten, die Verkünder der deutschen, noch in den Wolken der Zukunft verborgenen Revolution. Mussolini öffnet ihr die goldenen Pforten des Meeres. Unter dem Rollen der LKWs und der Panzer ist mit dem Kinde Mozart die Jugend Europas in Salzburg gestorben. Es gibt nur *eine* Reformation und *einen* Reformator: den germanischen Halbgott, den größten der germanischen Helden, in seinem kleinen Berghaus, zwischen seiner deutschen Jungfrau, seinen Blumen und seinen treuen Hunden.

Man kann die Größe eines solchen Mannes nicht unterschätzen, aber diese Größe ist nicht urtümlich, sie ist ganz einfach unrein, die Quelle dieser Größe ist unrein. Sie erwuchs aus der deutschen Erniedrigung, aus dem beschmutzten, zerrissenen, ausgelöschten Deutschland von 1922. Sie hat das Gesicht des deutschen Elends, umgewandelt durch die Verzweiflung, das Gesicht der deutschen Zügellosigkeit, wie sie sich offenbarte, damals, als unzählige, durch nichts zu erschütternde Reporter beider Welten sich das schmutzige Vergnügen machten, für ein Goldstück die Söhne der toten Helden, geschminkt, gepudert, parfümiert, mit den Hüften und dem leeren Bauch wackelnd, tanzen zu lassen, während Herr Poincaré, der kleine Advokat mit den Eingeweiden aus Werg und dem Herzen aus Leder, seine Gerichtsvollzieher in Bewegung setzte. Diese Größe ist die Sünde Deutschlands, und sie ist auch die unsre. Deutschland hat es abgelehnt, von seinem Antlitz, dem

Antlitz eines gnadenlosen Erzengels, den Speichel abzuwischen. In seinen Augen glänzt unser alter Haß, und unsere alten Beleidigungen werfen den düster glühenden Schatten auf seine Stirn. Es hat nichts vergessen, es vergißt nichts, weder seine Verbrechen noch die unsrigen. In seinem Stolz nimmt es alles auf sich. Wolle Gott, daß es vom Geist der Rache in Bewegung gesetzt wurde! Aber keine Rache ist tief genug, um das Geheimnis vergangener Schande in sich zu begraben. Es hat alle Formen der Schmach kennengelernt, selbst das Mitleid. Diese deutsche Kraft, die die Welt verflucht, wird die Welt loskaufen. Deutschland glaubt, die ungeheuerliche Aufgabe sei ihm angemessen, jedenfalls erscheint sie ihm tausendmal leichter als das Vergessen.

Dieser Traum ist keineswegs befremdend. Es gibt keine andere fleischliche Erlösung als die Erlösung durch das Leiden. »Ich zwinge dich, zu leiden«, sagt die auserwählte Rasse, »aber ich leide mit dir. Du wirst mir gehören, wenn ich besser zu leiden vermag als du, wenn ich länger leide als du. Das ist der Sinn des Wortes Eroberung, vor dem die Bastardvölker einen Schauder haben, weil sie nur genießen wollen. Einer unserer großen Männer, ein Heiliger des deutschen Vaterlandes, Bismarck, hat gesagt, daß die Gewalt das Recht erschafft. Es ist wahr, sie erschafft es, denn sie hat es bezahlt durch die Opferung der Schwachen und durch das Opfer ihrer selbst: Sieger und Besiegte verschmelzen im gleichen Feuer der Sühne. Das Feuer fährt vom Himmel hernieder auf das noch blutende Opfer auf dem geweihten Opferstein, wo es für alle sühnt. Weil wir es wagen, diese unsere deutsche Auffassung vom Recht der eurer Gesetzesmacher und eurer Priester entgegenzusetzen, schimpft ihr uns Barbaren. Wir betrachten euch als Entartete. Die verehrungswürdigste der menschlichen Überlieferungen zeugt für uns. Zweitausend Jahre Christentum haben euch so tief sinken lassen, daß ihr immer auf der Seite der Sklaven gegen den Herrn steht, auf der Seite des Opfers gegen den Opferer mit den geweihten Händen. Das große Deutschland rechnet nicht mit euch. Es breitet in männlicher Brüderlichkeit ein Meer von Blut und Schwefel vor euch aus, dem ihr geläutert wieder entsteigen werdet...«

Bezaubernde kleine Tölpel der neuen realistischen Generation, diese Worte sind nicht für euch bestimmt. Das Wort Heidentum ruft in euch nur Pennälererinnerungen wach. Ihr schert euch einen Dreck um die Christenheit, sie aber wacht darum nicht weniger noch immer über euch, über euer klägliches Schicksal. Sie hat euer Urteil gebildet, eure ganze Vorstellungswelt ist christlich. Deshalb schafft ihr wohl auch Herrn Hitler nach euerm Bildnis neu, ihr macht aus ihm den Mann mit der Faust, von dem eure Väter so unschuldig träumten. Es fehlt nicht viel, und ihr würdet ihn mit Georges Clemenceau vergleichen. Von der schrecklichen Symphonie, deren Rhythmus jeden Tag anschwillt und die alle Völker in ihr unwiderstehliches Crescendo hineinreißt, hört ihr nicht viel. Und wenn ihr sie hörtet – ihr würdet sie nicht besser verstehen, als eure Großväter die Musik Richard Wagners verstanden haben. Ihre Themen erschüttern keineswegs eure Vorstellungswelt. Das kommt daher, weil diese Vorstellungswelt christlich ist, ich wiederhole es. Gewisse Stimmen – ihr hört sie nicht heraus: es sind die Stimmen der Erde, die Stimmen der Götter der Erde, die das Christentum nur einen Augenblick unterdrückt hat... kaum zweitausend Jahre, es ist ein Jammer. Die Stimmen der Erde verkünden auch ihre Seligpreisungen, aber diese Seligpreisungen sind nicht die, die ihr in euern Gebetbüchern lest. Diese Stimmen sagen: »Wehe den Schwachen! Verflucht die Kranken! Die Starken werden die Erde besitzen! Die da weinen, sind Feiglinge und werden niemals getröstet werden! Wen es nur nach Gerechtigkeit hungert und dürstet, der jagt den Mond und erntet Wind!« Es ist leicht, solche Grundsätze als zynisch zu erklären. Das merkwürdige ist, daß sie, fast ohne euer Wissen, ja, obwohl ihr mehr oder weniger eure ganze Gesellschaftsordnung auf sie abgestellt habt, dennoch euer Gewissen empören. Das kommt daher, daß euer Gewissen christlich ist.

Es scheint euch ganz natürlich, daß Gott nicht die Weisheit dieser Welt gesegnet hat, jene, die zu Ehre, Glück und Reichtum verhilft. Ihr vergeßt, daß die Menschen seit Jahrhunderten den Erwerb dieser Güter, sei es durch Gewalt, durch Ungerechtigkeit oder durch List, für ein Recht und deren Besitz für ein Geschenk des Allmächtigen gehalten haben. Die meisten großen Könige Israels, angefangen mit Salomon, hatten von der Macht eine Vorstellung, nicht unähnlich derjenigen, die sich heute Herr Alfred Rosenberg davon macht. Das ist sogar ein Grund dafür, daß die totalitären Völker ihre Juden ausrotten, denn diese wie jene halten sich für auserwählt, und für zwei auserwählte Völker ist kein Platz auf der Erde. Eine Tatsache, eine einfache Tatsache, sollte euch die Augen öffnen: die Opferung des Schwachen, des Unschuldigen hat lange Zeit als Gott wohlgefällig gegolten. Überall, zu allen Zeiten, durch Jahrhunderte hindurch war die Idee des Gebets, der Gnade, der Läuterung, der Vergebung mit dem abstoßenden Bild des geschlachteten Tieres verknüpft, von Priestern, die vom Opferblut rauchten. Die Menschen des Mittelalters waren weder sehr barmherzig noch sehr keusch, aber keinem von ihnen wäre es in den Sinn gekommen, die Wollust oder die Grausamkeit zu ehren, wie das die alten Völker taten, und ihnen Altäre zu errichten. Sie frönten ihren Leidenschaften, aber sie vergöttlichten sie nicht. Sie waren vielleicht nur selten in der Lage, es dem heiligen Ludwig gleichzutun oder gar dem guten Herrn von Joinville; und doch hätte selbst der roheste von ihnen, so hart sein Herz

sein mochte, keinen Augenblick bezweifelt, daß ein gerechter König höher zu achten ist als ein mächtiger König, daß der Dienst für das Reich keinen Verstoß gegen das Gesetz der Ehre rechtfertigt, das für Ritter wie Fürsten das gleiche ist, und daß nur ein einziger Elender eine Art Ausnahmestellung aus Verachtung genießt: der Henker, dem alle niedrigen Arbeiten übertragen wurden. Im Ernst: ich sehe nicht recht, wo im totalitären Europa noch Raum ist für einen heiligen Ludwig oder einen Joinville. Und auch für Frankreich sehe ich keinen.
»Ich sehe auch keinen«, wird mir Herr Hitler zweifellos antworten. »Wenn unser Gesetz für Frankreich zu hart ist, dann werden wir es zunächst durch einen neuen Cäsar dem romanischen Geist anpassen lassen. Die Umstände sind heute nicht ungünstiger als vor zweitausend Jahren. Das durch seine Parteiungen zerrissene Gallien wartet auf seinen Herrn. Wie damals wünschen die herrschenden Klassen, die sich vom Volk verfolgt fühlen, brennend eine Wiederaufrichtung der Ordnung, selbst um den gleichen Preis: sie sind sicher, oder glauben es zu sein, daß es ihnen gelingen wird, ihre Besieger sich einzuverleiben. Gewiß, ein solches Unternehmen wird nicht ohne Schwierigkeiten vonstatten gehen. Der große Friedensbringer, der erscheinen wird, um im Namen des allgemeinen Wohls das Gesindel zur Vernunft zu bringen, wird bald, früher oder später, seine wirklichen Absichten offenbaren. Vielleicht sieht er sich eines Tages einem neuen Vercingetorix gegenüber, einem jungen französischen Fürsten, der, weinend vor Wut, seine armseligen, in den Dörfern und Städten zusammengetrommelten Leute gegen die motorisierten Heere des Eroberers ins Feld führen wird. Aber der Friede des großen Friedensbringers hat inzwischen schon zu tiefe Wurzeln in den Boden geschlagen, der nur auf ihn gewartet hat. Die klugen Leute werden zum soundsovielten Male erklären, daß Verzweiflung im politischen Leben eine völlige Verrücktheit

ist. Die Reichen werden dem neuen Vercingetorix, wie seinerzeit dem ersten, die Zufuhr sperren, und er wird vielleicht wie der damalige, einfältig genug sein, sich vom Sieger lebendig fangen zu lassen. Ein paar Frauen werden weinen, einige Patrioten werden heimlich ihren Söhnen – die im Standesamtsregister als Cäsar-Augustus eingetragen sind – seinen Namen geben. Auf diese schüchternen Kundgebungen der Treue und der Ehre wird als Gegenschlag der Aufstand der von der Antike besoffenen Schulfuchser nach Art der Biedermänner von Siebzehnhundertdreiundneunzig folgen, die, von oben bis unten mit Salben gegen Rheumatismus bestrichen, die Füße hübsch im Warmen, Tag und Nacht ihren Plutarch wiederkäuen. Möge der Gott des Großdeutschen Reiches gewähren, daß die romanische Welt euch diesmal nicht nur eine Handvoll Beamte schickt, sondern den Überschuß ihres wimmelnden Volks, Kolonisten zu Hunderttausenden! Gefalle es diesem Gott auch, daß sie dazu ihre Priester, ihre kleinen faschistischen Prälaten schicken, ihre Theaterprediger und aalglatten Kasuisten, die den Croupiers im Spielkasino gleichen! Die christliche Überlieferung ist bei euch noch so stark, daß zwanzig Jahre einer solchen Herrschaft genügen werden, um euch für die zweite Reformation reif zu machen, die euch diesmal nicht entwischen lassen wird wie die erste. Meine Propagandaämter werden schon einen neuen Calvin ausfindig machen, der eure Köpfe, unverbesserliche Moralistenköpfe, für den künftigen Protestantismus zurechtsetzen wird. Die Krieger, die euch übrigbleiben, werden sich schämen, unter bramarbasierenden kraushaarigen Generälen zu dienen, und sich unsern edeln germanischen Führern in die Arme werfen. Ihre Frauen werden sie uns überlassen und sie werden aus den Lenden unsrer Männer für ihre Söhne das Blut der alten sächsischen Haudegen schöpfen. In zweitausend Jahren werden eure Herzen von der gleichen Dankbarkeit gegen den deutschen Cäsar, die deutsche Kultur, die deutsche Ordnung, den deutschen Frieden erfüllt sein, wie sie es heute gegen den römischen Geist sind. Dann haben wir unsre Aufgabe erfüllt. Der hellenische Geist, dessen Vermächtnis euer Volk zu verwalten beauftragt war – obwohl es das niemals zu wissen schien – und den jemals zu bezwingen wir schon verzweifelt waren, wird an die Welt nicht mehr jene Frage stellen, die ihr ohne Antwort gelassen habt. Der große Flügel der Siegesgöttin wird sich nicht mehr entfalten im Winde der Gipfel, auf denen die griechische Freiheit ihr glühendes Antlitz so lange dem Unbekannten Gott entgegenhielt. Wir werden sie einmauern in ein Betongehäuse, wie ein fremdes und gefährliches Götzenbild, das unsre Waffen erobert haben, das aber unsre Priester nicht gefügig oder wenigstens ungefährlich zu machen vermochten. Darüber werden wir einen riesigen Tempel bauen, und dann wird es in Europa wahrhaft nur noch ein Volk und einen Führer geben.«

Lieber Herr Hitler, wir vernehmen diese gewichtigen Worte. Wir glauben ihren Sinn zu erfassen. Eben deshalb machen sie unsre Herzen so stark. Der Friede, von dem Sie träumen, wird sich, genau wie die alte Pax Romana, nur in der Einheit verwirklichen lassen, und diese Einheit wiederum nur im Blute der freien Völker. Ja, ob Sie es wollen oder nicht, jeder andere Plan wäre eine Schimäre, nachdem die Gewissen, die Sie heranbilden, sich von der christlichen Rechtsidee losgesagt haben. Vielleicht hätten Sie selber es nicht so eilig gehabt, das alles zuzugeben, denn Ihre Rasse hat durchaus Schamgefühl. Aber die überschwenglichen lateinischen Diktaturen lassen sich von ihrem Eifer hinreißen und spielen mit zynischen Reden, wie eine Hure mit den Hüften wackelt. Hand hoch, wer noch an das Wort eines Diktators glaubt! Lieber Herr Hitler, es ist wahr, daß die graphischen Darstellungen und die Statistiken Ihren stolzen Projekten nichts entgegenzusetzen haben. Um mit unsern vierzig Millionen Franzosen nur die geringste Aussicht zu haben, daß wir unsre Freiheit erhalten, müßten wir sie zuvor einem Halbgott, wie Sie es sind, zum Opfer bringen. Aber unser alter humaner Boden, unser alter christlicher Boden bringt derartige Monstren nicht hervor. Weder der heilige Ludwig noch Heinrich IV. waren Halbgötter. Es mag sein, daß das Erbteil spanischen Blutes unserm Ludwig XIV. gelegentlich zu Kopf stieg, dieses schwarze Blut, dieses Gift. Aber noch in seinen Sünden war der Sonnenkönig sein Leben lang ein Mensch, ein einfacher Mensch, der sich nichts vormachte, der seine Schwäche kannte; er starb in aller Demut, und sein Versailles ist wie er selber: menschlich, allzumenschlich, ohne Anspruch auf Ewigkeit, geschaffen, um langsam zu verfallen, so wie ein schlichter Sterblicher dahingeht, in edler Gelassenheit, inmitten seiner edlen Bäume und seiner edlen Wasserspiele.

Lieber Herr Hitler, wir haben noch nie Halbgötter gekannt, aber dennoch warteten wir auf sie, wußten wir, daß sie eines Tages kommen würden. Kein Lebender hat noch die Erfahrung des Todes gemacht, und dennoch ist keiner überrascht, wenn er herannaht. So vorsichtig man früher die Heilige Schrift für uns Laien auswählte, so dürftig die Phantasie der meisten unsrer Priester sein mag, es gibt nicht einen unter uns französischen Christen, der nicht von Kind an von dem Großen Ärgernis gehört hätte, das die letzten Tage ankündigt, und von der drohenden Heraufkunft der Halbgötter. Wir haben den Halbgöttern nicht viel entgegenzusetzen. Mit Ausnahme einer geringen Zahl von Verrätern oder Feiglingen hoffen wir nicht ernstlich, an Kraft und Schwung uns mit den Völkern messen zu können, die jetzt aufgestanden sind und bei denen schon die Säuglinge in Waffen starren. Es hat dem lieben Gott sogar gefallen, uns die Versuchung dazu zu ersparen: wir haben gar nicht genug Menschen, Sie wissen es ja, nicht genug Menschen für die Kampfmaschinen. Die Drohung, die über unsern Häuptern schwebt, heißt weniger Niederlage als vielmehr Vernichtung. Was ich hier schreibe, hätte schließlich auch ein prophetisch begabter Bürger von Athen zur Zeit des Perikles schreiben können. Dennoch würde sein Zeugnis nicht den gleichen Sinn gehabt haben wie das meine.

Lieber Herr Hitler, es naht sich die Zeit, wo wir allein die Hüter des christlichen Namens sein werden. Ich sage nicht: der christlichen Wahrheit, die gehört nur der Kirche. Wir wissen, daß ein neuer Borgia, schlimmer noch als der erste, morgen wieder den Thron des heiligen Petrus besteigen könnte, daß das Kardinalskollegium sich ganz und gar nur aus Borgias zusammensetzen könnte – und das Wort Christi wäre auch in solchen Händen in guter Hut. Ich sage: der christliche Name, ich sage: die Ehre Christi, denn es gibt eine christliche Ehre. Sie täten unklug, wenn Sie etwa die österreichischen Bischöfe fragen würden, was diese Ehre ist. Man kann sie übrigens gar nicht definieren... sie ist menschlich und göttlich zugleich, und um Ihnen zu Gefallen zu sein, wollen wir dennoch eine Definition versuchen. Sie ist die geheimnisvolle Einswerdung der menschlichen Ehre mit dem Erbarmen Christi. Gewiß, die Kirche bedarf ihrer nicht, um bestehen zu können. Trotzdem ist sie ihr unentbehrlich. Sie haben sicher, lieber Herr Hitler, schon längst die Erfahrung gemacht, daß – zumindest dem Anschein nach – die Folgerungen, welche die Theologen angesichts eines Usurpators ziehen, sich nicht wesentlich unterscheiden von denen der Realpolitiker. Für die einen wie für die andern ist der Sieger der wahre Herr. Bei den Negern in Abessinien? Ja. In Wien genauso. Die Männer der Kirche haben praktisch das Prinzip der Legitimität preisgegeben, wahrscheinlich in der Annahme, sie stärkten damit ihre eigene Stellung. Diese Hoffnung scheint sie leider getrogen zu haben. Ihre Legitimität hier auf Erden hat das Schicksal der andern geteilt. Heute sind ihre Vertreter selbst in Gefahr, und um ihre wesentlichen Güter zu verteidigen, sucht ihr Blick nach dem alten Schwert der Ehre, dem Zauberschwert, das nicht für alle Hände taugt. Es ist ein trauriges Schauspiel, nachdem man die Eitelkeit aller menschlichen Größe gepredigt und die Hoheit der geweihten Könige mit Füßen getreten hat, nun den erstbesten General, und sei es der General Franco, demütig am Ärmel zupfen zu müssen...

Gleichviel! Wir fühlen uns also freier als je, für eine Ehre einzutreten, deren Erbe uns niemand streitig macht. Diese Ehre ist für die Menschheit kostbarer als das hellenische Erbe. Sie hat also auch mehr Aussicht, ihren Besieger zu überleben. Diese Tradition wird unter euern Schlägen nicht untergehn. Mehr zu fürchten für sie ist das heimtückische Treiben einer neuen italienischen Renaissance, die, nach dem Beispiel der ersten, mit Hilfe ihrer Rechtsgelehrten im Namen der Ordnung die Grundlagen des Rechts überhaupt untergräbt. Die Macht Ihrer Kriegsmaschinen kann unser materielles Leben zerstören, aber diese abtrünnigen Humanisten, diese ewigen Zwischenträger, diese Wegbereiter der zukünftigen Barbarei, sie bedrohen unsre Seele. Lieber Herr Hitler, zweifellos hoffen Sie, durch diese Leute früher oder später das christliche Rom in Ihre Gewalt zu bekommen und uns, uns Franzosen, von der Katholizität abzuschneiden, also das zu erreichen, woran die Männer des Heiligen Römischen Reiches gescheitert sind. Mögen Sie all Ihre Kräfte für dieses Unterfangen einsetzen! Vom Hennegau bis zur alten Provence – der Provence des heiligen Franziskus – käme die alte fränkische Ritterschaft unter der Erde in Bewegung. Das Wort Freiheit, das für unsre Väter über ihren leichtfertigen Streitereien allzuoft seinen Sinn verlor, erhielte wieder den religiösen Sinn, den ihm einstmals unsre keltischen Ahnen verliehen haben. Die französische Freiheit würde auf einmal wieder zur Freiheit des Menschengeschlechts. Lieber Herr Hitler, die Art Heldentum, die Sie in Ihren Schmieden zurechtschmieden, ist sicher von gutem Stahl, wir bestreiten es nicht. Aber es ist ein Heldentum ohne Ehre, weil es ohne Gefühl für Gerechtigkeit ist. Das ist Ihnen noch nicht bewußt geworden, denn Sie sind gerade dabei, die Restbestände an deutscher Ehre, an der Ehre der freien deutschen Männer, zu verschleudern. Noch dienen freie Männer aus freiem Willen dem totalitären Gedanken. Ihre Enkel werden nur mehr die totalitäre Unterwerfung kennen. Dann werden die Besten von euch ihre Blicke auf uns richten, sie werden uns beneiden, auch wenn wir besiegt, auch wenn wir waffenlos sind. Das ist durchaus kein Hirngespinst, lieber Herr Hitler. Sie sind mit Recht stolz auf Ihre Soldaten. Der Augenblick ist nahe, wo Sie nur noch Söldner haben werden, die im Akkord arbeiten. Schon der Krieg ohne Größe, der gottlose Krieg, durch den Sie sich anschicken, die Welt zu unterwerfen, ist kein Krieg von Kriegern mehr. Er schändet so tief jegliches Gewissen, daß er statt einer Schule des Heldentums eine Schule der Feigheit sein wird. Oh, Sie glauben, damit rechnen zu können, daß Sie von der Kirche jeden Dispens, den Sie wollen, bekommen. Täuschen Sie sich nicht! Heute oder morgen wird die Kirche ihr Nein sagen zu Ihren Ingenieuren, zu Ihren Chemikern, und auf den Ruf der Kirche werden Sie dann aus Ihrem eigenen Boden – jawohl, aus dem deutschen Boden –, aus Ihrem und aus unsrem Boden, aus unsren alten freien Ländern, aus der wiedererstehenden Christenheit, eine neue Ritterschaft erwachsen sehen, jene Ritterschaft, auf die wir warten, die die technische Barbarei bezwingen wird, so wie sie die andere Barbarei bezwungen hat, und sie wird, genau wie damals, aus dem in Strömen vergossenen Blut ihrer Märtyrer entstehn.

Nein, nicht Sie fürchten wir am meisten, lieber Herr Hitler. Mit Ihnen und den Ihren werden wir fertigwerden, wenn wir nur unsre Seelen bewahren können! Und wir wissen genau, daß wir sie sehr bald schon werden schützen müssen vor den arglistigen Weisen, die in Ihrem Solde stehen. Wir erwarten den Angriff dieser Nachfahren der großen Professoren des fünfzehnten Jahrhunderts, welche die wahren Väter der modernen Welt waren; sie werden alles daransetzen, um uns zur Unterwerfung gegenüber dem Sieger zu verführen, zu jenem Widerruf, jener Bußfertigkeit, die sie einmal, für einen Augenblick, von Jeanne d'Arc erreichten. Und dann haben sie sie verbrannt. Und schon glaubten sie, sie hätten mit ihr verbrannt, auf ewig vernichtet die wunderbare Blume, deren Same die Engel ausgestreut zu haben scheinen, diesen Geist der Ehre, den unser Volk so sehr ins Übernatürliche erhob, daß es einen Augenblick lang fast eine vierte theologische Tugend aus ihm gemacht hat...

O ihr Väter! o ihr unsre Toten! o geliebte Opfer, von der Seine bis zu den Ufern des Nils, bis zum Euphrat, zum Indus, auf allen Straßen der Erde, o schlichte Herzen, o gefaltete Hände, o Staub, Namen, die Gott allein kennt, unsre Väter, unsre Väter, unsre Väter!... Denn sogar an einen heiligen Ludwig, an diesen ritterlichen König, diesen franziskanischen König, wagt sich die Mittelmäßigkeit heran, hinterrücks, aus dem Hinterhalt fachlichen Interesses, staatspolitischer Notwendigkeit, was weiß ich? Sie schnuppern, sie wittern, sie setzen ihre Sonde an, sie führen kluge Reden, bis sie schließlich erklären: er ist in Ordnung. Freilich, der Heilige ist längst ihren Händen entrissen, er ruht im triumphierenden Herzen der Kirche, aber dieser große, schöne, junge Franzose mit dem blonden Haar, den hellen Augen, mit dem Mut der Jugend, ist zugleich ein Fürst, ein Fürst, der Münzen geprägt, Recht gesprochen hat, kurzum ein Verwalter des Irdischen! Und in diesem Sinn mag er ihnen vielleicht gehören. Wohingegen die kluge Lothringerin, die unwiderlegbare Lothringerin eines Tages mitten unter ihnen stand, ohne Namen, ohne Ahnen und ohne

Rang, ganz Heldentum, ganz Reinheit, die Ritterlichkeit selbst, vom Himmel herabgesandt, als ein demütiges leuchtendes Schwert. Eine ungehorsame Tochter, die das väterliche Haus verließ, die sich in Männerkleidern auf den großen, offenen Straßen im Sturzregen herumtrieb, auf den fliehenden Straßen voll Streit und Abenteuer, ein mißtrauischer, starrköpfiger Hauptmann – und was noch? Ein Page, ein richtiger Page, der so sehr die Pferde liebte, die Waffen, die Fahnen, ein mildtätiger Page, ein verschwenderischer, großzügiger [wenn meine Kasse leer ist, wird der König sie mir füllen, sagte sie], ein wirklicher Page mit ihren hübschen runden Hüten und ihrem goldgewirkten Waffenrock, und dann schließlich, ein paar Wochen lang, zwischen diesen alten Füchsen, diesen Professoren der Moral, diesen Kasuisten, in der stickigen Luft des Gerichtssaales: der kleine unmögliche Theologe, der sich auf Gott beruft, auf die Heiligen, auf die Unsichtbare Kirche, während jede tückische Frage sie mitten ins Herz trifft, sie zu Boden wirft, ganz überströmt von heiligem Blut, unserm Blut, unsern Tränen, o Schutzengel, o Vielgeliebte!

Habe ich gewagt, von Widerruf zu sprechen? Was denn widerrufen? Sie hat immer nur einem einfachen Gesetz gehorcht, einem Gesetz, so einfach, daß man zweifellos nur in der Sprache der Engel einen Namen dafür findet. Sich stellen, voranstürmen! Nein, der Sieg war kein Wunder, kein wunderbares Ereignis in ihrem Leben. Er war ihr Leben selbst, der unschuldige Rhythmus ihres Lebens – wie hätte sie ihn verleugnen können?... Die züngelnde Flamme war ihr Leichentuch.

ERKLÄRENDES WORTVERZEICHNIS

Dieses Verzeichnis ist kein Kommentar. Im folgenden werden lediglich im Text vorkommende, weitgehend unbekannte Namen und Begriffe, vorwiegend der französischen und spanischen Politik der zwanziger und dreißiger Jahre dieses Jahrhunderts, – soweit möglich – alphabetisch in kurzer Form erklärt. Ist in einer Erklärung ein Wort *kursiv* geschrieben, so ist unter diesem Stichwort wiederum eine nähere Erklärung zu finden.

Abd el Krim, Mohammed: Marokkan. Politiker (1880–1963); leitete 1921 den Aufstand der Rifkabylen gegen die span. Kolonialherrschaft; nach der Niederlage der Spanier 1922 zum Sultan des Rif ausgerufen; unterlag 1926 der gemeinsamen Militäraktion von Spaniern und Franzosen, siehe auch unter *Doriot.*

Acción Popular: Oppositionelle span. Rechtsgruppe, die 1931 die kath. Gegenbewegung gegen die antiklerikale Gesetzgebung mobilisierte; von *Gil Robles* aus der Acción Nacional gebildet; sah im kath. Ständestaat von *Dollfuß* ihr Vorbild; wurde 1933 mit regionalen Rechtsgruppen zur *Ceda* vereinigt.

Action Française: Zentralorganisation der frz. Royalisten; 1899 in Paris gegründet; bekämpfte die parlamentarische Demokratie und forderte eine autoritär-hierarchische, durch erbliches Königtum gesicherte Staatsverfassung; militant katholisch; Kampfgruppe: die *Camelots du Roi*; Organ: die Tageszeitung L'Action Française (1908 bis in die 40er Jahre), hg. von *Maurras* und *Daudet*; wichtigste Mitarbeiter: *Bainville, Brasillach, Pujo,* bis 1919 auch Bernanos; einflußreichste rechtsintellektuelle Gruppe vor dem 1. Weltkrieg; formulierte 1919 die deutschfeindlichen Forderungen am rücksichtslosesten; wurde 1926 von Pius XI. verurteilt; antisemitisch; gilt mitbestimmend für die ideologische Ausprägung des frz. Faschismus.

Alfons XIII.: Span. König, span. Linie der Bourbonen (1886–1941); übernahm 1902 die Regierung; mit seinem Einverständnis konnte *Primo de Rivera* 1923 eine Militärdiktatur errichten; bei Ausrufung der Republik 1931 verließ er Spanien.

Antinéa: Siehe unter *Maurras.*

Azana, Manuel: Span. Politiker (1880–1940); setzte als Ministerpräsident 1931–33 eine antiklerikale und laizistische Gesetzgebung durch, was eine starke konservative Opposition und u. a. die Bildung der *Ceda* hervorrief; nach dem Wahlsieg der Linken 1936 erneut Präsident der Republik; emigrierte 1939 nach Frankreich.

Bailby, Léon: Frz. Schriftsteller und Journalist (geb. 1867); gab *Le Jour* heraus.

ERKLÄRENDES WORTVERZEICHNIS

Bainville, Jacques: Frz. Schriftsteller (1879–1936); Verf. hist. und polit. Schriften, die den frz. Nationalismus bis zum 2. Weltkrieg beeinflußten; leitete die Außenpolitische Chronik in der *Action Française.*

Barbey d'Aurevilly, Jules Amédée: Frz. Dichter (1808–1889); Katholik und Royalist; gilt als einer der Vorläufer des christlichen psychologischen Romans von *Bloy*, Bernanos, *Mauriac* u. a.

Barrès, Maurice: Frz. Schriftsteller (1862–1923); mit *Maurras* geistiger Führer der Rechtsopposition gegen die 3. Republik; Wegbereiter der *Action Française; Leurs Figures* erschien 1903, Teil der für Traditionalismus, Kirche und Nationalismus eintretenden Romantrilogie »Le Roman de l'Energie Nationale« (1867–1903).

Baudrillart, Henri Marie Alfred, Kardinal: Frz. Theologe und Historiker (1859–1942); Gegner der Trennung von Staat und Kirche; deutschfeindlich.

Bayard, Pierre du Terrail, Seigneur de: Frz. Ritter (1476–1524); errang in den ital. Kriegen den Ruf des tapfersten Ritters der frz. Nation; der »Ritter ohne Furcht und Tadel«.

Bayo, Alberto: Republ. Hauptmann im Span. Bürgerkrieg; Führer der katalanisch-valencianischen Expedition nach Mallorca im August 1936, die von Graf *Rossi* niedergeschlagen wurde.

Benjamin, René: Frz. Schriftsteller (1885–1948); wurde durch seinen Roman *Gaspard* (1915) bekannt; schrieb später Pamphlete gegen Konformismus in den öffentlichen Institutionen; 1938–45 Mitglied der Académie Goncourt.

Bloy, Léon: Frz. Schriftsteller (1846–1917); wurde unter dem Eindruck der eigenen Armut zum Kritiker von Klerus und reichem Bürgertum; beeinflußte die Vertreter des christl. Humanismus in der neueren kath. Lit. (Bernanos, *Claudel, Mauriac* u. a.).

Blum, Léon: Frz. Politiker (1872–1950); gründete 1902 mit *Jaurès* den Parti Socialiste Français; 1936/37 Ministerpräsident der ersten Volksfrontregierung; seine Politik der Nichteinmischung in den Span. Bürgerkrieg führte 1937 zum Bruch mit den Kommunisten und den Radikalsozialisten.

Bornial, de: Frz. Adelsfamilie im 17./18. Jh.

Bossuet, Jacques Bénigne: Frz. Theologe und Kanzelredner (1627–1704).

Bourget, Paul: Frz. Schriftsteller (1852–1935).

Brasillach, Robert: Frz. Schriftsteller (1909–45); Literaturkritiker der L'Action Française von 1932–39; einer der wichtigsten lit. Vertreter des frz. Faschismus. Siehe auch *Action Française.*

Briand, Aristide: Frz. Politiker (1862–1932); versuchte nach 1918 mit Hilfe des Völkerbundes und durch eine Politik der Abrüstung und der Annäherung an Deutschland ein kollektives Sicherheitssystem zu schaffen (Locarno-Pakt).

Cagoule (frz.): Seit 1932 Sammelname für die rechten Geheimorganisationen, die Cagoulards, die gegen persönliche und politische, meist fortschrittlich ausgerichtete Gegner Terroraktionen durchführten.

Caillaux, Josef: Frz. Politiker (1863–1944); mehrmaliger Finanzminister; führte die Opposition des Senats gegen die Volksfront.

Calvo Sotelo, José: Span. Politiker (1893–1936); Monarchist; während der Zeit der Span. Republik Führer der Rechtsopposition in den Cortes; seine Ermordung im Juli 1936 gab den Anstoß zur nationalen Erhebung General *Francos.*

Camelots du Roi: 1907 gegründeter Kampfverband der frz. royalistischen Jugend, siehe *Action Française;* versuchte, seine antidemokratischen Ziele mit terroristischen »direkten Aktionen« durchzusetzen, die sich vom faschistischen Terror jedoch durch relative Harmlosigkeit unterschieden; nach den Unruhen 1934 verboten; Bernanos boykottierte 1909 mit Camelots die Lehrveranstaltung des Professors Thalamas an der Sorbonne durch gewalttätige Ausschreitungen (sog. Thalamas-Affäre), wurde zu Gefängnis verurteilt.

Candide: Rechtsradikale, polit. und lit. Wochenschrift in Paris; Mitarbeiter u. a. *Daudet.*

Cavaignac, Louis Eugène de: Frz. General und Staatsmann (1802–57); schlug den Juniaufstand der Linken 1848 als Kriegsminister im Auftrag der Nationalversammlung blutig nieder und wurde zum Chef der Exekutivgewalt ernannt.

Ceda (CEDA): Abk. von Confederación Española de Derechas Autónomas (Span. Bund autonomer Rechtsparteien); Wahlbündnis kath. monarchistischer Gruppen mit *Gil Robles* als Vorsitzendem; erhielt bei den Parlamentswahlen 1933 105 (von 474) Mandate; berief sich auf die Soziallehre der Kath. Kirche und setzte sich für die sozialen und ökonomischen Interessen der konservativ-wohlhabenden Oberschicht ein.

Céline, Louis-Ferdinand (eig. Destouches): Frz. Arzt und Schriftsteller (1894–1961); Antisemit; Vertreter des lit. frz. Faschismus.

Cercle Proudhon: 1913 gegründet antirepubl. Gruppe aus Anhängern der *Action Française* und Schülern von *Sorel*; gelangte zu einer Art National-Sozialismus.

Chambord, Henri Charles de Bourbon, Graf von: Frz. Thronprätendent (1820–83); weigerte sich 1871, als sich in der Nationalversammlung eine monarchistische Mehrheit gebildet hatte, die Trikolore und die konstitutionelle Verfassung anzunehmen, womit die Wiederherstellung der Monarchie in Frankreich scheiterte und die bourbonische Dynastie erlosch.

Champion, Pierre: Frz. Historiker (1880–1942); »Ludwig XI.«, 1927.

Chateaubriand, François René de: Frz. Schriftsteller (1768–1848).

ERKLÄRENDES WORTVERZEICHNIS

Chautemps, Camille: Frz. Politiker (1885–1963); 1933/34 und 1937/38 radikalsozialistischer Ministerpräsident; betrieb eine streng neutralistische Spanienpolitik.

Chenal, Marie-Louise, gen. Marthe: Frz. Sängerin (1885–1947).

Chiappe, Jean: 1927–34 Pariser Polizeipräfekt; bekämpfte die Aktionen der kommunistischen Organisationen während der Regierung *Poincaré;* wurde nach dem *Stavisky-Skandal* von der neuen Regierung Daladier abgesetzt, da ihm von den Linken seine Sympathien für die rechten Ligen vorgeworfen wurde; eine der Ursachen der antiparlamentarischen Aufstände am 6. Februar 1934.

Claudel, Paul: Frz. kath. Schriftsteller und Verf. von Bibelkommentaren (1868–1955); schrieb seine Ode »Aux Martyrs Espagnols« als Vorwort zu einer nationalspan. Propagandaschrift, als der Papst im Juni 1937 alle von den span. Republikanern ermordeten Priester zu Märtyrern erklärte.

Clemenceau, Georges: Frz. Staatsmann (1841–1929); vertrat einen jakobinisch-republ. Nationalismus und eine deutschfeindliche Politik; 1906–09 Ministerpräsident; übernahm 1917 die Regierung und führte unter weitgehender Ausschaltung des Parlaments den Sieg der Alliierten herbei.

Cochin, Augustin: Frz. hist. und polit. Schriftsteller (geb. 1823); beschäftigte sich mit Fragen des Pauperismus; Mitglied der Académie des Sciences morales et politiques; Verf. von »Abolition de l'Esclavage« (1861) und »Rome et les Martyrs du Japon« (1862).

Combes, Emile: Frz. Politiker (1835–1921); leitete als Ministerpräsident (1902–05), gestützt auf die gesamte republ.-laizistische Linke, den »bloc«, die Trennung von Kirche und Staat ein; untersagte den kath. Orden den Unterricht; brach die Beziehungen zum Vatikan ab.

Concini, Concino (später Marquis de Ancre): Ital. Hofmann um 1600; später Marschall von Frankreich; Günstling der *Maria von Medici;* war seit 1610 Leiter der Regierung, die er unter Preisgabe der Politik *Heinrich IV.* führte; Ludwig XIII., Sohn der Maria von Medici, ließ ihn 1617 ermorden.

Constitutionelle: Siehe *Piou.*

Cot, Pierre: Frz. Politiker (geb. 1895); Radikalsozialist; Mitbegründer der Volksfront; 1936–37 Luftfahrtminister.

Courteline, Georges: Frz. Schriftsteller (1858–1929); Autor erfolgreicher Theaterstücke, in denen Kleinbürger und Beamte verspottet werden.

C.S.A.R.: Abk. von Comité Secret d'Action Revolutionaire; 1936 gegr. Geheimorganisation der frz. Rechten, die Terror- und Mordaktionen durchführte.

Daudet, Alphonse: Frz. Schriftsteller (1840–97); *Tartarin in den Alpen* (1885), Teil der »Tartarin«-Romantrilogie; verspottet die Prahlerei der Südfranzosen.

Daudet, Léon: Frz. Politiker, Schriftsteller und Pamphletist (1867–1942); gründete 1908 zusammen mit *Maurras* die L'Action Française, bis 1917 Chefredakteur, vgl. *Action Française*; Mitarbeiter bei *Drumonts* antisemitischer Kampagne in *Libre Parole*; Verf. von »Le Voyage de Shakespeare« (1896).

Déroulède, Paul: Frz. Schriftsteller und Politiker (1846–1914); rief nach dem Krieg von 1870 zur Revanche auf; gründete 1882 die Ligue des Patriotes Françaises; Hauptvertreter des Rechtsnationalismus vor dem 1. Weltkrieg.

Dictionnaire: Siehe unter *Maurras.*

Dollfuß, Engelbert: Österr. Politiker (1892–1934); ab 1932 Bundeskanzler und Außenminister; bekämpfte in enger Anlehnung an Italien den Anschluß an Deutschland; gestaltete die Verfassung auf autoritärer und christlich-ständestaatlicher Grundlage neu, an die Stelle der ausgeschalteten Parteien trat die Vaterländische Front; wurde 1934 Opfer eines nationalsozialistischen Putschversuches.

Doriot, Jacques: Frz. Politiker (1898–1945); Anfang der 20er Jahre führendes Mitglied des kommunistischen Jugendverbandes; Abgeordneter der KPF, stand hinter den von Moskau geforderten Aktionen zur Befreiung der kolonialen Völker; wurde bekannt durch die Abd el Krim-Affäre; beglückwünschte in einem am 11. 9. 1924 in der *Humanité* abgedruckten Telegramm *Abd el Krim* zu »dem glänzenden Sieg des marokkanischen Volkes über die spanischen Imperialisten«, was ihm den Vorwurf des Landesverrats eintrug; als er nach den Februarunruhen 1934 die Bildung einer Einheitsfront mit den Sozialisten zum Kampf gegen den Faschismus forderte, schloß ihn die Partei aus; gründete 1936 die *PPF.*

Drumont, Edouard Adolphe: Frz. Schriftsteller und Journalist (1844–1917); Begründer des radikalkonservativen Antisemitismus (Ligue Nationale de Antisemitique de France, LANF); seine Veröffentlichungen (bes. *La France Juive*, 1886), seine *Libre Parole* und seine Kampfschriften beeinflußten die Dreyfus-Affäre und den Panama-Skandal; »La Grande Peur des Biens-Pensants« von Bernanos, 1931, ist eine Biographie über Drumont.

Etudes: Monatsschrift; wichtigstes Organ der kath. Presse Frankreichs; von einer Gruppe Geistlicher der Gesellschaft Jesu redigiert; erschien erstmals 1856 u. d. T. Etudes de Théologie, de Philosophie et d'Histoire.

F.A.I.: Abk. von Federación Anarquista Ibérica, Gruppe der militanten span. Anarchisten um Durutti und Ascaso während des Span. Bürgerkriegs.

Falange: Entstand 1934 als Zusammenschluß der einige Monate zuvor von José Antonio *Primo de Rivera* gegründeten Falange Española mit den seit 1931 bestehenden national-syndikalistischen Angriffsgruppen (JONS); wurde während des Span.

Bürgerkriegs von *Franco* mit allen auf seiner Seite stehenden Gruppierungen, u. a. auch mit den traditionalistischen *Karlisten,* zusammengeschlossen; ursprünglich antimonarchistisch und sozialrevolutionär, danach traditionalistisch-konservativ und monarchistisch.

Fallière, Armand: 1906–1913 Präsident der frz. Republik; linksstehend.

Ferry, Jules: Frz. Politiker (1832–93); bekämpfte das Kaiserreich und war 1870 Mitglied der Regierung der Nationalen Verteidigung; löste als Unterrichtsminister (1879–83) die nicht zugelassenen geistlichen Orden auf.

Flandin, Pierre-Etienne: Frz. Politiker (1889–1958); 1934–35 Ministerpräsident; 1936 unter Marschall Pétain Außenminister.

Fouquier-Tinville, Antoine: Frz. Revolutionär (1746–95); wurde durch Robespierre 1793 der öffentliche Ankläger des Revolutionstribunals.

Franco, Francisco Bahamonde: Span. General und Politiker (1892–1975); als Chef des Generalstabs schlug er 1934 den sozialistisch-syndikalistischen Aufstand der Bergarbeiter in Asturien nieder; 1936 von der Volksfrontregierung auf einen militärischen Posten auf den Kanarischen Inseln verbannt; bereitete von dort und von Nordafrika aus die Erhebung am 17. Juli 1936 gegen die Regierung vor; löste damit den Span. Bürgerkrieg aus; von der Junta de Defensa Nacional am 29. 9. 36 zum Chef des span. Staates ernannt; ab 1937 Führer der *Falange;* siegte mit deutscher und ital. Hilfe im Februar 1939 im Span. Bürgerkrieg.

Frondaie, Pierre: Frz. Schriftsteller (1884–1948).

Gallieni, Joseph Simon: Frz. General (1849–1916); 1914 Militärgouverneur von Paris; leitete in der Marneschlacht den Angriff auf die Deutschen; 1915–16 Kriegsminister.

Gallifet, Gaston Auguste, Marquis de: Frz. General (1830–1909); 1899 Kriegsminister im Kabinett *Waldeck-Rousseau.*

Gambetta, Léon: Frz. Politiker (1838–82); radikaler Republikaner; rief nach der Absetzung des Kaisers 1870 die Republik aus; bildete eine Regierung der Nationalen Verteidigung und wurde Innenminister; bekämpfte in den 70er Jahren die monarchistische Mehrheit in der Nationalversammlung und die Bonapartisten und Klerikalen in der Kammer; treibende Kraft des Revanchegedankens.

Gaspard: Siehe *Benjamin.*

Gignoux, Claude Joseph: Frz. Ökonom, Journalist und Politiker (geb. 1890).

Gillet, Louis: Frz. Schriftsteller (1876–1943); Verf. von kunsthist. Werken.

Girondisten: Frz. Partei aus der Revolutionszeit; Vertreter des liberalen Bürgertums; ihre Gegner waren seit 1772 die Anhänger der Bergpartei (Danton, Robespierre).

Godet, General, d. i. Goded Llopis, Manuel: Span. General (1882–1936); im Span. Bürgerkrieg auf der Seite der Nationalen; 1936 von der Volksfrontregierung als Kommandant nach Mallorca versetzt; von den Republikanern in Barcelona zum Tode verurteilt und hingerichtet.

Goma, Kardinal, d. i. Goma y Tomás, Kardinal Tsidoro: Erzbischof von Toledo (1869–1940); verfaßte nach der Einnahme von Bilbao, dem Zentrum der baskischen republ. Truppen, durch die Nationalen (1937) den Brief des span. Klerus an die Bischöfe der Welt, in dem der Span. Bürgerkrieg zu einem theologisch gerechten Krieg gegen die Linken erklärt wird, die seit 1931 »die spanische Geschichte in einem dem Geist der Nation entgegengesetzten Sinne zu verändern« begonnen hätten.

Gottfried von Bouillon: Herzog von Lothringen (um 1060–1100); nahm führend am ersten Kreuzzug teil; lehnte die Krone von Jerusalem ab; nannte sich »Herzog des Heiligen Grabes«.

Gringoire: Rechtsradikale polit. und lit. Wochenschrift; gegr. 1928 in Paris.

Guise, Herzog von, d. i. Henri I. de Lorraine: Trat 1576 an die Spitze der kath. »Heiligen Liga« zum Kampf gegen die Hugenotten.

Guizot, Guillaume: Frz. Staatsmann und Historiker (1787–1874); war z. Z. des Bürgerkönigs *Louis-Philippe* Vertreter des Juste-milieu.

Habsburg, Otto von: Sohn von Erzherzog Karl, Kaiser von Österreich (geb. 1912).

Heinrich IV. von Navarra: König von Frankreich (1553–1610); Begründer der Bourbonen-Dynastie, Führer der Hugenotten; Gegner des Herzogs von *Guise*; trat 1593 zum Katholizismus über; beendete die Hugenottenkriege; gewährte den Hugenotten im Edikt von Nantes bedingte Religionsfreiheit; in zweiter Ehe mit *Maria von Medici* verheiratet.

Henriot, Philipp: Frz. Politiker (1889–1944); gehörte während der Volksfront der antiparlamentarischen Rechten an.

Hugo, Victor: Frz. Schriftsteller (1802–85); 1851–70 auf Guernesey im Exil; *La Légende des Siècles* entstand 1859–83.

Humanité: Frz. Morgenzeitung; 1904 von *Jaurès* gegr. als Organ der Sozialisten; nach der Parteispaltung 1920 Zentralorgan der Kommunistischen Partei.

Intransigeant: Frz. polit. Tageszeitung; 1880 von H. Rochefort gegr. als Organ der Opposition zur boulangistischen Linken; wurde 1905–23 von *Bailby* geleitet; machte sie zum wichtigsten Abendblatt von Paris bis zum Auftreten des Konkurrenzblattes *Paris-Soir*.

Janvier, Marie-Albert, Pater: Dominikaner im Kloster in der Rue du Faubourg-Saint-Honoré (1860–1939); sympathisierte mit der *Action Française*.

Jaurès, Jean: Frz. Sozialist (1859–1914); siehe *Humanité;* Anhänger einer dt.-frz. Verständigung; unterstützte *Caillaux* gegen *Poincaré;* wegen eines entschlossenen Pazifismus bei den Mitgliedern der *Action Française* verhaßt; für das Attentat, dem er kurz vor Ausbruch des 1. Weltkriegs zum Opfer fiel, machten die Sozialisten die Hetzkampagnen von *Maurras* verantwortlich.

Jèze, Gaston: Frz. Jurist (1869–1953); Berater versch. ausländ. Regierungen; vertrat den Negus während des Äthiopischen Krieges im Völkerbund.

Johannes vom Kreuz: Span. Mystiker und Dichter (1542–91).

Joinville, Jean Sire de: Frz. Geschichtsschreiber (1225–1317); begleitete 1248–54 *Ludwig den Heiligen* auf dem Kreuzzug nach Ägypten; schrieb 1305–09 die Geschichte des Königs, in die er eigene Erinnerungen einarbeitete.

Jonnart, Charles Célestin: Frz. Politiker (1857–1927); gemäßigter Republikaner; führte 1919 den »Bloc National«.

Jouhaux, Léon: Frz. Gewerkschaftspolitiker (1879–1954); Generalsekretär der CGT, der Confédération Génerale du Travail.

Jouvenel, Bertrand de: Frz. Schriftsteller und Journalist (geb. 1903); Anhänger von *Doriot*; führendes Mitglied der *PPF.*

JP: Jeunesses Patriotes; Jugendverband der Ligue des Patriotes; siehe *Taittinger*; bildete mit der *SF* und verschiedenen anderen rechtsradikalen Organisationen die Front National; diente als Vorbild für die nachfolgenden faschistischen Ligen in Frankreich und wurde nach dem Verbot der Ligen durch die Volksfrontregierung in den Parti Républicain National et Social umgewandelt.

Karlisten: Klerikal-legitimistische und absolutistisch-traditionalistische Partei (Communión Tradicionalista Carlista), besonders in den ländlichen Gegenden Kataloniens und Navarras; verstand sich als kath. Rechte Spaniens und setzte sich für einen korporativist. Staat ein; wegen des Thronanspruchs kam es zu keiner Verschmelzung mit den übrigen monarchist. Kräften; schloß sich 1936 *Franco* an und stellte ihren eigenen Wehrverband, die Requêtes, zur Verfügung; wurde 1937 von Franco mit der *Falange* vereinigt.

Katholische Aktion: Vom Papst angeregte Laienbewegung mit dem Ziel, das Evangelium »im Volk wieder lebendig werden zu lassen«; aus ihr entstanden verschiedene christliche Jugendbewegungen.

Kipling, Rudyard: Engl. Schriftsteller (1865–1936).

La Brière, Yves de: Jesuitenpater (1877–1941); Schüler von *Baudrillart;* Redakteur der *Etudes.*

Lamennais, Félicitède: Frz. Schriftsteller (1782–1854); seit 1816 Priester; forderte die Trennung von Staat und Kirche, wodurch er sich das Verdikt der Kath. Kirche zuzog; hat Hauptziele des späteren polit. Katholizismus vorweggenommen; entwickelte das Programm einer sozialistischen Demokratie.

ERKLÄRENDES WORTVERZEICHNIS

La France Juive: Siehe *Drumont.*

La Légende des Siècles: Siehe *Hugo,* Victor.

La Roque, François, Graf de: Rechtsrad. frz. Politiker (1886–1946); seit 1931 Führer des Croix de Feu, Kampfbund mit eher bonapartischer als faschistischer Prägung; beteiligte sich am Februaraufstand 1934; nach dem Verbot der Liga verfolgte er mit Hilfe des von ihm gegründeten Parti Social Français seine autoritär-nationalistischen Ziele weiter; lehnte Teilnahme an der von *Doriot* organisierten Einheitsfront ab; eine von der Rechtspresse eröffnete Kampagne führte 1937 zu zwei Prozessen; vgl. *Tardieu* und *Pozzo di Borgo;* ging später in die Résistance.

La Sablière, Marguerite de: Frz. Astronomin (1636–93); führte einen literar. Salon; unterstützte La Fontaine nach dem Tode seiner Gönnerin, der Herzogin von Orléans.

Laval, Pierre: Frz. Politiker (1883–1945); 1935 Ministerpräsident und Außenminister; verhinderte nach dem ital. Angriff auf Äthiopien die vom Völkerbund gegen Italien verhängten Sanktionen; seine Mussolini-freundliche Politik führte u. a. 1936 zu seinem Sturz und zur Sammlung der frz. Linken in der Volksfront.

Le Jour: Erschien seit Februar 1918; zeitweilig hg. von *Bailby.*

Lemire, Jules Auguste: Frz. Geistlicher und Politiker (1853–1928); konservativer Republikaner und Vorkämpfer der kath. Sozialpolitik.

Lenôtre, Georges: Frz. Schriftsteller und Historiker (1855–1935); »Paris Evolutionnaire. Vieilles, Maisons, Vieux Papiers«, 6 Bände (1895/1930).

Lerroux y García, Alejandro: Span. Politiker (1864–1949); 1931 erster republ. Außenminister; Führer der radikalen Partei; 1933–35 Ministerpräsident.

Leurs Figures: Siehe unter *Barrès.*

Libre Parole: Von *Drumont* 1892 gegründete rechtsradikale Zeitung; erschien bis 1924 täglich, danach als Wochen- bzw. Monatszeitung.

Louis-Philippe: Der »Bürgerkönig« (1830–48).

LPF: Ligue des Patriotes Françaises, siehe unter *Déroulède.*

Ludwig der Heilige, d. i. Ludwig IX.: König von Frankreich (1214–70).

Ludwig XI.: König von Frankreich (1461–83).

Ludwig XIV.: König von Frankreich (1643–1715).

Ludwig XVI.: König von Frankreich (1774–92).

Lyautey, Hubert: Marschall von Frankreich (1854–1934); Anhänger eines sozialen Katholizismus; 1912–25 General-Resident von Marokko.

Maistre, Joseph de: Frz. Staatsphilosoph (1753–99); Hauptvertreter des Royalismus und polit. Klerikalismus.

March Ordinas, Juan: Span. Bankier (geb. 1884); Millionär auf

Mallorca mit enger Verbindung zum rechten Militär; während des Span. Bürgerkriegs in Rom ansässig; finanzierte den ersten ital. Schiffstransport nach Mallorca.

Marin, Louis: Frz. Politiker (1871–1960); seit 1925 Präsident der Fédération Républicaine de France; auf dem rechten Flügel der nat. Parteien im Parlament.

Massis, Henri: Frz. Schriftsteller und Essayist (1886–1970); Freund und Mitarbeiter von *Péguy;* vertrat einen kath. und rechts-nationalistischen Humanismus; gründete mit *Bainville* 1920 die Revue Universelle; war von 1926–29 mit Bernanos befreundet; erklärter Gegner von Gide; Freund und Biograph von *Maurras*; später offizieller Theoretiker der Vichy-Regierung; »Défense de l'Occident« erschien 1927.

Mauriac, François: Frz. kath. Schriftsteller (1885–1970).

Maurras, Charles: Frz. Politiker und Schriftsteller (1868–1952); maßgeblicher Führer der rechten Intellektuellen, vgl. *Action Française* sowie *Daudet;* Royalist und Antisemit; Feind jeder Form von Demokratie; beeinflußte die frz. Politik durch seine unversöhnliche Deutschfeindlichkeit; wegen seiner Morddrohung an Parlamentarier, die für eine Verschärfung der Sanktionen gegen Italien eintraten, von 1936–37 in Haft; Bernanos war bis 1919 Anhänger von *Maurras,* trennte sich dann von ihm; von 1932 an bekämpfte er ihn; 1901 erschien *Antinéa;* führte sein Projekt einer »Gegen-Enzyklopädie« nicht aus; das fünfbändige *Dictionnaire Politique et Critique* wurde von einer Schülerin zusammengestellt.

Medici, Katharina von: Königin von Frankreich (1519–89); Gemahlin von Heinrich II.; auf ihr Betreiben hin kam es am 23./24. 8. 1572 zur Ermordung Tausender von Hugenotten in Paris (Bartholomäusnacht).

Medici, Maria von: Gemahlin von *Heinrich IV.* von Frankreich (1573–1642); siehe unter *Concini.*

Mercier, Désiré Joseph, Kardinal: Frz. Kardinal und Philosoph (1851–1926); wurde 1906 Erzbischof von Mecheln; im 1. Weltkrieg an der Spitze des passiven belgischen Widerstands gegen die deutsche Besatzung.

Mikado: Gemeint japan. Kaiser Hirohito, der 1926 die Regierung antrat.

Millerand, Alexandre: Frz. Politiker (1859–1943); 1899–1904 erster sozialistischer Minister der Regierung *Waldeck-Rousseau;* wandelte sich später zu einem Politiker der Rechten; 1920–24 Präsident der Republik; stützte die nationalistische Politik von *Poincaré;* mußte nach dem Wahlsieg der Linken 1924 zurücktreten; führte danach die Opposition im Senat.

Mistral, Frédéric: Provenzal. Dichter und Förderer der provenzal. Wiedererweckungsbewegung Félibre (1830–1914).

Montmorency: Frz. Adelsgeschlecht; seit Mitte des 10. Jh. nachweisbar; 1862 erloschen.

Mun, Albert de, Graf: Hauptführer des frz. polit. Katholizismus in der 3. Republik (1841–1914); gründete 1902 mit *Piou* die kath. Partei Action Liberale Populaire gegen den Antiklerikalismus; vertrat ein altständisches Gesellschaftsideal.

Ohnet, Georges: Frz. Erfolgsschriftsteller (1848–1918).

Osservatore Romano: Polit.-religiöse Tageszeitung des Vatikanstaates.

Pacelli, Eugenio: Zunächst päpstlicher Legat; schloß Konkordate mit Bayern, Preußen, Baden sowie das deutsche Reichskonkordat; besuchte Frankreich, Ungarn, Nord- und Südamerika; 1939–58 Papst Pius XII.

Paris-Soir: 1923 gegründete Pariser Tageszeitung; kämpfte seit 1930 gegen den *Intransigeant.*

Patenôtre, Jules: Frz. Diplomat (1845–1925).

Péguy, Charles: Frz. Schriftsteller (1873–1914); Sozialist; kehrte 1908 zum Katholischen Glauben zurück; blieb aber Gegner jedes Klerikalismus; übte mit seinem religiös verbrämten Nationalismus vor dem 1. und 2. Weltkrieg starken Einfluß aus.

Piou, Jacques: Frz. Politiker (1838–1932); gründete die rechte *Constitutionelle;* kämpfte als Abgeordneter neben *de Mun* für den sozialen Katholizismus; verfaßte eine Geschichte des »Ralliement« (1922).

Poincaré, Raymond: Frz. Staatsmann (1860–1934); 1913–20 Präsident der Republik; gehörte innenpolitisch zur gemäßigten republ. und laizistisch gestimmten nationalistischen Rechten; außenpolitisch forderte er unduldsame Härte gegenüber Deutschland; Gegner *Briands,* zu dessen Sturz er beitrug; ließ als Außenminister 1923 das Ruhrgebiet besetzen; mußte nach dem Wahlerfolg der Linken 1924 zurücktreten, kehrte jedoch 1926, unterstützt von der Parteikoalition Union Nationale, an die Spitze der Regierung zurück.

Pozzo di Borgo, Duc: Eröffnete nach einem Gespräch mit dem früheren Ministerpräsidenten *Tardieu* die Kampagne gegen den Oberst *La Roque;* veröffentlichte am 15. 7. 1937 seinen Artikel »Un ancien président du conseil m'a dit: J'ai donné 20000 Francs par mois au lieutenant-colonel de La Roque«; hatte der Liga Croix de Feu, um deren angebliche Unterstützung es ging, selbst angehört.

PPF: Abk. von Parti Populaire Français, frz. Volkspartei; als Reaktion auf die Volksfrontregierung von *Blum* 1936 von *Doriot* gegründete, scharf kommunistische, nationalistische und faschistische Partei.

Prieto y Tuero, Indalecío: Span. Politiker (1883–1962); Sozialist; 1931 Finanzminister und Mitglied des revolutionären Komitees; 1931–33 Minister für öffentliche Arbeiten; 1936 der Marine- und Luftfahrt; 1937 Verteidigungsminister.

Primo de Rivera, José Antonio: Span. Politiker (1903–1936); Sohn von *Miguel Primo de Rivera;* gründete 1933 die *Falange;* 1936 verhaftet und nach Ausbruch des Span. Bürgerkriegs zum Tode verurteilt.

Primo de Rivera, Miguel: Span. General und Diktator (1870–1930); errichtete im Einverständnis mit *Alfons XIII.* 1923 eine Militärdiktatur, die 1925 in ein Zivilministerium umgewandelt wurde; auf Druck der öffentlichen Meinung hin wurde er 1930 von Alfons XIII. entlassen; beendete 1926 den Aufstand in Marokko, vgl. *Abd el Krim.*

Pronunciamento: Der 15. September 1923, an dem der Militärputsch von *Primo de Rivera* dem span. Parlamentarismus ein Ende bereitete.

Proudhon, Pierre-Joseph: Frz. Sozialist und Anarchist (1809–1865); verurteilt in »Qu'est-ce que la Proprieté« (1840) die bestehende Eigentumsverfassung.

PSF: Abk. von Parti Social Français; 1936 nach der Auflösung der Ligen von Oberst *La Roque* gegründete Rechtspartei.

Pujo, Maurice: Frz. Schriftsteller und Journalist; gründete 1899 die *Action Française;* übernahm die Führung der *Camelots du Roi.*

Queipo de Llano y Sierra, Gonzale: Span. General (1875–1951); nahm auf der Seite von *Franco* am Span. Bürgerkrieg teil; eroberte 1936 Sevilla und große Teile Andalusiens; war Oberbefehlshaber der nationalspan. Südarmee und deren militärpolit. Rundfunkkommentator.

Raspail: Frz. Chemiker und Politiker (1794–1878).

Real del Sarte, Maxime: Zeitweilig Präsident der *Camelots du Roi.*

Recouly, Raymond: Frz. Schriftsteller (1876–1950); Verf. hist. Werke; »Louis-Philippe des Français« (1930), »La Troisième République« (1927).

Renan, Ernest: Frz. Religionswiss., Orientalist und Schriftsteller (1823–1892); Vertreter eines krit. Liberalismus; Widerspruch in seiner Verteidigung von Republik und Demokratie, seiner Kritik an der Revolution (»Questions Contemporaines«, 1868) und dem Eintreten für eine hierarchische aristokratische Ordnung im Sinne des Ancien Régime (»Reforme Intellectuelle et Morale«, 1871); wurde 1863 mit »La Vie de Jesus« berühmt und schrieb ein umfassendes Werk über die Ursprünge des Christentums; wurde vom frz. Episkopat abgelehnt.

Renaud, Jean: Frz. Kommunist; führendes Mitglied in der PCF; opponierte 1928 und 1934 wie *Doriot* gegen die offizielle Linie der Partei; schloß sich der *PPF* jedoch nicht an.

Revue de Paris: 1829 gegr. Zeitschrift, die Romane, Essays, Memoiren und Chroniken des Pariser Lebens veröffentlichte.

Revue Thomiste: Kathol. frz. theologische Zeitschrift; erschien seit 1893.

Reynaud, Paul: Frz. Politiker (1878–1966); zwischen 1930 und 1940 mehrfach Minister; mit *Flandin* führendes Mitglied der Demokratischen Allianz, der bedeutendsten gemäßigten parlamentarischen Rechtspartei in den 30er Jahren.

Ribot, Alexandre: Frz. Politiker (1842–1923); gemäßigter Republikaner; 1917 Ministerpräsident.

Robles, Gil: Span. Politiker (geb. 1898); 1931 republ. Abgeordneter der *Acción Popular;* gründete 1933 die *Ceda* und trat 1934 als Koalitionspartner der Radikalen Republikanischen Partei in das Kabinett *Lerroux* ein; 1935 für kurze Zeit Kriegsminister; führte von 1936 an in Lissabon eine kath. Emigranten-Opposition gegen *Franco.*

Rossi, Constantin, gen. Tino: Frz. Sänger (geb. 1907).

Rossi, Graf, mit richtigem Namen: Arconovaldo Bonacorsi: Ital. Faschist; Führer des ital. Jagdgeschwaders, das den Nationalen 1936 nach der Landung der Republikaner unter Hauptmann *Bayo* auf Mallorca zu Hilfe kam.

Rothschild, Meyer Amschel: Gründer des internat. Bankhauses (1744–1812).

Ruskin, John: Engl. Schriftsteller, Sozialreformer und Maler (1819–1900).

Saint-Arnaud, Arnaud: Frz. Marschall (1798–1854); 1851 Kriegsminister; sicherte militärisch den Erfolg des Staatsstreichs von 1852; wurde unter Napoleon III. Marschall von Frankreich.

SF: Abk. von Solidarité Française; rechtsradikale Liga, gegr. von dem Parfumfabrikanten Pierre Coty; Bernanos schloß sich nach seiner Trennung von *Maurras* der SF an.

Sangnier, Marc: Frz. Journalist und Politiker (1873–1950); Vertreter der christlich-sozialen Bewegung in Frankreich; wollte den Katholizismus mit der Republik und mit den demokratischen und sozialen Bestrebungen der Zeit versöhnen; befand sich in scharfem Gegensatz zur Amtskirche und zur *Action Française:* Polemik von *Maurras* in »Le Dilemme de Marc Sangnier«, 1906.

Sanjurjo Sacanell, José: Span General (1872–1936); leitete als Polizeipräfekt 1932 in Sevilla einen mißglückten Putsch gegen die Regierung *Azana.*

Sorel, Georges: Frz. Sozialist (1847–1922); beeinflußte die Anarchosyndikalisten in Frankreich sowie Mussolini; »Réflexions sur la Violence« (1908).

Sorel, Cécile: Frz. Schauspielerin (geb. 1873).

Souday, Paul: Frz. Literaturkritiker (1869–1929).

Stavisky-Skandal: Der durch Bankbetrug des jüd. Finanziers A. Stavisky ausgelöste größte Finanzskandal Frankreichs veranlaßte die national-konservative Presse, die *Action Française* und die antiparlamentarischen und antisemitischen Ligen (Croix de Feu, *JP* u. a.) zu heftigen Angriffen auf die radikalsozialistische Regierungsmehrheit und auf das parlamentarische System.

Sué, Eugène: Frz. Schriftsteller (1804–57); u. a. Verfasser sozialistischer Manifeste, von Fourier und *Proudhon* beeinflußt.

Taittinger, Pierre: Frz. Politiker und Industrieller (1887–1965); Gründer und Führer der *JP.*

Tardieu, André: Frz. Politiker (1876–1945); außenpolit. Redakteur von Temps; Führer der Linksrepublikaner zwischen den Kriegen, 1929/30 und 1932 Ministerpräsident; gründete 1932 das Republikanische Zentrum.

Tartarin in den Alpen: Siehe unter *Daudet*, Alphonse.

Therèse von Lisieux: Karmeliterin (1873–1897); auch Kleine Therèse genannt; das Fest findet am Tag ihrer Heiligsprechung (3. 10.) statt.

Thiers, Adolphe: Frz. Politiker (1797–1877); wurde nach der Februarrevolution 1848 konservativer Republikaner, beim Staatsstreich Napoleons III. verhaftet und bis 1852 verbannt; leitete seit 1863 als Mitglied des Corps Législatif die Opposition gegen das Kaiserreich; 1. Präsident der 3. Republik (1871–73).

Thorez, Maurice: Kommun. frz. Politiker (1900–64); 1928–39 Abgeordneter der PCF in der Kammer; seit 1930 Generalsekretär; war Exponent der Volksfrontpolitik; begründete 1934 die Zusammenarbeit mit den Sozialisten.

Toulet, Paul: Frz. Schriftsteller (1867–1920).

Turenne, Henri de Latour d'Auvergne, Graf von: Frz. Marschall unter *Ludwig XIV.* (1611–75).

Valois: Frz. Adelsgeschlecht; hatte von *Ludwig IX.* ausgehend den frz. Thron in direkter Linie bis 1498 inne, in den Nebenlinien Orléans und Angoulême bis 1589.

Vauban, Sébastien le Prestre de: Frz. Festungsbaumeister unter *Ludwig XIV.* (1633–1707).

Villeneuve-Bargemont, Alban de: Frz. Ökonom (1784–1850); einer der ersten »sozialen Katholiken«; »Economie Politique Chrétienne ou Recherches sur la Nature et les Causes du Paupérisme« (1834).

Waldeck-Rousseau, Pierre: Frz. Politiker (1845–1904); 1899–1902 Ministerpräsident des Bloc Républicain der Linken; antiklerikale Gesetzgebung, die 1906 zur abschließenden Regelung der Trennung von Kirche und Staat durch *Clemenceau* führte.

Rowohlt Jahrhundert

Band 1 und 2
Robert Musil,
Der Mann
ohne Eigenschaften

Band 3
Anatole France,
Die Götter dürsten

Band 4
Samuel Beckett,
Murphy

Band 5
Aldo Palazzeschi,
Die Schwestern
Materassi

Band 6
Ludwig Tieck,
Der Aufruhr in den
Cevennen

Band 7
Jerzy Andrzejewski,
Die Karwoche

Band 8
Romain Rolland,
Meister Breugnon

Band 9
Johannes Tralow,
Roxelane

Band 10
Charles Dickens,
Harte Zeiten

Band 11
Arthur Miller,
Brennpunkt

Band 12
Aleksej Tolstoi,
Peter der Erste

Band 13
Christoph Martin
Wieland,
Geschichte der
Abderiten

Band 14
Shichiro Fukazawa,
Schwierigkeiten beim
Verständnis der
Narayama-Lieder

Band 15
László Németh,
Abscheu

Band 16
Frank Norris,
Der Octopus

Rowohlt Jahrhundert

Band 17
Heinrich Mann,
Die Jugend des
Königs Henri Quatre

Band 18
Heinrich Mann,
Die Vollendung des
Königs Henri Quatre

Band 19
Walter Scott,
Das Herz von
Midlothian

Band 20
Erskine Caldwell,
Gottes kleiner Acker

Band 21
George Moore,
Esther Waters

Band 22
Halldór Laxness,
Weltlicht

Band 24
Upton Sinclair,
So macht man Dollars

Band 25
Martin Andersen Nexö,
Überfluss

Band 26
Klabund, Bracke

Band 27
Sinclair Lewis, Babbitt

Band 28
Bolesław Prus,
Pharao

Band 29
Malcolm Lowry,
Unter dem Vulkan

Band 30
Nikolai Gawrilowitsch
Tschernyschewski,
Was tun?

Band 32
Arnold Ulitz,
Aufruhr der Kinder

Band 33
Ernst Barlach,
Der gestohlene Mond

Band 34
Leo Weismantel,
Gericht über
Veit Stoss

Rowohlt
Taschenbuch Verlag

Rowohlt Jahrhundert

Band 35
Ludwig Renn,
Krieg / Nachkrieg

Band 36
Nathaniel Hawthorne,
Das Haus der
sieben Giebel

Band 40
Ivan Olbracht,
Der Räuber Nikola
Schuhaj

Band 41
Vicente Blasco Ibañez,
Blutige Arena

Band 42
Martin Andersen Nexö,
Die Familie Frank

Band 43
Charles-Louis Philippe,
Vater Perdrix

Band 44
Michail Saltykow-
Schtschedrin,
Die Herren Golowlew

Band 45
Eugène Le Roy,
Mademoiselle
de La Ralphie

Band 46
Nasreddin Hodscha,
Wer den Duft des Essens
verkauft

Band 47
Josef Toman,
Don Juan

Band 50
Italo Svevo,
Zeno Cosini

Band 51
Romain Rolland,
Clérambault

Band 52
Thomas Pynchon, V.

Band 53
Vicente Blasco Ibañez,
Sumpffieber

Band 54
Günther Weisenborn,
Das Mädchen von Fanö

Band 56
Benjamin Constant,
Adolphe

Band 57
Thomas Pynchon,
Die Enden der Parabel

Rowohlt
Taschenbuch Verlag

Rowohlt Jahrhundert

Band 58
Karl Zuchardt,
Der Spiessrutenlauf

Band 59
Jo Mihaly,
Gesucht:
Stepan Varesku

Band 60
Milán Füst,
Die Geschichte
meiner Frau

Band 61
Vicente Blasco Ibañez,
Die Scholle

Band 62
Vladimir Nabokov,
Lushins Verteidigung

Band 63
Fjodor M. Dostojevskij,
Der Spieler

Band 64
Thomas Wolfe,
Schau heimwärts,
Engel!

Band 65
Carl Almqvist,
Der Juwelenschmuck
der Königin

Band 66
Nikolaj S. Leskov,
Der verzauberte
Wanderer

Band 67
Miguel Otero Silva,
Fieber

Band 68
Gottfried Keller,
Martin Salander

Band 69
Robert von Ranke-Graves,
Strich drunter!

Band 70
Italo Svevo,
Die Novelle
vom guten alten Herrn
und vom schönen
Mädchen

Band 71
Lautréamont,
Die Gesänge des Maldoror

Band 72
Ivan S. Turgenev,
Ein Adelsnest

Band 73
José Eustasio Rivera,
Der Strudel